ESTADO
SECRETO

JAN KARSKI
ESTADO SECRETO

MEMÓRIAS DE UM HERÓI DA RESISTÊNCIA POLONESA DURANTE A SEGUNDA GUERRA MUNDIAL

Tradução
Eliana Aguiar

OBJETIVA

© Jan Karski Institute
© Éditions Robert Laffont, S.A., Paris, 2010

Grafia atualizada segundo o Acordo Ortográfico da Língua Portuguesa de 1990, que entrou em vigor no Brasil em 2009.

Todos os direitos desta edição reservados à
EDITORA OBJETIVA LTDA.
Rua Cosme Velho, 103
Rio de Janeiro – RJ – CEP: 22241-090
Tel.: (21) 2199-7824 – Fax: (21) 2199-7825
www.objetiva.com.br

Título original
Mon témoignage devant le monde: Souvenirs 1939-1943

Capa
Luísa Ulhoa

Imagens de capa
Peter Guttman/CORBIS/Latinstock

Revisão
Ana Kronemberger
Fatima Fadel
Dayana Santos

Editoração eletrônica
Abreu's System Ltda.

CIP-BRASIL. CATALOGAÇÃO-NA-FONTE
SINDICATO NACIONAL DOS EDITORES DE LIVROS, RJ

K29e
    Karski, Jan
        Estado Secreto: memórias de um herói da resistência polonesa durante a Segunda Guerra Mundial/ Jan Karski; tradução Eliana Aguiar. – 1. ed. – Rio de Janeiro: Objetiva, 2015.

        Tradução de: *Mon témoignage devant le monde: Souvenirs 1939-1943*
        447p.   ISBN 978-85-390-0690-8

        1. Guerra Mundial, 1939-1945 – Polônia. 2. Polônia – História – Ocupação alemã, 1939-1945. 3. Holocausto judeu (1939-1945). I. Título.

15-22508   CDD: 940.53438
                                                            CDU: 94(100)'1939/1945'

Sumário

Introdução.. 7

1. A derrota.. 29
2. Prisioneiro na Rússia... 42
3. Troca e evasão.. 55
4. A Polônia devastada.. 70
5. O começo.. 79
6. Transformação... 91
7. Iniciação.. 98
8. Borzęcki.. 104
9. Lviv... 114
10. Missão na França.. 125
11. O Estado clandestino (I)....................................... 138
12. A queda... 149
13. Torturado pela Gestapo... 158
14. No hospital.. 179
15. Minha salvação... 192
16. O "agrônomo"... 204
17. Dwór, convalescença e propaganda....................... 213
18. Sentença e execução... 230
19. O Estado clandestino (II) — Estruturas................ 240

20. Cracóvia — O apartamento da sra. L.................................. 247
21. Uma missão em Lublin 254
22. A guerra da sombra.. 262
23. A imprensa clandestina 272
24. O "aparelho" do conspirador...................................... 283
25. Mulheres agentes de ligação...................................... 288
26. Um casamento por procuração.................................. 294
27. A escola clandestina... 299
28. Uma sessão do parlamento clandestino...................... 310
29. O gueto... 318
30. Última etapa... 333
31. Retorno a Unter den Linden 345
32. Rumo a Londres.. 350
33. Meu testemunho para o mundo 368

Pós-escrito... 379

Notas... 381

Introdução

Jan Karski saiu do esquecimento em outubro de 1981, por ocasião da Conferência Internacional dos Libertadores dos Campos de Concentração, organizada por Elie Wiesel e pelo Conselho Americano do Memorial do Holocausto. Respondendo a um convite de Elie Wiesel, o antigo emissário da resistência polonesa rompeu o silêncio pela primeira vez desde 1945. Mais uma vez, ele dava "testemunho" público do extermínio que tinha visto em curso no verão de 1942 e de sua obstinada tentativa de abrir os olhos dos dirigentes aliados desde sua chegada a Londres, no fim de novembro do mesmo ano, cumprindo missão extraordinária confiada pelos representantes dos sobreviventes do gueto de Varsóvia depois das grandes deportações para Treblinka.

Sua conferência tinha como tema "A descoberta da existência do plano da 'Solução Final'", que ele abordava em três questões: "(1) O que e quando os dirigentes e a opinião ocidentais ficaram sabendo? (2) Como as informações chegaram a eles? (3) Qual foi sua reação? Quais são as provas? Fui um dos muitos que desempenharam certo papel nessa história".

Seu relato preciso, cronológico, trazia à memória de vários ouvintes páginas lidas anteriormente, escritas pelo mesmo Jan Karski e consagradas a esses mesmos fatos, em 1944, no seu livro de memórias *Estado Secreto* [*Story of a Secret State*], publicado nos Estados Unidos com tiragem de 400 mil exemplares, logo esgotados, reeditado imediatamente na Grã-Bretanha, traduzido para o sueco já em 1945, para o norueguês em 1946 e para o francês em 1948, na editora Self.

O público francês não foi informado da repercussão, nos Estados Unidos e em Israel, da intervenção de Jan Karski nesta conferência de outubro de 1981. Em 15 de dezembro do mesmo ano, o deputado pelo estado de Nova York Stephen J. Solarz pediu à Câmara dos representantes que o texto integral de Karski constasse da ata da sessão e destacou com emoção suas palavras:

> Quando a guerra chegou ao fim, entendi que nem os governos, nem os líderes, nem os intelectuais, nem os escritores sabiam o que tinha acontecido com os judeus. Eles se mostraram surpresos. O assassinato de 6 milhões de seres inocentes era um segredo. "Um terrível segredo", nas palavras de [Walter] Laqueur. Nesse dia, me tornei judeu, como a família de minha mulher, presente aqui nesta sala. [...] Sou um judeu cristão. Um católico praticante. E, embora não seja um herege, acredito que a humanidade cometeu um segundo pecado original: cumprindo ordens, por negligência, por ignorância autoimposta ou por insensibilidade, por egoísmo ou por hipocrisia ou, ainda, por frieza calculista.
> Esse pecado assombrará a humanidade até o fim do mundo. Esse pecado me assombra. E quero que seja assim.

Em junho de 1982, o Instituto Yad Vashem, cujos membros haviam assistido à conferência, outorgou a Jan Karski o título de "Justo entre as Nações".

Somente em 1985, quatro anos mais tarde, o público francês teria a chance de redescobrir, ou melhor, descobrir Jan Karski, o belo rosto banhado em lágrimas, como testemunha "designada" pelo diretor Claude Lanzmann no documentário *Shoah*, cujas imagens e entrevista datam de 1978. No entanto, apesar — ou talvez até por culpa — de *Shoah*, Jan Karski continuou tão desconhecido na França quanto a resistência polonesa da qual fazia parte e o Estado clandestino polonês, fenômeno único na Europa da Segunda Guerra. A reedição de seu livro em 2004, numa versão inteiramente revista e comentada, sem dúvida despertou o interesse dos leitores, pois o livro logo se esgotou, mas não abalou os estereótipos e as aproximações superinterpretadas de alguns historiadores. Jan Karski também inspirou dois romancistas, na mesma "temporada literária" de 2009, em duas "reanimações" ou "ficções" bem diferentes, mas capazes de mobilizar a curiosidade pelo "verdadeiro" Karski, o que nos levou a propor ao leitor da presente reedição de seu belo livro alguns detalhes acerca de sua biografia.

Quem era então Jan Karski até 1942, quando ainda usava seu verdadeiro sobrenome, Kozielewski? Jan Kozielewski nasceu em 24 de junho de 1914, em Łódź, oitavo e último filho de um seleiro polonês da cidade, proprietário de sua selaria. Nenhum brasão ou mansão senhorial, como ele fazia questão de dizer aos que comentavam seu ar "aristocrático". Uma sólida família da classe média polonesa, de um catolicismo ardente, mas aberto e tolerante, e de um patriotismo que se colocava ostensivamente sob o signo de Józef Piłsudski, ou seja, hostil a qualquer nacionalismo exclusivo,[1] na especificidade multicultural de Łódź, "a cidade de minha juventude orgulhosa e feliz", costumava dizer Karski. Walentyna Kozielewska, viúva desde 1920, viveu até 1934 com seu filho mais novo no número 71 da rua Kilinski, onde a maioria dos inquilinos era de família judaica. Jan teve, portanto, desde o pátio do edifício até os bancos do liceu Piłsudski — no qual foi excelente aluno —, colegas e amigos verdadeiros entre seus concidadãos judeus. Em maio de 2000 (menos de dois anos antes de sua morte), ao retornar a Łódź como cidadão honorário, ele declarou: "Mentalmente, nunca saí daqui. Sem a Łódź de então, sem dúvida não existiria o Karski de hoje".[2]

Em 1931, ele levou de Łódź essas lembranças calorosas, mas também os ideais de um ativista católico dos Legionários de Maria (*Sodalicje Mariańskie*) e um sonho de criança transformado em plano de carreira: ser diplomata. Seu irmão e tutor resolveu levá-lo a sério e exigiu trabalho e excelência nos estudos na Universidade Jana Kazimierza, de Lviv (1931--35), para que pudesse se beneficiar das facilidades de estágios no exterior e bolsas de aperfeiçoamento que podia lhe oferecer.[3] Os pilsudskistas naquele tempo eram muito ligados à meritocracia, assim como à noção de servir o Estado e sua frágil independência e soberania. Em Lviv, Jan fez parte da legião de jovens estudantes pilsudskistas. Em 1999, respondeu a um jornalista que lhe perguntou sobre essa época: "Sim, passei minha juventude gritando: 'Viva Piłsudski!' Mas acima de tudo estudei, estudei muito".[4]

Mesmo sonhando com uma carreira diplomática, civil por definição, ele manifestou o mesmo desejo de excelência na escola de aspirantes da reserva da artilharia montada: sair major na turma de 1936 e obter a tão desejada "espada de honra", entregue pelo presidente da República. Em seu recente *Karski: Raporty tajnego emisariusza*[5] [Karski: Relatórios de um emissário clandestino], Stanisław M. Jankowski publicou o "juramento" de patriotismo escrito em nome dessa turma de 1936 pelo aspirante e redator-chefe Jan Kozielewski e seu assistente e amigo, o aspirante Jerzy Lerski (calorosamente evocado no capítulo "Lviv"). Assim, terminou em primeiro lugar na formação elitista de recrutamento do Ministério das Relações Exteriores, primeiro degrau da "carreira".[6]

Em uma nota de próprio punho de fevereiro de 1940, escrita em Angers, na sua primeira missão Varsóvia-Paris via Budapeste, o subtenente Jan Kozielewski (usando então o pseudônimo Jan Kanicki) resumia para o general Sikorski seu próprio itinerário após a derrota de setembro de 1939: "detenção pelos bolcheviques, cerca de seis semanas, perto de Poltava", "troca" como simples soldado entregue aos alemães por ser nativo de "Litzmannstadt [Łódź]", "prisioneiro dos alemães, dez dias, perto de Radom", fuga, clandestinidade. "No país, trabalho político. Estive ilegalmente em Lviv, Łódź, Vilnius, Poznań, Lublin etc. Sou irmão do sr. Konrad."[7] Ele trabalhava com o "sr. Konrad" e, já em dezembro de 1939, redigiram um primeiro relatório para o governo (transmitido por um diplomata de um "país vizinho") sobre a situação geral das populações e sobre a opinião pública polonesa — eis uma das fontes de informação precisa que forneceu provas nos relatórios redigidos em Paris, em 1940. Ele diz também que, ao chegar, se alistou como voluntário no exército em formação. Mas, "caso o governo julgue mais útil à Polônia, estou pronto para retornar e ficar". E termina com um compromisso que anuncia o futuro Karski: "Desejo servir à Polônia nas condições mais difíceis". Esta palavra, "difíceis", foi sublinhada pelo destinatário.

Em Angers, Karski foi recebido com frieza e desconfiança pelo general Sikorski — não seria mais um pupilo dos discípulos do marechal Piłsudski, os "coronéis"? — e, no início, pressionado moralmente pelo temível professor Stanisław Kot, homem de confiança e ministro do general. No entanto, sendo um velho pedagogo, este último reconheceu de imediato a ave rara, a "pérola", como ele mesmo diria mais tarde em Londres. Avaliou as excepcionais qualidades de memorização, rigor e análise do jovem tenente e, considerando que ainda era prisioneiro do "mito de Piłsudski", tratou de ministrar-lhe longas aulas sobre o assunto e resolveu transformá-lo em mensageiro de confiança do governo. "Conseguiu conquistar o professor Kot", comentou Sikorski, incrédulo. Stanisław Kot fez com que decorasse longas e minuciosas instruções políticas que devia transmitir à Resistência.

"Entendeu bem?"
"Sim, professor…"
"Eu deveria fazê-lo jurar, exigir que jurasse segredo. Mas de que adianta? Acredito em você! Se quiser trair, trairá. Que Deus o abençoe."[8]

Assim nasceu o "emissário político" do governo.
Karski também nunca esqueceu aquele que, a bem dizer, o "recrutou", o jurista Borzęcki:[9] foi ele quem o convenceu de que a resistência civil e a missão de "correio" eram tão úteis à pátria quanto a resistência armada.

Jan Kozielewski estabeleceu desde então uma "ética" do emissário, um profissionalismo que chamou a atenção de todos os seus superiores. No final de abril de 1940, quando retornou de Angers para a Cracóvia e depois Varsóvia e fez seu relatório, todos os líderes políticos que o ouviram se declararam "abismados". Mas ele cultivou o hábito de se definir modestamente como um "disco de gramofone, que deve ser gravado, transmitido e ouvido". E sempre fez valer a "confiança nele depositada" sob a fé do juramento — aquele juramento que, católico fervoroso, ele prestou diante de seu Deus e que lhe impunha o dever de cumprir fiel e escrupulosamente sua missão.

O sacrifício patriótico que culminou na tentativa de suicídio provocada pelo medo de abrir a boca quando foi preso e torturado pela Gestapo tem sem dúvida uma dimensão de drama pessoal do cristão.

Isso fica evidente *ex post*, em 1º de outubro de 1942, na véspera da partida para sua dupla missão, a do governo e a que lhe foi confiada pelos desesperados do gueto, com o extraordinário presente dado a ele por seus amigos: um escapulário contendo uma hóstia, esta última completamente contraditória com a dose de cianureto que carregava consigo. Mas ele logo percebe a contradição e, antes de partir, resolve dispensar o veneno. É mais fácil compreender a exaltação de Jan Karski, novo missionário engajado contra o Mal, assim como suas palavras, quarenta anos depois, em 1981: "Deus me deu a graça de ver e de contar o que vi, de poder testemunhar".

Em Angers, em fevereiro de 1940, o general Sikorski avisou-o secamente de que, como oficial da reserva evadido, ele continuava mobilizado: "Decidiremos a sua designação", lembrou Karski em dezembro de 1987.[10] Foi designado para o serviço de ligações clandestinas com o país, ainda em fase de implantação, sob o controle do ministro do Interior, Stanisław Kot. Já em Varsóvia e tendo cumprido sua missão como mensageiro do governo, Jan Kozielewski ainda dependia hierarquicamente do general Rowecki,[11] comandante em chefe da União da Luta Armada, ou ZWZ [Związek Walki Zbrojnej], aquela "força armada do Interior" que assumiria o nome AK — Armia Krajowa — em fevereiro de 1942.

Em Varsóvia e na Cracóvia, de 1940 a 1942, o tenente Jan Kozielewski usaria o pseudônimo "Witold", sob o qual era conhecido pelas redes. E foi a Witold que os dois representantes do gueto se dirigiram. Jan Kozielewski ainda atendia pelo nome "Witold" Kucharski durante sua segunda missão, em junho de 1940, quando foi preso na Eslováquia, entregue à Gestapo e torturado. E foi sob essa falsa identidade que foi condecorado *in absentia*, em fevereiro de 1941, por seu comandante, o general Rowecki, com a cruz da Ordem Virtuti Militari. Karski só ficou sabendo disso em 1990, através do historiador Andrzej Kunert, que descobriu o arquivo secreto: hoje, a cruz encontra-se em Łódź, cidade natal de Karski (ver reprodução no caderno de fotos). Em janeiro de 1943, em Londres, o general Sikorski também ignorava esse fato, pois conferiu novamente a Karski a cruz de prata da Ordem Virtuti Militari.[12]

Quando o delegado do governo em Varsóvia, Cyryl Ratajski, resolveu, no verão de 1942, confiar a "Witold", recomendado por diversos líderes políticos, a missão extremamente arriscada de ir a Londres como "emissário político da resistência civil", o governo de Londres lhe atribuiu o pseudônimo Jan Karski, com o qual ele permaneceria.[13]

"Gostaria de pedir que, antes de partir para Londres, encontrasse os representantes das organizações judaicas. Faria isso?"
"Claro, senhor delegado."
"Sua missão é transmitir as instruções dos partidos políticos. Eles não fazem parte desses partidos, mas também são cidadãos poloneses. Se desejam transmitir alguma coisa, seria importante ouvi-los."

Estas palavras de Cyryl Ratajski,[14] que o emissário Jan Karski fez questão de lembrar em 1987 a seu biógrafo, corroboram as primeiras linhas escritas em 1944, no inesquecível capítulo intitulado "O gueto", que tem início com o encontro com Léon Feiner, do Bund, e seu companheiro sionista. É a parte oficial de sua "missão judaica": reivindicações junto ao governo, instruções para os dois representantes da minoria judaica presentes no Conselho Nacional em Londres, o advogado sionista Ignacy Schwarzbart e o operário bundista Szmuel Zygielbojm. E Jan Karski já sabia que a seção judaica da agência de Informação do AK havia microfilmado todos os relatórios reunidos a respeito da "grande ação" que se desenvolvia contra o gueto de Varsóvia e do extermínio que tinha por nome Treblinka, Bełżec, Sobibor. Em Varsóvia, porém, todos sabiam que em Londres e em Nova York tudo aquilo ainda parecia "exagerado". A essa dimensão oficial de sua missão, Jan Karski aceitou acrescentar a incumbência extraordinária, desinteressada, de "testemunha ocular", com risco da própria vida. Tratava-se de convencer os interlocutores de que o horror descrito era verdadeiro, para mobilizar alguma ajuda...

Os preciosos microfilmes que Jan Karski transportou até Paris escondidos numa chave chegaram a Londres e às mãos de seu governo em 17 de novembro. E quando, finalmente, em 28 de novembro de 1942, as autoridades polonesas chamaram de volta seu emissário junto aos serviços britânicos, garantiram a ele: em 25 de novembro, um primeiro relatório sintético, de duas páginas, sobre o extermínio agora indubitável dos judeus na Polônia havia sido divulgado junto aos governos aliados, personalidades e organizações judaicas em Londres. Eminentes especialistas, como Richard Breitman, demonstraram que esse primeiro "relatório Karski" foi determinante para dar credibilidade às informações transmitidas em agosto de 1942 por Gerhart Riegner, representante do Congresso Mundial Judaico na Suíça, informações que nos Estados Unidos ainda eram colocadas em dúvida.

No dia 2 de dezembro de 1942, Karski transmitiu as reivindicações orais, os apelos desesperados do gueto, aos dois representantes dos judeus poloneses no Conselho Nacional. Foi ouvido pelo Conselho Polonês de Ministros e acima de tudo recebido longamente pelo ministro das Relações Exteriores, Edward Raczyński, encarregado de organizar uma ampla difusão das informações trazidas por Karski junto ao governo britânico e ao público. O próprio Raczyński falou à BBC na noite de 17 de dezembro, referindo-se expressamente a Karski.[15]

Karski esteve duas vezes com Anthony Eden, ministro britânico das Relações Exteriores, no começo de fevereiro de 1943. Os poloneses ficaram decepcionados com o veto de Eden a qualquer contato direto com Churchill. A decisão de enviar o emissário Karski aos Estados Unidos no final de maio de 1943 deve-se à degradação das relações soviético-polonesas (com a descoberta do massacre de Katyń).

Nos Estados Unidos, optou-se por uma estratégia totalmente diferente para chegar a Roosevelt. No começo de julho, o embaixador Ciechanowski fez uma série de convites a diferentes personalidades da administração americana — entre elas o juiz da Suprema Corte, Felix Frankfurter. Queria despertar interesse pelas informações trazidas por aquele emissário da resistência polonesa que, além disso, era testemunha ocular da tragédia judaica. Foi assim que na manhã do dia 28 de julho o embaixador foi convidado a trazer seu jovem emissário às onze horas, para apresentá-lo ao presidente Roosevelt. Os diversos relatos que Karski fez dessa entrevista insistem na prioridade dada por Roosevelt à situação interna da Polônia e às suas fronteiras ("*No more Polish corridor*") e na necessidade de um compromisso com os soviéticos. Quando Karski perguntou que mensagem gostaria que transmitisse a seu povo da parte do presidente dos Estados Unidos, Roosevelt respondeu: "Diga que vamos ganhar esta guerra". E acrescentou: "Diga que eles têm um amigo na Casa

Branca". Karski menciona também a "mão imperial" que o presidente lhe estendeu por cima da escrivaninha.

Jan Karski sempre destacou ter ficado impressionado com a potência que Roosevelt encarnava. Mas uma observação de Ciechanowski feita ainda no carro que os levou de volta à embaixada obrigou-o a refletir melhor sobre o assunto: "Bem, o presidente não disse grande coisa".

Ao trocar os Estados Unidos por Londres, aonde chegou em 19 de setembro de 1943, Jan Karski tinha a firme esperança de ser em breve reenviado à Polônia. Mas o primeiro-ministro Stanisław Mikołajczyk replicou que isto estava fora de questão, e por um longo tempo: ao que parece, ele estava "queimado", a despeito das precauções tomadas, uma vez que as rádios nazistas estavam denunciando "um certo Jan Karski [que] fazia agitação nos Estados Unidos [...] um agente bolchevique, pago pela judiaria americana". Karski pediu então para voltar ao Exército, mas tampouco foi atendido. Teria que permanecer em Londres, à disposição do primeiro-ministro, e se esforçar para contestar, com toda a sua intacta popularidade, uma imprensa filossoviética que insistia em negar a representatividade daquele "governo de reacionários" e até mesmo a lealdade de seu exército de resistência interna — o AK. Além do mais, Anthony Eden pressionava Mikołajczyk, em 5 de outubro de 1943, a ceder sem demora às exigências territoriais de Stálin, assim que fossem garantidas compensações para a Polônia na Prússia oriental e na Silésia. Jan Karski deu início então a uma nova série de conferências sobre a Polônia combatente, que alimentava com informações continuamente atualizadas pela rádio secreta Świt, instalada em Bletchley, a cuja programação seu nome foi mais uma vez associado. Foi no outono de 1943 que ele começou a utilizar sistematicamente a noção de Estado clandestino — "The Polish Underground State" —, e seu primeiro artigo sob esse título foi publicado em 15 de dezembro de 1943 na *Polish Fortnightly Review*, do Ministério da Informação e Propaganda polonês.

Nesse ínterim, durante a Conferência de Teerã (28 de novembro a 2 de dezembro de 1943), Churchill e Roosevelt aceitaram todas as reivindicações de Stálin sobre o território polonês, assim como sobre o resto da Europa central e oriental. Os vazamentos de informações sobre tais decisões foram desmentidos por Anthony Eden diante da Câmara dos Comuns em 15 de dezembro de 1943 e por Franklin D. Roosevelt diante do Congresso Nacional em 11 de janeiro de 1944, enquanto Mikołajczyk continuava esperando pela audiência solicitada em Washington. Ele resolvera levar Karski e o incumbira de preparar, sob as ordens do ministro da Informação, o professor Stanisław Kot, um programa de propaganda em defesa da Polônia junto à opinião pública americana. Foi assim que surgiu a ideia de um filme sobre a resistência polonesa contra a ocupação, que Karski já havia proposto no verão anterior, mas que agora foi aceito. Ele redigiu o roteiro, assim como preparou uma sólida documentação.

Em 20 de fevereiro de 1944, sem mais delongas, Karski foi enviado sozinho a Washington e posto sob a autoridade e os conselhos do embaixador Ciechanowski, encarregado, aliás, de informar seus interlocutores americanos de que Karski estava impossibilitado de retornar à Polônia até o fim da guerra. "Desta vez a missão do sr. Karski é realizar um filme sobre a resistência polonesa, é claro que com sua ajuda, senhor embaixador", escreveu o novo ministro das Relações Exteriores, T. Romer. "O governo atribui um alto significado a este empreendimento." No entanto, nenhuma verba foi alocada, e Karski teria de "realizar nosso plano como uma iniciativa particular [...]. Além disso", prosseguia Romer, "Karski fará, por ordem do primeiro-ministro, uma série de conferências e enviará artigos para a imprensa polonesa e americana da região de Chicago e dos estados do oeste da União".[16]

Ao chegar a Washington em 29 de fevereiro de 1944, Karski não tardou a constatar que sua missão não tinha nenhuma chance de sucesso, uma vez que Hollywood mostrava-se "hostil em relação a qualquer tema polonês". Mas os americanos não o haviam esquecido; seu nome era atraente, suas conferências contavam com bom público, então o embaixador Ciechanowski aconselhou-o a optar por um livro e encarregou o assessor de imprensa da embaixada de encontrar um agente literário para ele: o escolhido foi Emery Reeves. Em 23 de março de 1944, Jan Karski telegrafou a seu ministro, Stanisław Kot:

"A agência de Emery Reeves, que foi agente de Churchill, Eden e Duff Cooper no mercado americano, quer publicar um livro sobre a resistência polonesa a partir da experiência que vivi. Acham que vai fazer sucesso. Já estou preparando o material: será questão de algumas centenas de páginas. Se der certo, será uma grande ação de propaganda. Posso contar com a permissão do primeiro-ministro e também com a sua, professor?". A permissão foi imediatamente concedida. A embaixada da Polônia alugou um quarto num hotel de Manhattan para servir de escritório, designou uma secretária bilíngue para o projeto, e Karski escreveu sem interrupções no ritmo ditado por Reeves,[17] que impôs condições bastante estritas: rapidez, nenhuma propaganda, nenhuma menção antissoviética, nenhuma polêmica: "O que nós temos a ver com suas brigas com Stálin?". Além disso, ele se reservou o direito de interferir em determinados momentos para tornar o texto mais "atraente" e estabeleceu condições financeiras leoninas que lhe garantiam 50% dos direitos autorais.

Segundo o "Relatório sobre o livro" redigido por Karski em 15 de janeiro de 1945, "a organização do texto polonês de cerca de mil páginas exigiu oito semanas"; em seguida, "a tradução e a redução para cerca de quatrocentas páginas, outras oito semanas: o livro ficou pronto no final de julho de 1944". Numa carta pessoal de 30 de junho endereçada ao "professor" Stanisław Kot, Jan Karski contava que estava trabalhando noite e dia, parando apenas para comer e dormir.

O resultado estava ali. Com orgulho, ele informou a Londres que Reeves e seu redator, William Poster, "tendo tomado conhecimento do manuscrito, avaliaram que possui frescor, boa construção, escrita de qualidade literária e que bastaria retocar a tradução e fazer algumas 'adaptações' para que fosse editado tal e qual".

Karski não tardou a perceber que aquelas "adaptações" tinham um sentido bem elástico: seguiram-se discussões acirradas, bem como irritações. Os "americanos passam o tempo todo tentando aumentar meu papel pessoal e destacar o lado sensacionalista do tema, reduzindo o aspecto político-ideológico", escreveu ele. Reeves manifestou dúvidas quanto à veracidade de certas cenas dramáticas, o que ofendeu Karski. Foi necessária uma carta do primeiro-ministro Mikołajczyk atestando em nome da República da Polônia que seu emissário juramentado havia narrado os fatos com exatidão para que o conflito se acalmasse. Finalmente, colocou-se a questão do "vizinho oriental" e do viés comunista da Resistência. Aí, não houve discussão. Reeves rejeitou todo o capítulo e não recuou.

Karski consultou Kot à distância, expondo em seu relatório a construção detalhada do livro, o que pretendia transmitir e o que era problemático para ele: "Gostaria de lhe pedir, senhor ministro, que me enviasse suas observações, críticas, sugestões. Não quero cometer nenhum equívoco". A ideia original de roteiro de filme naturalmente influenciou a arquitetura dos capítulos e seus inúmeros diálogos. O livro "descreve o que seu autor viveu desde 24 de agosto de 1939 — ou seja, a partir da mobilização da Polônia — até o início de 1943". Na realidade, o último capítulo não termina no início de 1943, mas em 28 de julho, com a audiência na Casa Branca — a conclusão da missão do "emissário Witold" e seu amargo desencanto ao pé do monumento de Kościuszko, na praça La Fayette.

"O autor só conta o que ele mesmo viu, viveu e ouviu", insistia Karski. Ele reafirmará muitas vezes, apaixonadamente, a probidade de sua narrativa ou testemunho. Assim, em 1982, quando Giedroyc propôs que publicasse *Story of a Secret State* em polonês, no quadro das coleções Kultura, ele escreveu:

> Será possível constatar então com que fidelidade e honestidade informei a opinião pública sobre a resistência polonesa, no decorrer dos anos 1943-45. Todas as pessoas e todos os acontecimentos são autênticos. Eu esperava que pudéssemos retornar ao país depois da guerra e que, então, meu livro fosse editado em polonês e submetido à crítica dos dirigentes e membros da Resistência durante a guerra.[18]

Em 1999, no final de sua vida, quando enfim foi publicada a primeira edição polonesa da obra, editada por Andrzej Rosner, Karski decidiu introduzi-la com as seguintes palavras: "Ao escrever este livro em 1944, utilizei minha memória com fidelidade e honestidade. Mas as circunstâncias da época impunham certos limites sobre o que era possível escrever".

A clandestinidade exigia segredo sobre as identidades verdadeiras e mesmo sobre alguns pseudônimos, assim como a camuflagem de locais ou esconderijos ainda ativos e dos pontos exatos de passagem da "fronteira verde". Assim, ele preveniu Stanisław Kot, em junho de 1944, de que havia citado muitos nomes: "É indispensável para sustentar a autenticidade do livro. Naturalmente, só menciono nomes que estão fora da clandestinidade. Os nomes, locais e toda uma série de situações do movimento de resistência são camuflados". E precisou, em 1982, ao amigo Giedroyc (na carta já citada): "Estabeleci meu próprio código. Assim, a primeira letra de um nome inventado é sempre autêntica". Por isso, ele previa que a edição polonesa do livro "comportaria um grande número de notas identificando as pessoas e os acontecimentos descritos". O leitor irá constatar que nossa edição respeita a vontade de Karski e que nosso sistema de notas explorou metodicamente o "código" que Karski detalhou para Giedroyc.

Karski — ou o ainda tenente Witold, da resistência interna — deseja ardentemente informar os aliados da Polônia, primeiro, e o mundo inteiro, em seguida, do caráter único do Estado clandestino polonês e de suas características, que recapitulou em seu relatório e que o leitor encontrará no decorrer do livro:

"• O movimento de resistência na Polônia não é unicamente uma força de combate contra o ocupante, mas também o Estado normal, com todos os atributos de autoridade, instituições e engrenagens de um Estado democrático.

"• O governo desse Estado legal, que conta com o apoio de toda a sociedade, encontra-se provisoriamente em Londres.

"• A Polônia é o único Estado que jamais, em momento algum, traiu os Aliados ou concluiu qualquer acordo de compromisso com os alemães: ela é o país sem Quisling.

"• A nação polonesa é animada por uma vontade de democracia, liberdade e progresso."

Esse relatório de Karski expunha em seguida o importante lugar que ele fazia questão de dar, na construção geral do livro — o que não correspondia necessariamente ao número de páginas —, à "horrível tragédia do povo judeu, ao pedido de ajuda dos judeus ao mundo e ao fato de que essa ajuda não lhes foi dada", ou seja, àquela extraordinária missão assumida pelo "emissário Witold" em resposta ao pedido de dois representantes do gueto de Varsóvia no final de agosto de 1942. Ele comentou essa "dimensão judaica" de seu relato com a seguinte constatação pessoal: "Quanto mais tempo fico longe dos horrores do país e quanto mais me afasto da frente de batalha, mais sinto o horror da tragédia dos judeus poloneses".

Foi em razão disso que Karski concordou em parte com o pedido insistente de seus editores "para que desenvolvesse em especial a parte judaica" de seu livro e escrevesse "sobre a luta no gueto de Varsóvia, embora tais fatos não tivessem ligação com a construção do todo". O leitor encontrará assim uma alusão aos preparativos da insurreição no capítulo 29, sobre o gueto, o que, historicamente, constitui um anacronismo. Outros temas que Karski destacou de maneira expressa: "a reação dos homens de Estado ingleses e americanos a [seus] relatórios sobre [seu] país" e, para terminar, uma questão para ele fundamental, "a bestialidade alemã".

Àqueles que, em 1999, na Polônia, assinalaram que seu livro poderia soar antigermânico demais nos dias de hoje, ele lembrou que foi escrito em 1944 e que na época estava tomado unicamente pelo ódio ao inimigo. "Eu era puro ódio aos alemães, aos bolcheviques. Naquela época, era uma consciência doente."

Por fim, Karski fazia questão de garantir o aval explícito de seu governo a um pós-escrito no livro, para substituir o capítulo rejeitado sobre o "vizinho oriental" e "a atividade dos resistentes e do Partido Operário Polonês". É bom lembrar o que estava acontecendo então na Polônia, que Karski e o embaixador sabiam... e viam a imprensa americana comentar com otimismo. Entre 22 e 25 de julho de 1944, o Exército do Interior (AK) libertou Lublin ao lado do Exército Vermelho e a administração civil da Delegatura saiu da clandestinidade. Em 27 de julho, foram todos presos pelo NKVD. O PKWN, ou Comitê Polonês de Libertação Nacional, trazido de Moscou, instalou-se em Lublin, instituindo-se como "governo legal" e delegando ao Exército Vermelho (ou seja, ao NKVD) a jurisdição sobre o território polonês libertado, transformado em "retaguarda do front". O campo de Majdanek abriu as portas para novos prisioneiros: os soldados do AK, encurralados e desarmados, e os quadros civis do Estado clandestino, perseguidos. No dia 1º de agosto, Varsóvia se insurgiu, e só depôs as armas em 2 de outubro de 1944.

Mas Reeves e a Editora Houghton argumentavam que Mikołajczyk negociava, em Moscou, um acordo com Stálin e seus protegidos de Lublin. "Propuseram a seguinte solução", esclareceu Karski:

Vou escrever um pós-escrito no qual, sem entrar em nenhuma apreciação das atividades dos comunistas na Polônia, direi que eles também agiram, mas que, como não estou entre seus membros e não tenho nenhum contato com eles, não posso escrever sobre o assunto. Submeteram-me um projeto. Declarei categoricamente que, como se tratava de uma questão política, devia submeter esse projeto à aprovação do embaixador da República. O senhor embaixador realizou modificações estilísticas e políticas e devolveu o projeto assim complementado. Foi aprovado na totalidade por meus editores e encontra-se na última página de meu livro sob o título de "pós-escrito".[19]

E acrescentou, justificando:

A redação foi tão bem elaborada que não agride em nada a nossa doutrina oficial do movimento de resistência, e eu poderia interpretá-la nesse mesmo sentido se tivesse de escrever outro livro para esclarecer a questão a partir dos materiais que pude trazer da Polônia.

Ao evocar no livro sua infiltração no campo de Izbica Lubelska (que na época pensou ser Bełżec), Jan Karski diz ser guiado por um guarda letoniano e estar disfarçado como um guarda letoniano, o que era plausível, mas, no caso, inexato. Os guardas eram de nacionalidade ucraniana, e Karski realizou essa "camuflagem" por ordem do governo polonês de Londres, que ainda considerava possível que a Polônia mantivesse a posse da cidade de Lwów (hoje Lviv), como havia prometido Anthony Eden, e queria poupar a importante imigração ucraniana. Nossa edição restabelece a verdade sobre esse ponto, assim como fez Karski em 1999 na primeira edição polonesa de sua obra.

Com a águia branca polonesa na capa, *Story of a Secret State* foi publicado em 28 de novembro de 1944, mas desde setembro Reeves já tinha conseguido divulgar dois capítulos na imprensa: as revistas *Collier's* e *American Mercury* publicaram o capítulo sobre a tragédia dos judeus e, para suas leitoras, a *Harper's Bazaar* publicou o capítulo sobre o papel das mulheres na Resistência. O Círculo do Livro, que, sozinho, representava 600 mil leitores e garantia a venda de 50 mil exemplares dos livros selecionados, escolheu *Story of a Secret State* como "livro do mês" de dezembro de 1944. A tiragem total da edição americana atingiu, como vimos, 400 mil exemplares. Durante seis meses, Jan Karski percorreu os Estados Unidos de conferência em conferência, a convite de clubes e associações que disputavam sua presença. O embaixador Ciechanowski enviou, em 20 de dezembro de 1944, um exemplar com dedicatória do autor ao presidente Roosevelt, acompanhado de uma carta mencionando "a audiência que ele havia tido a gentileza de conceder, em 28 de julho de 1943", ao tenente Jan Karski. E Sterling North destacava no *New York Post*: "Os poloneses de Lublin ligados a Moscou ficarão furiosos quando lerem o livro. Jan Karski rouba dos comunistas sua marcha vitoriosa".

Em março de 1945, a revista *Soviet Russia Today*, amplamente difundida nos Estados Unidos, publicou um artigo, assinado por uma desconhecida "Eve Grot", intitulado "Not the Whole Story", uma saraivada de ataques viperinos contra o governo polonês de Londres e a resistência interior, mas também, e sobretudo, contra Jan Karski. Ele era chamado de aristocrata, que ignorava absolutamente tudo sobre o povo trabalhador, e também de "provocador", que ousava denegrir os esforços de guerra dos Aliados e chamar a conferência de Ialta de "um novo acordo de Munique" (agindo de maneira atípica, Karski de fato utilizara a expressão em público). Porém, o pior ainda estava por vir: o artigo também acusava Karski de ser "um antissemita ligado aos nacionalistas poloneses". Segundo Karski, o texto teve um efeito negativo para a divulgação do livro. Em seguida, a euforia da vitória comum e o entusiasmo despertado pela valorosa Rússia tornaram a obra inoportuna. À exceção da versão francesa publicada em 1948, as traduções acordadas e preparadas em espanhol, português, chinês, hebraico e árabe não chegaram a ser publicadas, pois os editores desistiram do projeto.

Diante da conjuntura no inverno de 1944-45, Jan Karski não alimentava mais ilusões a respeito de qualquer benefício real para a Polônia e seu governo legal a partir do livro: "Reforço mais uma vez que meu sucesso atual tem um caráter automático. É resultado de dezenas de milhares de dólares investidos pelo Círculo do Livro e pela Houghton Mifflin Co. na publicidade do livro e da minha pessoa".

Sentindo-se cansado e com a saúde abalada, ele escreveu a Stanisław Kot precisando que, durante os quatro meses (de abril a julho de 1944) de preparação e redação do livro, dera prosseguimento às suas missões de propaganda: seis programas de rádio, vinte conferências, dez dias de visita a Detroit, incluindo seis reuniões públicas:

> Devo preveni-los e alertá-los: meu trabalho está cada vez mais difícil; meu tema e o espírito de minhas conferências agradam cada vez menos e suscitam cada vez mais reservas. Isso está ligado, é claro, à situação política geral. De tempos em tempos, surgem alguns ataques, e creio que, no futuro, surgirão ataques contra minha pessoa e contra o tema de minhas conferências.[20]

Na época, ele insistiu para ser substituído e propôs o nome de seu caro amigo Lerski — o mensageiro "Jur", que tinha acabado de chegar a Londres vindo da Polônia. Mas não sabia que Lerski se opunha publicamente ao "realismo" do primeiro-ministro, enquanto ele, Karski, seguia a "linha do governo": lealdade rigorosa, senso de Estado. A tal ponto que, em Londres, alguns o acusaram de "filossovietismo", o que o feriu profundamente. Quando soube que diziam isso, passou várias noites sem dormir. Na verdade, Karski estava bem longe de ser "irredutível", uma vez que possuía um senso agudo da necessidade de preservar "no país" a substância biológica de sua nação. Nowak-Jezioranski, outro "mensageiro de Varsóvia", relatou que em seu último encontro em Londres, em janeiro de 1944, antes da partida de Karski para os Estados Unidos, este declarou:

> Na realidade, a Polônia já perdeu a guerra em Teerã. Em vez de se deixar cegar por seus votos piedosos, nossos dirigentes deveriam refletir juntos sobre a melhor maneira de perder essa guerra. [...] Como preparar a população e protegê-la melhor contra o que a espera.[21]

Em 5 de julho de 1945, os Estados Unidos e a Grã-Bretanha retiraram seu reconhecimento ao governo polonês no exílio a fim de estabelecer relações oficiais com o governo de Varsóvia, dominado pelos protegidos de Stálin (a França já tinha feito o mesmo em 29 de junho). Para Karski, o choque foi amortecido, num primeiro momento, por sua última missão, que levara quatro meses (julho a outubro de 1945), dessa vez a serviço dos americanos: ele retornou à Europa para tentar convencer os governos no exílio e suas diferentes instituições a confiar seus arquivos e documentos sobre a Segunda Guerra Mundial ao Instituto Hoover, criado pela Universidade Stanford, na Califórnia. Entre Londres, Paris e Roma, Karski obteve pleno sucesso junto aos poloneses, é claro, mas também junto aos letões, estonianos e lituanos.

Na volta aos Estados Unidos, constatou que já estava totalmente esquecido: um anônimo, um emigrante europeu entre tantos outros... "Nessa época, odiei o mundo e quis me isolar: esquecer, esquecer o inferno da guerra, nunca mais falar com ninguém, nunca mais evocar tudo o que tinha visto da tragédia dos judeus." Para não criar problemas para os serviços de imigração, aceitou renunciar a seu sobrenome, Kozielewski, e continuou como Jan Karski.

Tentou reencontrar a normalidade constituindo família: foi uma união que chegou ao fim dois anos depois com um divórcio. Tinha conseguido retirar da Polônia seu querido irmão mais velho, Marian, e a esposa dele, Jadwiga. Em 1949, investiu suas últimas economias, o que restava da renda do livro, numa pequena propriedade no Canadá, perto de Montreal, para instalá-los enquanto não conseguissem entrar nos Estados Unidos.

A carreira diplomática que esperava retomar tinha se tornado inacessível: no Departamento de Estado, seria sempre um subalterno por vir de um país sob controle comunista, e uma carreira na ONU passava pela adesão ao regime de Varsóvia, algo que estava fora de cogitação.

Só restava, como para muitos outros, a universidade e o ensino. O reitor Edmund Walsh, do departamento de relações internacionais da Universidade Jesuíta de Georgetown, em Washington, o recebeu com alegria e autoridade paternal, oferecendo uma bolsa de doutorado em ciências políticas. O doutorado, obtido em 1952, garantiu sua colocação: Jan Karski trabalhou na Universidade Georgetown por mais de trinta anos.

Em 1954, tornou-se cidadão americano, esforçando-se para ser apenas um acadêmico competente: o professor Jan Karski. Seu anticomunismo amplamente documentado era conhecido e utilizado pela administração americana em incontáveis apreciações e missões. Durante cerca de vinte anos, Karski dirigiu seu próprio programa de formação para o Pentágono e realizou inúmeras missões em conferências para o Departamento de Estado na Ásia, na África e no Oriente Médio. Exceção feita ao reitor Walsh, que conhecera em 1943 por ocasião de sua primeira missão, seus colegas e alunos na universidade ignoravam seu passado. Todos admiravam sua "distinção" e suas conferências límpidas e rigorosas, "grandes momentos de eloquência". Entre seus alunos da turma de 1968 estava Bill Clinton.

Ainda em 1954, por ocasião de um espetáculo de dança contemporânea numa sinagoga de Washington, Karski reencontrou Pola Nirenska (1910-92), nascida Nirensztajn, em Varsóvia, que havia encontrado pela primeira vez em Londres, em 1938. Casaram-se em junho de 1965. Pola, cujos pais haviam conseguido escapar para a Palestina, enquanto o resto da família pereceu, tinha se convertido ao catolicismo. Eles prometeram um ao outro que jamais falariam do passado.

Paralelamente a suas obrigações universitárias, durante anos o professor Jan Karski continuou a trabalhar na preparação de um livro para ele muito importante, consagrado à política das grandes potências em relação à Polônia. Serão setecentas páginas publicadas em 1985 sob o título: *The Great Powers and Poland, 1919-1945. From Versailles to Yalta* [As grandes potências e a Polônia, 1919-45. De Versalhes a Ialta]. "Um livro triste", diria ele mais tarde. A massa de arquivos analisados o autorizava agora a concluir que, em seu jogo cínico com a Polônia, "Churchill foi o mais equivocado, mas Roosevelt, o mais nocivo".

"Por mais de trinta anos, não escrevi um único artigo sobre minha ação durante a guerra", assinalou Karski em 1987, nas entrevistas gravadas para seu biógrafo, Stanisław M. Jankowski. "Mas meu passado me pegou! Em 1977, apareceu o cineasta francês Claude Lanzmann, depois Elie Wiesel, Hausner, Yad Vashem, os filmes, os artigos, os jornais..."

Esse período de 1978 a 1985, no qual o antigo emissário "Witold" da resistência polonesa novamente testemunhou, retificou e precisou o significado ético e histórico da extraordinária missão de novembro de 1942 confiada a ele por seus concidadãos judeus poloneses, esses anos forjaram sua imagem e missão de "testemunha", hoje reconhecidas, bem como sua posição — incômoda para alguns —, que resume o título dado à sua biografia, em 1994, como "aquele que tentou deter o Holocausto"... mas "não foi ouvido", segundo Bronisław Geremek, ou, segundo Elie Wiesel, aquele que acabou suscitando, tarde demais, no verão de 1944, um acesso de consciência por parte dos Aliados a favor dos judeus de Budapeste.

Se foi Claude Lanzmann que, com sua insistência durante os anos 1977-78, revelou uma memória intacta, Jan Karski já havia se manifestado, ao longo de sua impressionante intervenção de outubro de 1981, quando *Shoah* foi finalmente lançado, na primavera de 1985. Quando de sua estreia em Paris, Giedroyc pediu que Karski escrevesse suas primeiras impressões e opiniões para a revista *Kultura*. Seu artigo-resenha foi publicado no número de novembro de 1985 da revista, republicado em francês na *Esprit*, em novembro de 1986, e nos Estados Unidos na *Together*, em julho do mesmo ano. Karski reafirmava sua admiração sincera pelo filme tal como é. Todavia, lamentava que os quarenta minutos escolhidos dentre as oito horas filmadas com ele não fossem centrados "naquilo que só ele podia dizer": a surdez do Ocidente diante do apelo desesperado dos judeus do gueto de Varsóvia, fielmente transmitido por ele.

Por outro lado, Karski defendeu a ideia de um filme "complementar a *Shoah*", que, para não semear a descrença "nas novas e futuras gerações", mostrasse que a humanidade foi salva do desastre por milhares de pessoas simples que ajudaram uma pequena minoria de judeus a sobreviver. Esse foi também o tema da contribuição intitulada "Sob os olhos do mundo", apresentada em janeiro de 1993, por ocasião do quinquagésimo aniversário da insurreição do gueto de Varsóvia, no qual ele evoca os "Relatórios Karski", transmitidos desde 25 de novembro de 1942 pelo governo polonês e encontrados por historiadores como Martin Gilbert (autor de *Auschwitz and the Allies*) nos arquivos britânicos. Pois, diante de várias controvérsias, ele afirmou com segurança nessa ocasião que, a seu ver, "o governo polonês em Londres fez tudo o que estava a seu alcance para ajudar os judeus. Todavia, encontrava-se impotente, não só na questão do auxílio que deveria ser dado aos judeus como na defesa da independência de seu próprio Estado".

De certa maneira, *Shoah* forçou a Polônia do general Jaruzelski a retirar parcialmente a censura ao nome de Jan Karski, mas não a seu livro, que continuou proibido. E foi apenas em abril de 1987, mais de quarenta anos após o fim da Segunda Guerra Mundial, que os poloneses puderam ver pela primeira vez uma foto do resistente Jan Karski em dois jornais, exibidos em seguida numa exposição em Varsóvia: "O emissário de Paris", um trabalho de pesquisa e reportagem realizado por Stanisław Jankowski sobre a libertação de Karski, no verão de 1940, em Nowy Sącz, e sobre os resistentes anônimos que o salvaram.[22] Foi assim que teve início o reencontro progressivo do emissário Witold com sua pátria, que, agora independente e soberana, o recebeu calorosamente em 1991, quando da publicação de sua primeira biografia, *Emisariusz Witold*, por Stanisław M. Jankowski, e depois em 1995, para o lançamento da biografia traduzida do inglês, *Karski: How One Man Tried to Stop the Holocaust* [Karski: Como um homem tentou deter o Holocausto], de Thomas E. Wood e Stanisław M. Jankowski. Em dezembro de 1987, Karski havia efetivamente aberto para Stanisław M. Jankowski todos os seus "baús" de arquivos pessoais, bem como concedido ao biógrafo longas entrevistas em sua casa, em Bethesda.

Nos anos 1990, várias universidades conferiram a Karski o título de *doctor honoris causa* — nenhuma delas na França. Em 1994, ele foi nomeado cidadão honorário por Israel. Em 1995, recebeu do presidente polonês Lech Walesa a condecoração da Ordem da Águia Branca. Em 1998, ao comemorar seu quinquagésimo aniversário, Israel apresentou a candidatura de Karski ao prêmio Nobel da Paz. Convencido por dois historiadores da geração Solidarność (Andrzej Rosner e Andrzej Kunert), ele aceitou publicar *Story of a Secret State* em polonês, em dezembro de 1999. A introdução "do autor" recebeu a data simbólica 1º de setembro de 1999, ou seja, 55 anos após a publicação do livro original. O antigo soldado do Estado clandestino polonês acrescentou a esta edição a seguinte dedicatória:

> *Aos soldados e membros do Estado clandestino,*
> *Que lutaram por uma Polônia livre e independente,*
> *A todos aqueles que sacrificaram a vida por ela,*
> *Àqueles que sobreviveram,*
> *E a todos aqueles que encontrei ao longo do meu próprio caminho nesta guerra.*

Céline Gervais-Francelle

1
A derrota

Em 23 de agosto de 1939, fui a uma recepção particularmente animada, oferecida pelo filho do embaixador de Portugal em Varsóvia, o sr. Susa de Mendes. Tínhamos mais ou menos a mesma idade, 25 anos, e éramos grandes amigos. Suas cinco irmãs eram bonitas e charmosas. Costumava me encontrar com uma delas frequentemente e estava ansioso para reencontrá-la naquela noite.

Não fazia muito tempo que eu estava na Polônia. Depois de terminar meus estudos na Universidade de Lviv, em 1935, seguidos de um ano na Escola de Aspirantes da Artilharia Montada, fiz alguns estágios na Suíça, na Alemanha e, finalmente, na Inglaterra. Meu interesse se voltava para as questões demográficas. Depois de passar três anos nas grandes bibliotecas da Europa preparando minha tese, aperfeiçoando meus conhecimentos de francês, alemão e inglês, e familiarizando-me com os costumes desses países, a morte de meu pai me trouxe de volta a Varsóvia.[1]

Embora a demografia fosse e ainda seja meu objeto de estudos favorito, era cada vez mais evidente que eu não tinha habilidade alguma para escrever trabalhos científicos. Sofri e demorei para concluir minha tese de doutorado, e a maior parte de meu trabalho foi recusada. Essa era a única nuvem — e ela pouco me causava problemas — no horizonte claro e ensolarado de perspectivas que apareciam diante de mim.[2]

A noite se desenrolou numa atmosfera despreocupada e alegre. O imenso salão da embaixada era decorado com elegância, embora o estilo fosse um pouco romântico demais. A sociedade presente era simpática. Havia discussões animadas por todos os cantos. Lembro-me de alguns dos temas abordados: defesa calorosa das belezas do Jardim Botânico de Varsóvia, contra a pretensa superioridade de seus rivais europeus; troca de opiniões sobre os méritos da remontagem de *Madame Sans-Gêne*; pequeno escândalo e as piadinhas habituais quando alguém descobriu que meus bons amigos Stefan Leczewski e a srta. Marcelle Galopin tinham desaparecido do salão — como de costume. Questões políticas quase não foram abordadas.

Bebemos bons vinhos e dançamos incansavelmente, sobretudo as danças europeias, as valsas e os tangos. Para terminar, Helène Susa de Mendes e o seu irmão nos apresentaram os complicados passos do tango português.

A festa terminou bem tarde. As despedidas foram longas e, já do lado de fora, vários grupos continuaram a se despedir, marcando encontros para a semana seguinte. Voltei para casa bastante cansado, mas com o espírito tão cheio de projetos inebriantes que foi difícil pegar no sono.

Tive a impressão de que tinha acabado de fechar os olhos quando ouvi batidas fortes na porta da frente. Saí da cama e comecei a descer a escada, apressando o passo à medida que os golpes redobravam a violência. Abri. Um policial estava diante de mim, impaciente e mal-encarado: entregou-me uma ficha vermelha, murmurou alguma coisa e foi embora.

Era uma ordem secreta de mobilização, informando que eu deveria deixar Varsóvia em quatro horas para juntar-me a meu regimento. Eu era subtenente da artilharia montada e meu regimento estava estacionado em Oświęcim,[3] exatamente na fronteira entre a Polônia e a Alemanha. A maneira como essa ordem me foi entregue, ou talvez a hora em que chegou, ou ainda o fato de que jogava por terra todos os meus projetos, fez com que eu ficasse imediatamente sério e talvez até sombrio.

Fui acordar meu irmão e minha cunhada. Eles não ficaram nem um pouco impressionados ou alarmados, e fiquei me sentindo meio ridículo por estar com aquele ar de preocupação.

Enquanto me vestia e arrumava minhas malas, discutimos a situação. Concluímos que se tratava certamente de uma mobilização limitada, visando unicamente um punhado de oficiais da reserva, para lembrar que deviam se manter sempre alertas. Recomendaram que não carregasse muita coisa — minha cunhada protestou quando viu que queria levar roupas de baixo de inverno.

"Você não está indo para a Sibéria", disse ela, olhando para mim como se eu fosse um colegial cheio de romantismo. "Vai estar de volta em um mês."

Fiquei mais tranquilo. Poderia até ser divertido. Lembrei que Oświęcim ficava em uma região de belas planícies. Eu era um cavaleiro apaixonado e adorei a ideia de galopar de uniforme montado em um dos soberbos cavalos do Exército. Coloquei com cuidado minhas melhores botas na mala. Tinha a sensação de que estava indo para uma espécie de parada militar. Quando terminei de fazer as malas, estava um pouco mais animado. Disse a meu irmão que era uma pena que o exército não precisasse de nenhum velho no momento. Ele me respondeu com palavras duras e ameaçou me dar um corretivo se eu não parasse com as brincadeiras. Minha cunhada pediu que parássemos com aquelas criancices. Apressei meus preparativos.

Quando cheguei à estação, tive a impressão de que todos os homens de Varsóvia estavam lá. De repente, percebi que, de "secreta", a mobilização só tinha o fato de não ter usado cartazes ou publicado avisos. Centenas de milhares de homens certamente tinham sido mobilizadas.

Lembro-me de um boato que havia circulado dois ou três dias antes, segundo o qual o governo pretendia ordenar uma mobilização geral diante da ameaça alemã, mas fora impedido pelas advertências dos representantes da França e da Inglaterra: não era hora de provocar Hitler. Nessa época, a Europa ainda acreditava na moderação e na reconciliação. A autorização para a mobilização "secreta" foi finalmente concedida a contragosto ao governo polonês, tendo em vista os preparativos de ataque efetuados quase abertamente pelos alemães.[4]

Mas eu só saberia de tudo isso bem mais tarde. Naquele momento, a lembrança dos boatos ouvidos me preocupava tão pouco quanto da primeira vez em que os ouvi. Ao meu redor, milhares de civis mobilizados circulavam perto dos trens, facilmente reconhecíveis por suas "maletas" militares. Nessa multidão, destacavam-se prontamente os uniformes elegantes dos oficiais da reserva, que se cumprimentavam, chamavam uns aos outros e trocavam saudações. Procurei algum rosto familiar e, não encontrando nenhum, tentei abrir caminho no meio da multidão. Não foi nada fácil. Os vagões estavam lotados; todos os lugares, ocupados. Os corredores estavam abarrotados e até os banheiros regurgitavam de gente. Todos pareciam cheios de energia, entusiasmo e mesmo alegria.

Durante a viagem, fui pouco a pouco tomando consciência da gravidade da situação. Ainda não tinha a menor ideia a respeito da iminência do conflito, mas podia entender muito bem que não se tratava de uma brincadeira agradável, mas de uma verdadeira mobilização geral. Em cada estação, acrescentavam-se mais vagões para receber novos contingentes, agora compostos sobretudo por camponeses. Todos pareciam cheios de ardor e confiança, à exceção, é claro, das mulheres — esposas, irmãs e mães —, que invadiam as plataformas; verdadeiras Níobes, elas lamentavam, retorciam as mãos, apertavam os filhos nos braços, tentavam impedir seu embarque. Os rapazes, envergonhados, desvencilhavam-se das mães com firmeza. Lembro-me de ter ouvido um jovem de cerca de vinte anos gritar numa das plataformas: "Deixe-me ir, mãe. Logo poderá me visitar em Berlim".

Em razão das intermináveis paradas em cada estação para acrescentar novos vagões e receber novos mobilizados, o trajeto até Oświęcim levou quase o dobro do tempo que normalmente levaria. Quando chegamos à caserna, era noite alta e o calor somado ao cansaço causado pelas longas horas passadas de pé tinha alterado um pouco o bom humor da partida. Depois de um jantar bastante saboroso, se considerarmos a hora que tínhamos chegado, nos sentimos revigorados e fui para o alojamento com um grupo de oficiais que conheci no refeitório. Não encontrei todos os oficiais da nossa divisão. Duas baterias de artilharia montada já tinham sido enviadas para a fronteira. Apenas a 3ª Bateria e a 4ª de Reserva ainda estavam na caserna.

É difícil explicar o motivo, mas durante as festas no clube dos oficiais, um acordo tácito nos fazia evitar os temas que pareciam polêmicos ou graves demais. Quando finalmente chegávamos às considerações sobre a situação atual e as possibilidades que tínhamos diante de nós, nossas opiniões tendiam a se confirmar mutuamente e se cristalizar num otimismo uniforme que nos protegia admiravelmente contra as dúvidas, os temores e a necessidade de pensar com lucidez sobre as mudanças complexas da política europeia que, aliás, aconteciam com uma rapidez que não podíamos nem queríamos entender. Posso dizer que, de minha parte, impedia meu espírito de fazer qualquer esforço para prever a violenta reviravolta que estava por vir. Todo o meu modo de vida, passado e presente, seria profundamente ameaçado.

Havia também as observações feitas por meu irmão nas horas que se seguiram à mobilização. Meu irmão, vinte anos mais velho, ocupava um posto importante no governo e, pelo que me lembrava, pertencia aos "ambientes bem informados".[5]

Outros trouxeram as reflexões de amigos, de conhecidos e suas próprias deduções pessoais, e tudo isso nos levou a concluir que nossa mobilização era apenas uma resposta da Polônia à guerra de nervos dos nazistas. A Alemanha estava enfraquecida e Hitler estava blefando. Quando visse que a Polônia estava "forte, unida e preparada", ele recuaria e todos voltaríamos para casa. Do contrário, aquele bufão fanático receberia o castigo merecido da Polônia, ajudada pela Inglaterra e pela França.

Certa noite, nosso comandante chegou a declarar abertamente:

"Dessa vez, não vamos precisar da Inglaterra e da França. Podemos acertar as contas com ele sozinhos."

Um camarada retrucou secamente:

"Claro, meu comandante, com certeza somos fortes, mas... mas... é sempre agradável estar em boa companhia."

Ao amanhecer do dia 1º de setembro, um pouco antes das cinco horas da manhã, enquanto os soldados da nossa divisão de artilharia montada dormiam tranquilamente, a Luftwaffe voou despercebida até Oświęcim e, ao sobrevoar nossa caserna, lançou um dilúvio de bombas incendiárias sobre toda a região. Nessa mesma hora, centenas de tanques alemães, modernos e poderosos, atravessavam a fronteira e, com seus obuses, transformavam tudo num campo de ruínas em chamas.

O que esses ataques conjugados realizaram em menos de três horas, em termos de mortes, destruição e desorganização, é inimaginável. Quando finalmente conseguimos recobrar o ânimo e avaliar a situação, ficou evidente que não tínhamos condições de opor resistência eficaz. No entanto, por um milagre, algumas baterias tinham conseguido manter posição por algum tempo e lançar seus obuses contra os tanques do invasor. Ao meio-dia, duas de nossas baterias tinham deixado de existir, a caserna estava quase totalmente destruída e a estação de trens, arrasada.

Quando ficou claro que não conseguiríamos conter a ofensiva alemã, foi dada a ordem de retirada, e nossa bateria de reserva foi instruída a deixar a cidade de Oświęcim em formação de combate, levando canhões, víveres e munições, em direção a Cracóvia. Enquanto avançávamos pelas ruas de Oświęcim a caminho da estação, para nosso grande espanto, os habitantes começaram a atirar em nós de algumas janelas. Eram cidadãos poloneses descendentes de alemães, a "quinta-coluna" nazista, que assim anunciavam a sua nova aliança. A maioria dos homens quis reagir imediatamente e atirar em qualquer prédio suspeito, mas foram impedidos pelos oficiais superiores. Ações desse tipo desorganizariam nossa marcha, e era exatamente esse o objetivo da quinta-coluna. Além do mais, nos mesmos prédios moravam também poloneses leais e patriotas.[6]

Ao chegar à estação, fomos obrigados a esperar que a via férrea fosse reparada. Ficamos sentados no chão até que o trem estivesse pronto para partir, sob um sol escaldante, vendo desfilar diante de nossos olhos os edifícios em chamas, a população apavorada e as janelas traidoras de Oświęcim. Embarcamos num silêncio pesado e triste e partimos para o leste, em direção a Cracóvia.

Durante a noite, o trem sofreu atrasos consideráveis. Ora adormecidos, ora despertos, discutíamos sobre o acontecido, e era unânime o desejo de entrar em combate o mais breve possível. De madrugada, cerca de quinze Heinkels surgiram para bombardear e metralhar o trem durante quase uma hora. Mais da metade dos vagões foi atingida e a maioria de seus ocupantes mortos ou feridos. Meu vagão saiu incólume. Os sobreviventes abandonaram as ruínas do trem e, sem nenhuma preocupação em organizar ou formar fileiras, prosseguiram a pé em sua marcha para o leste.

Não éramos mais um exército nem um destacamento ou uma bateria, mas apenas indivíduos que marchavam juntos para um destino totalmente indefinido. Encontramos as estradas congestionadas por centenas de milhares de refugiados, de soldados que procuravam seus chefes e de gente arrastada por essa maré montante. A massa humana se deslocou lentamente para o leste durante duas semanas. Eu mesmo fazia parte de um grupo no qual ainda era possível reconhecer algo de uma unidade militar. Alimentávamos a esperança de encontrar uma nova linha de resistência onde pudéssemos parar e lutar. Cada vez que encontrávamos uma que nos parecia conveniente, uma ordem de continuar a marcha chegava ao nosso capitão, que dava de ombros e desanimadamente nos indicava a direção leste.

As más notícias, como abutres, nos perseguiam, devorando nossas últimas esperanças: os alemães haviam ocupado Poznań, depois Łódź, Kielce e Cracóvia; nossos aviões e nossa defesa antiaérea tinham desaparecido. As ruínas fumegantes e abandonadas das cidades, aldeias e estações só faziam confirmar essas amargas informações.[7]

Depois de quinze dias de marcha, esgotados, encharcados de suor, aturdidos e desorientados, chegamos a Tarnopol.[8] Era dia 17 de setembro e vou me lembrar dessa data até o último dia da minha vida. O asfalto da estrada de Tarnopol estava tão quente e nossos pés e sapatos em estado tão lastimável depois de quatro dias seguidos de caminhada que não conseguíamos suportar o contato com o solo ressecado. A maioria de nós preferia seguir pelos acostamentos, mesmo que isso nos obrigasse a avançar mais lentamente.

Enquanto seguíamos nessas tristes condições, sem nenhuma pressa particular, sem saber ao certo para onde estávamos indo, escutei um ruído crescente e avistei alguns indivíduos correndo de um grupo a outro, o que, em geral, anunciava a chegada de notícias importantes ou boatos surpreendentes. Eu estava com um grupo de oito oficiais médicos, depois de abordar um deles em busca de um curativo para meu calcanhar. Todos percebemos que alguma coisa estava acontecendo.

"Vou buscar informações", disse um deles, um jovem capitão que admirávamos pela aparência imaculada que se esforçava para manter, "talvez sejam boas notícias, afinal."

"Claro", respondeu outro, ironicamente. "Talvez Hitler tenha resolvido se render a nós."

"Bem, logo saberemos", disse o capitão dirigindo-se a um grupo de soldados de infantaria parado a cerca de dez metros atrás de nós, discutindo animadamente.

Resolvemos esperar a volta de nosso autoproclamado mensageiro à sombra magra de uma velha árvore atrofiada. Alguns minutos depois ele retornou e, meio sem fôlego e incapaz de se conter, gritou de longe:

"Os russos cruzaram a fronteira, os russos cruzaram a fronteira, ouviram?!"

Ele foi imediatamente cercado e crivado de perguntas: a informação era confiável?

Havia sido obtida de um civil que possuía um rádio. O que isso significava? Será que eles também haviam declarado guerra à Polônia? Vinham como amigos ou como inimigos?

Não considerava a informação segura, mas, em sua opinião... Respondemos educadamente que sua opinião no momento não despertava interesse particular. Queríamos fatos.

Segundo o relato ouvido, alguém conseguira captar uma rádio russa que transmitia em frequências polonesas de algum lugar da Polônia. Uma longa série de anúncios havia sido divulgada em russo, polonês e ucraniano, pedindo ao povo polonês que não considerasse os soldados russos que haviam cruzado as fronteiras como inimigos, mas como libertadores. Vinham para "proteger as populações ucranianas e bielorrussas".

A palavra "proteção" era de mau agouro. Todos recordávamos que a Espanha, a Áustria e a Tchecoslováquia estavam sendo "protegidas". Será que os russos lutariam contra os alemães se fosse necessário? O pacto Molotov-Ribbentrop havia sido rompido?[9]

Nosso mensageiro não sabia de nada sobre o assunto. Havia conversado apenas com os soldados, que sabiam menos ainda. Tudo o que podia dizer é que os anúncios russos não davam informações precisas sobre esses pontos. Em compensação, ofereceu suas considerações sobre "nossos irmãos ucranianos e bielorrussos" e sobre a necessidade urgente de uma "união de todos os povos eslavos".[10]

De nada serviria ficar torrando debaixo do sol para discutir o assunto. O mais inteligente era tentar chegar a Tarnopol o mais rápido possível para obter mais informações.

Os subúrbios de Tarnopol estavam a cerca de quinze quilômetros, no máximo. Poderíamos chegar em algumas horas, se exigíssemos um pouco mais de nós mesmos. Continuamos, portanto, nossa exaustiva marcha com um pouco mais de energia. Agora pelo menos tínhamos um motivo, que nos animava e nos apressava. Estávamos quase alegres.

Enquanto marchávamos, refletíamos sobre as interpretações possíveis para aqueles boatos, esquecendo assim o calor e a miséria. Finalmente podíamos falar de outra coisa que não fosse a extensão do nosso território que já estava nas mãos dos alemães.

Antes mesmo de chegarmos a Tarnopol, nossas interrogações encontraram resposta. A cerca de três quilômetros da cidade, ouvimos um grande alarido intercalado com o som de um alto-falante. Alguém discursava. A fonte desses sons era ocultada pelas curvas da estrada, e as palavras corrompidas chegavam em fragmentos. Impossível captar seu sentido. Sabíamos que algo grave estava acontecendo e, apesar do cansaço, começamos a correr. Depois da curva, descobrimos uma longa linha reta cuja extremidade, de cerca de duzentos metros, estava deserta. Os grupos dispersos que estávamos acostumados a ver à frente da marcha fundiam-se numa única massa à beira da estrada. À distância, via-se uma fileira de caminhões militares e tanques, mas era impossível distinguir a que nação pertenciam.

Alguns de nossos homens, muito excitados, correram à frente, e um deles, que tinha olhos de águia, gritou:

"São russos, são russos! Estou vendo a foice e o martelo."

Em pouco tempo, não precisávamos mais de um olhar de lince para constatar a verdade. A cada passo em direção ao alto-falante, as palavras ficavam mais nítidas. Era polonês. Alguém falava polonês com o sotaque cantado dos russos quando falam nossa língua. Chegamos o mais perto que a multidão compacta permitia, mas a voz se calou. Os soldados poloneses reuniram-se ao redor daquilo que agora reconhecíamos como um caminhão de rádio russo e começaram a conversar sobre o que tinham ouvido.

Já podíamos ver a foice e o martelo pintados em vermelho sobre a maioria dos tanques e caminhões russos. Os caminhões estavam apinhados de soldados armados até os dentes. A voz do rádio confirmava os boatos ouvidos anteriormente. Ela convidava os homens reunidos ao redor da viatura a se juntarem aos russos "como irmãos".

Enquanto cada um dava sua opinião sobre o que deveria ser feito, fomos reduzidos ao silêncio por uma voz impaciente que trovejava pelo alto-falante de um dos caminhões soviéticos:

"Ei, e então? Estão conosco ou não? Não vamos ficar aqui parados no meio da estrada o dia inteiro esperando que tomem uma decisão. Não há nada a temer. Somos eslavos como vocês, e não alemães. Não somos inimigos. Sou o comandante do destacamento. Mandem-me alguns de seus oficiais como porta-vozes."

Um burburinho confuso tomou conta do lado polonês, dando livre curso a centenas de opiniões e comentários diferentes. Os soldados, em geral, mostravam-se sombrios e hostis à proposta, os oficiais hesitavam, parecendo descontentes com tudo, inclusive consigo mesmos. Quanto a mim, estava completamente perdido, e meu coração batia tão furiosamente que mal pude responder a uma ou duas perguntas que me fizeram.

Alguns oficiais ponderaram que teríamos melhores condições de negociação se mantivéssemos as aparências de um corpo militar. Suboficiais começaram a circular entre os soldados, tentando reuni-los em fileiras. Foi totalmente inútil, pois já não passávamos de um rebanho, um aglomerado de oficiais, de homens e de suboficiais — dos quais nem sequer uma dúzia parecia vir da mesma unidade. Muitos soldados não estavam mais armados e não havia metralhadoras nem canhões. A indecisão permanecia, ameaçando prolongar-se indefinidamente.

Entre os oficiais, havia dois coronéis. Os dois confabularam por alguns minutos e finalmente acertaram um plano de ação. Fizeram um sinal para que os oficiais mais velhos se juntassem a eles, depois começaram a discutir em voz baixa. No final, um capitão se destacou do grupo, tirou do bolso um lenço branco amarrotado e, agitando-o acima da cabeça, marchou cautelosamente em direção aos tanques soviéticos.

A multidão assistia como se ele fosse um personagem de teatro, um ator atravessando o palco numa cena patética. Ninguém se mexia. Seguíamos nosso oficial com os olhos, num silêncio oprimido, até que um oficial do Exército Vermelho apareceu entre os tanques. Os dois oficiais caminharam um ao encontro do outro, cumprimentaram-se rapidamente e conversaram de maneira polida. O oficial soviético fez um gesto para o tanque de onde seu comandante havia falado, e os dois partiram juntos naquela direção. Um leve suspiro de alívio partiu da multidão depois dessa sutil demonstração de amizade.

Mas ainda não estávamos tranquilos. Depois de duas semanas e meia de tensão, estávamos exaustos. Nosso esgotamento emocional e mental era tão intenso que não podíamos suportar mais nada. Fisicamente, havíamos escapado sãos e salvos, mas a Blitzkrieg [guerra-relâmpago] conseguira nos desorientar completamente e estávamos tão perdidos em meio a todas aquelas emoções que mal compreendíamos o que estava acontecendo. Não estávamos feridos, mas, em compensação, estávamos moralmente abatidos e sem a menor energia.

O oficial polonês ficou ausente por cerca de quinze minutos. Nesse intervalo, ansiosos e pasmos, só fizemos esperar.

Os acontecimentos que se sucediam diante de nós pareciam irreais; era tudo tão diferente do que tínhamos vivido ou imaginado que não ousávamos nem falar do assunto. Aquele silêncio febril foi finalmente interrompido por uma voz forte e segura que falava sem o menor sotaque através do alto-falante do tanque do comandante soviético.

"Oficiais, suboficiais e soldados", começou, no tom de um general que se dirige a seus homens antes da batalha, "aqui é o capitão Wielszorski. Deixei-os há dez minutos para uma reunião com um oficial soviético. Nesse momento, tenho notícias muito graves a anunciar."

Ele fez uma pausa. Ficamos tensos à espera do golpe. E ele veio.

"O exército soviético cruzou a fronteira para se juntar a nós na luta contra os alemães, inimigos mortais dos eslavos e de toda a espécie humana. Não podemos esperar as ordens do alto-comando polonês. Não existe mais alto-comando polonês, nem governo polonês. Devemos nos unir às forças soviéticas. O comandante Plaskov exige que nos juntemos imediatamente a seu destacamento, depois de entregar-lhe nossas armas. Elas serão devolvidas mais tarde. Informo a todos os oficiais e ordeno a todos os suboficiais e soldados que obedeçam às exigências do comandante Plaskov. 'Morte à Alemanha! Viva a Polônia e a União Soviética!'"[10]

A reação a tal discurso foi um silêncio total. Os acontecimentos haviam superado amplamente o nosso entendimento, privando-nos de qualquer iniciativa. Ficamos ali, paralisados, mudos. Nem um sussurro, nem um gesto. Pessoalmente, sentia como se estivesse enfeitiçado. A sensação de sufocação era a mesma que senti ao ser anestesiado com éter.

O encantamento foi rompido por um soluço que partiu das nossas fileiras. Durante um segundo, pensei que se tratava de uma alucinação, mas houve mais um soluço desesperado, que parecia carregar consigo a garganta da qual brotava. O soluço se amplificou e se transformou num grito agudo:

"Irmãos! Esta é a quarta partilha da Polônia. Deus tenha piedade de nós!"

Um tiro de revólver explodiu, semeando a confusão e a desordem. Todos tentavam se aproximar do local de onde o tiro havia partido. Um suboficial havia se suicidado. A bala atravessou o cérebro e a morte foi instantânea. Ninguém sabia seu nome e ninguém procurou descobrir revistando suas roupas.

Ninguém parecia capaz de interpretar aquele trágico acontecimento, mas não houve sinal de outros atos desesperados. Em vez disso, todos começaram a falar ao mesmo tempo, a gesticular, a explicar alguma coisa ao vizinho. A situação lembrava uma sala de teatro no minuto seguinte ao fechamento das cortinas. Os oficiais só aumentavam a confusão. Corriam de um soldado a outro, exigindo que depusessem as armas. Tentavam convencer os recalcitrantes. Quando algum homem da tropa teimava em conservar seu fuzil, esforçavam-se para arrancá-lo de suas mãos. E seguiam-se brigas acompanhadas de xingamentos, maldições e impertinências.

Uma nova mensagem chegou, sempre pelo alto-falante do tanque do comandante, agora em polonês com entonação cantante: "Soldados e oficiais poloneses! Deponham suas armas diante da casa branca, sob os pinheiros, do lado esquerdo da estrada. Os oficiais podem manter suas espadas, os soldados devem entregar as baionetas e os cintos. Qualquer tentativa de conservar alguma arma será considerada traição".

Como um só homem, viramos a cabeça para a casinha branca cercada de pinheiros. Ela brilhava ao sol, a trinta passos de onde estávamos. No meio das árvores, de cada lado da casa, descobrimos uma fileira de metralhadoras com os canos apontados para nós, não deixando nenhuma dúvida sobre a nossa situação. Parados ali, indecisos, pois ninguém queria tomar a iniciativa, vimos os dois coronéis avançarem com passo decidido. Eles sacaram suas armas e as jogaram de maneira ostensiva contra a porta da casa.

Logo foram imitados por dois capitães. O primeiro passo tinha sido dado. Um depois do outro, os oficiais deram um passo à frente e seguiram o exemplo de seus comandantes — os soldados observavam, incrédulos. Quando chegou a minha vez, foi como se estivesse hipnotizado, incapaz de me convencer de que tudo aquilo era real. Quando cheguei diante da casa, fiquei estarrecido à visão do monte de revólveres. A contragosto saquei o meu, pensando em todo o cuidado que lhe dispensei e no pouco tempo que fiquei com ele. Ainda era brilhante e fazia um belo efeito. Joguei-o e tive a sensação de estar sendo espoliado. Depois dos oficiais, foi a vez dos soldados, que obedeceram com evidente má vontade. Tínhamos mais armas do que imaginávamos. Para minha grande surpresa, vi soldados trazendo uma metralhadora e, ao longe, duas parelhas de cavalos de artilharia pesada puxando um canhão de campanha. Até hoje, não consigo compreender como e por que ele estava lá.

Depois que o último canhão e a última baioneta foram tristemente lançados ao monte, que já era enorme, tivemos a surpresa de ver dois pelotões de soldados soviéticos saltarem dos caminhões e colocarem-se em posição de tiro dos dois lados da estrada, mantendo a metralhadora apontada contra nós.

Do alto-falante, veio a ordem de formar fileiras ordenadamente, de frente para Tarnopol. Enquanto cumpríamos a ordem, uma seção de tanques acionou os motores, atravessou rapidamente a estrada e, deslocando-se pelo acostamento, tomou posição atrás de nós, com os canhões apontados na nossa direção. Os tanques posicionados na nossa frente giraram as torretas para fazer o mesmo. De início lentamente, depois em passo de marcha, nossa coluna partiu em direção a Tarnopol.

Éramos prisioneiros do Exército Vermelho. No que me diz respeito, não tive sequer a oportunidade de lutar contra os alemães.

2
Prisioneiro na Rússia

A noite caía quando entramos em Tarnopol.[1] Uma grande parte da população tinha saído às ruas para nos ver passar, sobretudo mulheres, velhos e crianças. Contemplavam nosso desfile com resignação e não manifestavam absolutamente nada. Mais de 2 mil poloneses que duas semanas antes haviam abandonado seus lares para mandar os alemães de volta a Berlim marchavam agora para um destino desconhecido, sob a ameaça de metralhadoras soviéticas.

Até então, nós nos arrastávamos apaticamente, mas agora, sob o olhar dessa população, percebemos enfim o papel que deveríamos ter desempenhado e o rumo lamentável que as coisas haviam tomado. Naquele momento, pela primeira vez, pensei em fugir. Observando meus companheiros de infortúnio, percebi que muitos deles acalentavam a mesma ideia. Não marchavam mais com o olhar fixo no chão, mas olhavam ao redor. Seu olhar tentava descobrir por entre o cordão de soldados vermelhos que nos cercava alguma brecha que lhe permitisse fugir e desaparecer no meio da multidão. A coluna avançava em fileiras cerradas de dez homens, e eu era o terceiro a partir da esquerda. Mais ou menos a cada cinco fileiras, havia um soldado soviético armado com metralhadora. Quis a sorte que um deles estivesse a apenas um metro de mim. Assim que virei a cabeça para examiná-lo melhor e avaliar as chances de fuga, ele captou meu olhar e fuzilou-me com os olhos. No mesmo instante, quatro fileiras à minha frente, produziu-se um leve movimento. Meu coração começou a bater mais forte. Prendendo a respiração, resolvi prestar atenção. O homem que marchava na parte exterior da fileira saíra do alinhamento e enfiara-se no meio da multidão, pelas costas do guarda, que continuou sua marcha sem se dar conta de nada. O guarda a meu lado também não percebeu, pois só vigiava atentamente os "seus" prisioneiros. A multidão absorveu o audacioso na mesma hora e o lugar vazio foi rapidamente preenchido pelo vizinho da direita. Todos os outros prisioneiros se realinharam para cobrir seu lugar e, como as fileiras não eram muito regulares, o desaparecimento foi facilmente camuflado.

Todo o movimento não durou mais que um breve instante. Mas senti uma mudança indefinível na atitude dos prisioneiros: um de seus camaradas havia feito algo totalmente diferente e bem mais sensato do que todos eles.

Quando ficou claro que a evasão havia obtido sucesso completo, inclinei-me ligeiramente para o meu vizinho da direita e murmurei o mais baixo possível:

— Viu?

Ele fez um sinal quase imperceptível com a cabeça. Na mesma hora, vi o guarda na ponta da fileira virar praticamente de frente para nós e olhar enfurecido. Eu não estava com sorte. O guarda não só estava alerta, como eu parecia ser o objeto principal de sua atenção. Com a metralhadora em punho, pronta para ser usada, compreendi que seria temerário desafiar seu desejo de apertar o gatilho.

Enquanto a marcha continuava ao entardecer, eu procurava por todo lado uma ocasião favorável, sem sucesso. Minha imaginação estava tão excitada que eu tinha a impressão de ver sombras deslizando o tempo todo. Algumas dessas silhuetas fugidias talvez fossem reais: na escuridão crescente, era impossível ter certeza de qualquer coisa. O rugido dos tanques, o brilho dos canos dos fuzis à luz do luar, o esforço para tentar enxergar no escuro, tudo contribuía para que eu acreditasse que aquilo fazia parte de um jogo muito estranho. Quando avistei a estação ferroviária a alguns metros de nós, fui obrigado a me convencer de que, qualquer que fosse a sorte reservada para aqueles pobres-diabos, eu estava destinado a partilhá-la.

Nos rostos resignados da população de Tarnopol, lia-se que entendiam muito bem nossa tragédia. Fiquei profundamente abalado. Eles sabiam que a Polônia havia sido esmagada. Compreendiam bem melhor do que toda a intelligentsia de Varsóvia, do que meus amigos bem informados, do que meus colegas oficiais com toda a sua cultura: sabiam o que aquilo significava, sabiam que já não havia mais Polônia. Aproximavam-se para tentar ajudar a fuga de alguns de seus filhos que ainda pudessem lutar.

Assim que chegamos ao final de nossa triste marcha para o desconhecido, vi que algumas mulheres nos traziam roupas civis. Uma delas estendia um paletó a um dos soldados obrigado a desfilar diante dos guardas. A vigilância, aliás, havia sido relaxada. Olhando para ela, um soluço de orgulho e admiração brotou de meu coração. Tirei do bolso uma carteira que continha dinheiro, documentos e o relógio de ouro dado por meu pai. Olhando fixo para a frente para que os guardas não percebessem, joguei-a no meio da multidão com o braço esquerdo. Provavelmente, não iria precisar dela no futuro, e era o mínimo que podia fazer pela corajosa população de Tarnopol. Guardei um pouco de dinheiro costurado às roupas, os documentos mais importantes e a pequena medalha de ouro de Nossa Senhora de Ostra Brama.[2]

Um segundo depois, entrávamos no pátio da estação.

Entre as quatro paredes da estação, as chances de fuga reduziam-se a zero, e, junto com elas, desapareceu também o otimismo que nos ajudou a suportar a marcha para Tarnopol. Na estação apinhada e malcheirosa, sentimos todo o peso do cansaço físico e das esperanças frustradas das semanas anteriores. Assim que entravam, os homens tratavam de sentar ou deitar nos bancos, nos degraus, no chão e, extenuados, mergulhavam num sono de chumbo. Sentei no chão, a cabeça apoiada num banco onde três oficiais já estavam roncando e dormi também.

Despertei duas ou três horas depois. Todos os meus ossos doíam. Tinha sede, fome e estava num estado miserável, o mais miserável possível. Os três homens que estavam no banco acordaram e começaram a conversar em voz baixa. O primeiro puxou uma discussão — como todo mundo naqueles últimos dias — sobre a verdadeira situação do exército polonês e suas possibilidades de resistência. Um tenente de voz suave, que parecia sério, respondeu tristemente:

"Eles disseram a verdade. Não existe mais exército polonês. Se não fomos capazes de esboçar a menor resistência aos tanques e aviões alemães, como podemos acreditar que o resto do exército estaria melhor equipado do que nós?"

E o pessimista continuou:

"Não estávamos preparados, não tínhamos nada para opor a eles. Hoje em dia, não se ganha uma guerra apenas com coragem. É preciso dispor de aviões e tanques. Alguém viu nossa força aérea em algum lugar? Eles devem ter mil aviões para cada um dos nossos, e o mesmo acontece conosco e com o resto do exército. Tínhamos deixado de receber ordens do alto-comando há dias. Por quê? Porque não existe mais nenhum alto-comando!"

"Ora!", replicou o terceiro, "vocês estão com um humor sombrio demais. Tivemos um pouco de azar, mas isso não significa nada. Perdemos o contato com o grosso do exército, mas não ficaria nem um pouco surpreso se ouvíssemos falar deles em breve. Vamos retornar ao front num piscar de olhos, e os alemães serão expulsos da Polônia mais rápido do que entraram."

"Bem", disse o pessimista, "se acreditar na vitória faz com que durmam um pouco mais tranquilos, ótimo. Não vou tentar desiludi-los mais do que já fiz."

O tom firme e sereno do oficial era persuasivo. No início, concordei com ele, mas o quadro sombrio que pintava era tão chocante que logo me recusei a acreditar naquilo. Todo o exército polonês esmagado em menos de três semanas! Era absurdo. Por melhores que fossem, os alemães também não eram mágicos. Ademais, Varsóvia continuava a se defender e sabíamos que os combates continuavam em vários pontos do país.

Pela manhã, um longo trem de carga chegou à estação. Os soldados soviéticos começaram a nos empurrar para os vagões. Não houve sequer uma tentativa de controle de documentos ou identidades. Contavam o número de homens que embarcavam em cada vagão e quando chegava a sessenta, o vagão era considerado lotado. Era evidente que seria uma longa viagem, pois um oficial soviético ordenou que enchêssemos todos os recipientes disponíveis nas torneiras de água da estação. Enquanto isso, chegavam novos destacamentos de prisioneiros poloneses, causando uma grande desordem. Nesse momento (como soube depois), houve várias tentativas de fuga, com sucesso. Vários homens escaparam pelas partes menos vigiadas da estação e, uma vez lá fora, receberam ajuda da população civil de Tarnopol, sobretudo das mulheres.

Fui colocado num dos primeiros vagões de carga alinhados ao logo da plataforma. Tivemos de esperar duas horas até que os outros fossem ocupados. No centro do vagão, havia um pequeno fogareiro de ferro fundido e a seu lado, alguns quilos de carvão. Concluímos que estávamos indo para regiões bem mais frias, no extremo norte. Cada um de nós recebeu menos de um quilo de pão e cerca de meio quilo de peixe seco.

A excursão durou uma eternidade: quatro dias e quatro noites.

A cada dia, o trem parava por cerca de meia hora. Sessenta porções de pão preto e peixe seco eram distribuídas. Quando elas chegavam, aproveitávamos os quinze minutos que nos concediam para saltar do trem e comer lá fora. Respirávamos um pouco de ar fresco e agitávamos as pernas entorpecidas correndo de um lado para outro na plataforma. Isso nos dava também a oportunidade de encontrar as populações de cada cidade.

No segundo dia de viagem, notamos que usavam roupas diferentes e falavam uma língua estranha. As últimas dúvidas se dissiparam: tínhamos entrado na Rússia. Pequenos grupos de russos — sobretudo mulheres e crianças, os curiosos habituais — observavam sem efusões, mas sem inimizade. Hesitávamos em nos aproximar até que, finalmente, alguém tomou a iniciativa. Eles não recuaram e continuaram a observar, às vezes sorrindo. Ofereceram água e algumas mulheres nos deram cigarros — um verdadeiro tesouro. Era evidente que outros prisioneiros haviam passado por lá, do contrário não estariam tão bem preparados para nossa chegada.

Em outra parada, tivemos oportunidade de conhecer melhor a sua disposição em relação a nós. Dois ou três de nossos oficiais falavam russo fluentemente e serviram como intermediários e intérpretes. Um deles, um sujeito jovial de cerca de trinta anos, as roupas meio descuidadas, embora ainda mantivesse a aparência de oficial, recebeu uma tigela com água de uma mulher muito séria e malvestida. Ele expressou sua gratidão, acrescentando calorosamente:

"Somos amigos. Vamos lutar juntos contra os bárbaros alemães e vamos vencer!"

Ela ficou tensa imediatamente e respondeu com desprezo:

"Vocês? Vocês lutando conosco? Vocês, os aristocratas poloneses, os fascistas?! Aqui na Rússia, vocês vão aprender a trabalhar. Ficarão fortes o suficiente para o trabalho, mas fracos demais para oprimir os pobres."

O incidente teve sobre nós o efeito de uma ducha fria. O oficial ficou petrificado enquanto a jovem mulher o encarava duramente, direto nos olhos. Ela acreditava no que dizia como se fosse o Evangelho. Para ela, um prisioneiro polonês merecia — humanamente — um pouco de água para matar a sede, mas não a "fraternidade" dos russos. Foi então que compreendi o abismo de incompreensão que separava nossos dois países, tão próximos na geografia, na origem e na língua, mas tão profundamente divergentes em sua história e regime político. E éramos nós, oficiais poloneses com quem partilhavam sua água, que aquelas pessoas consideravam responsáveis pelo estado das relações entre os dois países. Para elas, éramos um bando de velhos, aristocratas preguiçosos, parasitas irrecuperáveis.

No quinto dia, o trem parou num horário diferente: tínhamos chegado a nosso destino. As portas se abriram e os guardas ordenaram que descêssemos e nos alinhássemos em filas de oito. Estávamos bem perto de uma aldeia bastante pobre, sem importância sequer para ter uma estação própria. Havia apenas uma plataforma que fazia esse papel. Algumas pequenas casas espalhadas constituíam todo o povoado.

A partir do momento em que descemos dos vagões e durante todo o tempo que passei na Rússia, um único pensamento se impunha: fugir. Eu tinha saudades de casa, sentia-me perdido, abandonado pela Providência e absolutamente determinado a voltar à Polônia para ajudar nosso exército, que, apesar de tudo, ainda imaginava travando duros combates para vingar o terrível bombardeio de Oświęcim em 1º de setembro de 1939.

Foi dada a ordem de partida. Caminhando penosamente, fustigados pelo vento, discutíamos a situação. Os mais velhos, como sempre, mostravam mais coragem e sofriam seu destino com dignidade e fatalismo. Nós, os jovens, nos queixávamos, lamentávamos, tramávamos uma rebelião e avaliávamos nossas "chances" de fuga.

A marcha, que durou várias horas, venceu nosso espírito de rebelião e nossos planos de fuga. Ali, pela primeira vez, sentimos o peso de nossa infelicidade e percebemos como, em apenas três semanas, estávamos longe de nossa existência normal. Até então, eu não tinha percebido que estava tão completamente apartado de tudo que me importava, amigos, família — e de toda as minhas esperanças. Agora, o menor incidente, cada passo à frente, parecia aumentar e aprofundar essa separação. Ao abaixar para ajustar o cordão das botas, reparei como o elegante couro envernizado era incompatível com o duro solo russo. Botas feitas sob medida por Hiszpański, o melhor sapateiro de Varsóvia. Esperei tanto tempo por elas! Tinha sede e me lembrava dos vinhos servidos no baile da embaixada de Portugal, da música, da atmosfera despreocupada, das irmãs Mendes... Quantas mudanças em vinte dias!

Paramos diante de uma vasta clareira, parcialmente cercada por altas e frondosas árvores. Bem no centro, via-se um grupo de prédios que deviam ser parte de um antigo monastério: igreja, moradias, granjas, estábulos.[3]

Através de um alto-falante, recebemos instruções num polonês falado com forte sotaque russo a respeito de nosso novo modo de vida.

Para começar, separaram oficiais de soldados. Em seguida, fomos divididos em grupos de quarenta. Para espanto geral, os soldados eram mais bem tratados que os oficiais. Desde o começo, os russos demonstraram que seríamos tratados segundo nossas patentes — às avessas!

Os guardas nos conduziram para os alojamentos que ocuparíamos. Os soldados rasos foram alojados nas construções de pedra, restos do monastério e da igreja; nós, os oficiais, nos estábulos e granjas de madeira transformados em alojamentos, quarenta em cada um dos dez prédios. Um tratamento especial foi reservado aos policiais presos e aos oficiais da reserva que, na vida civil, eram magistrados, advogados ou altos funcionários. O alto-falante designou-os como "todos os que oprimiram os comunistas e as classes trabalhadoras na Polônia". Para eles, os outros prisioneiros construiriam, no meio do pátio do monastério, cabanas especiais de madeira.[4]

Também foi para nós, oficiais, que reservaram o trabalho mais duro. Cortávamos madeira na floresta e carregávamos os trens. Fosse como fosse, não demorei a me perguntar o que era realmente justo ou injusto no destino que me fora reservado. Tentei me adaptar o melhor que pude e acabei achando que tudo aquilo tinha, afinal, um lado bastante salutar. "O trabalho não é uma desonra", princípio tão popular entre os soviéticos, era inculcado aos "aristocratas poloneses degenerados" através de meios especiais.

Os bolcheviques preparavam nossa comida em enormes caldeirões de ferro. A limpeza dessas marmitas era um trabalho penoso e repugnante, que exigia um grande esforço físico e, em pouco tempo, resultava invariavelmente em unhas arrancadas e mãos rachadas.

Os soviéticos informaram que seus soldados não dispunham de tempo para limpar os caldeirões e que teríamos que fazê-lo nós mesmos. Os voluntários que se apresentassem receberiam em troca o direito de comer os restos, raspados do fundo dos panelões.

Nos alojamentos de oficiais, apareceram apenas três voluntários, entre os quais me apresentei. Claro que era um trabalho desagradável, mas durante as seis semanas em que me dediquei a ele consegui me alimentar melhor do que os outros e senti até uma estranha satisfação ao desempenhar a tarefa. Demonstrei a mim mesmo que, se fosse necessário, seria capaz de realizar um trabalho doméstico com tanta facilidade e coragem quanto qualquer um.

Passava quase todo o meu tempo livre tramando e avaliando as chances de evasão com um companheiro de cárcere, o tenente Kurpios, um jovem impaciente, mas cheio de recursos, que arriscaria a pele para escapar se encontrasse a menor oportunidade de fugir. Sair do campo não seria difícil, mas parávamos sempre na impossibilidade de pegar um trem. A estação ficava a algumas horas de marcha e com certeza seríamos capturados antes de chegar. Além do mais, os trens eram muito bem vigiados. Tentar abrir caminho através daquele país gelado e hostil, sem conhecer a língua e uniformizados apresentava dificuldades intransponíveis. Mesmo assim, esperávamos que o acaso viesse nos socorrer. Foi então que o tenente falou de um plano bastante estúpido.

Um dia, depois do almoço, quando estava voltando ao trabalho, um tapinha no ombro me deteve. Era o meu jovem amigo, vermelho e ofegante de emoção, sussurrando em meu ouvido, como um conspirador:

"Tive uma ótima ideia. Acho que pode dar certo."

"O que é?", respondi no mesmo tom.

Em seguida, avistando um guarda russo que, a trinta passos de nós, olhava cheio de suspeita, continuei a andar, mas mudei de tom.

"Acalme-se, amigo", disse tentando parecer normal. "Parece que está tramando um complô capaz de explodir esse campo inteiro." E mostrei disfarçadamente o guarda. Ele entendeu e começou a andar normalmente a meu lado. Éramos apenas dois prisioneiros que caminhavam em certa direção por uma razão qualquer.

Ele explicou que haveria uma troca de prisioneiros em breve, segundo os termos do pacto Molotov-Ribbentrop. Um dos artigos do pacto estipulava que a troca de prisioneiros de guerra dizia respeito apenas aos soldados. Os alemães devolveriam à Rússia todos os ucranianos e bielorrussos. Os russos entregariam todos os poloneses descendentes de alemães, assim como os que haviam nascido nos territórios incorporados ao Terceiro Reich por serem "antigos territórios alemães".[5]

"Fantástico!", respondi cheio de ironia. "Em oito dias, estarei num baile em Varsóvia! Tudo o que preciso fazer é me transformar num simples soldado, mudar minha certidão de nascimento, convencer os russos de tudo isso e escapar das garras da Gestapo. É tão simples que fico me perguntando como não pensei nisso antes!"

"Jasiu, Jasiu, temo por suas faculdades mentais. Precisamos sair daqui o mais rápido possível."

"Claro! Vamos admitir que isso pode dar em alguma coisa. Quais são exatamente os territórios incorporados ao Terceiro Reich? Łódź está incluída?"

"Está. Essa questão, portanto, é fácil. Tem algum documento que prove que nasceu em Łódź?"

"Tenho uma certidão de nascimento, meio amassada, mas conforme as exigências. E você?"

"Meu local de nascimento não teve a sorte de ser incorporado pelo Reich. Mas tratarei disso mais tarde. Vamos fazer uma coisa de cada vez. Para você, só falta se transformar em soldado raso, o que é facílimo. Só para começar, nem sei como foi que conseguiu virar oficial!"

"Pois eu não vejo como posso virar soldado. É impossível modificar o uniforme e não tenho outro. Está me dizendo que devo roubar um uniforme de soldado?"

"Para que roubar? Peça emprestado! Encontre um soldado que não pode ou não quer ser trocado e, se ele tiver um pouco de patriotismo ou de humanidade, convença-o a trocar de uniforme com você. Pode fazer isso quando estiver cortando madeira na floresta. Depois, você volta para o alojamento dele, ele para o seu, e tudo estará arranjado."

A ideia parecia perfeita — pelo menos para sair da Rússia. Os guardas russos nunca controlavam os nomes ou documentos. Contentavam-se em contar o número total de prisioneiros. Se conseguisse encontrar um soldado que aceitasse — e tinha certeza de que encontraria —, a troca de uniformes e de patentes jamais seria descoberta. Pensaria nos riscos depois de voltar à Polônia. Quase gritei de alegria, pois estava definitivamente convencido de que conseguiria me reunir ao exército polonês em combate.

"Agora vamos a seu caso", falei em seguida. "Precisa de um documento que prove que nasceu em território alemão incorporado. Talvez seja difícil encontrar alguém disposto a lhe dar o seu. O que pretende fazer?"

"Só há uma coisa a fazer", respondeu ele, "preciso conseguir um documento ou tentar convencer as autoridades soviéticas sem apresentá-lo. Sei o que está pensando. Se puder partir sem mim, deve fazer isso. Eis o que pode fazer por mim: quando trocar de uniforme e for ao gabinete do comando pedir para ser enviado à Alemanha, observe com atenção o comportamento do oficial: se examina os papéis cuidadosamente etc. A partir dessa informação verei o que fazer."

Estávamos perto dos alojamentos. Antes de ir trabalhar na floresta, eu ia para a cozinha e ele para o alojamento.

"Vou cuidar do seu problema", falei, ansioso, tentando compensar o sentimento de culpa por obter as coisas com tanta facilidade: "Espero ter boas notícias para você antes do anoitecer".

Ele sorriu e acenou com a mão.

Na cozinha, eu trabalhava perto de um gordo camponês ucraniano, mais velho do que eu, com quem me dava muito bem. Ele percebeu imediatamente a minha excitação e perguntou o que estava me deixando naquele estado. Respondi que precisava de sua ajuda e que era muito importante. Expliquei toda a história enquanto limpávamos os caldeirões. A ideia o deixou entusiasmado e ele aceitou quase imediatamente. Não confiava naquela oferta dos alemães e não pensava em aceitá-la, embora reunisse as condições necessárias. Além do mais, queria muito ajudar. Teríamos que agir naquela mesma tarde, quando oficiais e soldados estivessem na floresta trabalhando juntos.

Ao meio-dia, enquanto caminhávamos para o bosque, tratei de me colocar no grupo de oficiais que ficava mais próximo dos soldados, que saíam da igreja. Não éramos muito vigiados, pois os russos sabiam que, mesmo que alguém conseguisse escapar do campo, seria impossível ir muito longe. Penetrando na floresta, vi que meu amigo ucraniano, Paradysz, tinha dado um jeito de ficar no grupo de soldados mais próximos de mim. Estávamos a cerca de vinte metros um do outro e não havia ninguém entre nós. Passamos diante de uma árvore que chamava atenção pelo tamanho e o ucraniano apontou para ela. Concordei com a cabeça.

Mais trinta metros e chegamos ao setor onde eu iria trabalhar. Peguei meu machado e lancei-o contra o tronco de árvore caído à minha frente. Em seguida, voltei a erguê-lo para um novo golpe e aproveitei para olhar em volta. O guarda mais próximo estava uma centena de metros à minha frente. Larguei o machado e saí correndo na ponta dos pés em direção à árvore que meu amigo tinha apontado. Ele esperava por mim, quase despido. Sentei a seu lado e comecei a despir meu uniforme.

"Nem sei dizer o quanto estou agradecido", falei, muito constrangido, me ajeitando na camisa e na jaqueta.

"Poupe saliva", respondeu ele sorrindo, "e não se preocupe. Nem vou precisar morar com seus oficiais. Vista meu uniforme e venha comigo. Quando for a hora da contagem, na porta da igreja, dou um jeito de me atrasar e você entra. Um pouco mais tarde arranjo um modo de penetrar. Tenho todos os documentos provando que sou um soldado. Só vou precisar arrancar as divisas do seu uniforme."

"Ótimo!", respondi, "mas olhe que os oficiais não são tão maus assim."

"Nunca disse isso."

"Mais uma vez, obrigado."

Acabamos de ajeitar os uniformes, o soldado Paradysz arrancou minhas divisas e enterrou-as rapidamente debaixo de uma pedra. Depois, corremos para o local onde devíamos trabalhar. Trabalhei como um louco, usando o machado com fúria para acalmar os nervos. Quando chegou a hora de retornar ao campo, fui para a esquerda, em direção ao grupo de soldados. Eles já sabiam de tudo e não fizeram perguntas. Na porta da igreja, os guardas fizeram a chamada usando apenas os nossos números. Meu amigo ficou para trás e em seguida pulou uma janela que não estava sendo vigiada. Tudo tinha funcionado bem. Eu agora era um simples soldado.

Na manhã seguinte pedi autorização a um guarda para falar com o oficial comandante do campo. Depois de perguntar o que desejava, ele me levou a um dos gabinetes oficiais instalados na igreja.

Um oficial de meia-idade escrevia sentado diante da escrivaninha. Quando entrei, olhou para mim, bocejou, deu uma olhada em meus papéis e perguntou:

"Seu nome? O que deseja?"

"Soldado Kozielewski, ex-operário, nascido em Łódź."

"E daí? O que deseja?"

"Voltar para o meu país, comandante."

"Muito bem. Vou anotar seu pedido."

Já estava me dispensando, quando mudou de ideia e acrescentou com negligência:

"Tem provas de seu local de nascimento?"

Exibi minha certidão de nascimento, que ele mal olhou. Pegou uma folha de papel, escreveu alguma coisa e recolocou no lugar, entediado. Mais uma vez, bocejou, espreguiçou e esfregou os olhos. Devo ter esboçado um sorriso irônico diante de suas caretas, pois ele parou de repente e gritou:

"O que está esperando?"

Fui levado de volta ao alojamento. Precisei me acalmar e controlar meu entusiasmo. À tarde, procurei o tenente Kurpios e narrei o acontecido, acrescentando:

"Como viu, acho que seria fácil convencê-los mesmo sem documentos. Creio que não morrem de vontade de manter alguém que tem direito a ser transferido."

Ele concordou comigo.

"Mesmo assim, passarei os próximos dias tentando arranjar os documentos. Acho que não vale a pena correr riscos inúteis."

"Para mim é importante que venha comigo."

"Claro, se conseguir chegar a tempo. Do contrário, nos reencontramos em Varsóvia. É melhor que vá agora. Se não nos virmos mais, até breve e boa sorte!

"Tente vir comigo. Boa sorte para você também e tenha cuidado."

Nunca mais o vi. Na manhã seguinte, refiz o caminho que havia feito seis semanas antes, num comboio de 2 mil soldados que seriam trocados por um número igual de ucranianos e bielorrussos.

Tive notícias de Kurpios em seguida, por alguém que fez parte de outra troca de prisioneiros junto com ele. Não consegui obter outras informações a seu respeito. Nossos caminhos nunca mais se cruzaram.

3
Troca e evasão

A troca de prisioneiros teve lugar perto de Przemyśl,[1] cidade situada na fronteira russo-alemã estabelecida pelo pacto Molotov-Ribbentrop.[2] Chegamos ao nosso destino ao amanhecer e fomos imediatamente alinhados, doze por fileira, num campo nos arredores da cidade. Era um dia frio e ventoso de início de novembro. Uma chuvinha intermitente começou a cair de manhã e continuou o dia inteiro.

Nossas roupas não eram mais que um amontoado de trapos e farrapos, restos de nossos magros uniformes de verão. Cada um de nós fabricou os mais estranhos equipamentos para se proteger do mau tempo. Durante as cinco horas de espera naquele campo lamacento, sem nenhum abrigo, muitos homens acabaram sentados e cobertos por uma treliça feita de galhos amarrados com barbante.

Os soldados russos que faziam a guarda eram, como sempre, bastante indulgentes, no limite da disciplina militar. Nunca vi um soldado russo injuriar ou agredir um prisioneiro, por mais irritado que estivesse. A maior ameaça que faziam era o tradicional: "Tratem de ficar calmos ou serão mandados para a Sibéria!". Sabiam que a Sibéria era um fantasma ameaçador para várias gerações de poloneses.

Muitos soldados russos tentavam entabular conversa com os prisioneiros poloneses. Eu ia de grupo em grupo tentando reunir informações sobre a situação atual e sobre a sorte que nos esperava. As conversas eram dificultadas pela língua e não consegui grande coisa. Mas os guardas concordavam em um ponto: estavam ofendidos porque havíamos pedido para ficar sob controle alemão e esforçavam-se para nos mostrar as consequências desse ato de loucura. Repetiam com frequência um aviso que ficou impresso em minha memória como um provérbio ou slogan: "*U nas vsjo haracho, garmantsam huze budiet*" [Está tudo bem com a gente; com os alemães, vai ser muito pior].

Quando os prisioneiros perguntavam o que os alemães fariam conosco, a resposta era sempre a mesma:

"Nossos chefes pediram para os alemães libertarem vocês. Eles aceitaram, mas acrescentaram que terão de trabalhar duramente e que vão penar nas mãos deles."

A maioria de nós estava contente por deixar o campo soviético de prisioneiros, mas todos temíamos os alemães como a própria peste. Apesar do medo de acabar vivendo sob domínio alemão, não esqueci minha determinação de fugir para me reunir ao exército polonês. Continuava convencido de que encontraria pelo menos alguns destacamentos ativos de resistentes lutando com bravura.[3]

O barulho de um carro militar pôs um ponto final em nossas discussões. A viatura trazia, além do motorista, dois oficiais soviéticos e dois oficiais alemães. Polidamente, cada um deles ofereceu a preferência aos outros. Finalmente, os russos triunfaram e ficaram meio passo atrás dos alemães. Essa refinada amabilidade era uma ostentação da boa educação dos oficiais em proveito dos prisioneiros e ninguém perdeu um movimento.

Ouvi um xingamento venenoso à minha esquerda:

"Como esses filhos da... são amáveis entre si. Quero que morram!"

Essa perigosa observação poderia ser ouvida e dei um pontapé na tíbia do meu vizinho sem olhar para ele. Os oficiais passaram lentamente diante de nós, sem dar nenhum tipo de ordem. A disciplina militar não nos alcançava. Éramos somente escravos, moeda de troca. Os oficiais alemães nos examinavam com arrogância. Um deles apontou um prisioneiro descalço, coberto de galhos, sujo, peludo, tremendo de frio, e fez uma observação sarcástica aos três outros. Devia ser muito engraçado, pois eles caíram na gargalhada.

Quando eles finalmente passaram, virei para o meu vizinho, indignado. Era um jovem de no máximo vinte anos, mais ou menos da minha altura, com longos cabelos negros, rosto pálido, abatido, de olhos salientes. Seu uniforme dançava sobre o corpo magro. Não tinha capacete.

"Cuidado", murmurei, "ou vai acabar diante de um pelotão de fuzilamento."

"Pois para mim tanto faz", respondeu ele furioso, o olhar dolente, "a vida é complicada e o mundo é sórdido demais."

Fiquei surpreso ao ouvi-lo falar um polonês padrão. Os outros soldados usavam dialetos camponeses ou gírias das cidades. Era evidente que estava com o moral perigosamente baixo.

"Vamos ficar juntos", falei um segundo depois.

"Sim, senhor."

Sorri. Ninguém me chamava de senhor há semanas. O hábito era chamar pelos nomes ou por apelidos seguidos de ofensas.

Depois da inspeção, ainda marchamos dois ou três quilômetros até uma ponte sobre um grande rio lamacento.[4] Do outro lado da ponte, como se houvesse um espelho escondido na paisagem, via-se um bando colorido idêntico ao nosso. Mas vigiado por alemães. Ao vê-los, tomamos consciência de que um novo período de nossas vidas estava começando: íamos passar definitivamente para o controle alemão.

Na maior parte dos casos, a troca de prisioneiros era considerada um privilégio. Depois que acontecia, os homens sentiam-se cheios de dúvidas, arrependimentos, inveja, hostilidade uns contra os outros.

Quando o primeiro grupo de ucranianos e bielorrussos caminhava ao encontro do grupo que estava ao nosso lado, o rancor explodiu em provocações desdenhosas. Quem começou foi um ucraniano gigantesco, gritando com voz rude:

"Olhem só os malucos. Não sabem para onde estão sendo levados!"

Sua estatura formidável impressionou os poloneses por alguns instantes, mas depois um deles reuniu coragem suficiente para replicar:

"Não se preocupem conosco. Sabemos o que estamos fazendo e também não invejamos a sorte de vocês."[5]

Os alemães nos reuniram imediatamente em formações regulares. Um dos oficiais nos passou em revista e fez um discurso, traduzindo em seguida para nós. Garantia que seríamos bem tratados, bem alimentados e que teríamos trabalho. Enquanto marchávamos para a estação, os suboficiais confirmaram tais promessas.

Antes do embarque, tivemos um minuto para beber na fonte e encher nossos cantis e garrafas. Uma vez no trem, os guardas distribuíram pão preto e latas de mel artificial, gritando que aquelas eram as nossas provisões para os dois dias seguintes. Éramos sessenta homens em cada vagão e apenas trinta pães. Dividimos igualmente, metade para cada um.

A viagem durou exatamente 48 horas. Os soldados discutiam sobre o que nos esperava. A maioria acreditava que seríamos libertados e não tinha dúvidas sobre as futuras condições de vida. Foi com essa ilusão que desembarcamos em Radom, cidade do oeste da Polônia. Os alemães nos colocaram em filas à força de gritos e empurrões. Os oficiais que comandavam a ação eram rudes e, em vez de promessas, faziam ameaças veladas. Era inquietante, mas não chegou a abalar nossas convicções. No entanto, a ideia de que seríamos libertados nos impediu de tentar fugir desde a chegada em Przemyśl e continuou nos influenciando enquanto nos dirigíamos para o campo de repartição de Radom, sob uma escolta leve. Entretanto, ainda marchando, exaustos e imundos, a dúvida começou a se insinuar em nossa mente pela primeira vez.

Nossas suspeitas foram confirmadas pela visão das formidáveis cercas de arame farpado que rodeavam todo o campo, imenso e lúgubre.

Fomos levados ao centro do campo e tivemos direito a um novo discurso garantindo que seríamos liberados e receberíamos trabalho. Enquanto isso não acontecia, qualquer violação da disciplina seria imediata e severamente punida. Qualquer um que tentasse fugir seria sumariamente fuzilado.

O efeito imediato dessa ameaça foi convencer-me da extrema urgência de tentar uma evasão. Um aviso tão claro significava que eles tinham a intenção de nos manter prisioneiros e em condições rigorosas. Observando a situação a meu redor, constatei que a fuga era quase impossível. Radom era bem guardada: era difícil transpor o arame farpado e havia sentinelas postadas em locais com ampla visão do campo.

Nos dias seguintes, conheci em Radom uma nova espécie de mentalidade e um novo tipo de código moral, se é que podemos chamá-lo assim, tão estranho que chegava a ser incompreensível. Pela primeira vez, topei com a brutalidade e a desumanidade num grau absolutamente incomparável com tudo que tinha visto até então, o que me fez rever minhas concepções a respeito do mundo em que vivíamos.

As condições de vida eram inenarráveis. Pescávamos o que fosse comestível dentro de uma lavagem servida duas vezes ao dia, tão repugnante que a maioria dos homens, entre os quais me incluo, não conseguia engoli-la. Além dela, recebíamos uma ração diária de cerca de vinte gramas de pão dormido. Estávamos alojados num velho edifício tão arruinado que mal dava para reconhecer uma antiga caserna. Dormíamos no chão duro e nu, coberto apenas por uma fina camada de palha, que certamente não havia sido trocada desde o começo da guerra. Não recebemos nem cobertores, nem capotes, nem qualquer coisa que servisse para nos proteger da umidade de novembro. Cuidados médicos simplesmente não existiam. Foi ali que aprendi como a morte pode ser considerada sem importância. Soube que houve, e ainda havia, casos de morte que poderiam ter sido evitados: mortes por frio, fome, sobrecarga de trabalho, torturas como pena pela violação — real ou imaginária — da disciplina do campo.

Mas o que mais me revoltou em Radom não foram as condições de vida e a brutalidade dos guardas, mas a aparente gratuidade de tudo aquilo. Eles não pareciam motivados pelo desejo de impor disciplina, obrigar à obediência ou prevenir tentativas de fuga; também não pretendiam nos humilhar, nos degradar, nos enfraquecer, embora, de certa forma, tenha sido esse o resultado. Tudo parecia fazer parte de um código de selvageria inaudito ao qual os guardas e funcionários se submetiam voluntariamente, por prazer.

Não havia uma ordem ou observação que não fosse precedida pelo inevitável "porco polonês". Os guardas pareciam buscar o tempo todo uma ocasião para um chute no estômago ou um soco na cara. A falha mais insignificante, o menor gesto que pudesse parecer, mesmo de longe, uma insubordinação ou indisciplina acarretavam instantaneamente um castigo cruel. Durante minha curta estada, vi pelo menos seis homens serem crivados de balas por uma pretensa tentativa de atravessar a cerca de arame farpado.[6]

No trem, conheci três soldados e conseguimos permanecer juntos em Radom. Quando, na nossa primeira noite em claro, descobrimos que estávamos firmemente decididos a fugir na primeira oportunidade, nossa união se fortaleceu, transformando-se numa espécie de sociedade com estatutos precisos, no qual os talentos, bens e conhecimento de cada um tornavam-se comuns. Dois deles eram camponeses, de humor sempre igual, seguros e corajosos, nunca desmoralizados pelos infortúnios. O terceiro era uma dessas pessoas extraordinárias que tive ocasião de encontrar algumas vezes durante a guerra, cuja simples presença iluminava e tornava suportáveis os períodos de tristeza sem esperança. Seu nome era Franek Maciag e antes da guerra era mecânico num subúrbio de Kielce. Era um homem de cerca de trinta anos, robusto e maciço, com cabelos negros espetados que tinham a força e a consistência do aço e eram alvo de constantes brincadeiras. Era inteligente e capaz, confiante em nossa capacidade de enrolar os alemães, pelos quais nutria um ódio e um desprezo extremos. Havia conseguido conservar uma inestimável reserva natural de alegria e calor.

Quando fizemos o inventário de nossos recursos, descobrimos que possuíamos uma verdadeira coleção de objetos úteis. Os camponeses haviam guardado vários pares de meias e polainas intactas e um deles tinha utensílios de cozinha que haviam pertencido a seu pai durante a Primeira Guerra Mundial. Franek possuía um aparelho de barba e um canivete com cerca de cem zlotys escondidos na dobra. E recebemos de um ferroviário, em Lublin, a boa notícia de que a moeda polonesa ainda circulava, embora com valor bastante depreciado. Eu carregava meu medalhão de ouro de Nossa Senhora de Ostra Brama no pescoço e duzentos zlotys na sola do sapato.

Podia contar com a coragem e o senso prático inatos desses três homens calorosos e devotados. E eles, em troca, constatando que eu possuía certa cultura e falava alemão, contavam comigo para aconselhá-los e dirigi--los. Creio que adivinharam que era um oficial disfarçado, mas nunca tentaram me questionar. Não demorou para que Franek me apelidasse de "professor" — e "professor" fiquei. Nossa pequena corporação mostrou que era um arranjo muito satisfatório.

Concordamos que apenas um de nós iria pegar as rações para todos, evitando múltiplas idas e vindas à "cozinha", visitada com frequência por um suboficial alemão munido de um chicote que ele brandia no ar ameaçadoramente, sob pretexto de manter a ordem ou mesmo sob pretexto algum. Era encarregado também de verificar se cumpríamos a hora de despertar, função que desempenhava com a ajuda persuasiva do chicote e de pesadas botinas de sola pregada. Trabalhávamos juntos também na busca por comida que começou três dias depois da chegada ao campo.

O campo ficava nos subúrbios da cidade e logo percebemos que com frequência mãos invisíveis jogavam pequenos pacotes de papel por cima do arame farpado, em locais variáveis. Em sua maioria, os pacotes continham pão e frutas, às vezes pedaços de toucinho, dinheiro e até sapatos usados, mas que ainda serviam e eram preciosos para nós. As notícias se espalhavam no campo com a velocidade de um raio e podíamos ver os homens se aglomerarem perto da cerca para revistar as moitas em busca desses tesouros.

Devo reconhecer que dei prova de grande engenhosidade nessas buscas. Notei que os pacotes eram jogados com frequência num local ao qual apenas os prisioneiros trocados tinham acesso, e não os prisioneiros feitos pelos alemães. Era um local cheio de arbustos e moitas, atrás das latrinas. Estive lá várias vezes e finalmente fui recompensado. Encontrei um pedaço de pão engraxado com toucinho, um bocado de sal num pacotinho separado e uma garrafa cheia de um líquido nauseante cuja utilidade não consegui descobrir.

Orgulhosamente, levei o pacote para os outros. Franek abriu a misteriosa garrafa e gritou de alegria. Tratava-se de um remédio contra piolhos e sarna que valia seu peso em ouro. Nossos corpos, cabelos, roupas de cama e de corpo estavam infestados de piolhos e outros parasitas.

Nos três dias seguintes, encontrei três novos pacotes no mesmo local e estabeleci contato com nosso previdente benfeitor. Rasguei um pedaço do papel de embrulho e rabisquei um bilhete a lápis: "Poderia arranjar roupas civis? Quatro de nós querem escapar a qualquer custo".

Ao amanhecer do dia seguinte corri para as moitas e descobri imediatamente um pacote. Continha novas provisões e um bilhete: "Não tenho como trazer roupas pois seria descoberto. Dentro de alguns dias vocês serão retirados do campo para o trabalho forçado. Tentem escapar na estrada".

Meus camaradas e eu resolvemos ficar de prontidão.

Cinco dias depois, fomos despertados mais cedo do que de costume. O suboficial, sempre com seu chicote, batia com uma ferocidade ainda maior. Na luz cinzenta e lúgubre da manhã, fomos reunidos e conduzidos à estação mais próxima sem uma palavra de explicação. Durante o percurso, meus companheiros e eu discutimos exaltadamente em voz baixa, mas estávamos bem vigiados e não vimos nenhuma possibilidade de sair das fileiras. Resolvemos esperar, pensando logicamente que o trem ofereceria melhores oportunidades.

Uma longa fileira de vagões de carga esperava por nós na estação. Os guardas, gritando "porcos poloneses" e usando as pontas das baionetas para nos apressar, embarcaram sessenta, 65 homens em cada vagão. Era um trem que servia em tempos normais para o transporte de gado: dava para ver e cheirar. O vagão media um pouco mais de quinze metros de comprimento, três de largura e 2,5 de altura. As únicas fontes de luz, além da porta, eram quatro pequenas janelas colocadas mais ou menos à altura dos olhos; um segundo depois do embarque, entrou um sargento acompanhado de um guarda que trazia pão dormido. O sargento ficou perto da porta, revólver em punho, enquanto o pão era distribuído. O guarda resolveu imitá-lo e empunhou seu revólver. O sargento revistava tudo com os olhos, colocando cada preso sob mira para que ficássemos tranquilos. Em seguida, com um ar feroz, avisou em mau polonês:

"Atenção! Serão levados a um local onde serão libertados e poderão trabalhar. Não têm nada a temer desde que se comportem convenientemente. Mas o trem está bem guardado: quem tentar fugir será morto. Terão permissão para descer do trem durante quinze minutos a cada seis horas e quem criar tumulto ou sujar o vagão será abatido."

Olhou para nós de forma desafiadora, como se esperasse alguma provocação, e desceu do trem, seguido pelo guarda. A porta foi fechada pelo lado de fora e ouvimos o barulho da barra de ferro que servia de tranca.

O trem partiu de maneira um pouco hesitante, parando com frequência, atingindo sua velocidade máxima apenas em curtos intervalos.

Olhei para meus três companheiros:

"É agora ou nunca", falei. "Se não conseguirmos escapar do trem, está tudo acabado até o final da guerra."

Eles concordaram comigo. Tratava-se agora de escolher o momento e o local mais propícios. Um dos camponeses sugeriu que seria melhor tentar escapar durante a parada de quinze minutos. Discordamos, pois certamente seríamos muito vigiados durante esse período.

Resolvemos esperar o anoitecer, quando chegaríamos às florestas da região de Kielce. No entanto, pular a janela não seria nada fácil. Lembrei de uma brincadeira de infância: três homens podiam carregar um quarto e, meio empurrado, meio jogado, ajudá-lo a passar pela abertura.

Um dos camponeses observou que, nesse caso, íamos precisar da ajuda dos outros soldados, mas Franek destacou que o consentimento dos companheiros de vagão seria necessário de qualquer jeito. Eles provavelmente seriam punidos por nossa causa, e se resolvessem se opor à fuga, estaríamos fritos. Ele virou para mim e disse:

"Cabe a você convencê-los. Diga quem é e por que pretende fugir. Faça um discurso."

Hesitei um segundo, mas aceitei. Meu papel nessa história não permitia que recusasse. Além do mais, não era exatamente um noviço na arte oratória. Quando jovem, alimentei a ambição de ser um grande orador. Trabalhei muito e estudei os tiques de todos os meus ídolos na política e na diplomacia europeia.

Nosso plano estava pronto. Ficamos sentados, inquietos e emocionados, à espera da escuridão e das florestas de Kielce. Franek olhava com frequência pela janela. Finalmente, murmurou ofegante.

"É agora. Logo estaremos no local ideal. Faça seu discurso."

Levantei.

"Cidadãos poloneses", gritei, "tenho algo a dizer. Não sou um soldado, mas um oficial. Quero saltar do trem com esses três homens e procurar abrigo porque pretendemos nos reunir ao exército polonês. Os alemães dizem que varreram nosso exército: eles mentem. Sabemos que nosso exército ainda luta corajosamente. Querem cumprir seu dever de soldados, fugir comigo e continuar a luta, pelo amor do nosso país?"

Uma atenção fremente respondeu às minhas primeiras palavras, seguida de sorrisos, como se eu tivesse ficado louco de repente. Mas, à medida que falava, os homens foram ficando sérios e vi que muitos deles estavam determinados a impedir o desenvolvimento do nosso projeto. Parei. Houve um burburinho de comentários, aprovações e desaprovações. Um grupo de sete, oito soldados mais velhos, no fundo do vagão, opunha resistência cerrada a tudo que eu tinha dito.

"E por que iríamos ajudá-los?", gritou um deles. "Se fugirem, os alemães vão fuzilar os que ficarem. E nada temos a ganhar fugindo. Os alemães vão nos tratar corretamente se trabalharmos. Quem fugir terá tudo a perder e nada a ganhar."

Alguns outros concordaram com ele:

"Não, não", gritaram, "não vamos deixá-los fugir. Seremos todos fuzilados."

Sempre acreditei que o melhor estímulo para um orador era a cólera, e nem precisei escolher a palavras:

"Vocês são jovens, a maioria tem apenas vinte anos e alguns nem isso. Não temos a menor intenção de viver a vida inteira como escravos dos alemães. Eles querem sujeitar a Polônia ou destruir os poloneses. E já disseram isso várias vezes. Um dia, talvez, consigam voltar para casa. O que vão dizer a seus familiares, o que farão seus amigos quando souberem que ajudaram o inimigo?"

A oposição diminuiu sensivelmente. Não consegui convencer a maioria a tentar a aventura conosco, mas pelo menos resolveram não impedir nossa fuga. Oito soldados se juntaram a nós. Alguns outros se ofereceram para nos ajudar a pular as janelas. Já estava escuro demais para assumir riscos. Além disso, tinha começado a chover, e se por um lado era certo que ficaríamos ensopados e num estado ainda mais lastimável, haveria também muito menos guardas no exterior. Expliquei resumidamente o que faríamos e nos alinhamos em cerca de oito diante de cada janela. Franek foi o primeiro. Um homem pegou-o pelos ombros, outro pelos joelhos e um terceiro pelos pés. Esperamos um instante. Nenhum barulho. Olhei pela abertura, mas não consegui ver Franek em lugar algum. Ou tinha conseguido correr ou estava caído no chão, invisível na chuva e no escuro.

Naquele momento o trem avançava lentamente, descrevendo curvas através do bosque. Precisávamos agir depressa. Cada grupo pegou um homem, levantou até a janela e o lançou no meio da noite. Quatro soldados desapareceram assim. Foi então que ouvimos um tiro de fuzil. Depois, vimos o feixe de um poderoso projetor varrendo o trem. Ficamos imóveis. Compreendi imediatamente que os tiros e o feixe de luz vinham de um posto de observação colocado no teto do vagão, sem dúvida o último do comboio. "Rápido, antes que o trem pare", gritei.

Fiquei me perguntando se o trem ia realmente parar. Esperava que os alemães não quisessem mudar seus planos por causa de um punhado de homens. De fato, o trem continuou sua marcha. Jogamos mais quatro homens pela janela e uma rajada de tiros crepitou. Mais dois homens, nos intervalos dos tiros. Quando um deles caiu, ouvimos gritar "Jesus!" e um gemido de dor. Éramos apenas três agora. Era tarde demais para desistir. O outro grupo lançou um homem enquanto me içavam até a janela, uma ou duas balas zuniram, fui lançado para fora e saí voando pelo ar.

Caí de pé. O movimento do trem e meu salto, combinados, lançaram-me mais adiante, à esquerda. Oscilei, lutei para recuperar o equilíbrio e, finalmente, caí de cara no chão. O choque foi amortecido por uma camada de arbustos. Estava ofegante, mas ileso. Ouvi mais tiros. Levantei, corri para as árvores e me escondi, esperando que alguém viesse a meu encontro. Os tiros pararam e o trem desapareceu rangendo. Provavelmente, não iam procurar por nós.

Esperei cerca de meia hora, na esperança de que os outros me encontrassem. Fiquei me perguntando o que teria acontecido com eles e lamentei não ter marcado um encontro com meus três amigos, sobretudo Franek, que conhecia bem a região. Finalmente, avistei um vulto deslizando, hesitante, entre as árvores. Chamei, perguntando se estava ferido. A resposta foi negativa, e um jovem soldado de cerca de dezoito anos, pálido e trêmulo, de cabelos encaracolados e corpo esguio de criança, veio a meu encontro. Parecia pronto para a escola ou o orfanato, não para o exército. Era evidente que procurava alguém que pudesse lhe dar algum conselho. Mandei que se sentasse e repousasse um instante, que estava tudo bem e não precisava se atormentar. Tínhamos escapado sãos e salvos dos alemães e não seríamos perseguidos. Ele perguntou o que pretendia fazer e respondi que ia para Varsóvia, mas que agora era urgente encontrar roupas civis, um abrigo e comida. Ele disse que Varsóvia seria bom para ele também, pois tinha uma tia na cidade. Ficamos algum tempo elaborando nossos planos no meio da escuridão.

Aquela era uma parte da Polônia que nenhum de nós conhecia direito. Estávamos de uniforme, sem nenhum tipo de documento, famintos e enfraquecidos pelas duras provações das semanas anteriores e, além disso, só dispúnhamos de roupas gastas para nos proteger da chuvarada que caía. Nada podíamos fazer senão acreditar na boa sorte. Resolvemos bater na porta da primeira casa que aparecesse e partimos pela floresta até encontrar uma estreita faixa de terra sem vegetação, que devia ser uma trilha ou uma estrada.

Depois de andar três horas debaixo de chuva, avistamos ao longe a silhueta de um povoado e, diminuindo o passo, fomos nos aproximando com prudência. Na ponta dos pés, chegamos diante da primeira construção, uma típica casa camponesa. Uma luz fraca filtrava por baixo da porta. Paramos ali, hesitantes. Na hora de bater, fui tomado por um tremor nervoso e, para apaziguar meus temores, bati brutalmente. A voz trêmula de um camponês me tranquilizou um pouco:

"Quem é?"

"Saia, por favor", disse eu, tentando fazer minha voz soar com alguma autoridade, mas — o que é muito importante — também com educação.

A porta abriu lentamente, mostrando um velho camponês barbudo de cabelos grisalhos. Ele ficou na soleira, em trajes íntimos. Era visível que estava com frio e medo. Uma lufada de ar quente vinda do interior quase me fez desmaiar, tão grande era a vontade de entrar para me aquecer.

"O que desejam?", perguntou, num tom que misturava indignação e temor.

Não respondi. Queria tentar jogar com os sentimentos.

"O senhor é ou não um polonês? Responda."

"Sou um patriota polonês", respondeu ele, com mais rapidez e sangue-frio do que esperava.

"Então ama o seu país?", continuei.

"Amo."

"Acredita em Deus?"

"Sim."

O velho demonstrava certa impaciência, mas não parecia mais assustado, apenas curioso.

"Somos soldados poloneses e acabamos de escapar dos alemães. Vamos nos reunir ao exército polonês para salvar a Polônia. Ainda não estamos derrotados. O senhor deve nos ajudar e nos dar roupas civis. Caso se recuse e nos entregue aos alemães, Deus há de castigá-lo."

Ele me examinou disfarçadamente. Não dava para ver se estava impressionado, alarmado ou divertido. Disse secamente:

"Entrem. Não fiquem aí na chuva. Não vou entregar ninguém."

Uma vez lá dentro, afundamos em duas velhas poltronas, um dia luxuosas, agora rasgadas e bambas. Produziam um efeito estranho no meio dos outros móveis: uma mesa, um banco e duas cadeiras talhadas grosseiramente em pinho bruto. Um lampião a óleo iluminava fracamente a peça. Uma velha camponesa de rosto enrugado e bronzeado, com um xale na cabeça, estava sentada perto de um fogão gasto que emanava um calor maravilhoso. O homem nos apresentou: "São soldados poloneses que conseguiram fugir dos alemães. Estão com frio e cansados. Arranje alguma coisa para esquentarem os ossos".

Ela sorriu e começou a preparar leite quente. Quando ele começou a ferver sobre o fogareiro, ela o colocou em duas tigelas grossas, que estendeu para nós junto com duas fatias de pão preto. Saboreamos a refeição e, ao final, agradeci efusivamente para compensar o tom agressivo de quando havíamos chegado. O camponês continuou calado e impenetrável.

"Vão deitar agora", disse ele placidamente. "Amanhã de manhã, quando estiverem descansados, voltaremos a conversar."

Fez um sinal para que o seguíssemos e abriu uma porta que dava para uma pequena peça escura.

"Tem uma cama só, mas dá para dois. E tem cobertores em cima, se precisarem."

Tiramos rapidamente as roupas e mergulhamos debaixo das cobertas. Era o primeiro colchão que tínhamos em semanas. Era fino, duro e o tecido era áspero, mas nem sequer notamos. Depois de celebrar nossa boa sorte, caímos no sono. Durante a noite, despertei várias vezes. Tinha a sensação de estar sendo mordido e picado pelo corpo inteiro. Mas o sono era grande demais para que resolvesse investigar, e, como meu companheiro roncava calmamente, concluí que era minha imaginação trabalhando ou as pequenas feridas que tinha no corpo. Não era uma coisa nem outra. A cama estava infestada de pulgas. Passaram para nós e levei semanas para me livrar completamente delas.

Quando acordamos, já era quase meio-dia e o sol brilhava através da estreita janela acima da cama. Apesar das pulgas, estava descansado, cheio de esperança e otimismo.

O camponês ouviu nosso movimento e entrou bruscamente, enquanto tentávamos caçar as pulgas.

"Tem pulga demais para que consigam pegar", disse, rindo alegremente. "Sinto muito por não ter nada melhor para oferecer, senhores, mas elas não são tão más assim."

Murmurei que, fosse como fosse, tinha dormido muito bem e agradeci pela hospitalidade.

"Não podemos fazer grande coisa por vocês", disse ele. "Já éramos pobres antes, e agora, com os alemães aqui, as coisas vão de mal a pior. Mesmo assim, queremos ajudar e daremos tudo o que temos. Mas vocês precisam se apressar. Os alemães podem aparecer a qualquer momento para procurá-los."

"O senhor é um homem de coragem", respondi.

O velho camponês nos deu tudo que ainda lhe restava de roupas: duas calças e dois velhos capotes esfarrapados. Deixamos nossos uniformes em troca e oferecemos uma parte de nossa pequena reserva de zlotys, mas ele recusou terminantemente. Sua mulher preparou mais uma tigela de leite com dois pães pretos.

No momento em que cruzávamos a porta com nossos magníficos trajes civis, apertando os pães no peito, o camponês perguntou se tínhamos ideia de onde estávamos e se sabíamos para onde iríamos.

"Creio que estamos em algum lugar da região de Kielce", respondi, "e vamos procurar o lugar onde o exército polonês está lutando contra os alemães."

"Então não vão para lugar nenhum", replicou o velho.

"Como assim?"

"Não há mais exército polonês. Soldados, sim, ainda podem ser vistos por aí, mas não um exército polonês: foi esmagado! Os alemães não disseram nada?"

Fiquei petrificado. A primeira coisa que me veio à cabeça é que aquele homem simples podia estar sendo enganado pela propaganda inimiga.

"Na verdade, disseram, mas não acreditamos. São mentirosos e não vamos nos deixar enganar assim tão facilmente."

"Não estamos enganados. Todo mundo sabe que não existe mais nenhum exército polonês. Ouvimos no rádio e lemos nos jornais. Soubemos por nossos vizinhos e também pelos alemães. Varsóvia e a costa conseguiram se defender durante algumas semanas, mas foram obrigadas a se render. Os alemães tomaram uma metade do nosso país, e os russos a outra."

Vi que os ombros de meu camarada começaram a tremer.

A velha senhora rompeu seu silêncio:

"Somente Deus pode nos salvar", disse ela.

"Não há Deus nenhum!", gritou meu companheiro.

"Não, meu jovem", replicou ela calmamente, "existe um Deus, sim. E é a única coisa que nos restou."

Segurei-o pelos ombros.

"Não pode reagir assim", disse. "A França e a Inglaterra virão nos socorrer. Não vão demorar a mostrar aos alemães com quantos paus se faz uma canoa."

Virei-me para o camponês, ainda com o braço sobre os ombros de meu companheiro.

"Tem notícias da França ou da Inglaterra? Sabe o que os Aliados estão fazendo?"

"Não sei nada dos Aliados. Tudo o que sei é que não nos ajudaram."[7]

A camponesa se aproximou do jovem e tentou consolá-lo:

"Precisa ser corajoso, meu jovem, não é a primeira vez que isso acontece com a Polônia. Os alemães serão expulsos. Tenha fé e volte para casa. Pelo menos está vivo e com saúde."

O rapazinho não respondeu. O camponês deu indicações sobre as estradas de Kielce e de Varsóvia. Sua mulher nos beijou e tive de conter as lágrimas quando encostei meu rosto no dela. Ela nos deu sua bênção e partimos.

Caminhamos lentamente ao longo da estrada principal de Kielce. Meu companheiro chorava sem parar.

Levamos três horas para chegar à cidade. O pobre rapaz só conseguia responder às perguntas que eu fazia com gestos. Em Kielce, ou melhor, nas ruínas de Kielce, vi uma enfermeira com o uniforme da Cruz Vermelha polonesa. Expliquei que meu companheiro precisava de repouso e de vigilância constante, se quiséssemos evitar que se suicidasse. Ela me tranquilizou e disse que o refúgio da Cruz Vermelha estava aberto para mim também. Agradeci e perguntei como chegar à estrada para Varsóvia. Ela deu as indicações, desejando boa sorte, e continuei meu caminho sozinho.

4
A Polônia devastada

Fiquei em Kielce apenas o tempo de descansar um pouco, e logo parti para os subúrbios da cidade e em seguida para a estrada principal que levava a Varsóvia, que ganhava para mim a dimensão de uma "Terra Prometida". Alimentava o desejo irresistível de correr para a capital como quem vai para um porto seguro, onde tinha certeza de poder encontrar uma nova razão de viver e, caso contrário, consolo e segurança e pelo menos uma vaga ideia de como me comportar no presente.

A segunda semana de novembro de 1939 chegava ao fim. Tinham se passado onze semanas depois da noite em que recebi aquele pedaço de papel vermelho que foi meu passaporte para a guerra. Duas semanas desde a noite em que fui despertado pelo estrondo terrível das bombas alemãs caindo sobre Oświęcim. Percebi que tinha sofrido um choque após o outro durante essas semanas. O mundo no qual vivia estava desmoronando. Eu era como um náufrago no meio do oceano que, depois do baque de uma onda, nada pode fazer senão esperar pela próxima. Até o esgotamento.

Não havia mais Polônia. Ela havia deixado de existir. E, junto com ela, tudo o que constituía minha vida até então. De repente, comecei a compreender as reações das outras pessoas: do oficial que se suicidou em Tarnopol ao constatar que o mundo é ruim e a vida não tem sentido; do rapaz que ficou em Kielce e que sufocava as lágrimas em silêncio. Elas compreenderam antes de mim que a nossa Polônia estava destruída e reagiram com maior sinceridade e humanidade ao tomar conhecimento dessa situação. Foram elas mesmas. E eu, teria sido eu mesmo quando teimei em divagar como um louco sobre um exército polonês que certamente ainda lutava em algum lugar? Acreditava realmente naquilo ou fora apenas uma bobagem para calar minha angústia?

Por que a derrota, na Polônia, assume sempre um significado excepcional?

Em que a Polônia é diferente dos outros Estados? E a nossa nação das outras nações? Lembrei das aulas de meus professores na Universidade Jana Kazimierza de Lviv, das discussões com meu pai e meu irmão...

Os poloneses nutrem um sentimento particularmente forte no que diz respeito aos laços entre indivíduo e nação, acompanhado da experiência vivida da derrota militar que traz consequências terríveis para qualquer país. Outros Estados, depois de perderem uma guerra, foram ocupados, obrigados a pagar impostos de guerra ou a diminuir seus exércitos, às vezes tendo até suas fronteiras alteradas. Mas, quando o soldado polonês é derrotado num campo de batalha, o fantasma do aniquilamento se abate sobre toda a nação: os vizinhos irão saquear e dividir seu território e tentarão destruir sua cultura e sua língua. É por isso que a guerra tem para nós uma dimensão enorme.[1]

Diante do desastre, as pessoas reagem de maneira diversa. Alguns, compreendendo suas consequências, adotaram uma atitude de defesa diante da realidade: criaram uma "barreira defensiva", não permitindo que essas consequências chegassem à consciência, e passaram a viver num mundo à parte. Outros, sabendo o que a derrota da Polônia significava, caíram numa depressão que podia até levar ao suicídio. Eles também, à sua maneira, "anulavam" a realidade, mas de outra forma: procurando a própria morte.[2]

Continuei a caminhar, afastando deliberadamente as perguntas que não me saíam da cabeça. Recusava-me a pensar que a Polônia, enquanto Estado, podia desaparecer completa e irremediavelmente. Gostava de imaginar que os alemães logo seriam derrotados pelos Aliados ou forçados a abandonar a Polônia. Embora soubesse que não existia mais nenhuma resistência polonesa, não podia, de modo algum, me conformar. De maneira irracional, uma parte de mim continuava a acreditar que, através de algum tipo de atividade, a Polônia ainda sobrevivia em Varsóvia.

Por isso, eu tinha pressa em chegar à capital. Durante os seis dias que levei para chegar lá, não perdi tempo, como se tivesse um encontro urgente e pontualidade fosse absolutamente essencial. Nos arredores de Kielce, as estradas estavam desertas, mas, à medida que me afastava, eu encontrava um número crescente de refugiados que corriam, eles também, para Varsóvia; quando finalmente cheguei à estrada principal, ela estava apinhada de carros e quase impraticável.

A pé e em todos os tipos possíveis de veículos, homens e mulheres de todas as idades e condições sociais fugiam ou retornavam para suas casas. A maioria era formada provavelmente por habitantes de Varsóvia, comerciantes, operários, médicos, advogados etc. Outros vinham de pequenas cidades e povoados que os bombardeios tornaram inabitáveis. Alguns eram evidentemente camponeses: transportavam alguns objetos escolhidos com amor entre seus pobres pertences. Mulheres apertavam crianças nos braços e caminhavam com o passo seguro e implacável dos hipnotizados. Alguns carregavam provisões, outros roupas, um ou dois traziam até móveis. Lembro-me de ter visto, na traseira de uma carroça, o mogno brilhante e o teclado de um piano.

Alguns também deixavam Varsóvia em direção ao campo, abrindo caminho na contramão com dificuldade.

Havia milhares de pessoas nas estradas, gente de todo tipo, inclusive jovens como eu, sadios, aparentemente sem nenhum ferimento e que, também como eu, não haviam tido oportunidade de usar suas velhas armas, que brilhavam como novas. Não se via muita confraternização entre os refugiados; todos estavam muito preocupados com seus próprios problemas para prestar atenção aos dos outros. Poucas conversas. Todos pareciam calmos e absolutamente esgotados.

Foi fácil conseguir lugar nas carroças. A maioria delas tinha sido retirada de um longo período de ostracismo e a todo momento exigia reparos. Os arreios estavam em farrapos e quase todos os cavalos exibiam ferimentos. Os conhecimentos e habilidades que havia adquirido eram sempre necessários, e eu era bem recebido aonde chegasse. Por meus serviços, recebia não apenas um lugar na carroça, mas muitas vezes abrigo para a noite e víveres. Por todo lado, viam-se grandes extensões destruídas pela Blitzkrieg. Cada cidade, cada estação, havia sido bombardeada. Os esqueletos de casas e edifícios públicos surgiam, descarnados, de montanhas de escombros. Bairros inteiros estavam cobertos de ruínas inextricáveis. Vi três buracos vazios de onde três cabanas haviam sido cirurgicamente arrancadas pelas bombas, como se fossem cenouras. Em muitas cidades onde não houve tempo de os habitantes cavarem sepulturas antes da chegada dos alemães, viam-se valas comuns. Ao redor delas, grupos de parentes ou amigos que rezavam ou depositavam flores.

Para os últimos quarenta quilômetros resolvi me dar ao luxo de uma viagem de trem. Havia ganhado um pouco de dinheiro consertando carroças e arreios e estava muito cansado. A estrada de ferro estava num estado lastimável. Os alemães haviam tomado todas as locomotivas e vagões modernos, que foram enviados para a Alemanha. Os que ficaram eram relíquias de antes da Primeira Guerra. Os vidros estavam quebrados, a pintura descascada, as rodas enferrujadas e a carroceria em estado deplorável.

No trem, interroguei discretamente um ou dois viajantes sobre os documentos que os alemães exigiam, o local onde ficavam os guardas e os riscos de sermos parados. Eles disseram que havia guardas nas principais estações, que pediam os documentos usuais e que detinham apenas os que apresentavam documentos suspeitos ou transportavam grande quantidade de víveres. Fiquei surpreso ao saber que detinham as pessoas que levavam mantimentos para as grandes cidades. Mas era mesmo verdade. A política da fome começou nas cidades polonesas.[3] As outras prisões nada tinham a ver com os documentos. Bastava parecer jovem e vigoroso para ser enviado para um campo de trabalho. Se precisavam de um pretexto, os alemães não tinham dificuldade para inventar algum.

Assim que obtive as informações desejadas, fiquei em silêncio. Concluí que, como as condições haviam mudado e eu não sabia quase nada sobre a vida sob as leis alemãs, o melhor era tentar passar o mais despercebido possível. Resolvi descer do trem nos subúrbios para evitar os alemães na estação central.

Muitos outros fizeram o mesmo. Fiquei satisfeito ao ver que os métodos para escapar da vigilância alemã eram conhecidos. Varsóvia era uma horrível caricatura de si mesma. A catástrofe que sobre ela se abateu superava minhas piores previsões. Não havia sinal da alegre metrópole. Os belos monumentos, os teatros, os cafés, as flores, a capital animada, ruidosa, familiar, havia desaparecido completamente.

Percorri as ruas cheias de montes de pedras e destroços. O calçamento estava sujo e escuro. Os habitantes pareciam exaustos, inconsoláveis. Para os mortos que não puderam ser transportados para um cemitério, foram escavadas sepulturas improvisadas por todo lado: nos parques, jardins públicos e mesmo nas ruas.

Na esquinas das avenidas Marzalkowska e Aleje Jerozolimskie, no coração de Varsóvia, ao lado da estação central, o pavimento foi arrancado e escavaram uma imensa vala comum para os soldados desconhecidos. Estava coberta de flores e cercada de velas acesas. Uma multidão enlutada rezava ajoelhada. Soube mais tarde que essa vigília se mantinha ininterrupta desde o sepultamento, três meses antes.

Durante as semanas seguintes, continuei a encontrar gente aos prantos ao lado da vala desde o amanhecer até o toque de recolher. Gradualmente, essas cerimônias deixaram de ser apenas uma homenagem aos mortos para se transformar, ao mesmo tempo, em manifestação de resistência política. Em dezembro, o *Gauleiter* nazista de Varsóvia, Moder,[4] compreendeu o significado assumido pela vala comum e ordenou que os corpos fossem desenterrados e transferidos para um cemitério. No entanto, mesmo depois desta medida, muitos varsovianos ainda vinham se ajoelhar e rezar naquele cruzamento e muitas velas continuavam acesas, como se o local tivesse sido santificado por uma presença que nem as pás dos nazistas podiam remover.

Depois de um momento de recolhimento ao lado da sepultura improvisada, resolvi ir até o apartamento de minha irmã, no bairro de Praga.[5] Sempre gostei muito de sua vitalidade, bondade e bom humor. Antigamente, ia muito à sua casa e convivia muito bem com seu marido, um engenheiro de 38 anos. Esperava de todo o coração que nada de ruim tivesse acontecido com eles e que, pelo menos lá, pudesse reencontrar algum vestígio de minha antiga vida que não tivesse sido aniquilado.

O imóvel onde ela morava estava relativamente intacto. Na porta de entrada, lembrei de minha aparência e por reflexo tentei ajeitar uma gravata inexistente. Passei a mão pela barba imunda e sem fazer há algumas semanas. Minhas roupas pendiam em frangalhos sobre o corpo sujo, e, de repente, meu espírito ficou cheio de apreensão e mal-estar. O imóvel estava em silêncio e parecia sem vida. Passei rapidamente pelas outras portas, tentando afastar pensamentos perturbadores. Esta era a casa da minha irmã, eu estava em casa novamente. Bati com confiança e esperei. Nenhuma resposta. Bati de novo, um pouco mais forte.

"Quem é?"

A voz que fazia a pergunta era de minha irmã, porém mais surda, menos animada do que esperava. Senti que não seria prudente gritar meu nome e bati com suavidade. Ouvi passos lentos se aproximando da porta, que se abriu. Diante de mim, ainda com a mão na porta, apareceu minha irmã.

Eu estava a ponto de beijá-la ou tomá-la nos braços quando alguma coisa em sua atitude me deteve.

"Sou eu, Jan", disse, mesmo sabendo que ela havia me reconhecido. "Não me conhece mais?"

"Sim. Entre."

Fui atrás dela, gelado e angustiado com seu comportamento. Inspecionei rapidamente o que dava para ver do apartamento. Parecia o mesmo. Não havia ninguém, além de nós dois. Tentei descobrir a razão daquela recepção tão fria. O rosto de minha irmã era inexpressivo e envelhecido; seu vestido era simples, mas estava em bom estado. Ela não dizia nada, não mostrava nenhum sinal de alegria ou incômodo com minha presença.

"Fugi dos alemães há mais ou menos uma semana", disse, para entabular conversa e estimulá-la a falar. "Estávamos sendo transportados do campo de reunião de Radom para um campo de trabalhos forçados. Pulei do trem em Kielce. Levei uma semana para chegar a Varsóvia e vim diretamente para cá."

Ela ouvia sem demonstrar interesse pelo que eu dizia, o rosto virado. Estava tensa, rígida, como se apenas um incessante esforço de vontade a mantivesse erguida, como se estivesse a ponto de cair e desmaiar. A vitalidade, que sempre fora sua característica mais marcante, seu jeito de reagir prontamente a cada palavra, a cada gesto, haviam desaparecido totalmente. Ela parecia completamente estranha. O olhar mortiço fixava-se em algum objeto colocado do outro lado da sala: à minha direita ou atrás de mim? Virei quase bruscamente e, em cima da escrivaninha, encostada na parede, vi uma grande fotografia de seu marido, de cerca de dez anos atrás. O rosto era jovem, belo, iluminado por um largo sorriso feliz. Ela contemplava a foto fixamente e nem sequer notou meu movimento.

"O que houve?", perguntei, ansioso. "Tem alguma coisa errada? Onde está Alexandre?"

"Morto. Foi preso três semanas atrás, interrogado, torturado e em seguida fuzilado."

Havia tranquilidade em sua voz. A tristeza parecia ter entorpecido suas emoções, deixando-a incapaz de sentir angústia ou dor. Continuava com os olhos fixos na foto, como hipnotizada. Entendi que dera aquelas informações para evitar novas perguntas, que me impedi de fazer, permanecendo silencioso e desamparado. Qualquer palavra ou qualquer movimento pareceria fora de lugar. Ela desejava fugir a qualquer preço de qualquer espécie de agitação.

Finalmente, começou a falar, sem desviar os olhos da foto:

"Não pode ficar aqui muito tempo. É muito perigoso. A Gestapo pode aparecer; é bem possível que o estejam procurando. Tenho medo deles."

Levantei para ir embora. Pela primeira vez, ela virou a cabeça e olhou para mim. Deu a impressão de notar finalmente o meu cansaço, a lama, os trapos, minha palidez... Sua expressão não mudou. Seus olhos pousaram de novo sobre a foto.

"Pode passar a noite aqui. Amanhã de manhã, pegue algumas roupas dele e vá embora."

Depois disso, recolheu-se completamente em si mesma e não me deu mais atenção. Eu estava me sentindo um intruso. Suavemente, na ponta dos pés, saí da sala e dei uma volta no apartamento que conhecia tão bem. Tinha mudado muito pouco. Sem ajuda, é claro, ela conseguia mantê-lo impecavelmente limpo. Eu não havia percebido até então o frio que fazia. O combustível devia ser escasso em Varsóvia. A despensa estava vazia. Sem dúvida, ela não tinha forças nem vontade de procurar alimento. No banheiro, encontrei um pedaço de sabão barato e tratei de tomar um banho da melhor forma possível, com água fria. Quanto terminei, fui até a entrada e olhei pela porta aberta da sala: minha irmã estava sentada na mesma posição, rígida, pálida, imóvel. Era como se nunca a tivesse conhecido, sua dor era impenetrável.

Atravessei o corredor até o escritório de seu marido. Também não havia mudado: o mesmo sofá de couro, os mesmos livros científicos, as mesmas revistas. Peguei um cobertor do armário e tirei as roupas cuidadosamente, colocando tudo numa cadeira. Depois de um momento de agitação no sofá, mergulhei num sono profundo.

Quando despertei era quase meio-dia. A luz era cinzenta e na vidraça deslizavam minúsculas gotas de chuva. Meu corpo estava pesado de sono e eu ainda me sentia muito cansado, mas muito consciente de ter dormido bem mais do que pretendia. Saí penosamente da cama e escolhi no armário um terno de cor neutra. Ainda no escritório, encontrei uma camisa e uma gravata. Quando acabei de me vestir, atravessei o corredor de volta. A porta da sala estava fechada. Abri e olhei timidamente para dentro. Minha irmã estava tirando poeira dos móveis, levantando e abaixando o braço num gesto cansado e metódico. Quando ouviu a porta se abrir, parou e virou para mim sem nenhuma pressa, como se estivesse esperando. Um brilho fugidio iluminou seu rosto quando reconheceu as roupas que eu estava usando.

"Precisa ir embora logo", disse, sem preâmbulos.

Continuou a olhar para um ponto bem a meu lado, recusando-se a tomar plena consciência de minha presença, protegendo sua tristeza contra qualquer intrusão.

"Precisa de alguma coisa?"

"Não, nada", respondi, sacudindo a cabeça. "Tem alguma coisa que eu possa fazer por você, Lili? Posso ajudar em alguma coisa, qualquer coisa?"

Ela não respondeu. Parecia que nem tinha ouvido. Em outros tempos, nada lhe escapava: agora, adquirira a faculdade de rejeitar tudo que não tivesse relação com o sentimento que a possuía por inteiro.

"Você deveria fazer a barba", disse ela com calma. "Depois, vou lhe dar algum dinheiro."

Uma vez pronto, voltei à sala. Ela estava sentada na mesma cadeira da véspera, diante da foto. Quando entrei, se levantou, foi até o escritório e pegou três anéis, um relógio e algumas notas. Aproximou-se de mim e colocou tudo na minha mão.

"Não preciso de nada disso", disse ela. "Fique com tudo."

Enfiei as coisas no bolso. Queria agradecer, mas não encontrei as palavras. Ela foi até a porta de entrada, eu atrás, incomodado e angustiado.

Abriu a porta, deu uma olhada no corredor para verificar se havia alguma presença suspeita. Coloquei a mão em seu ombro e, olhando-a intensamente, repeti: "Não há nada que possa fazer por você?".

Ela se virou para mim e, pela primeira vez, encarou-me dentro dos olhos com uma expressão tão pungente que fiquei comovido. Em silêncio, estendeu a mão para a porta.

Quando saí, a chuva havia parado; o céu estava nublado e triste, a rua quase deserta. Na outra calçada, uma mulher de cabelos grisalhos andava apressada, apertando um pacote contra o peito; duas crianças, uma menina e um menino, estavam sentados um pouco mais adiante sob um pórtico: seus rostos pálidos tinham um ar envelhecido e sério. Sem razão, talvez para evitar os olhos das crianças, mudei de direção e comecei a andar ao acaso, rapidamente.

Meia hora depois, parei num cruzamento e tentei me orientar. Era um lugar que costumava frequentar, mas era difícil reconhecer qualquer coisa depois de todos os bombardeios. Perto dali, morava um de meus amigos, cuja saúde frágil impedira que se alistasse. Em meio a mudanças tão importantes, era pouco provável que continuasse no mesmo endereço. No entanto, resolvi ir até lá mesmo assim.

5
O começo

Ele se chamava Dziepaltowski. Era um de meus amigos mais próximos há vários anos, embora fosse três ou quatro anos mais novo. Quando nos conhecemos, eu estava terminando o terceiro ano de direito na Universidade Jana Kazimierza de Lviv e ele se preparava para os exames finais do ensino médio. Ele me inspirava admiração e respeito, a princípio devido a seu imenso talento musical e ao modo como tocava violino. Em seguida, porque, ao contrário da maioria dos músicos, amava e entendia as outras artes e, por sua cultura, correspondia ao protótipo do homem renascentista.

Seus pais eram pobres e ele devia seu sucesso unicamente a sua tenacidade, aos sacrifícios e à abnegação de todos os momentos. O violino era essencial para ele, objeto ao mesmo de tempo de paixão e veneração. Não considerava seu talento nem um privilégio fortuito nem uma vantagem preciosa, mas um dom divino que exigia dele todos os esforços. Dava aulas aos alunos menos avançados da escola de música, pelos quais era muito amado. Costumava encontrá-lo na rua, correndo de uma aula para outra, sem fôlego, apressado demais para qualquer coisa que não fosse um aceno com a mão ou um breve "olá!" lançado do estribo do bonde.

Não gastava o dinheiro que ganhava em frivolidades, pelas quais não era atraído, mas em aulas de música e em livros, para aperfeiçoar sua cultura geral e facilitar sua carreira. Seu modo de vida austero e sua intransigência complicavam as relações com a família, professores e amigos. Pois, a despeito de uma timidez e modéstia congênitas, que o afastavam das pessoas e de qualquer vida mundana, ele acreditava profundamente na importância da música e mostrava um respeito, às vezes irritante, por seu próprio talento.[1]

Uma discussão sobre música, uma brincadeira ou um comentário zombeteiro sobre seus dons bastavam para que o doce, tímido Dziepaltowski se transformasse num tigre furioso, mostrando os dentes ao adversário com uma fúria desproporcional. Lembro que um dia, um de nossos conhecidos comuns, estudante de história, cínico e galanteador notório, resolveu demonstrar que essa paixão pelo violino não passava de uma compensação para uma grande falta de confiança em si, sobretudo em sua... virilidade. Todo o argumento foi servido com um "molho freudiano" a fim de conferir um ar científico. Dziepaltowski replicou com um ataque em regra contra o estilo de vida de seu agressor e provou — baseando-se igualmente em Freud — que todos os sucessos femininos que ele gostava tanto de exibir eram simplesmente a expressão de um complexo de virilidade e de uma total incapacidade de cultivar relações normais e duradouras com o sexo oposto. O amigo "dom-juan" ficou sem fala e desapareceu. Nunca mais lhe dirigiu a palavra. Nem mesmo um simples cumprimento a Dziepaltowski. A maioria dos companheiros admitia que ele era agradável, mas demasiado resistente a compromissos e concessões e também difícil de abordar. Nunca o vi em companhia de uma moça. Sem dúvida, sua alma de artista devotava todas as emoções à Arte com A maiúsculo e não se interessava por questões triviais como um flerte com uma amiga.

Nossa amizade nasceu por acaso. Como estudante da universidade, um dos meus grandes prazeres era participar das conferências organizadas para a juventude camponesa dos arredores de Lviv pela Sociedade Polonesa das Escolas do Povo. O objetivo das conferências era simples: tentar uma aproximação entre a intelligentsia e os camponeses.

Durante três anos, todo domingo, eu ia para os povoados vizinhos a Lviv, poloneses ou ucranianos, e fazia conferências sobre temas de história, literatura polonesa, higiene e até sobre o movimento cooperativo.[2]

Um dia, para tornar as conferências mais atraentes, os organizadores enviaram um aluno do liceu de música, que tocaria violino no final da palestra para recompensar os que tinham ficado até o fim. A iniciativa obteve um sucesso estrondoso. Dziepaltowski tocava bem. Escolheu Paganini e Wieniawski e a juventude camponesa ouviu arrebatada. Além do mais, ele era grande e sedutor. Quando tocava, era totalmente absorvido pela música — seus longos cabelos, o rosto pálido, os olhos escuros e móveis causaram grande estrago entre as mocinhas do povoado.

Em comparação com a ovação que ele recebeu, os aplausos de cortesia que eu recebia habitualmente pareciam bem magros. No fundo, estava com ciúme, mas o sucesso da missão educativa acabou prevalecendo e concordamos em renovar com frequência nossas expedições. Ele atraía multidões às conferências e obtivemos um enorme sucesso.

Ao final das palestras, nós dois nos sentíamos felizes. No caminho de volta conversávamos longamente cheios de entusiasmo. Discutíamos sobre a importância de nosso trabalho comum, a necessidade de estimular uma melhor compreensão entre as duas classes, pois infelizmente, na Polônia, muitos intelectuais só conheciam os camponeses através de livros e filmes.

Acabei admirando seu espírito ágil tanto quanto o seu talento, profundamente impressionado pela integridade e coragem com as quais lutava contra a desvantagem da pobreza e contra uma saúde sempre frágil e instável. Quando estava no exterior, costumávamos nos escrever com frequência. Foi assim que soube que estava morando em Varsóvia, onde continuava sua carreira com o ardor de sempre. Quando explodiu a guerra, tínhamos acabado de restabelecer nossos laços de amizade. Eu tinha certeza de que Dziepaltowski, se ainda estivesse vivo e eu conseguisse encontrá-lo em casa, teria a mesma atitude e os mesmos sentimentos que eu. Não me decepcionei.

Sua acolhida foi cordial, embora reservada, dadas a hora e as circunstâncias. Pude constatar que ficou contente em me ver vivo e livre, e sinceramente penalizado pelo triste estado de saúde que minha magreza e meu rosto pálido anunciavam. Ele também havia mudado consideravelmente, mas para melhor. Estava menos tímido e menos arrogante. Seu rosto delicado de adolescente ainda era fino, mas com traços mais viris, mais determinados. A derrota da Polônia o deixou triste, mas não desesperado ou abatido.

Quando perguntei o que estava acontecendo em Varsóvia, ele sorriu.

"As coisas não estão tão más quanto pensam alguns", respondeu num tom inusitado, enigmático.

"Mas tudo parece tão terrível", protestei. "Não é mais a mesma cidade. Não temos mais pátria. Não posso censurar as pessoas por se mostrarem sombrias ou pessimistas."

"Está falando como se a Polônia fosse o único país em guerra", disse ele com uma ponta de indignação. "Parece pensar que a batalha final já aconteceu. Precisa ser mais razoável. Precisamos ser corajosos e pensar no futuro e não ficar lamentando o presente."

Era evidente que estava incomodado com meu pessimismo. Percebi que meu tom podia levá-lo a pensar que seu modo de vida, qualquer que fosse, era criticável, pois era o cotidiano de um homem que havia sofrido muito pouco com a guerra. Resolvi mudar de tática:

"Claro", disse. "Sei que os Aliados vão vencer, cedo ou tarde. Mas enquanto esperamos, precisamos viver aqui. A impossibilidade de fazer qualquer coisa afeta as pessoas. E isso é muito natural."

Ele me observou com muita atenção enquanto desenvolvia esse argumento.

"Jan", disse ele, abaixando um pouco a voz e falando muito lentamente, "nem todos os poloneses estão resignados com esse destino."

Essas palavras tinham um significado oculto, que não entendi. Esperei que acrescentasse alguma coisa, mas ele apoiou as costas no encosto da poltrona, entretido, ao que parecia, em acariciar os próprios cabelos. Fiquei espantado com sua segurança e com a confiança que emanava. Todas as pessoas que havia encontrado em Varsóvia se comportavam como se já tivessem esgotado todos os recursos. Haviam desistido de controlar os acontecimentos, não alimentavam esperanças e se deixavam levar à deriva. Dziepaltowski havia encontrado uma ocupação que proporcionava uma certa satisfação, mas não consegui atinar o que seria.

"O que fez até agora? Parece satisfeito com suas atividades."

"Não me deixei abater, luto para não perder o ânimo."

Era uma resposta deliberadamente evasiva. Era inútil insistir. Só contaria seu segredo quando achasse melhor, ou talvez resolvesse guardá-lo zelosamente. Fiquei olhando seus longos dedos, que se moviam sem parar. Num canto, notei uma pilha enorme de partituras de música cuidadosamente arrumadas e, por trás, quase invisível, uma estante para partituras. Não vi o violino em lugar algum.

"E como vai o seu trabalho?", perguntei. "Ainda tem alunos?"

Ele sacudiu tristemente a cabeça.

"Não. Ainda pratico um pouco, mas é só."

"Bobagem, deveria continuar trabalhando, do contrário vai acabar perdendo o que se esforçou tanto para adquirir."

"Eu sei. Mas não tenho tempo nem dinheiro. Além do mais, acho que não é a coisa mais importante... pelo menos agora."

Dziepaltowski havia mudado bem mais do que a princípio pensei. Ainda lembrava do tempo em que teria me arrancado os olhos se dissesse uma coisa do gênero!

Ele se levantou de repente, inclinou-se para mim e pousou uma mão protetora em meu ombro.

"Não interprete mal o que acabei de dizer. As condições de vida em Varsóvia são ruins, muito ruins. Um homem como você, jovem, vigoroso, corre perigo o tempo todo. Pode ser pego a qualquer momento e enviado para um campo de trabalho forçado. Tome cuidado. Evite visitar sua família. Se a Gestapo souber de sua fuga, isso significa campo de concentração. Talvez já estejam à sua procura."

"Não sei como."

"Eles têm muitos meios. Seja cuidadoso. Tem algum plano?"

"Nenhum."

"Documentos? Dinheiro?"

Tirei do bolso o que minha irmã havia me dado e mostrei a ele, que virou, deu alguns passos em direção à janela, com um ar pensativo, e retornou.

"Precisa de novos documentos. Teria coragem de viver com um nome falso?"

"Acho que sim. Isso não exige tanta coragem assim. Acha que é possível obter documentos falsos?"

"Provavelmente", disse ele, lacônico.

"Será que eu conseguiria?", perguntei, insistindo e tentando fazê-lo falar um pouco mais. "Teria de pagar por eles?"

"Está fazendo perguntas demais, Jan." Ele havia percebido minha manobra. "Nesse momento, não é saudável ser tão curioso. Pague o que lhe pedirem."

Surdo a seu conselho, perguntei a "quem" se referia. Ele não se dignou a responder. Comecei a entender o que queria. Teria de aceitar o que propunha sem explicações, teria de confiar nele. Resolvi seguir todas as suas sugestões. Desde o momento em que deixei a casinha dos camponeses, vivia ao acaso, como um barco à deriva, sem direção, sem destino. Mas agora, conversando com Dziepaltowski, minha vontade se reforçava e comecei a tomar algumas vagas resoluções. Confiava em sua integridade e em sua coragem. Pedi, portanto, um conselho.

"O que acha que devo fazer?"

"Para começar, precisa morar em algum lugar."

Foi rapidamente até a escrivaninha que ficava na outra ponta da sala e rabiscou algumas palavras numa folha. Eu olhava, sorrindo. Havia se transformado num homem prático, logo ele, que sempre considerei indulgentemente um idealista, com a cabeça nas nuvens.

Ele estendeu o papel e julgou necessário explicar qual seria o meu novo modo de vida.

"Leia, decore e destrua o papel: usará um novo nome. Vai se chamar Kucharski. Estou mandando você para um apartamento que pertence à mulher de um antigo bancário que hoje é prisioneiro de guerra. Podemos confiar nele, mas tome cuidado com ela. Tome cuidado com todo mundo. Precisa se habituar à sua nova pele: não se entregue! Sua segurança depende disso... e a minha também!"

O que dizia e a maneira como dizia despertavam minha curiosidade a tal ponto que mal conseguia me conter. Mil perguntas quase chegavam aos lábios. Mas ele cortou a conversa tirando o relógio do bolso e dando uma rápida olhada.

"Já é tarde e ainda tenho muito trabalho. Precisa ir, agora. Vá para esse endereço. Venda um anel e compre mantimentos: pão, presunto, álcool. Estoque uma certa quantidade em casa e saia o menos possível. Passarei para vê-lo em alguns dias e levarei novos documentos. Até logo e não se preocupe. A proprietária vai precisar dos papéis para o registro, mas não vai pedir nada antes de minha visita."

Embora eu mesmo não soubesse, aquilo era o começo de minha iniciação: acabava de entrar para a resistência polonesa. Nada houve de extraordinário ou romântico. Não exigiu de mim nem decisão, nem demonstrações de coragem, nem espírito de aventura. Foi simplesmente o resultado de minha visita a um amigo de Lviv, levado sobretudo pelo desespero e pela inação.

Ao partir, não tinha consciência do que iria acontecer. O estado de depressão em que me encontrava desde o encontro com minha irmã não havia desaparecido, mas agora pelo menos tinha esperança de que o futuro traria novidades. A determinação de Dziepaltowski, seu jeito de falar e agir permitiram que entrevisse um objetivo ou um papel análogos aos seus num futuro próximo.

No endereço indicado por Dziepaltowski, encontrei um apartamento de três cômodos, bastante conveniente, mas não luxuoso. Era habitado por uma mulher na casa dos 35 anos e seu filho, de doze. A sra. Nowak[3] devia ter sido bonita e sem dúvida elegante. Os traços permaneciam delicados, mas seu rosto demonstrava cansaço e preocupação, as sobrancelhas perpetuamente franzidas pela ansiedade. Zygmus, seu filho, que ela seguia o tempo todo com os olhos numa ternura inquieta, era um menino grande e delicado parecido com a mãe. Era excepcionalmente maduro para a idade. Fui recebido de forma cordial, mas a mãe estava tão desprovida de energia e o filho era tão tímido que foi fácil evitar qualquer tipo de confidência. Felizmente, pois Dziepaltowski não dera instruções sobre o que deveria dizer. Não previra nada, exceto meu nome. Eu não tinha a menor ideia da profissão ou do caráter que minha "nova pele" recobriria.

Meu quarto era agradável, bem grande, mas com pouquíssimos móveis e enfeitado apenas com uma reprodução barata da Madona de Rafael. Um pano vermelho surrado cobria o encosto da única poltrona de madeira à guisa de decoração. Depois de acertar as coisas com minha anfitriã e de entregar o dinheiro para que comprasse mantimentos para mim, fui para o quarto sob pretexto de um grande cansaço.

Dois dias depois, por volta do meio-dia, chegou um grande envelope da parte de Dziepaltowski: a sra. Nowak bateu à porta para anunciar a visita de um jovenzinho de no máximo dezoito anos.

"É o sr. Kucharski?"

"Sim."

"Isto é para o senhor. Até logo."

Abri o envelope nervosamente. Eram os documentos de "Kucharski". Descobri que havia nascido em 1915, em Luki, que não servira o Exército por causa da saúde delicada e que no momento era professor de uma escola primária. Era uma boa escolha, pois esses profissionais recebiam, naqueles tempos, melhor tratamento que os outros, desde que não infringissem as ordens dos alemães. O envelope continha também um bilhete de Dziepaltowski. Ele indicava um endereço onde eu deveria fazer uma foto de identidade e avisava que não poderia vir antes de duas ou três semanas.

O "fotógrafo" estava instalado nos fundos de uma modesta mercearia, atrás de um monte de caixas e sacos, no bairro de Powisle.[4] Parecia saber de tudo a meu respeito. Seu trabalho consistia em fazer um retrato suficientemente parecido para ser aceito como meu, mas com traços suficientemente vagos para que eu pudesse dizer que não era eu, caso fosse necessário.

Era um homenzinho calvo, muito agitado, que mal respondia às observações que eu fazia. Compreendi que seu jeito reservado era proposital e fiquei calado enquanto ele se concentrava no trabalho. O resultado foi uma obra-prima de ambiguidade fotográfica em miniatura, que ele me entregou com um ar satisfeito. Dei uma olhada e elogiei sua habilidade em voz alta:

"É incrível", disse, "parece que já encontrei comigo mesmo em algum lugar, só não sei bem qual."

Ele riu em silêncio e, tirando a viseira que usava para admirar melhor sua obra, aprovou com um sinal de cabeça e disse que concordava comigo.

"Ficou bom, muito bom. Um dos meus melhores."

"É uma arte diabólica", continuei, esperando que ele soltasse a língua. "Faz muitos deles?"

Ele caiu na risada, batendo nas próprias coxas.

"Você também é diabolicamente esperto, meu jovem! Que excelente pergunta! Precisa voltar aqui mais vezes para fazer mais perguntas. Mas hoje estou muito ocupado. Até logo, senhor curioso. Há, há!"

Ainda ria quando saí. Era evidente que Dziepaltowski fazia parte de uma espécie de organização ou partilhava com os amigos um segredo cuja natureza eu não conseguia adivinhar. Havia lido muita coisa sobre as atividades clandestinas polonesas contra a Rússia tsarista antes da Primeira Guerra Mundial, mas na hora não consegui ligar as duas coisas. No entanto, estava bastante satisfeito por ter documentos em regra e comecei a alimentar esperanças no futuro.

As duas semanas seguintes ainda estavam longe de ser agradáveis. O tempo pesava. Eu lia em pequenas doses a literatura pouco emocionante da biblioteca de minha anfitriã, fumava, passeava para cima e para baixo no apartamento. Minhas relações com a dona da casa tornaram-se mais amigáveis, mas ela estava sempre muito ocupada ou muito cansada para ser sociável. Procurar trabalho era muito complicado, e além do mais eu contava com os anéis e o relógio para me manter por vários meses.

Acima de tudo, eu estava firmemente convencido de que a guerra logo chegaria ao fim e que a França e a Inglaterra vitoriosas viriam libertar a Polônia. Era essa a opinião da maioria das pessoas, e também, como eu ficaria sabendo mais tarde, da maioria dos líderes da resistência. Mas esse otimismo não era suficiente para apagar minha melancolia. A meu redor, via apenas caos, ruínas, desespero e uma pobreza indescritível. A arrogância e o terror dos alemães deixava todo mundo nervoso e deprimido. Depois de quinze dias nessa vida, fiquei muito contente quando vi Dziepaltowski. Ele estava muito alegre. Depois de algumas perguntas sobre minha saúde e minhas atividades nas últimas semanas, ele sentou, esticou as pernas e, como quem não quer nada, perguntou se havia alguém no quarto ao lado. Respondi negativamente. Ele sorriu e disse:

"Consegui pegá-lo numa armadilha, sabia, Jan?"

Devolvi o sorriso, um pouco nervoso.

"É mesmo? É uma armadilha muito confortável."

"Não estou falando do apartamento."

Avançou na minha direção, colocou a mão em meu braço de maneira confidencial e amigável.

"Vamos conversar a sério, Jan, pois você é um homem de honra, um homem corajoso e um bom polonês. A partir de agora, você faz parte da Resistência. Levei você a isso, quando aceitou nossos documentos e nossa assistência. Mas a organização quer abrir o jogo e você vai poder escolher: ou oferece seus serviços e sua dedicação à Resistência ou retorna à vida civil. Devo dizer também que, se tentar nos denunciar ou trair de alguma maneira, será eliminado."

Ao ouvir isso, exultei por dentro. Finalmente, encontrava o que esperava: uma missão, uma ocupação que me tiraria do suave vazio em que vivia. Tive vontade de beijá-lo, mas, para não parecer exaltado demais, como um jovem escoteiro romântico, respondi com uma calma que estava longe de sentir.

"Sempre pensei que devia existir uma organização clandestina em algum lugar. Sei que houve uma na outra guerra, mas não esperava encontrá-la tão rápido, nem ser aceito com tanta facilidade. Você sabe que fugi dos russos e dos alemães com um único objetivo: reunir-me ao exército e lutar."

"Pois então, conseguiu: está no exército!"[5]

"Ótimo! Você me conhece, farei tudo o que estiver a meu alcance."

"Vai ter oportunidade de fazer alguma coisa em breve."

Conversamos sobre assuntos gerais e depois ele foi embora. Dois dias mais tarde, passou de novo em minha casa, mas ficou só um minuto.

"Vai ser difícil me encontrar em casa durante os próximos dias, quero que me encontre na casa da minha prima. Estarei lá a maior parte do tempo. Espero que não fique com inveja da minha nova casa."

Estava alegre, e a última observação era claramente uma brincadeira. Deu o endereço de sua "nova e magnífica residência" e partiu.

No dia seguinte fui até lá. Era no centro de Varsóvia, não muito longe do consulado dos Estados Unidos, entre as ruas Moniuszko, Swietokrzyska e Jasna. Antes da guerra, era o bairro das grandes empresas, livrarias, lojas de luxo e bons restaurantes. O imóvel havia sido uma residência moderna de três andares, luxuosa e bem equipada. Agora, não era mais do que um amontoado de pedras, madeira e móveis destruídos. Pedaços de parede permaneciam de pé, formando ângulos estranhos. Um fragmento da parede dos fundos e um terço do portal testemunhavam a antiga magnificência. O número da casa estava escrito numa pequena coluna que por milagre havia escapado.

Pelo que pude ver, uma bomba havia atingido a casa em cheio, penetrando profundamente antes de explodir, tão forte que reduziu tudo a cinzas, exceto os porões e as fundações.

Além disso, havia uma enorme chaminé, em estado bastante razoável, junto à parede do fundo. Os atuais moradores viviam nos porões e haviam escrito seus nomes com giz sobre ela. Eram quinze. As letras estavam um pouco apagadas e tive de examinar com atenção para encontrar o nome que procurava. Sob a lista, uma flecha indicava a nova entrada. Cheguei diante de uma porta escurecida. Abri e me vi no alto de uma escada demolida, cujos degraus desci tateando. Não via entrada alguma.

"Tem alguém aí?", gritei, meio preocupado.

Uma porta rangeu quase embaixo dos meus pés e percebi o brilho de um lampião a óleo.

"O que deseja?", perguntou uma voz feminina.

Dei meu nome. Um braço nu passou pela porta e apontou para a frente.

"Duas portas para lá, à esquerda", disse a voz.

Continuei meu caminho no meio da escuridão. Quando por fim encontrei a segunda porta, bati: abriram rapidamente e fui puxado com brusquidão para o interior.

"Entre, não tenha medo!", ouvi Dziepaltowski dizer, divertido.

Em seguida riu, ao ouvir meu suspiro aliviado.

"Vamos para a outra sala", disse. "Nem Deus sabe por que ainda a chamamos assim!"

Fui atrás dele docilmente, enojado pelo cheiro nauseabundo daquele buraco, pelo fedor de batata podre, água estagnada e várias outras coisas indefinidas. Na "outra sala" havia uma pequena janela gradeada que ficava ao nível da rua.

Dziepaltowski acendeu uma lampião a óleo e fiquei surpreso com a limpeza do aposento: mobiliado com destroços, mas perfeitamente em ordem, com as paredes pintadas com cal. Bem na minha frente havia uma cama de ferro meio quebrada, capenga e cuidadosamente escondida por uma colcha. No canto esquerdo, um fogareiro sob o qual se viam prateleiras carregadas de velhas panelas, copos e louças. À direita, uma mesa coberta com uma toalha branca limpíssima.

Dziepaltowski estava sozinho. Ficou observando enquanto eu inspecionava o local, tentando adivinhar a impressão que me causava.

"A casa foi completamente demolida pelos bombardeios, restaram apenas a chaminé e os porões. Infelizmente, não dá para usar a chaminé, mas as adegas são excelentes e perfeitamente convenientes para mim. É muito difícil encontrar um apartamento em Varsóvia neste momento: mais de 35% estão inabitáveis. Este é o meu quartel-general. Perfeito, não acha?"

Balbuciei uma negativa vaga.

"Ainda tem muito que aprender!", disse ele. "Este local é ideal por inúmeras razões. Como fica no centro de Varsóvia e se encontra nesse estado, a Gestapo não suspeita dele e não se incomoda sequer em investigar. Minha prima trabalha numa manufatura de tabaco e permite que use seu apartamento. É aqui que guardo meus documentos, trabalho e recebo as pessoas. Ninguém me conhece, o que também é muito importante. Você não faz ideia da importância vital desses fatores, nem a que ponto é preciso estar sempre alerta."

Fiquei com Dziepaltowski até o final de tarde. Ele falou bastante a respeito da Resistência e desse mundo particular em que estava destinado a viver pelos próximos anos.

Não tentei mais fazê-lo falar. Entendi que fazer perguntas não significava de modo algum receber respostas.

6
Transformação

Dziepaltowski era uma das raras pessoas que realmente tinha o direito de me dar lições como se eu fosse um simples estudante. Eu o admirava. Era minha primeira autoridade dos tempos de guerra. Minha admiração transformou-se em culto quando fiquei sabendo em que consistia sua ação. Ele executava as sentenças de morte contra agentes da Gestapo e traidores. Ele jamais disse isso, e só fiquei sabendo depois de seu desaparecimento.

Em junho de 1940, Dziepaltowski recebeu a ordem de liquidar Schneider, um membro da Gestapo. Depois de segui-lo durante vários dias, a sorte finalmente lhe sorriu: o alemão entrou em um banheiro público e foi lá que Dziepaltowski deu cabo dele. Pouco depois, meu amigo foi preso na rua: é bastante provável que tenha sido reconhecido por outro usuário dos banheiros públicos, o que não era muito difícil por causa da sua longa cabeleira de artista. Foi interrogado e torturado pela Gestapo na alameda Szucha,[1] mas não traiu ninguém. Fuzilado em julho, foi homenageado de uma maneira única pelos alemães, que chegaram a pregar cartazes pelas ruas de Varsóvia informando a população de que "uma sentença de morte havia sido executada contra a pessoa de um bandido polonês, condenado por ter atacado um funcionário alemão para roubá-lo".

Mas Varsóvia inteira sabia a verdade.

Para os alemães, não passava de um "bandido polonês" a menos, pois ainda restavam muitos outros, e esse número só fez crescer ao longo dos anos 1940.

Nos meses seguintes, fui me dando conta da situação curiosa, trágica e paradoxal em que se encontrava a Polônia. Sob muitos aspectos, era preferível ser membro da organização clandestina do que empregado da administração civil, pois isso implicava ser leal ou pelo menos "neutro" em relação às autoridades de ocupação. Um membro da Resistência, à parte os riscos de ser preso, com tudo que isso significava, gozava de vantagens inacessíveis ao resto da população.

Antes de mais nada, quem pertencia à Resistência gozava da proteção da organização, com todo o aparelho habitualmente eficaz da clandestinidade; dispunha de documentos falsos, indispensáveis para os deslocamentos e para escapar da prisão durante as batidas policiais; normalmente, recebia ajuda financeira para suas necessidades materiais, dispunha de certo número de endereços onde poderia encontrar refúgio e conhecia casas onde podia encontrar uma refeição, uma cama ou um esconderijo durante as operações da Gestapo.

Além disso, tinha a consciência tranquila de quem serve a uma causa legítima. Tinha a dignidade de quem permaneceu independente e fiel a seus princípios, enquanto o colaboracionista era marcado por um desprezo universal.

Ninguém apoia quem se submete. O colaboracionista não tem segurança nem no trabalho, nem em sua vida privada, nem em seus movimentos. Está o tempo todo à mercê do terrorismo alemão e exposto àquilo que os alemães chamavam de "responsabilidade coletiva" — um dos aspectos mais terríveis e mais desumanos dessa guerra! Segundo tal teoria, uma comunidade inteira é considerada responsável por atos individuais e deve ser castigada se os autores desses "crimes" não forem pegos. Na Polônia, muitas vezes os membros da Resistência que descarrilavam trens, explodiam armazéns, incendiavam vagões e cometiam atos de sabotagem conseguiam escapar sãos e salvos. A população local era a vítima das represálias alemãs e das execuções coletivas.

Em dezembro de 1939, por exemplo, dois alemães foram mortos no salão de um café de Varsóvia. Eles estavam de posse de um grande número de informações sobre a Resistência, obtidas com diversos espiões. A sentença foi executada por ordem dos líderes do movimento. Os que a executaram não foram pegos, mas os alemães prenderam e assassinaram duzentos poloneses que nada tinham a ver com o incidente, mas simplesmente moravam nas proximidades do tal café. Duzentas pessoas inocentes foram fuziladas em virtude desse único fato.[2] Mas abandonar nossa atividade seria permitir que os alemães atingissem completamente seus objetivos.

Com essa tática diabólica, os alemães esperavam obrigar a Resistência a renunciar à ação armada. Caso cedêssemos a tão abominável pressão, seria uma vitória para eles. Apesar de tantas vítimas inocentes, apesar do sofrimento e da infelicidade de suas famílias, não nos deixamos abater. Era inadmissível que eles se sentissem seguros na Polônia.

Em junho de 1940, os alemães organizaram uma caçada humana nas ruas de Varsóvia e prenderam cerca de 20 mil pessoas.[3] Elas foram levadas para três imensos centros de polícia onde foram revistadas, interrogadas e tiveram seus documentos verificados. Todos os homens com menos de quarenta anos foram deportados para campos de trabalho forçado na Alemanha, a maioria para fábricas de armamentos. Todas as moças de dezessete a 25 anos foram enviadas à Prússia oriental, para trabalhar em propriedades rurais. Aqueles que não possuíam documentos perfeitamente em ordem, que apresentaram documentos falsos ou foram incapazes de fornecer referências convincentes quanto a seus antepassados, trabalhos, simpatias políticas ou de se defender das acusações que pesavam contra eles foram mandados para campos de concentração. Mais de 4 mil homens e quinhentas mulheres foram enviados para o campo de concentração de Oświęcim,[4] fora do alcance de qualquer tipo de ajuda.

Mais tarde, fiquei sabendo que uma centena de membros da Resistência tinha sido pega na operação, mas foram todos, sem exceção, liberados: dispunham de documentos em ordem, podiam fornecer provas de sua ocupação e fazer um relatório convincente sobre sua história pessoal. Eram capazes de responder a todas as perguntas com segurança e de maneira verossímil.

Tudo isso é um pano de fundo necessário para a compreensão da situação exata dos homens que resolveram trabalhar na clandestinidade na Polônia. A vida de um membro da Resistência oferecia compensações que contrabalançavam grandemente o que alguns poderiam sofrer. Quanto aos poucos colaboracionistas, era uma gente que vivia com medo sobretudo dos poloneses. Sabiam que sua atitude era totalmente reprovada e que eram desprezados por todos. E deviam também se preocupar com as sanções da Resistência. Além do mais, a confiança que os alemães depositavam nesses neófitos era bastante limitada: a colaboração é sempre acompanhada por uma desconfiança recíproca. Em poucas palavras, os colaboradores se encontravam entre o malho e a bigorna.[5]

No entanto, é preciso destacar que o fato de não participar ativamente da resistência aos alemães não significava que uma pessoa estivesse do lado dos traidores. Muitos poloneses que não faziam parte da organização clandestina eram gente honesta e de bem cujo papel era limitado apenas pelas circunstâncias. Papel este que, aliás, muitas vezes significava grandes sofrimentos e sacrifícios: consistia em nunca impedir e muitas vezes em ajudar o trabalho da Resistência.

Minha senhoria representava perfeitamente esse tipo de pessoa e não pertencia a nenhum movimento clandestino. Para começar, entrar não era nada fácil. A organização exigia de seus membros certo vigor físico e uma relativa liberdade que permitissem o cumprimento das tarefas a eles designadas. Para um homem solteiro como eu, era relativamente fácil sacrificar todo o seu tempo e energia em nome da organização, viver em qualquer lugar e em qualquer contexto. A maioria dos que tinham família não poderia viver essa existência desequilibrada, nem suportar a perspectiva de represálias alemãs contra eles próprios ou seus familiares.

A sra. Nowak possuía o suficiente para garantir sua existência com o filho. Todos os dias, percorria Varsóvia em busca de pão ou de uma porção de margarina para o filho adolescente. Fazia longas e exaustivas marchas pelos campos em busca de farinha ou de um pedaço de presunto. No começo da guerra, vendera quase tudo o que tinha para se alimentar.

Mais tarde, comprou tabaco dos camponeses e fabricou cigarros que vendia no "mercado negro", com a ajuda de Zygmus. A tudo isso somava-se a labuta cotidiana: limpar e cozinhar, rachar lenha, caixas ou até mesmo móveis para fazer fogo — sem falar no tormento que era tentar garantir o bem-estar e a educação do filho.

"Depois do trabalho diário", contou ela certa vez, "caio no sono como se estivesse drogada. As únicas coisas capazes de me acordar são os pesadelos, gritos na rua, o tilintar de uma campainha ou passos pesados na escada. Nesses casos, salto da cama com o coração batendo, o sangue gelado nas veias. Tenho muito medo. Não pode imaginar o medo que sinto. Fico perto da cama, incapaz do menor movimento, à escuta, esperando que a Gestapo entre e leve meu filho para longe de mim. Aconteça o que acontecer, quero que meu marido reveja o filho, caso volte da prisão. É um menino tão bom... meu marido adora o filho..."

No começo, não fiz nenhum tipo de confidência. Pensava que era melhor para ela não saber de nada e, portanto, não se preocupar. Muitas vezes, nosso trabalho expunha nossos senhorios sem que eles se dessem conta. Mas, sob pena de interromper nossa missão, não havia o que pudéssemos fazer para evitar isso. Afinal, também corríamos grandes riscos.

Certa noite, cheguei em casa completamente abatido e exausto. A sra. Nowak tinha acabado de passar roupa e perguntou se eu não queria me sentar à mesa da cozinha, perto do fogo, onde Zygmus estava fazendo a lição. Preparou uma xícara com um sucedâneo de chá, que bebi deliciado. Depois, com um sorriso encantador, o sorriso da hospitalidade polonesa de antes da guerra, que então me pareceu radiante, ofereceu-me um pouco de geleia numa fatia de pão.

Quando acabei de comer, começamos a conversar. Falamos um pouco sobre Varsóvia, a guerra e os alemães, e depois, muito naturalmente, ela começou a falar de sua luta pela sobrevivência, das noites de ansiedade, das preocupações a respeito do marido, da esperança de que, qualquer que fosse seu próprio destino, ele encontraria Zygmus são e salvo. O jovem Zygmus ficou surpreso e assustado. Seu rosto delicado empalideceu e ele correu para a mãe, abraçando-a.

Ficaram enlaçados, chorando como se tivessem o coração partido, esguios e pálidos, tristes e impotentes. Tive pena deles, sentindo-me culpado por acrescentar novos tormentos aos muitos que já sofriam. Resolvi, mesmo consciente da imprudência que cometia, contar-lhe toda a verdade. Mandei o menino para o quarto, dizendo que precisava conversar com sua mãe.

"Mas ainda não terminei os deveres", disse ele. "Posso ler na cama? Mamãe, pode me chamar quando vocês terminarem?"

Ela acompanhou o menino até o quarto.

"E agora", disse ao retornar, com um sorriso de conspiradora, "o que quer me dizer?"

"Sei que estou agindo contra a disciplina da organização à qual pertenço. No entanto, estou convencido de que devo avisá-la. Minha presença é um perigo para vocês. Trabalho na Resistência. Os companheiros trazem para cá documentos, jornais clandestinos, boletins radiofônicos, e muitas vezes tenho que guardá-los aqui durante vários dias. Isso pode comprometer vocês dois, a senhora e Zygmus. Não tinha intenção de avisá-la, mas agora mesmo, observando os dois, concluí que é melhor que eu me mude para outro lugar."

Ela se levantou, sorrindo com gentileza, e estendeu a mão para mim. Em seguida, disse quase alegremente:

"Obrigada, muito obrigada."

Entrou no quarto do filho e pude ouvir quando disse:

"Pode voltar, Zygmus. Ele não tem nenhum segredo para nós."

O menino deu um grito de alegria e voltou para a cozinha. Sentou-se à mesa e continuou sua lição. A mãe sentou-se a seu lado e pediu que parasse de escrever um minuto.

"Quero que saiba de uma coisa", disse ela, "o sr. Kucharski acabou de informar que pretende se mudar, pois não quer nos expor a nenhum perigo. Ele trabalha na Resistência, que luta pela nossa liberdade e pela volta de seu pai, e tem medo de que algo aconteça conosco também, caso ele seja preso pelos alemães. Quero que me diga uma coisa, Zygmus: qual será a nossa resposta?"

Houve um momento de silêncio embaraçoso. Fiquei desconcertado e comecei a pensar que tinha sido um idiota desmascarando-me completamente diante daquela frágil mulher e de seu filho. Zygmus parecia espantado; seus olhos passavam do meu rosto para o da mãe, tentando descobrir o que esperávamos dele. O rosto de sua mãe tinha uma expressão triunfante. Seu olhar estava pousado no menino, cheio de orgulho e confiança.

"E então, Zygmus, o que vamos dizer a ele?", repetiu sorrindo.

O menino levantou, aproximou-se de mim e colou a mão pequena e úmida na minha.

"Não tema por nós", disse, olhando para mim com seus grandes olhos azuis e ternos. "Não vá embora — sabíamos que está lutando contra os alemães. Mamãe me conta tudo. Sabe que sou capaz de guardar segredo."

Seus olhos brilhavam e sua mão tremia na minha quando acrescentou:

"Mesmo que eles batam em mim, não direi uma palavra. Por favor, sr. Kucharski, fique conosco."

Sem dúvida, eu parecia constrangido e indeciso, pois o menino, com um gesto brusco e estranho, retirou a mão e começou a acariciar meus cabelos, para me acalmar e relaxar. A mãe sorriu.

"Não tenha medo. Não se preocupe com Zygmus. Ele jamais falará qualquer coisa. Está quase sempre comigo e, de todo modo, não colocaria o senhor em perigo com uma indiscrição boba. As crianças amadurecem muito rápido em tempos de guerra."

Não respondi nada.

"Precisa ficar aqui", continuou ela. "Isso tranquiliza minha consciência. Ao permitir que more aqui, sinto que pelo menos estou fazendo alguma coisa pela Polônia. Não é muito, mas é tudo que posso fazer, e sou muito agradecida ao senhor pela oportunidade."

Levantei.

"Agradeço aos dois pela gentileza e pela bondade", disse finalmente. "Quero que saibam, todos os dois, que realmente me sinto em casa aqui, como se estivesse com minha própria família."

7
Iniciação

Quando meus superiores consideraram que eu já estava suficientemente familiarizado com os métodos e a disciplina da clandestinidade, recebi minha primeira missão. Teria de ir a Poznań: antes, precisei jurar que jamais falaria dos detalhes dessa missão. Grosso modo, tratava-se de encontrar certo membro da Resistência, que exercia uma alta função antes da guerra, e de examinar com ele as possibilidades de atrair seus antigos subordinados para a Resistência. Em virtude do caráter de seu trabalho, esse alto funcionário possuía, assim como seus antigos empregados, contatos bastante amplos entre os alemães. Para a Resistência, essas informações e potenciais contatos tinham importância capital.

 O pretexto inventado para justificar a viagem era excelente. A filha do homem que eu iria encontrar seria minha pretensa "noiva". Poznań ficava na parte da Polônia que havia sido incorporada à Alemanha. Os habitantes da região podiam pedir cidadania alemã.[1] Com o aval da Resistência, minha "noiva" utilizou o privilégio, além de contar com a vantagem de ter um nome alemão. Eu também arranjei um, especialmente para a ocasião. Ela havia pedido à Gestapo uma autorização para que eu viesse visitá-la, alegando que tinha urgência em "conscientizar-me de minha origem e de meu sangue alemães". Obteve a autorização rapidamente e realizei minha primeira missão com grande facilidade, sob o auspício dos alemães.

Cheguei a Poznań sem maiores problemas. Conhecia muito bem a cidade de antes da guerra. Situada cerca de trezentos quilômetros a oeste de Varsóvia, era uma das mais antigas cidades do país, considerada por muitos o berço da nação polonesa, nos séculos distantes em que a Polônia havia se afirmado como uma das poderosas monarquias europeias. A população de toda a província é puramente polonesa e resistiu durante 150 anos às várias tentativas de germanização pela força. Frederico, o Grande, inaugurou uma dessas tentativas enviando jovens poloneses para a Alemanha e transformando-os compulsoriamente em dragões prussianos. Frederico fez todo o possível para ampliar a influência e a cultura alemãs em toda a província, sem resultado.

Mais tarde, Bismarck implementou uma política que consistia em desapossar os agricultores poloneses para transformá-los em servos alemães. Depois da morte de Bismarck, outros esforços intermitentes foram realizados para prussificar Poznań. Todos fracassaram. Em 1918, quando a Polônia recuperou sua independência, todos os vestígios da influência alemã desapareceram e o verdadeiro caráter polonês dos habitantes reapareceu, quase sem manchas.

Eu recordava tudo isso ao caminhar pelas ruas de Poznań. Aquela cidade polonesa com uma tradição histórica tão bonita agora tinha toda a aparência de uma cidade alemã. Os letreiros das lojas, as inscrições em bancos e monumentos, os nomes das ruas eram em alemão. Nas esquinas, vendiam-se jornais alemães. Só se ouvia falar alemão, embora com certo sotaque ou muitas vezes com uma deformação deliberada, que dava a entender a origem polonesa da pessoa que falava. Mas nunca outra língua.

Fiquei sabendo mais tarde que os poloneses que recusaram a germanização foram expulsos da maioria dos bairros da cidade. Havia lugares onde não morava mais nenhum polonês. Certas ruas eram proibidas e eles só podiam circular livremente nos subúrbios. Dezenas de milhares de comerciantes e de "colonos" alemães foram trazidos para povoar a "cidade tipicamente alemã". Por todo lado viam-se bandeiras hitleristas e grandes retratos do Führer.

Enquanto eu absorvia tudo isso e via incontáveis soldados alemães desfilarem em passo de ganso pelas ruas, senti a cólera subir. Percebi que até mesmo os mais imparciais, diante daquilo que eu estava vendo, pensariam, se ninguém lhes contasse a verdade, tratar-se de fato de "uma cidade puramente alemã". Até eu tinha dificuldade em acreditar que aquela era a mesma cidade de antes da guerra, tão modificada estava a sua aparência.

Para melhorar o disfarce durante a missão, recebi documentos em nome de um autêntico polonês de origem alemã que vivia em Varsóvia; um mês antes, ele tinha conseguido chegar à França, ao passo que sua família fugira da capital. Decorei todas as informações relacionadas à minha "família". Assim, eu era, digamos, Andrzej Vogst, e estava indo para a casa de, digamos, Helena Siebert, que assumia a responsabilidade por meu comportamento em Poznań e, em geral, na Alemanha.

Se a Gestapo resolvesse investigar o pretenso Vogst, teria dificuldade para descobrir a mistificação. O personagem figurava, é claro, nos registros da paróquia evangélica e tinha todos os documentos em ordem. Seu apartamento havia sido ocupado por familiares muito distantes que, no entanto, conheciam-no perfeitamente e sabiam como reagir em caso de interrogatório. Era para este endereço que sua "noiva" de Poznań costumava lhe escrever. Vogst trabalhava para uma firma de equipamentos para cabeleireiros na qual, por sua vez, ele comprava cabelos, produto de valor em tempos de guerra. Possuía todos os documentos necessários para viajar em todo o Governo Geral.[2]

Para a felicidade plena do tal Vogst faltavam apenas Poznań e as ternas argumentações da "noiva" para convencê-lo de que era um verdadeiro alemão. Isso também se sustentava perfeitamente, pois seu avô era realmente alemão, casado numa família da burguesia de Varsóvia, na qual acabou completamente polonizado. Como se pode ver, a preparação de minha missão havia sido bastante minuciosa, a fim de minimizar os riscos... a zero. Não era um trabalho de amadores.

Cheguei a meu destino e encontrei minha "noiva". Era uma linda moça de cabelos escuros, tão meiga que tive dificuldade de imaginar que era, conforme tinham me dito, um dos membros mais corajosos e capazes da Resistência. Como tive de esperar alguns minutos pela pessoa que precisava encontrar para cumprir minha missão, fomos nos sentar numa grande sala confortavelmente mobiliada em estilo antigo. Para começar, falamos de minha viagem, depois contei tudo o que sabia sobre os últimos acontecimentos em Varsóvia. Por sua vez, ela relatou o que se passava em

Poznań. Todos os intelectuais e todas as pessoas que possuíam alguma coisa tinham sido expulsos da cidade, como acontecia, aliás, em todas as outras regiões incorporadas pelo Reich. Os únicos poloneses que receberam autorização para ficar foram aqueles declarados alemães ou os que se resignavam a viver como proscritos. A humilhação destes últimos ultrapassava qualquer limite. Eram obrigados a cumprimentar os alemães, dar-lhes passagem nas calçadas, não tinham direito a circular de carro, nem de bonde, nem de possuir sequer uma bicicleta. Não gozavam da proteção da lei e todos os seus bens, móveis e imóveis, estavam à disposição das autoridades alemãs.

Ela me contou tudo isso com voz firme, como se recitasse uma página da história que para ela não tinha nenhum interesse pessoal. Muitos membros da Resistência haviam aprendido esse modo distante, impessoal, de tratar os problemas que não lhe diziam respeito mais de perto. Haviam concluído que a melhor maneira de abordar um problema era atacando-o de maneira objetiva, sem levar em conta os próprios sentimentos, com a frieza de um cirurgião na mesa de operação.

Embora fosse um novato, tentei adotar o mesmo tom, ainda que as coisas que tinha visto até agora em Poznań tivessem me deixado num estado de espírito bem longe de frio ou científico.

Quando ela terminou a descrição detalhada das condições de vida na região, perguntei como, a seu ver, conseguiríamos mudar tudo isso.

"Só temos uma saída", respondeu ela. "A derrota dos alemães deve ser seguida imediatamente por um implacável terror de massa contra a população que invadiu nosso território e que tanto mal nos fez. Seus 'colonos' serão tratados exatamente como trataram os poloneses. Serão expulsos daqui à força. Não faremos nenhum tipo de acordo, do contrário o problema da 'degermanização' de Poznań não chegará a bom termo. Vão querer recorrer a negociações, plebiscitos, reparações de guerra, indenizações e trocas de bens. Não podemos alimentar ilusões, a situação não faz outra coisa senão piorar e só poderá ser modificada e virada a nosso favor através do terror de massa, radical", eis o que disse a bela e delicada moça.

Esforçava-se para escolher e pesar suas palavras. Mas dava para sentir uma forte carga emocional por trás de sua calma aparente. Ela odiava os alemães tão profundamente quanto amava a própria pátria.

Mantinha-se calma e apenas um leve tremor nos lábios denunciava o que se passava em seu espírito... Fiquei me perguntando como um espírito tão independente havia aceitado, mesmo que apenas formalmente e com um objetivo muito preciso, adotar a nacionalidade alemã.

"Posso lhe perguntar", disse eu com precaução, "quais foram os motivos que a levaram a se inscrever como alemã? Não poderia servir a Polônia de outra maneira?"

"Não, seria impossível. Vocês estão sob o Governo Geral e têm métodos inteiramente diferentes dos nossos. Aqui na região, os poloneses em geral e os intelectuais em particular não têm existência 'legal'. Era o único jeito de permanecer e trabalhar aqui."

"Muitos patriotas poloneses se inscreveram como alemães?"

"Para ser franca, devo dizer que não, infelizmente. Até meu pai se esconde no campo porque não aceita se declarar alemão: isso iria obrigá-lo a uma colaboração política, que ele não admite de jeito algum. Sendo tão patriota e intransigente, muita gente nos causa um verdadeiro prejuízo. Qualquer senso de lealdade e de honra deve desaparecer quando se trata de lutar contra os métodos nazistas. Em setembro, os cidadãos poloneses de origem alemã traíram em bloco: voltaram suas armas contra a Polônia. É por isso que, qualquer que seja o futuro da Polônia, não podemos permitir que alemães vivam aqui. Eles só são leais à Alemanha. Foi o que vimos. Um ou dois miseráveis traidores poloneses fizeram o mesmo. A maioria dos poloneses patriotas, quase sem exceção, recusa teimosamente o registro como alemães. Por causa disso, logo não haverá mais poloneses na província. Trata-se de não ser expulso daqui, a qualquer preço, mesmo que para ficar seja preciso virar *Volksdeutsch* ou *Reichsdeutsch*."

Percebi que estava dizendo a verdade e comecei a ficar mais próximo de suas opiniões. Embora admirasse muito os espíritos independentes que, com grandes sacrifícios, teimavam em não se tornar alemães, ela me obrigou a reconhecer que seria mais sábio ceder, sobretudo aqueles capazes de fazer o nosso trabalho. E ela notou que eu tinha mudado de opinião.

"Compreende agora? Em dois meses de ocupação, os alemães já transferiram mais de 400 mil poloneses de toda a província incorporada ao Governo Geral."

"Como eles fazem?"

"Não é complicado. As pessoas de classe média que não se registram como alemãs são presas sem aviso. Os camponeses, operários e artesãos recebem ordens de abandonar suas casas no prazo de duas horas, com autorização para levar apenas cinco quilos de alimentos e roupas. A casa deve ficar limpa e arrumada para receber seus sucessores alemães, a quem devem deixar todos os seus bens. Muitas vezes, a polícia obriga as crianças a fazerem buquês para enfeitar as mesas e as entradas da casas como símbolo de boas-vindas para os colonos alemães."

Nossa conversa se interrompeu, pois seu pai, o homem que eu estava esperando, havia acabado de chegar. Ele confirmou o quadro e a análise que a filha tinha feito da situação. Nos retiramos e discutimos em particular as perguntas que meus superiores me encarregaram de fazer.

Em linhas gerais, eu soube por meu interlocutor que os homens de quem falávamos estavam prontos a trabalhar para a Resistência, não nos territórios incorporados ao Terceiro Reich, mas no Governo Geral. Esperavam ajuda para atravessar a fronteira.

De volta a Varsóvia, apresentei-me no local clandestino, onde fiz meu relatório,[3] e depois voltei para meu apartamento.

A sra. Nowak ficou contente ao me ver. Ela e o filho me olhavam com tanta admiração que me senti como se estivesse voltando da frente de batalha. Na verdade, os riscos da missão eram mínimos; no entanto, só agora sentia como se tivesse deixado de ser um aprendiz e fizesse realmente parte da Resistência.

8
Borzęcki

Foi só depois do retorno de Poznań que comecei a conhecer e entender de fato a organização clandestina. Dziepaltowski havia me apresentado a alguns outros membros, mas eu permanecia à deriva. Não tinha nenhuma designação estável e meus esforços para estabelecer um contato permanente não surtiram efeito. Só me confiavam tarefas ocasionais e pouco complicadas. A razão disso era a situação organizacional da Resistência, que, naquele final de 1939, ainda estava longe de ser a estrutura complexa que se tornaria mais tarde. Até então, não existia nenhuma organização central, apenas um grande número de grupos e redes locais agindo isoladamente. De fato, qualquer um que tivesse um pouco de imaginação, ambição, iniciativa e muita coragem podia se lançar na luta. Os nomes, assim como os propósitos dessas organizações, eram muitas vezes fantásticos. Havia "Os vingadores", "A mão vingadora", "O julgamento de Deus". Seus programas iam do terrorismo clássico ao misticismo religioso, passando por todos os programas políticos. Os poloneses são muito dados à conspiração e ao segredo — e as circunstâncias também se prestavam a isso; muitos deles acreditavam que a guerra acabaria rapidamente e que seu grupo desempenharia um papel capital na reconstrução do Estado polonês.[1]

Em meio ao caos, porém, alguns elementos de estabilidade e princípios de unificação começavam a agir. Os elementos mais estáveis eram os antigos partidos políticos que a ocupação alemã não tinha conseguido desagregar. Os princípios de unificação eram ao mesmo tempo externos e internos e compreendiam, de um lado, o reforço das relações entre o movimento clandestino na Polônia e o governo polonês sediado na França, sob a direção do general Sikorski,[2] e, de outro, a aproximação dos próprios partidos políticos diante da ameaça comum. A segunda organização que se estruturou era militar. Seu objetivo inicial era reunir os restos esparsos do Exército num corpo único e forte.[3]

Foi do Partido Nacional-Democrata,[4] um dos mais engajados na ação de unificação, que recebi minha segunda missão. Deveria ir a Lviv, na época sob ocupação soviética, executar um certo número de ordens para, em seguida, tentar entrar na França e estabelecer contato com o governo polonês em Paris e Angers. O general Sikorski convocou todos os jovens poloneses a ganhar a França para se engajar em nosso exército. Tal ordem era dirigida em particular aos pilotos, mecânicos, marinheiros e artilheiros, categoria à qual eu pertencia. Se conseguisse chegar à França, cumpriria a dupla tarefa de obedecer às ordens do general e executar a missão confiada pela Resistência.

Nessa época, os partidos na Polônia e o governo na França tentavam reforçar suas ligações. O governo precisava do apoio da população da Polônia ocupada. Os únicos representantes dessa população, que eram os partidos políticos que agiam na Polônia, precisavam do apoio do governo e desejavam que suas opiniões tivessem voz nos conselhos interligados. O único órgão que poderia expressá-las era o governo no exílio.

Graças aos emissários que circulavam entre a Polônia ocupada e a França, foram estabelecidas regras de cooperação. Cada um dos principais partidos devia mandatar seus representantes junto ao governo em Angers. Podiam ser membros do gabinete de Sikorski ou líderes e militantes dos partidos que tinham conseguido chegar à França. Foi assim que as principais forças políticas — o Partido Nacional-Democrata, o Partido Camponês, o Partido Socialista e o Partido Cristão do Trabalho — ganharam a possibilidade de influenciar o governo. Na Polônia ocupada, estes mesmos partidos constituíram uma coalizão. Através dessa coalizão, o governo no exílio via, em troca, garantida a sua influência sobre a situação interior, o que reforçava sua posição junto aos Aliados: não se tratava de uma simples fachada, mas de uma estrutura que podia controlar de longe o curso dos acontecimentos na Polônia ocupada.

Em Varsóvia, existia um acordo parcial entre os partidos políticos desde os dias memoráveis da defesa da capital em setembro de 1939.[5] Apesar de suas divergências de opinião, as organizações políticas se destacaram pela grande disciplina e devotamento com os quais se colocaram à disposição dos defensores da capital.

O objetivo de minha missão em Lviv era duplo: primeiro, era preciso criar um acordo análogo entre os partidos em Lviv e, em seguida, estabelecer a união mais estreita possível entre as organizações das duas cidades. Eu teria também de informar os chefes de Lviv sobre as condições da ocupação alemã e, depois de me informar sobre a ocupação soviética na região dessa cidade, ir à França para fazer um relatório ao governo polonês.

Foi M. Borzęcki, um dos mais iminentes organizadores da Resistência, quem me passou as instruções. No entreguerras, ele havia ocupado um posto-chave no Ministério do Interior.[6] Afastado pelo golpe de Estado de maio de 1926, juntara-se à oposição. Era um grande advogado, com um escritório próspero e um significativo número de relações. Não o conheci antes da guerra, embora tivesse ouvido falar dele. Fiquei surpreso ao saber que continuava morando em sua própria casa e que mantinha seu nome. Era um homem alto, magro, cerca de sessenta anos. Alguém falou bem de mim para ele, pois fui recebido com muita cordialidade. Por precaução, um recorte de jornal confirmaria minha identidade. Eu deveria entregar uma parte dele dentro de um envelope selado. Ele estaria com a outra metade, que teria de se encaixar perfeitamente com a minha. Quando estendi o envelope, ele o pegou sem dizer uma palavra e desapareceu numa sala contígua. Retornou pouco depois, sorriu e disse:

"Estou feliz em vê-lo. Está tudo em ordem e conheço o objetivo de sua missão. Irá para Lviv e depois para a França."

Concordei com um sinal de cabeça. Ele me convidou a sentar com uma cordialidade que parecia deixar subentendido que seria bom que nos comportássemos como seres humanos normais antes de tratar de negócios mais complicados. Contou que havia enviado a mulher e os filhos para o campo e que vivia sozinho. Parecia contente com este arranjo. Fez chá, serviu duas xícaras e ofereceu alguns biscoitos; notei que estavam longe de ser frescos.

"Se consigo me virar tão bem sozinho", continuou, "é graças à minha mãe e ao escotismo. Aprendi cedo a cozinhar, a engraxar meus sapatos, a pregar botão. Assim, posso cuidar de mim enquanto estiver separado da família. E fico muito contente que eles não estejam aqui, pois, se for preso, serei a única vítima."

Borzęcki era um desses homens capazes de dar a um visitante de passagem a impressão de que está perfeitamente tranquilo, num clima de grande familiaridade com seu convidado.

"Será", perguntei, "que se esqueceu de aprender como acender o fogo na lareira?"

"Não é gentil da sua parte dizer isso", respondeu ele com uma leve censura na voz, "e, além do mais, está muito enganado. Está sentindo frio e é muito bom que sinta mesmo. Vai ter de se acostumar. A ocupação pode durar vários invernos. A guerra pode ser longa e o carvão será difícil de encontrar."

De fato, fazia muito frio no apartamento. Percebi então que ele estava de casacão e que eu também nem tinha pensado em tirar o meu. Conhecia Borzęcki bem melhor do que ele me conhecia. Tinha ouvido falar de sua importante atividade clandestina, de suas tentativas de entrar em contato com o governo na França e de seus incansáveis esforços para organizar a resistência polonesa.

"Não acha", perguntei, "imprudente viver aqui com seu próprio nome?"

Ele ignorou.

"Hoje em dia é muito difícil definir o que é ou não imprudente. No meu caso, viver com um nome falso em Varsóvia, onde sou muito conhecido, seria muito perigoso. Apareço raramente no endereço que declarei. Moro e trabalho em casas onde sou desconhecido."

"E qual é a vantagem disso? Se um dia a Gestapo desconfiar que o senhor tem ligações com a Resistência, vai mandar segui-lo."

"Tem razão. Mas tomei algumas precauções. Sou permanentemente seguido por homens de minha confiança. Se descobrirem que estou sendo seguido, aí sim adotarei um nome falso."

"Mas seria tarde demais, caso fosse preso imediatamente, na rua."

"É verdade. Mas espero ter pelo menos o tempo de engolir meu torrão de açúcar."

Estendeu uma mão longa e ossuda. No dedo médio brilhava um anelão com um formato bizarro. Ele tocou um botão com um dedo da mão esquerda e a base do anel abriu, revelando um minúsculo recipiente cheio de um pó branco.

"Já li que os Médici e os Bórgia usavam esses recursos, mas nunca pensei que veria uma coisa dessas em Varsóvia, a não ser no cinema."

"Não há nada de espantoso nisso", respondeu ele calmamente. "É só uma prova de que os homens não mudam. Necessidades semelhantes suscitam meios semelhantes. Sempre haverá a caça e os caçadores — os que odeiam a humanidade e querem governar o mundo. Vejo que não está na Resistência há muito tempo."

"É verdade, entrei recentemente. Tenho orgulho disso, mas confesso que esse tipo de trabalho realmente não me convém."

"E o que exatamente lhe convém?", perguntou ele com uma ponta de ironia. "O que pretendia fazer antes da guerra? Quais eram as suas ocupações?"

"Queria fazer algum trabalho científico. Gostava particularmente da demografia e da história da diplomacia. Embora não tenha conseguido terminar minha tese de doutorado, preferia me dedicar tranquilamente à pesquisa científica."

"É uma beleza", disse ele. "Melhor esperar que inventem um foguete para levá-lo à Lua. Lá vai poder fazer seus estudos com tranquilidade. Parece que Deus não entendeu que os poloneses querem viver em paz. Temos de viver na Europa e partilhar seu destino. Temos de lutar para desfrutar de uma vida tranquila e estudiosa no futuro. Deus nos colocou no pior lugar do mais turbulento dos continentes e entre vizinhos vorazes e poderosos. Durante séculos, tivemos de lutar para garantir nossa simples existência. Desde que retomamos o que nos pertencia, temos sido atacados e espoliados. Parece que uma maldição paira sobre a Polônia. Paciência! Teremos de lutar se quisermos viver. E alguns diriam que o Criador ainda quis aumentar nossas desgraças enchendo o peito dos poloneses com um amor indestrutível pelo nosso país, nosso povo, nosso solo e nossa liberdade."

O olhar de Borzęcki me transpassou como se naquele momento eu fosse o representante dos inimigos da Polônia. Ele virou as costas de maneira brusca e começou a andar de um lado para outro na sala, cruzando e descruzando nervosamente os dedos atrás das costas. Quando voltou a se sentar, havia recobrado o sangue-frio. Com energia e método, começou a me passar as instruções para a missão.

Falava com uma exatidão meticulosa e com a autoridade e o distanciamento de um chefe dirigindo-se a um subordinado. No entanto, havia uma benevolência quase paternal no modo como olhava para mim e como franzia as sobrancelhas de vez em quando, como a severidade fingida de um pai que censura o filho. Quando ele parava um pouco, bebíamos o chá, que naquela altura já estava completamente frio.

"Para começar", disse com firmeza, "lembre-se de que muita coisa depende do senhor. Terá de repetir esta conversa o mais fielmente possível às pessoas que vai encontrar em Lviv, em seguida ao governo na França e depois a todos a quem for necessário informar. O ponto principal que deve destacar é que nossa causa não está perdida, tanto que estamos mantendo a integridade nacional, a continuidade legal e moral do Estado, além da vontade de lutar. Este é o objetivo da Resistência. O governo Sikorski em Angers precisa nos defender e defender nossos direitos durante a guerra, além de se colocar como responsável perante nós. Estas são condições fundamentais e são nossa única esperança de organizar um combate eficiente contra o inimigo."

Refletiu um instante e em seguida continuou seu discurso de forma ainda mais emocionada.

"Vamos resumir os principais pontos que peço que não esqueça de forma alguma:

(1) consideramos a ocupação da Polônia como um ato de completa ilegalidade. A presença de autoridades alemãs de ocupação é ilegal e infundada; (2) o Estado polonês continua a existir, apenas a sua forma de existência foi adaptada às circunstâncias. A situação de clandestinidade é acidental e sem significação legal. Sua autoridade tem um caráter real; (3) não podemos tolerar a existência de nenhum governo polonês colaborando com os ocupantes: se aparecerem traidores, eles serão executados."

Um leve sorriso brincava em seus lábios quando acrescentou com uma ponta de cinismo:

"No território da Polônia é mais fácil matar um alemão do que um polonês."

Mas era, mais do que cinismo, o resultado de longos anos de experiência. A cada etapa da conversação, Borzęcki parava para verificar o efeito de suas palavras sobre mim e para avaliar minhas capacidades.

"O governo polonês no exterior é livre e está em segurança", recomeçou. "Cabe a ele usar esta liberdade e esta segurança para defender nossos direitos e nossos interesses, não somente contra os inimigos, que são os alemães e os soviéticos, mas também nas relações com nossos... aliados. Lembre-se de que fomos nós, aqui, que nos encarregamos da principal tarefa, de lutar contra os alemães. E somos nós que levaremos esta tarefa até o fim, até a última gota de sangue, se me permite citar o hino 'Rota'.[7] E diga também que garantimos, em troca, nossa lealdade e apoio total."

Borzęcki se levantou e começou a andar, esfregando as mãos. Notei que estavam azuis de frio. Eu também sentia frio, mas a ardente análise da situação feita por Borzęcki me fez esquecer a temperatura. Olhei para aquele homem magro e encurvado, adoentado e sem resistência física, e fiquei espantado com a potência de convicção, de vontade e de fé indomável que aquele invólucro frágil continha.

Perguntei se achava possível montar uma organização tão grande e tão complicada com o terror alemão desabando sobre nós. Ele deu de ombros:

"Como saber?", respondeu. "É preciso tentar. A Resistência deve ser algo bem maior do que uma simples reação contra a opressão dos ocupantes. Deve ser uma continuação oficial do Estado polonês. A vida política precisa funcionar e dentro de uma atmosfera de absoluta liberdade."

"Sim", repetiu ele diante do meu espanto, "uma atmosfera de absoluta liberdade."

"Mas como pode falar de liberdade? Os alemães não admitem a existência de nenhum partido político."

"Naturalmente. Os alemães não toleram nada e não temos a menor intenção de pedir qualquer coisa a eles. Agimos como se eles não existissem. Não podemos permitir que a presença deles mude uma vírgula em nossa atitude. Devemos agir secretamente. Estou me referindo a uma liberdade dentro do quadro dos movimentos de resistência. Cada partido deve gozar da liberdade civil no seio do Estado clandestino. Com a condição, é claro, de que se comprometa a combater os ocupantes, a trabalhar por uma Polônia democrática e também a reconhecer a legalidade do governo polonês e a autoridade do Estado clandestino nascente.

"Mas o resultado", objetei eu, "será que cada grupo vai combater os alemães separadamente. Nossas forças ficarão divididas e enfraquecidas."

"Não totalmente. As atividades da Resistência serão coordenadas e divididas em três ramos principais. Uma administração clandestina para proteger a população dos alemães, registrar os crimes alemães para o acerto de contas final e preparar o quadro da administração para o período seguinte à libertação. E, finalmente, o ponto principal!"

Começou a falar mais lentamente, pontuando cada palavra com uma batida do indicador no tampo da mesa.

"A Resistência precisa ter um exército. Toda ação militar levada a cabo contra o inimigo deve estar subordinada à autoridade de um comando militar supremo. O exército deve ser representativo e baseado numa avaliação exata dos fatores políticos e sociais. Cada um dos grupos que o integram poderá permanecer em contato com seu partido. Mas o comando militar deve ter o controle supremo de todos os centros da organização."

Meu rosto certamente revelava algumas dúvidas quanto ao sucesso daquele plano audacioso e complicado, pois Borzęcki apressou-se a me tranquilizar.

"Não se preocupe, meu jovem, todos sabemos que é um plano complexo e de grande alcance, mas sabemos também que sua execução é necessária. Talvez essa guerra nos reserve muitas surpresas. Nossa organização pode até ser um exemplo para a formação de outros movimentos de resistência em outros lugares. Em todo caso, os partidos políticos poloneses da zona de ocupação alemã aprovaram o plano e os da zona russa devem fazer o mesmo. O governo polonês de Angers também deve aceitá-lo. Além do mais, o que acabou de ouvir são apenas as linhas gerais do plano. Você não será informado dos detalhes. Uma outra pessoa será encarregada de transmiti-los em Paris e Angers. Esperamos que não se interesse demais pela solução do problema."

Inclinou-se, apoiou a mão em meu ombro, sorriu, tão próximo que pude sentir sua respiração sobre o rosto.

"Isso não quer dizer que não confiamos em você. Mas, nesse momento, saber demais é o mais grave dos perigos. Muitos de nós, eu, por exemplo, sentem o peso desse fardo. É inevitável."

Endireitou-se como se quisesse desmentir suas últimas palavras e olhou para mim girando maquinalmente o anel no dedo.

"Vamos aos detalhes concretos da sua viagem."

Sua explicação durou cerca de uma hora e Borzęcki se revelou tão hábil na arte conspiratória quanto nos meandros da grande política e da estratégia organizacional. Seu plano era simples. Eu receberia um certificado de uma manufatura de Varsóvia atestando que ia trabalhar numa de suas sucursais, na fronteira russo-alemã. O documento seria autêntico e era absolutamente necessário, pois os alemães revistavam os viajantes com frequência. Para fazer qualquer viagem com mais de 150 quilômetros, era necessária uma autorização alemã.

Perto da fronteira, entraria em contato com uma pessoa que ajudava os que queriam passar para o lado soviético. Era um judeu e fazia parte de uma organização judaica[8] que trabalhava conosco e cuja missão essencial era transportar os refugiados judeus dos territórios sob ocupação nazista para os de ocupação soviética. O Governo Geral já havia começado a política do terror de massa contra os judeus. Sem dúvida, eu iria cruzar a fronteira com um grupo de judeus e pegaria o trem para Lviv na estação mais próxima. Fomos informados de que os russos não revistavam os trens de passageiros. Em Lviv, compareceria a certo endereço e diria uma senha para que me reconhecessem.

Depois de discutir todos os pormenores, Borzęcki me lançou um olhar penetrante.

"Já lhe disse o que esperamos de você. Agora precisa saber o que pode esperar de nós. Se for preso pelos alemães antes de encontrar o guia, não podemos fazer nada, vai ter de se virar sozinho. Se for pego depois de encontrar o guia, terá mais chances. Estaremos informados do local e hora de sua prisão e faremos tudo o que pudermos. Mas, mesmo nesse caso, terá de ter paciência. Se for preso pela polícia soviética, será bem mais fácil escapar. Diga que fugiu dos alemães e que prefere viver sob a lei soviética. Parece que funciona muito bem."

"Não creio que as coisas pudessem ter sido preparadas mais cuidadosamente", observei, "todas as eventualidades parecem ter sido previstas."

"Nesse momento, é impossível prever tudo", respondeu ele balançando a cabeça. "Fazemos o que podemos, mas todos nós temos, em certa medida, de acreditar na sorte."

Despedimo-nos com um cordial aperto de mão.

As previsões de Borzęcki se realizaram quase ponto por ponto. Minha viagem a Lviv transcorreu sem incidentes. Seis meses mais tarde, a Resistência estava organizada exatamente como ele havia dito. A única coisa que ele não previu foi sua própria sorte.

No final de fevereiro de 1940, Borzęcki foi preso pela Gestapo. Não teve tempo de engolir seu veneno. Foi arrastado de prisão em prisão e sofreu as mais atrozes torturas. Foi espancado durante dias a fio. Quase todos os seus ossos foram sucessiva e cientificamente quebrados. Suas costas já não eram mais do que uma massa sangrenta, depois de incontáveis golpes de barra de ferro. Não denunciou ninguém, não traiu nenhum segredo. Foi fuzilado.

Os jornais nazistas anunciaram mais tarde que um aventureiro polonês havia sido condenado à morte por deslealdade ao Reich alemão...

9
Lviv

Pela primeira vez desde a minha fuga de Radom, eu tinha a sensação de estar fazendo algo que valia a pena. Memorizei cuidadosamente o certificado da manufatura e treinei para estar pronto para responder a qualquer pergunta.

O trem chegou ao destino sem que houvesse o menor controle. Não precisei usar nem os documentos nem minha preparação psicológica. Na estação, aluguei uma carroça de um camponês e pedi que me levasse a uma pequena aldeia perto da fronteira germano-soviética, a duzentos quilômetros de lá.[1] Na entrada do povoado, identifiquei a cabana branca pintada com cal, com sua granja e um ninho de cegonha no teto, onde deveria encontrar o guia encarregado de levar os judeus para o outro lado da fronteira. Bati na porta.

Não houve resposta e fiquei levemente apreensivo. Dei a volta na casa e tentei ouvir alguma coisa na janela. Silêncio. Por fim, ouvi o ronco de uma pessoa que dormia profundamente. Tranquilizado, voltei à porta e bati mais forte. Um jovem alto veio abrir esfregando os olhos, com o rosto vermelho e as roupas em desordem.

"Acho que estava dormindo", disse ele como desculpa. "Quem é o senhor?"

Apresentei-me. Ele sabia da minha chegada e aceitou incluir-me num grupo de judeus que atravessaria a fronteira dentro de três dias. Como já tinha realizado dezenas de expedições como aquela, ele parecia bastante calmo para um homem que aceitava uma missão tão arriscada. Enquanto eu falava, ele vestiu um casacão grosso e, tomando meu braço, levou-me para fora.

"Venha", disse ele, "não temos tempo a perder. Precisa encontrar hospedagem na cidade e tenho de mostrar onde é nosso ponto de encontro."

Avançava a passos largos, parando de tempos em tempos para espreguiçar e bocejar. O local do encontro ficava a cerca de 3,5 quilômetros dali. Ele não me dava muita atenção. Para fazê-lo falar, perguntei por que estava com tanto sono. Ele respondeu de bom grado que tinha conduzido um grupo na noite anterior e que, depois disso, seu repouso fora interrompido várias vezes por membros do próximo grupo que queriam conhecer o ponto de encontro.

Enfim, atravessamos um riacho e chegamos a uma clareira perto de um moinho.

"É aqui", disse ele com ar de enfado, como se já tivesse repetido a mesma coisa inúmeras vezes. "Tem de estar aqui em três dias, às seis da tarde em ponto. Não esperamos por ninguém."

"Serei pontual", respondi. "Onde posso me hospedar enquanto espero?"

"Tem um hotelzinho tranquilo do outro lado do povoado. É fácil de encontrar: é o único. Olhe bem ao redor antes de partir, não haverá ninguém para indicar o caminho de novo."

Obedeci, dando uma boa olhada nas árvores, na estrada, no riacho. Ele esperou que meus olhos percorressem os arredores e depois retornamos com passos pesados e rápidos na direção da cabana. A certa altura, ele oscilou e notei que seus olhos estavam quase fechados. Empurrei-o com o cotovelo e ele reagiu com surpreendente vivacidade.

"O que houve?", perguntou.

"Nada, você estava dormindo. Temi que caísse e se machucasse."

"Eu, me machucar? Aqui?" Olhou com desprezo para a pobre trilha lamacenta. "Nem que estivesse bêbado ou cego."

Quando chegamos ao caminho que levava à sua cabana, ele me deixou sem dizer uma palavra.

O hotel era realmente fácil de encontrar e surpreendentemente confortável. O proprietário, um velho camponês enrugado, não fazia perguntas, mas aumentava tranquilamente o preço segundo suas suspeitas. Durante três dias fiz de tudo para passar despercebido, inventando que estava doente para ficar dentro do quarto. Cheguei à clareira um pouco antes da hora, mas os outros já estavam todos lá.

Já era quase noite. A lua cheia iluminava todos que estavam na clareira. Eram pessoas de todas as idades, velhos, mulheres carregando crianças nos braços, rapazes e moças. Todos judeus. Sem dúvida, haviam pressentido a iminência do extermínio impiedoso de seu povo.

Carregavam bagagens diversas, malas e maletas. Alguns tinham até travesseiros e cobertores. Um casal de idade estava com as quatro filhas e os maridos de duas delas, os oito formando uma espécie de destacamento à parte. Como havia vinte quilômetros a percorrer a pé através da floresta e dos campos, o guia deveria, em princípio, excluir os bebês e os doentes da expedição.

Mas ao que parece esta regra não era observada estritamente, pois, quando o guia chegou, contentou-se em repreender as mães e recomendar que dessem um jeito de calar seus rebentos, que tinham começado a berrar tão alto que daria para ouvir a léguas de distância. As duas mães ninaram seus filhos, falando baixinho, e eles acabaram dormindo. E então partimos.

O guia caminhava na frente, em longos passos rápidos, sem olhar para os lados. Virava-se para trás de vez em quando para impor silêncio, quando as conversas atingiam um tom mais alto. No entanto, era difícil imaginar a presença de espiões da polícia ali: fazia frio e a silhueta sombria das árvores descarnadas dava à paisagem um aspecto solitário e desolado.

O caminho serpenteava através de bosques e campos, atravessava lodaçais e riachos. Muitas vezes, tínhamos a impressão de que o guia tinha errado o trajeto, mas seu passo decidido desencorajava perguntas. Quando alguma nuvem cobria a lua, mergulhávamos numa escuridão profunda e avançávamos aos tropeções: agarrados uns nos outros, empapados de lama, caíamos, ralávamos as mãos e os joelhos, arranhávamos o rosto.

Quando a lua aparecia de novo, via as duas mães logo à minha frente. Extenuadas, despenteadas pelo vento e pelos galhos mais baixos, o rosto mortificado, elas se agarravam com uma das mãos aos dois homens que caminhavam à sua frente e com a outra apertavam os bebês ao peito. Nós tínhamos uma mão livre para afastar os galhos e nos apoiar onde desse para manter o equilíbrio. Elas não podiam evitar as pedras do caminho, os espinhos, as raízes, e tropeçavam com frequência.

Todos ficavam sabendo quando escorregavam, pois os bebês começavam a chorar, e então aguçávamos os ouvidos, tomados pelo medo. Mas a cada vez as mães encontravam, com sua ternura, um jeito de acalmá-los. O guia parava com frequência e pedia que esperássemos enquanto ia fazer um reconhecimento do caminho. Depois fazia um sinal chamando-nos e pedindo pressa. A trilha que seguíamos era tortuosa e inacessível às patrulhas soviéticas e alemãs, que desconheciam o terreno.

Saímos da floresta e chegamos a uma estrada. O guia nos chamou calmamente e, com uma voz que exprimia alívio e alegria, disse:

"Estamos do outro lado da fronteira. Podem descansar tranquilamente agora."

Todos nos jogamos no chão úmido, sob as árvores que margeavam a estrada. O guia nos dividiu em três grupos que conduziria separadamente à aldeia.

Enquanto ele estava ausente com os dois primeiros grupos, que compreendiam sobretudo as mulheres e os velhos, nós esperávamos, tremendo de frio, na orla da floresta. Falávamos pouco e tentávamos ajeitar a desordem de nossas roupas. Quando o guia voltou para levar nosso grupo à cidadezinha, deu um profundo suspiro de alívio.

"Mais uma expedição que termina bem", disse.

"Há quanto tempo presta serviço como guia?", perguntei, sobretudo para romper o silêncio lúgubre que pesava sobre nós como um sudário.

"Comecei na semana seguinte à queda de Varsóvia."

"Pretende continuar por muito tempo?"

"Até a reconquista de Varsóvia."

Ele nos deixou na aldeia. Entrei num hotel judeu com quatro outros homens e uma mulher do nosso grupo. O hoteleiro era um velho muito animado, que nos recebeu com uma bateria de ditos espirituosos, sem dúvida destinados a dissipar nossa melancolia. Em seguida, ele nos deu as últimas notícias. A queda de Hitler era iminente. A Holanda tinha sido inundada e um exército alemão inteiro tinha se afogado. Um complô estava sendo organizado na Alemanha e Hitler seria assassinado! A Rússia e a Alemanha eram inimigas mortais e logo chegariam às vias de fato. Depois de nos reconfortar com esse cativante retrato do presente e do futuro, ele ofereceu um chá bem quente, seguido de um pouco de vodca "a preços de antes da guerra".

Passamos metade do dia no hotel ouvindo as histórias do proprietário. À tarde, seguimos separadamente para a estação de trens, que ficava a cinco quilômetros de lá, conduzidos pela filha do hoteleiro. Encontramos várias patrulhas soviéticas, que cumprimentamos com os punhos erguidos, à maneira comunista, para não despertar suspeitas.

A estação estava apinhada de gente barulhenta e gesticulante. Os guichês não vendiam mais passagens, mas o mercado negro nadava em ouro. Em alguns minutos, a filha do hoteleiro comprou seis passagens para Lviv. Os alto-falantes anunciaram o próximo trem, que chegou quase na hora. A viagem transcorreu sem incidentes. Não houve controles. Dormi e cheguei a Lviv um pouco mais descansado.

A estação de Lviv, que eu conhecia bem, me recebeu com faixas em russo e bandeiras soviéticas. Segui imediatamente para a casa de um antigo professor.[2] Ele continuava morando na mesma velha casinha despretensiosa de sempre, e usava o verdadeiro nome. Respondeu prontamente à campainha, mas examinou-me com desconfiança.

"Antoine manda lembranças", disse eu, destacando cada sílaba da senha. "Tenho um recado pessoal para o senhor."

Ele me olhou de maneira reservada, não disse nada, mas fez sinal para que entrasse. Comecei a perceber que poderia ter sérios problemas para convencer as pessoas em Lviv de minha função. O sistema clandestino de ligação ainda era tão imperfeito e incerto que os membros da Resistência estavam sempre de pé atrás e sobressaltados. A despeito da aparência excêntrica e pouco imponente, o professor era conhecido por seu destemor e competência. Tinha boas razões para não abrir o jogo prematuramente. E ainda havia a possibilidade de que um outro mensageiro tivesse chegado antes de mim e trocado a senha.

Era de extrema importância convencê-lo de que podia confiar em mim, pois tratava-se do chefe civil da organização clandestina em Lviv, o único capaz de levar o novo plano a bom termo.

Era um homem pequeno e magro, de cabelos grisalhos, perfil de passarinho, com olhinhos cor de avelã que piscavam sem parar. Os músculos de seu rosto raramente mexiam, e sua cabeça parecia pregada no colarinho alto e fora de moda que usava. Uma gravata-borboleta espalhafatosa dava um toque final à sua aparência esquisita.

"Professor", disse eu, "acabei de chegar de Varsóvia. A Resistência..."

Quando comecei a falar, ele me olhava com ar de indiferença afetada. Mas, diante da palavra "resistência", afastou-se, adotou uma expressão ausente, caminhou distraidamente até a janela e ficou olhando para fora, mexendo na gravata-borboleta, como se tivesse esquecido totalmente a minha presença.

"... encarregou-me de transmitir ao senhor as instruções relacionadas ao novo plano organizacional", continuei debilmente, sem obter mais sucesso do que antes.

Parei e pensei um instante. Depois, fui até a janela e apoiei a mão no ombro do professor. Ele se virou bruscamente, com um olhar furioso.

"Não está reconhecendo seu antigo aluno?", perguntei sorrindo. "Não lembra de ter me dito que viesse vê-lo na volta, quando estava prestes a embarcar para o exterior, em 1935? Não era essa a recepção que esperava!"

"Sim, sim, estou reconhecendo", disse ele, piscando os olhos.

Mas dava para ver que ainda tinha dúvidas. Gostava de mim, naqueles tempos, mas não tinha como saber que tipo de pessoa eu tinha me tornado. Examinou-me de novo como um cientista tentando classificar um novo espécime.

"Estou muito ocupado no momento", disse, sem grande entusiasmo. "Preciso preparar um curso. Se quiser conversar, espere por mim na entrada do parque, perto da universidade, daqui a duas horas."

"Estarei lá. Sinto muito que as circunstâncias me impeçam de assistir a seus cursos."

Ele sorriu. Ao que parecia, eu tinha conseguido dissipar um pouco as dúvidas que alimentara a meu respeito no início. Em todo caso, não queria se abrir com base apenas em relações antigas. Precisava de tempo para pensar. Até lá, no caso de eu ser um espião, poderia manobrar habilmente para não se trair. Deixei-o, pois era impossível conversar com ele antes que tomasse uma decisão a meu respeito.

Resolvi dedicar aquelas duas horas à busca de um velho amigo de Lviv. Quando recebi ordens de vir para esta cidade, nem sei dizer o que me entusiasmou mais: a importância política de minha missão ou a oportunidade de rever Jerzy Jur.[3]

Jerzy era uns três anos mais novo do que eu. Bonito, filho de um médico de Lviv, tinha uma pele de moça (ríamos muito dele na universidade por causa da barba que não crescia), olhos azuis e cabelos louros. Estava sempre vestido de maneira impecável. Travamos conhecimento na universidade e cumprimos juntos o ano de serviço militar no mesmo batalhão de artilharia. Na universidade, ele era sempre o primeiro da classe graças à sua inteligência e seus talentos, a despeito de uma atividade política intensa, rara até mesmo na Polônia, onde era comum que os jovens de dezesseis, dezessete anos se envolvessem com política. Ele era uma dessas pessoas que, enquanto não obtêm o que querem, muitas vezes são tratadas como maníacos ou fanáticos. Jerzy era um defensor entusiasmado e perseverante da democracia. No liceu e depois na universidade, não perdia uma oportunidade de expor suas convicções. Nenhuma publicação democrática liceana ganhava as ruas sem um artigo seu.

Tudo isso enchia seus pais de desgosto. Ele preferiam que o filho cuidasse de maneira mais normal da carreira. Lembro que certa vez a mãe de Jerzy o repreendeu por sua atividade política na minha frente. Ele respondeu brincando:

"É o meu temperamento. Preferia que andasse por aí perdendo tempo atrás das moças?"

O argumento acalmou a mãe, cujo maior temor era que o filho caísse numa armadilha por conta de um flerte. Conhecia o temperamento amoroso de Jerzy, que, somado à sua beleza e juventude, a fizeram considerar válida qualquer alternativa que o afastasse do perigo maior. Foi assim que ele obteve autorização para continuar com seu "trabalho social" depois das aulas.

"O que ela não sabe", disse Jerzy mais tarde, quando conversamos sobre os temores de sua mãe, "é que sou capaz de encontrar tempo para tudo."

Os resultados de seu "trabalho social" nem sempre eram excelentes. Em 1938, durante um confronto estudantil, foi espancado por seus inimigos políticos e teve de passar várias semanas num hospital. Na Europa, infelizmente, as discussões políticas nem sempre se resolviam com métodos democráticos.

Caminhando em direção à casa de Jerzy, recordei vários momentos de camaradagem entre nós no exército, perguntando-me se seria possível reatar a velha amizade. Tinha esperanças de convencê-lo a ir comigo para a França.

Quando cheguei, bati à porta como se estivesse vindo da universidade e, de passagem, tivesse resolvido visitar meu amigo.

Uma velha senhora, que eu não conhecia, veio abrir.

"Por favor, Jerzy está?", perguntei.

"Não, não está", respondeu ela, "foi passar algumas semanas na casa de uma tia."

"E seus pais?"

"Não, não estão mais aqui."

"E onde estão?"

"Não sei."

Não fiz mais perguntas. Era claro que os pais de Jerzy haviam sido deportados para a Rússia.

"Meu nome é Jan Karski", disse eu. "Posso retornar em quinze dias para encontrar Jerzy?"

"Jerzy já falou sobre você", disse ela com um sorriso forçado. "Sou tia dele. Se quiser voltar, por favor, fique à vontade. Mas, nesse momento, creio que não seria muito prudente esperar por pessoas que foram passar quinze dias na casa de uma tia."

Não havia a menor dúvida. Ou Jerzy estava escondido ou estava no exterior.

Três meses depois, na Hungria, soube que ele havia fugido para a França à frente de um grupo de dez jovens. Levaram uma quantidade extraordinária de armas, revólveres, granadas de mão e metralhadoras desmontadas. Milagrosamente, conseguiram atravessar os Cárpatos e a fronteira húngara e apresentaram-se afinal, perfeitamente equipados, ao adido militar polonês. Chegaram à Hungria como uma verdadeira unidade militar. Aquela proeza causou admiração.

Mais tarde, nossos caminhos se cruzaram várias vezes, enquanto ele seguia a arriscada trilha dos mensageiros clandestinos, executando missões especiais, durante as quais atravessou duas vezes, nos dois sentidos, todas as frentes de batalha da Europa no espaço de um ano. Quando finalmente nos reunimos em Londres, encontrei-o mais calmo e um pouco sombrio em virtude de suas experiências, mas sempre acreditando no futuro e ávido por justiça social, liberdade e ordem.

Encontrei o professor no parque, perto do menor e mais velho edifício da universidade (o outro era um palácio construído no século XVIII, durante a ocupação austríaca).

Ele me recebeu com cordialidade: tinha resolvido assumir sua condição. Sentamos num banco e comecei a explicar os planos e desejos das autoridades polonesas de Varsóvia. Ele aprovou imediatamente a maioria das ideias, chegando até a antecipar alguns detalhes. Estava pronto para cooperar para a construção do sistema de organização que Borzęcki havia exposto e confessou que já havia pensado nisso. No entanto, havia em sua atitude uma reticência que não consegui entender. Em vez de expor suas dúvidas, ele começou a fazer perguntas sobre a vida em Varsóvia, a força da nossa organização e os métodos que empregava.

Ouvia com atenção e só interrompia para perguntar algum detalhe que provavelmente seria útil para completar algum trabalho em curso. No final, disse:

"Tem uma coisa que precisa entender e relatar em Varsóvia. Nossas condições aqui são bem diferentes. Para começar, a Gestapo e a GPU são organizações completamente diferentes. Os homens da polícia secreta soviética são bem mais hábeis e melhor treinados. Seus métodos são superiores. São mais científicos e sistemáticos. A maior parte dos estratagemas que dão certo em Varsóvia não chegariam a lugar algum em Lviv. Muitas vezes, os diversos grupos da Resistência não conseguem sequer entrar em contato, porque é muito difícil despistar os agentes da GPU ou até mesmo reconhecê-los."[4]

"Não tinha me dado conta das dificuldades que vocês enfrentam aqui."

"Na verdade, vivemos em dois mundos diferentes."

Agora ele estava perfeitamente seguro de si e falava com uma voz calma e modulada. Todas as suas perguntas revelavam uma rara acuidade. Seu discurso indicava uma capacidade de avaliação perspicaz, uma tenacidade fria e uma desenvoltura difíceis de associar à silhueta frágil de passarinho, ao paletó ridiculamente longo e à gravata-borboleta rebelde que usava antes.

Fiquei me perguntando até que ponto esse figurino era proposital e se ele não teria, consciente ou inconscientemente, exagerado para se proteger.

"No entanto", continuou ele, "gostaria que dissesse a Borzęcki que concordo plenamente com seus princípios. Darei o melhor de mim para que seu plano dê certo. Mas é preciso que ele compreenda nossas dificuldades, ajude-nos na medida do possível e desculpe nossas falhas."

Respondi que estava certo de que descobriríamos uma maneira de superar todos os obstáculos. Ainda ficamos um bom tempo sentados no entardecer, relembrando os anos passados.

Por fim, o professor se levantou.

"Preciso ir", disse ele. "Peço desculpas por não poder convidá-lo para vir à minha casa, mas seria muito arriscado. Aconselho que se hospede no hotel Napoléon. Fale pouco e tente não atrair atenção. Ainda é capaz de localizar-se em Lviv?"

"Muito bem. Mas gostaria de revê-lo, professor."

"Espere por mim amanhã aqui no parque, à mesma hora. Boa noite."

No dia seguinte, resolvi visitar o outro chefe da Resistência, do qual também dependia o sucesso de minha missão.

Ele tinha uma loja de roupas no bairro comercial e era o chefe da seção militar da Resistência em Lviv.

"Bom dia", disse ele. "O que posso fazer pelo senhor?"

"Antoine manda lembranças", disse em voz baixa, embora a loja estivesse vazia. "Tenho um recado pessoal para o senhor."

Seu olhar denotava desconfiança. Lembrei de tudo que o professor havia dito sobre a polícia soviética. Quebrei a cabeça para descobrir um meio de ganhar sua confiança. Por outro lado, eu também me perguntava como poderia verificar a identidade de meu interlocutor. Mas não demorei a obter o que precisava.

"Venha até o escritório, lá atrás", disse ele rapidamente, examinando meu rosto como se esperasse encontrar ali a solução de um enigma.

Fui atrás dele sem preocupações, pois não podia deixar de ser quem eu procurava: quem, além de um homem da Resistência, iria me convidar a entrar nos fundos de uma loja vazia?

"Venho de Varsóvia", disse eu, "e tenho informações para o senhor da parte do sr. Borzęcki…"

"Nunca ouvi este nome antes", disparou ele. "Não conheço ninguém em Varsóvia, exceto um ou dois parentes."

"Ouça, meu nome é Jan Karski. Fui enviado como mensageiro para tentar melhorar as relações entre as organizações de Lviv e Varsóvia e para informá-los dos novos planos de reorganização."

Ele examinou-me com atenção.

Pensei que realmente nunca tinha ouvido falar do meu nome e que, mesmo que tivesse sido avisado da minha chegada, não tinha como verificar se eu era mesmo quem dizia ser. Sua hesitação durou uma fração de segundo.

"Nunca ouvi falar do senhor e não tenho relações em Varsóvia."

Fiquei desconcertado. Não sabia como vencer sua desconfiança. Enquanto isso, recuperado o sangue-frio, ele deu o incidente por encerrado. Tinha resolvido demonstrar a mais perfeita indiferença.

"Alguma outra coisa que possa fazer pelo senhor?", perguntou com um jeito inocente e incomodado.

Não havia mais nada a fazer.

Quando encontrei o professor, na tarde do mesmo dia, contei a cena. Ele revelou que em Lviv era absolutamente inútil insistir quando um homem tinha boas razões para não abrir a boca e não correr o risco de confiar na própria intuição. Mais de uma pessoa havia caído nas garras da polícia justamente por ter confiado demais na própria capacidade de decifrar a expressão de um rosto.

Ele me informou também que a mensagem e as instruções por mim relatadas seriam difundidas o mais amplamente possível. Perguntou de meus projetos mais imediatos. Respondi que havia recebido ordens de tentar chegar à França passando pela Romênia.

"É muito difícil no momento", disse ele. "A fronteira romena é um dos locais mais bem guardados da Europa."

"Sempre se encontra um jeito de evitar os guardas mais vigilantes."

"Se forem seres humanos. Só que a fronteira da Romênia é guardada por um cordão de cães policiais. Soube que é impossível passar por eles. Aconselho que retorne a Varsóvia e tente outro itinerário. Continuando aqui só vai perder tempo e arriscar sua pele inutilmente."

Concordei com ele. Fiquei mais alguns dias na cidade e depois voltei a Varsóvia pelos mesmos caminhos que haviam me trazido a Lviv.

10
Missão na França

Foi no final de janeiro de 1940 que tomei o trem de Varsóvia para Zakopane, "ponto de partida" previsto para minha viagem à França. Zakopane era uma cidadezinha situada a cerca de dez quilômetros da fronteira tcheco-polonesa, ao pé dos Tatras, que são os picos mais altos da cordilheira dos Cárpatos. É um centro bastante conhecido de esportes de inverno.

Num chalé nos limites da cidade, encontrei meu guia e dois jovens oficiais que iriam me acompanhar até Košice, vila eslovaca que havia sido incorporada à Hungria após o desmembramento da Tchecoslováquia, em 1939.[1]

Estaríamos disfarçados de esquiadores. No chalé, vesti um traje de esqui trazido especialmente para a ocasião. O guia era um jovem alegre, grande e vigoroso, antigo professor de esqui. Os outros dois eram excelentes esquiadores. Um deles era um tenente de infantaria que pretendia se reunir ao exército polonês na França, seguindo ordens do general Sikorski. O outro, o príncipe Puzyna, de 24 anos, ia se juntar à força aérea polonesa, à qual pertencia.

Ao alvorecer do dia seguinte, tomamos o caminho das montanhas eslovacas. Fazia frio e a neve era violeta na semiescuridão. Quando começou a clarear, ela ficou rosa e, em seguida, de um branco faiscante quando o sol nasceu atrás de nós. Eu estava confortável com o pulôver de lã, as meias grossas e os sapatos pesados. Carregávamos alimentos nas mochilas, pois havíamos decidido não parar em nenhum lugar habitado durante os quatro dias que duraria a viagem. Tínhamos chocolate, salames e bebidas alcoólicas — além de meias sobressalentes.

Estávamos de ótimo humor, tão contentes que parecia que estávamos começando uma excursão em tempos normais e não uma aventura que podia ser perigosa. O tenente começou a contar suas proezas como esquiador. Puzyna inspirava o ar da montanha e fazia comentários entusiasmados sobre sua qualidade. O guia parecia meio aborrecido e aconselhou que nos controlássemos, diminuindo o ritmo para poupar energia, pois tínhamos um longo percurso pela frente.

Mas ele não conseguiu nos refrear. O tempo estava perfeito. As encostas nevadas faiscavam ao sol, o cheiro tonificante dos pinheiros, o sentimento de liberdade nos davam a impressão de sair do cativeiro. Passamos a fronteira no dia seguinte sem incidentes. À medida que penetrávamos nas montanhas por pistas desconhecidas, deixávamos de lado a prudência. Só víamos outros seres humanos muito raramente e não dirigíamos a palavra a eles.

Passávamos as noites em grutas ou abrigos feitos por pastores e partíamos ao amanhecer.

Nosso guia continuava a nos olhar atravessado, tentando refrear nossa excitação. Certa vez, depois de escalar uma crista, Puzyna lançou exclamações admiradas, apontando a paisagem que se estendia diante de nós. O guia se apoiava nos bastões de esqui com indiferença e fingiu reprimir um bocejo.

"Ora", disse Puzyna, "será mesmo que não sente o menor prazer?"

Ele olhou para nós sorrindo:

"Vocês são meu 31º grupo de clientes. Com todos os formatos, tamanhos, idades e condições sociais. Com todos os tipos de humor. Alguns encantados como vocês, outros gemendo de cansaço e dor. Outros ainda simplesmente indiferentes e querendo que tudo acabe logo. Sempre amei essas montanhas e ainda gosto de esquiar. Mas acho que por ora já tive o bastante."

Abandonamos, portanto, a esperança de melhorar seu humor e trocamos nossas impressões entre nós.

Na fronteira húngara, nosso grupo se dividiu. Puzyna e o tenente iam para a França por um caminho diferente do meu e o guia devia retornar a

Zakopane. Puzyna conseguiu chegar à França e depois à Inglaterra, onde realizou seu maior desejo: alistar-se na RAF. Derrubou muitos aviões e bombardeou cidades alemãs. No final de 1942, li seu nome numa lista de desaparecidos.[2]

A Resistência polonesa havia estabelecido um certo número de "pontos de encontro" ao longo da fronteira entre a Eslováquia e a Hungria para facilitar o êxodo dos jovens poloneses. Aparentemente, os húngaros não se opunham. Meus dois jovens amigos foram para um desses pontos esperar o momento de serem transportados para a França. Quanto a mim, fui para Košice, onde encontrei um agente do governo polonês que me ofereceu um copioso jantar, roupas civis e me levou de carro para Budapeste. No percurso, descobri que sofria de certo número de mazelas que, durante a viagem, não tinha tido tempo sequer de perceber. Minha garganta estava tão inflamada que tive de parar de fumar, e, ao mesmo tempo, comecei a espirrar e a tossir violentamente. A pele de minhas mãos estava toda rachada e sangrava em vários pontos, e meus pés doíam muito. Tirei os sapatos e as meias para examiná-los: estava com os tornozelos e os pés inchados, horrivelmente inchados, e doloridos ao menor contato.

Meu companheiro de viagem seguiu minha exploração com interesse, mas meio divertido. Quando acabei de me examinar e gemer, disse com um tom seco:

"O esqui é um belo esporte!"

"Não tinha sentido nada até agora", respondi com um ar lúgubre.

"É sempre assim", respondeu ele, "mas não se preocupe, não é um preço muito alto por uma excursão tão agradável. Além do mais, temos excelentes hospitais em Budapeste e será bem tratado."

"É mesmo? Não é arriscado?"

"Não. Estamos muito bem organizados em Budapeste. Receberá todos os documentos necessários e poderá se movimentar com toda a liberdade."

Chegamos a Budapeste depois de oito horas de estrada. A noite estava caindo. Para minha surpresa, as ruas eram muito bem iluminadas, contrastando estranhamente com as de Varsóvia. Paramos na casa de um homem que era, na Hungria, o principal intermediário entre o governo polonês na França e a Resistência em Varsóvia. Morava num bairro tranquilo e, felizmente, não havia ninguém do lado de fora. Não tinha conseguido calçar os sapatos de novo e subi a escadinha na frente da porta capengando e com os sapatos nas mãos. Meu companheiro me apresentou e partiu. Minha aparência nada tinha de heroica: parecia antes uma espécie de "Bom Soldado Švejk".

O "diretor", como era chamado, mandou trazerem um bálsamo e curativos, fez algumas perguntas e depois acompanhou-me até meu quarto, garantindo que no dia seguinte estaria num hospital e que depois teria tempo suficiente para visitar Budapeste. O resfriado não me deixou dormir direito e acabei acordando tarde. Meus pés e tornozelos haviam desinchado um pouco, mas só consegui calçar os sapatos com muita dor. Depois de um substancioso café da manhã, o "diretor" mandou me chamar e me entregou vários documentos: um deles dizia que eu estava em Budapeste desde o começo da guerra fazendo tratamento num hospital; uma carteira de identidade estabelecia que estava registrado como refugiado polonês.[3]

Ele explicou que eu receberia meu passaporte para a França em breve, além de uma passagem de trem. Enquanto esperava, fui para o hospital, de onde saí três dias depois, curado da gripe e com as extremidades em estado razoável.

Fiquei em Budapeste mais quatro dias, passeando ora sozinho, ora acompanhado do "diretor". Budapeste sempre foi uma das mais elegantes e cativantes capitais do mundo, mas eu me sentia deslocado e esperava com impaciência a hora de partir. Contudo, as manifestações de simpatia e compaixão dos húngaros para com os poloneses perseguidos eram frequentes, e vários episódios agradáveis tornaram prazerosa a estadia na cidade. Ao fim de uma semana, recebi o passaporte e a passagem de trem.

Tomei o Simplon Express em Budapeste, atravessei a Iugoslávia e cheguei a Milão depois de dezesseis horas de viagem. Deixei a imponente estação construída pelos fascistas e fui correndo visitar a célebre catedral que, não sei por que misteriosa razão, sempre foi venerada pelos poloneses mais do que qualquer outra no mundo. Em seguida, peguei o trem de novo até Modane, na fronteira ítalo-francesa. Em Modane, deparei-me pela primeira vez com a suspeita e a grande prudência que permeavam todas as atividades do governo polonês na França, em virtude da ameaça constante da espionagem alemã. Os espiões da Alemanha haviam penetrado na França em enxames, instalando-se em locais estratégicos, de onde era muito difícil desalojá-los. O governo polonês organizou em Modane um serviço especial de contraespionagem, encarregado de controlar de perto todos os indivíduos vindos da Polônia para evitar que os alemães entrassem na França disfarçados de refugiados poloneses ou membros da Resistência. Vários desses indivíduos haviam sido presos e conhecíamos a maioria de seus métodos.

Na Hungria, assim como em toda parte onde podiam entrar em contato com refugiados poloneses, os alemães não mediam esforços para comprar, extorquir ou surrupiar seus passaportes. Em geral, escolhiam os camponeses mais simples. Ofereciam somas fantásticas ou meios para retornar à Polônia, dizendo que, uma vez lá, receberiam de volta suas propriedades, além de novas terras. Quando os pobres infelizes chegavam à Polônia, eram enviados para campos de trabalhos forçados.

No quartel-general de nossa organização, em Mondane, contatei o oficial cujo nome me deram. Ele levou-me até outro oficial polonês uniformizado, que examinou meus documentos e começou um interrogatório. Não pude responder a todas as perguntas que ele me fez em razão do caráter secreto de minha missão: estava proibido de falar com quem quer que fosse, à exceção do primeiro-ministro, general Sikorski. O oficial quis saber o nome da pessoa que tinha me fornecido documentos e passaportes em Budapeste. Dei o nome do "diretor": ele pediu que esperasse e saiu da sala. Alguns minutos depois, fui levado para o gabinete de um oficial superior que me recebeu com cordialidade e nenhuma reserva. Nesse meio-tempo, ele havia recebido um telegrama com a descrição detalhada da minha pessoa, e fui portanto reconhecido. Suas ordens eram para providenciar minha ida para a França. Fiquei impressionado com o sangue-frio com que examinou minha folha de serviços e a firmeza com que resolveu aceitar que eu era quem dizia ser. Na Resistência, é fácil encontrar pessoas que se recusam a acreditar, como o chefe da seção militar em Lviv.

"Espero que tenha compreendido minha situação. Temos enormes problemas com os espiões alemães, muito, muito maiores do que se poderia pensar", disse ele. "A França está cheia deles."

"Não sabia. Como isso aconteceu?"

"É uma longa história. Eles não são especialmente inteligentes, mas estão bem organizados, são perseverantes e não têm escrúpulos. Fazemos o melhor que podemos para combatê-los e erradicá-los, mas eles brotam novamente como ervas daninhas. Não temos homens suficientes para a tarefa, portanto, tome cuidado. Não fale com ninguém, a não ser que esteja absolutamente seguro de sua identidade."

"O que fazem os franceses para combater esse estado de coisas?"

"Tomam algumas medidas, é claro", disse ele num tom resignado, "mas não são suficientes. Lembre-se de que aqui a guerra ainda não é grave. Aqui a guerra ainda não começou de verdade. Você não está mais na Polônia. É preciso uma derrota como a nossa para que as pessoas entendam os métodos alemães e aprendam a lutar contra eles."

Abriu uma gaveta, pegou um grosso maço de dinheiro francês e estendeu para mim.

"Por favor, confira e assine o recibo. É para suas despesas em Paris. Você tem direito a um bom tratamento. Mas não desembarque desse jeito. Ponha outras roupas. Do jeito que está, é evidente para qualquer espião que tem uma missão importante a cumprir. Você deve se fazer passar por um refugiado comum, que pretende se alistar no exército. Assim que chegar a Paris, vá ao acampamento do exército polonês e engaje-se como voluntário."

Segui suas instruções. No trem, entre Modane e Paris, fiquei numa cabine de primeira classe com outros seis passageiros, que vigiei atentamente. Havia uma senhora de idade, que folheava muito concentrada as páginas do *Figaro*; dois homens que, ao que tudo indicava, faziam uma viagem de negócios e só falavam de trabalho, dos amigos e da guerra. Os outros três eram jovens poloneses a caminho de alistar-se no exército. Tentei descobrir se algum dos cinco homens deixava entrever algum vestígio de sotaque alemão. De vez em quando, tinha a impressão de perceber um erro na conversa dos dois franceses, mas logo mudava de ideia: não era nada fácil perceber. Quanto aos poloneses, poderia jurar que eram de fato originários do meu país, mas podia ser que tivessem ascendência alemã, como os traidores de Oświęcim. Para evitar conversa, fechei os olhos e fingi que dormia.

O campo de recrutamento do nosso exército estava situado num subúrbio ao norte de Paris, em Bessières.[4] Era ao mesmo tempo um campo de refugiados e um centro de recrutamento do exército. Fui até lá, segui o procedimento normal de alistamento e passei a noite no local, como se tivesse intenção de ficar. Na manhã seguinte, peguei um táxi para o centro de Paris. Na primeira cabine telefônica que encontrei, liguei para Kułakowski, secretário particular do general Sikorski.[5]

"Estou chegando de casa", disse eu, "e preciso falar com seu chefe."

Não ousei dizer mais nada ao telefone. Kułakowski disse que devia me apresentar na embaixada da Polônia, agora sede do governo polonês, na rue de Talleyrand, perto da rue des Invalides. Foi o que fiz. Fui recebido com nítida reserva. Ele pediu que me sentasse e ligou para o professor Kot.[6] Kot era um dos líderes do Partido Camponês e ocupava o posto de ministro do Interior no governo em exílio dirigido por Sikorski. Kułakowski deu minha descrição ao telefone e pediu instruções. Kot sem dúvida esperava por mim, pois Kułakowski não demorou para entregar-me mais fundos, dizendo que me hospedasse em qualquer lugar em Paris e que me apresentasse no dia seguinte no Ministério do Interior, em Angers, às onze horas.

"Antes disso preciso voltar a Bessières", disse eu. "Deixei meu sobretudo e minha mala lá."

"Havia alguma coisa importante na mala?"

"Claro que não!"

"Então não se preocupe mais com essas coisas. Compre novas. Não deve retornar a Bessières, pois é possível que encontre espiões alemães. Eles estão infiltrados em toda parte. Paris está infestada deles."

"Já me disseram isso antes. E Angers?"

"É perigoso também. Precisa tomar muito cuidado. Agora vá para Saint-Germain e procure um hotelzinho. Compre a passagem para Angers com antecedência. Boa sorte."

Peguei um táxi para o boulevard Saint-Germain e aluguei um quarto num hotel confortável, mas bastante calmo. Tinha a tarde e a noite à minha disposição e resolvi aproveitar. Finalmente, podia desfrutar o fato de que os perigos que corria constantemente em Varsóvia estavam bem distantes.

Paris ignorava o medo da Gestapo. Embora fosse um dia cinzento, de céu ameaçador, os bulevares estavam cheios de uma multidão alegre, bem-vestida e ainda mais cosmopolita do que em tempos de paz. Era a época da "*drôle de guerre*", aquela guerra "de mentira" que logo chegaria ao fim.

Cheguei ao Café de la Paix, que em minhas lembranças era um lugar de atmosfera mágica. Não havia uma só mesa livre e foi muito difícil arranjar um lugar. Todos conversavam animadamente, deleitando-se com café, bebidas, cervejas. Mesmo em pleno inverno, a calçada estava cheia e vários grupos aglutinavam-se ao redor dos famosos braseiros, que queimavam alegremente.

Passei o resto da tarde fazendo compras e depois resolvi oferecer a mim mesmo um jantar luxuoso, seguido de um passeio pelos bulevares, antes de retornar ao hotel com as mãos cheias de jornais franceses. Eles não me contaram nada de novo e não demorei a adormecer.

Na manhã seguinte, vesti meu terno novo e peguei o trem para Angers. Era a cidade designada pelo governo francês para sede do governo polonês. As residências oficiais dos embaixadores estrangeiros e dos ministros poloneses ficavam lá. Havíamos obtido da França o direito de exterritorialidade e o gabinete polonês gozava dos privilégios da plena soberania de um Estado. Assim, as embaixadas estrangeiras junto à Polônia residiam oficialmente em Angers.

Não tive dificuldade alguma para encontrar a sede do governo polonês. Um francês de meia-idade me indicou o caminho, acrescentando que a cidade tinha orgulho de receber as autoridades dessa "pobre Polônia atacada de modo tão desleal". No Ministério do Interior, fui recebido pelo secretário de Kot.

Ele foi muito cortês, mas reservado, e informou que Kot preferia me encontrar fora de seu gabinete. Examinou meus documentos e marcou um almoço num restaurante próximo. Quando cheguei, Kot já estava lá.

Era um homenzinho pequeno, de cabelos grisalhos, preciso em seus hábitos e movimentos, com uma leve tendência ao pedantismo. Trocamos cumprimentos e, quando nos sentamos, Kot observou que eu parecia mais um banqueiro parisiense do que o emissário da Polônia faminta.

Declarei que um bom número de chavões equivocados sobre o modo de vida na Polônia ocupada corria pelo mundo.

Kot examinou-me com um olhar penetrante.

"Apesar de suas senhas e de seus documentos, é meu dever ser prudente. Preciso me certificar pessoalmente de que o senhor é mesmo o homem que estou esperando. Fale-me um pouco do senhor, do que fazia antes da guerra, do que faz agora. Fale-me também das pessoas com quem trabalha."

Começamos uma longa discussão que tratava sobretudo dos membros da Resistência que conhecia. Assim, Kot conseguia satisfazer ao mesmo tempo a curiosidade a meu respeito e a respeito dos homens em geral. Sua maneira de fazer perguntas e seus comentários revelavam um homem inteligente, bem informado e penetrante. Analisar os acontecimentos e as situações antes pelo caráter das pessoas neles envolvidas e depois pelos problemas que propunham era um dos traços distintivos de sua personalidade.

Quando por fim passamos a conversar mais detalhadamente sobre a Resistência, ele disse que preferia que fizesse um relatório escrito, para que seus arquivos ficassem completos, e que para isso enviaria a Paris um secretário e uma máquina de escrever.

"Em seu relatório, não mencione nomes de pessoas ou organizações políticas. Terá de ditá-lo a meu secretário, que irá transcrevê-lo em código."

Passei os seis dias seguintes em Paris elaborando esse relatório.[7] Ao terminar, telefonei novamente ao secretário de Sikorski para pedir um encontro. Ele pediu que eu passasse na embaixada e informou que seria recebido pelo general Sikorski.

Obedeci, muito animado. Sikorski gozava de uma grande reputação na Polônia. Era aquilo que os poloneses chamavam de "europeu", um homem de vasta cultura. Era conhecido por suas opiniões liberais e democratas — um grande general que o tempo todo manteve forte oposição a Piłsudski. Depois da derrota de setembro, a Polônia depositou nele todas as suas esperanças.

Na antecâmara do gabinete de Sikorski, fiquei estarrecido ao encontrar Jerzy Jur, meu amigo de Lviv. Nossos cumprimentos foram efusivos. Ele narrou os detalhes de sua heroica fuga pelos Cárpatos, mas ficamos numa saia justa quando a conversa passou ao presente. Nenhum de nós estava autorizado a falar da própria situação. Mais tarde ficamos sabendo que voltaríamos à Polônia, mas infelizmente não podíamos abordar o assunto. De qualquer forma, trocamos endereço, e em seguida entrei no gabinete do general.

Sikorski tinha cerca de sessenta anos: muito ereto, dava a impressão de gozar de excelente saúde. Suas maneiras e seus gestos contidos traíam uma influência francesa. Não era de espantar, pois, durante o tempo que passara na oposição a Piłsudski, vivera vários anos na França, sendo profundamente ligado ao país, onde fez muitos amigos nos meios políticos e militares. Depois do fim da Primeira Guerra Mundial, Sikorski manteve estreito contato com o Estado-maior francês e muitos chefes militares franceses o consideravam um estrategista de grande valor.[8]

Tivemos apenas uma conversa breve em seu gabinete, pois ele marcou um almoço no café Weber no dia seguinte.

Encontramo-nos no hall do restaurante: nossa mesa ficava num local reservado. Sentamos e pedi os aperitivos. Sikorski recusou:

"Permita-me, tenente Karski", disse ele com um sorriso, "declinar de beber com o senhor. Sou obrigado a beber com excessiva frequência nos banquetes diplomáticos e fico infalivelmente doente no dia seguinte."

Ele era extremamente afável e educado. Interessou-se por meu passado e meus projetos futuros, ouviu minhas respostas com uma atenção benevolente. Discutimos a situação militar. Sikorski admitia que o exército alemão era formidável, mas tinha fé na vitória final da França. Não quis se arriscar a fazer um prognóstico sobre a duração da guerra.

"Independentemente da minha opinião", disse ele, "a Resistência deve esperar uma guerra longa e agir com bom-senso. É muito importante que transmita isso, tenente. Não devemos alimentar ilusões."

Suas observações e considerações deixavam entrever o modo como concebia o futuro da Polônia.

"Para a Polônia, não se trata apenas de uma guerra de independência. Não se trata simplesmente de retornar ao status quo de antes da guerra. Não podemos ressuscitar mecanicamente um passado que, em certa medida, foi responsável por nosso desastre. Lembre-se bem disso quando estiver lá. Eles não podem esquecer que não lutamos apenas por uma Polônia independente, mas por um novo Estado democrático europeu, que garanta liberdades políticas e progresso social para todos os seus cidadãos. Infelizmente, nossos governantes de antes da guerra pensavam que a Polônia deveria se desenvolver sob governos autoritários, e não no espírito da democracia, o que era contrário à nossa tradição nacional e ao espírito da Europa. Isso não pode recomeçar e os responsáveis por isso não podem retornar ao poder. É preciso que a Polônia do pós-guerra seja reconstruída pelos partidos políticos, pelas uniões sindicais e pelos cidadãos: pelos homens de experiência e boa vontade e não por alguma casta privilegiada.

"Sei", continuou ele, "que muitos de meus compatriotas ainda não conseguem compreender minha linguagem. Mas o senhor e seus amigos, a juventude polonesa, vocês me compreendem. E é com vocês que conto. Mas primeiro temos de acertar nossas contas com a Alemanha. Depois enfrentaremos a dura tarefa da reconstrução."

No final do almoço, ele sugeriu que nos encontrássemos uma segunda vez num hotel de Angers. Foi lá que pude expor o ponto de vista dos chefes da Resistência sobre a necessidade de uma organização unificada e sobre a estrutura que deveria ter. Sikorski concordou quase integralmente com Borzęcki.

"Segundo ele, o movimento não deve ficar restrito à função de resistência à ocupação, mas assumir a forma de um Estado. Todo o aparelho estatal deve ser recriado e mantido a qualquer preço. O exército clandestino deve ser parte integrante das estruturas do Estado e não um agregado de vários grupos de combate unidos apenas pelo ideal da luta contra o inimigo."

Lembrei-me então do ar irredutível do chefe militar de Lviv e aprovei calorosamente.

"O exército", continuou o general Sikorski, "não deve se imiscuir jamais na vida política. Deve ser o exército da nação, feito para servir à nação e não para governá-la."

Fiz uma pergunta sobre uma das questões mais espinhosas que a Resistência teria de resolver.

"Até que ponto devemos aplicar nosso princípio de não colaboração? Existem situações em que pode ser bastante útil infiltrar-se nas organizações alemãs. Mas o dilema moral permanece."

A resposta de Sikorski foi significativa.

"Os poloneses de Paris", disse ele com uma ponta de ironia, "vivem muito bem. Comemos bem, dormimos confortavelmente e temos poucas preocupações pessoais. Não temos o direito de ditar as regras de conduta daqueles que, na Polônia, sofrem e passam fome. A ideia de impor minha vontade não me passaria pela cabeça: seria imoral. O governo polonês na França tem um único objetivo: defender os interesses da Polônia no exterior. Se quiserem minha opinião, direi que, do ponto de vista internacional, qualquer forma de colaboração é nociva para nós. Mas que façam o que julgarem necessário. Na medida em que estamos aqui, não podemos dar ordens aos poloneses. Nossa tarefa é combater os alemães: que eles não se esqueçam de nossa história e nossas tradições! Diga a eles que estamos certos de que escolherão o bom caminho."[9]

Como conclusão dessa conversa, Sikorski declarou claramente que a tarefa da Resistência e do governo durante a guerra era não apenas manter o Estado polonês, mas também desenvolvê-lo e melhorá-lo.

No dia seguinte, encontrei Kot por acaso no Café de la Paix. Com certeza, ele frequentava o local com sua habitual regularidade. Na Cracóvia, também frequentava um café com tamanha assiduidade que os estudantes o apelidaram de "Café Kot". Ele aprovou plenamente as propostas que expus. A seu ver, a Polônia ficaria ocupada por um longo tempo e a Resistência devia estar preparada para uma prolongada luta. Em seguida, ele me aconselhou a entrar em contato com o general Sosnkowski, chefe da resistência militar.[10]

Telefonei para seu ajudante de ordens, que arranjou um encontro num bistrô modesto. Sosnkowski, tipo perfeito de militar — grande, maciço, cerca de 65 anos, olhos azuis extremamente penetrantes sob grossas sobrancelhas —, havia sido chefe de Estado-maior de Piłsudski no tempo em que este último organizava as forças clandestinas contra nossos opressores, antes ainda da Primeira Guerra Mundial. Não havia esquecido esse treinamento e era um conspirador até a medula dos ossos.

Começou, portanto, censurando-me acidamente por ter telefonado de forma tão aberta para seu ajudante de ordens. Será que ignorava que aquele telefone estava grampeado? Não respondi nada. Interrogou-me a respeito da Polônia, mas não fez nenhuma sugestão quando mencionei os diversos problemas sociais e políticos. Sublinhou que seu negócio eram as questões militares. Ele também pensava que a Polônia permaneceria ocupada por um longo tempo e que era muito importante que o povo polonês entendesse que aquela guerra não era como as outras e que, quando enfim terminasse, tudo estaria mudado.

Fiquei seis semanas em Paris. Quase todo o tempo era tomado pelo trabalho de redação dos relatórios que levaria comigo. Passava minhas raras horas de lazer passeando com Jerzy Jur. Antes de deixar a cidade, encontrei Kot uma última vez: ele indicou os nomes de todas as outras personalidades da Resistência que eu precisava absolutamente encontrar. Foi muito cordial e deixou-me com as seguintes palavras:

"Segundo a tradição, deveria obrigá-lo a jurar que não irá nos trair. Mas, se o senhor fosse suficientemente infame para nos trair, seria também para jurar em falso. Portanto, apenas apertemos as mãos. Boa sorte, Karski."

Para a volta, eu viajaria com outro nome e outros documentos. Peguei o Simplon-Orient Express para Budapeste, via Iugoslávia. Fiquei dois dias lá e, para fazer um favor a "nosso" contato, aceitei transportar para a Polônia uma mochila cheia de dinheiro, substituindo o agente subalterno que deveria cumprir essa missão. E não era um favor qualquer: cheia de papel-moeda polonês, a mochila pesava mais de vinte quilos. Junto com meu equipamento, ela constituía um fardo considerável. Cheguei a Košice de carro e encontrei o mesmo guia com quem havia passado as montanhas. A viagem transcorreu sem incidentes, a não ser pelo fato de que, com a neve derretendo, os esquis tornaram-se inúteis. Portanto, tive que caminhar, carregado como uma mula, mas feliz por estar de volta.

11
O Estado clandestino (1)

No final de abril de 1940, retornei à Polônia trazendo instruções capitais do governo da República para a Resistência. Elas recomendavam a reunião de todas as organizações clandestinas nas estruturas do Estado clandestino. Depois de alguns dias numa das pousadas clandestinas próximas da fronteira, cheguei à Cracóvia e entrei em contato com o representante da Resistência. Soube então que as bases para a unificação do conjunto dos movimentos de resistência já haviam sido lançadas, mas muita água ainda correria no Vístula antes de chegarmos lá.

Na Cracóvia, fiz um curso de iniciação ao funcionamento da Resistência local e pude ver pela primeira vez o nível elevado que a organização já havia atingido, a complexidade do aparelho e os métodos já instaurados para que não fosse descoberto. Não fiquei sozinho um só instante. Logo fiquei sabendo que meus superiores eram informados de todos os meus passos, de todas as minhas palavras e até dos meus cardápios. Cada vez que entrava em casa, encontrava diante da porta uma pessoa com quem deveria trocar uma senha. E se ninguém estivesse esperando por mim, devia me afastar imediatamente e não entrar em hipótese alguma.

Um dia, ficou estabelecido que deveria encontrar diante da minha porta, às 9h45, uma senhora idosa, de cabelos grisalhos, com um guarda-chuva azul e um cesto de batatas. Naquela manhã, tive vontade de ir à missa, que acabava às 9h30. Na volta, encontrei a tal mulher esperando diante da porta e fui com ela para o encontro marcado. Ao anoitecer do dia seguinte, um agente de ligação me avisou que havia uma queixa da Resistência contra mim, acusando-me de passar a noite fora e de manter relações com pessoas desconhecidas da organização. Na verdade, descobrimos que a doce velhinha de cabelos grisalhos relatara que, em vez de sair de casa, eu estava voltando: ela havia constatado que vinha da rua em vez de sair de minha residência.

A certeza de ser constantemente espionado era motivo de irritação, e pedi explicações às autoridades. Responderam-me que ainda não estavam certos de minha prudência. Além disso, caso eu tivesse algum problema com a Gestapo ou fosse preso, eles precisavam saber imediatamente para tomar as medidas necessárias. Era assim que tratavam o emissário portador de instruções de grande importância, apesar da alta opinião que ele tinha de si mesmo.

A vida na Cracóvia havia mudado muito durante os quatro meses e meio de minha ausência. Com as primeiras entrevistas, pude compreender que a consolidação da Resistência estava praticamente terminada. O movimento havia se cristalizado em dois ramos principais; primeiro, a coalizão dos quatro maiores partidos políticos: o Partido Camponês, o Partido Socialista, o Partido Cristão do Trabalho e o Partido Nacional-Democrata; segundo, a Organização Militar Clandestina, considerada parte integrante de nossas forças armadas no ocidente.

A coalizão se esforçava agora para criar também uma terceira estrutura, ainda inexistente: a delegação do governo na Polônia ocupada, cuja função seria de organizar o conjunto da vida civil: administração, justiça, economia, assistência etc. Inevitavelmente surgiram questões pessoais, porém o mais importante era chegar a um acordo sobre um candidato concreto à função de delegado-geral para o conjunto do país.

As instruções trazidas por mim eram, em princípio, muito claras a este respeito. O governo em Angers aceitava qualquer candidato que conseguisse a unanimidade dos partidos. Sikorski e sua equipe não estavam interessados nem na personalidade nem na filiação política dos candidatos. Queriam pessoas que tivessem autoridade real e gozassem da confiança da população polonesa. Sikorski permitiu-se sugerir apenas o nome de Borzęcki.[1]

Uma das primeiras coisas que soube quando voltei à Polônia foi que Borzęcki havia sido preso. Ele e muitos outros pagaram com a vida os sucessos obtidos até então na organização do Estado clandestino polonês.

O líder do Partido Cristão do Trabalho, Téka, também fora fuzilado.[2] Ele havia sido um dos atores mais ativos e eficientes no processo de aproximação e diálogo entre os partidos.

Na Cracóvia, todos receberam com euforia a notícia do início dos combates entre a França e a Alemanha, dos quais se esperava uma rápida derrota de Hitler. Ninguém quis ouvir meus argumentos, baseados no que haviam dito Sikorski, Kot e Sosnkowski.

A casa de Józef Cyna,[3] um conhecido de antes da guerra, era minha residência na Cracóvia. Cyna era um conhecido militante do Partido Socialista e jornalista de talento. Desde os 25 anos, impressionava por sua autoridade, eloquência e pela maturidade de seus julgamentos. Era, além disso, moderado e realista em seu comportamento. Tinha um dom raro e precioso para a atividade clandestina: nunca chamava atenção para si nem para o que fazia. Todas as suas viagens, todas as suas conversas tinham o ar de um passatempo ou de uma ocupação social sem importância. De todos os líderes conhecidos da Resistência que encontrei, era o único que parecia se dar conta de que a confiança total na força da França era um erro fatal.[4]

"Os alemães", disse ele, "estão avançando rapidamente, ocupando a França. As coisas teriam seguido um caminho mais favorável se a ofensiva tivesse sido deflagrada pelos Aliados. O simples fato de a ofensiva ter partido dos alemães prova que eles dispõem de meios para isso. O fato de os Aliados não terem conseguido antecipá-los por terra, mar ou ar prova que não dispõem de meios para tanto. Numa guerra, quem ataca sempre leva vantagem, tanto do ponto de vista estratégico quanto do ponto de vista tático."

Passei três dias em sua casa. Ele morava num subúrbio de Cracóvia sob um nome falso e trabalhava numa das raras cooperativas que haviam sido poupadas pelos alemães. Estava registrado como morador do segundo andar, mas na verdade vivia no térreo, no apartamento de seu agente de ligação.

"Se os alemães viessem me prender", explicou, "iriam procurar no segundo andar e, naturalmente, não encontrariam nada. Enquanto isso, sabendo de sua chegada, eu poderia escapar por essa 'porta'." Ele ergueu duas tábuas do parquê da cozinha: era a entrada do porão.

"Fique sabendo que temos um corredor subterrâneo que passa por baixo de três casas e vai dar na esquina da outra rua. Creio que isso me dá uma boa chance de escapar", acrescentou, com um sorriso de satisfação.

Quando fui embora, ele disse como quem não quer nada:

"Falando nisso, poderia levar isso aqui e distribuir no trem ou em Varsóvia? Mas leia antes. É o nosso manifesto socialista para o Primeiro de Maio."

"O que devo fazer?", perguntei, pegando o pacote que ele estendia.

"Distribua esses panfletos. Não basta falar, precisamos chegar até as pessoas para difundir nossa ideias."

O título era "Manifesto pela liberdade para o Primeiro de Maio de 1940". Era um resumo eloquente da posição do PPS clandestino e uma análise da situação da Polônia:

> Poloneses, fazemos um apelo a vocês — operários, camponeses e intelectuais — nesta hora de grande consternação. Erguemos nossa voz neste dias de escravidão; é a mesma voz que já ouviram antes com Waryński, Montwiłł, Okrzeja: é a voz do socialismo polonês. No tempo da independência da Polônia, esta voz se ergueu inúmeras vezes para condenar a política dos despóticos dirigentes da Polônia. É a voz dos operários de Varsóvia e de Gdynia que se uniram para combater o invasor. Conclamamos todos vocês a lembrar o dia da independência e do socialismo. O Primeiro de Maio se aproxima. Nas duas margens do Bug, haverá uma festa oficial. Mas vocês sabem que este não deve ser um dia de homenagens a Stálin ou a Hitler, mas um dia de mobilização para uma luta intrépida. A Polônia foi vencida. O ataque mortífero do exército alemão não encontrou a resistência necessária. [...]
>
> A História ensinou uma terrível lição à nação polonesa.
>
> Para nós, o caminho da liberdade passa hoje pelas câmaras de tortura da Gestapo e da GPU, pela prisão e pelos campos de concentração, em meio a deportações e execuções em massa.

Oprimidos, perseguidos e espoliados, percebemos finalmente a amarga verdade. O destino do nosso país não pode mais ficar nas mãos dos representantes das classes que se mostraram incapazes de fazer da Polônia um país grande, poderoso e justo. Uma Polônia dos grandes proprietários rurais, dos capitalistas e dos banqueiros não pode mais existir; são os operários, os camponeses e os intelectuais que reconstruirão o país.

A oeste, a Inglaterra e a França combatem a Alemanha. O novo exército polonês luta ombro a ombro com nossos Aliados. Mas precisamos compreender que o destino da Polônia não está sendo jogado na linha Maginot ou na linha Siegfried. A hora decisiva vai soar para a Polônia quando o próprio povo polonês enfrentar o invasor. Com uma paciência obstinada, esperaremos por esta hora. Então, devemos aguçar nossa perspicácia e sabedoria política. É preciso acumular armas e treinar nossos combatentes.

Na nova Polônia, o poder deve pertencer ao povo. É preciso que a nova Polônia seja a pátria da liberdade, da justiça e da democracia. O povo soberano fará as leis que estabelecerão o novo regime — o socialismo.

A nova Polônia precisa reparar os erros do passado. A terra deve ser partilhada entre os camponeses, sem indenizações aos proprietários. As minas, os bancos, as fábricas devem ser submetidos ao controle da sociedade. Será preciso decretar a liberdade de palavra, religião e consciência.[5] As escolas e universidades devem se abrir para os filhos do povo.

O sofrimento do povo judeu, que testemunhamos a cada dia, deve nos ensinar a viver em harmonia com os que são perseguidos por nosso inimigo comum.[6] Privados de nosso Estado, devemos aprender a respeitar as aspirações dos povos ucraniano e bielorrusso.

Quando tivermos estabelecido um governo do povo numa Polônia libertada, será nosso dever edificar uma Polônia de justiça, liberdade e prosperidade.

Neste período de opressão sem precedentes na história da Polônia e mesmo do mundo, queremos estimular seu espírito de luta e de perseverança.

Que as antigas palavras de ordem revolucionárias soem em toda a Polônia neste Primeiro de Maio.

Distribuí uma centena de panfletos e guardei um para mim.

Dos quatro movimentos políticos engajados na Resistência, aquele que exercia influência mais forte sobre a opinião polonesa daquele tempo era o socialista, representado pelo PPS. O PPS possuía as mais ricas tradições de luta pela independência. Foi isso que o tornou tão influente junto aos operários poloneses na vanguarda da luta pela independência.

Os mais corajosos e desinteressados combatentes saíam de suas fileiras. Em 1905, o PPS multiplicou os atentados contra os dignitários do tsar e muitos de seus membros pagaram por isso com a própria vida. A imprensa clandestina da Resistência é herdeira da tradição do *Robotnik* [O operário], jornal do PPS que, antes da Primeira Guerra Mundial, soube desafiar a polícia tsarista e conclamou a nação a resistir aos opressores. Os operários desempenharam um papel capital na defesa de Varsóvia sob as ordens do saudoso Meiczysław Niedziałkowski. Quando Varsóvia caiu, Niedziałkowski recusou-se não somente a assinar a capitulação, como também a reconhecê-la como fato consumado. Quando os alemães entraram na cidade, em vez de esconder-se ou tentar fugir, ele continuou em sua casa, sob seu próprio nome. Durante um interrogatório da Gestapo, foi questionado pelo próprio Himmler, em pessoa:

"O que deseja de nós? O que espera?", teria perguntado Himmler, segundo seu próprio relatório.

Niedziałkowski levantou os óculos e lançou um olhar de desprezo.

"De vocês não desejo nem espero nada. Eu luto contra vocês."

Pouco depois, Himmler mandou fuzilar este orgulhoso e irredutível líder dos operários.

O PPS alimentava-se da ideologia marxista tal como era em seus primórdios, no século XIX, e nunca mudou de ponto de vista. Acreditava que os meios de produção deviam ficar sob controle do governo, reivindicava uma economia nacional planejada e organizada, a partilha das terras entre os camponeses e, politicamente, uma democracia parlamentar.

O Partido Nacional-Democrata também tinha raízes profundas na consciência política polonesa. Seu lema "Tudo pela nação" exerceu inestimável influência na luta da Polônia para sobreviver enquanto nação e superar suas inúmeras tragédias. O partido recrutava seus membros em todas as classes. Era baseado no catolicismo, no individualismo e acreditava nos princípios da economia liberal. A personalidade mais conhecida desse movimento foi Roman Dmowski, que assinou, em nome da Polônia, o tratado de Versalhes restaurando a presença do país no mapa da Europa depois de 123 anos.

Fundado no final do século XIX, ainda no tempo das partilhas, o Partido Nacional-Democrata criava escolas, reunia fundos para sua manutenção, popularizava a ideia da soberania nacional polonesa no plano político e social, defendia a manutenção do camponês na terra e o desenvolvimento do potencial econômico através do capital nacional.

Historicamente, o Partido Camponês era o mais recente. Seu maior sucesso foi inculcar nos camponeses, que representavam mais de 60% da população, uma consciência política própria. Durante séculos, os camponeses da Polônia permaneceram politicamente passivos, ignorantes, levando uma vida primitiva e sem qualquer influência sobre os assuntos nacionais. O Partido Camponês tinha como meta torná-los conscientes de seus direitos e do papel que seriam chamados a desempenhar. Criou centenas de escolas e cooperativas.

Como os dois anteriores, o Partido Camponês era firmemente ligado à democracia parlamentar. Fez os camponeses entenderem que somente as instituições democráticas e parlamentares poderiam lhes dar o lugar a que tinham direito na vida nacional. Reivindicava uma reforma agrária radical, a industrialização das regiões rurais superpovoadas e uma emigração para as cidades a fim de descongestionar o campo. Um de seus líderes mais importantes, Maciej Rataj,[7] que foi presidente da Câmara dos Deputados da República Polonesa durante vários anos, foi preso e fuzilado pelos nazistas em 1940.

O Partido Cristão do Trabalho era o quarto partido: esforçava-se para realizar os princípios da democracia como referência, sempre se apoiando nos ensinamentos da Igreja Católica. Com fortes filiações religiosas e nacionalistas, o movimento centrava-se nas tradições históricas do Estado e da nação, sobretudo aquelas que evidenciavam o laço indissolúvel da Polônia com o catolicismo. Seu principal objetivo era a prática das doutrinas difundidas pelas encíclicas papais e da religião católica em geral.

Nenhum dos quatro partidos citados estava representado no último governo anterior à guerra. A situação política interna da Polônia fez com que tais forças se recusassem a fazer parte das últimas eleições parlamentares. As autoridades de então consideraram que o país necessitava de um governo forte. O fato de que os Estados vizinhos eram ditatoriais não deixou de ter influência nessas escolhas: o governo considerava necessário limitar as liberdades democráticas e parlamentares, o que foi inscrito nas mudanças institucionais consagradas pela Constituição de 1935. Escandalizados, esses quatro partidos políticos recusaram-se a participar das eleições, consideradas não democráticas. Consequentemente, não tinham representação na nova Dieta assim eleita.[8]

Na Resistência, que teoricamente representava a continuidade do governo polonês, instaurou-se uma situação paradoxal: a perda da independência trouxe de volta as regras democráticas. Verificou-se que, na clandestinidade, os partidos políticos dispunham de maiores possibilidades e liberdade de ação do que nos tempos da República independente dos anos 1935-39.

Esses quatro partidos políticos representavam a grande maioria da nação polonesa na Resistência. Havia, além deles, outras organizações, desde a extrema direita até a extrema esquerda, inclusive os comunistas. É interessante sublinhar que a maioria dessas organizações que ficaram de fora da coalizão só começou a se desenvolver na atmosfera de liberdade política da clandestinidade. Levando em conta as condições específicas da ocupação, era difícil avaliar sua influência real na sociedade polonesa. A maioria tinha apenas uma implantação local e limitada, mas todas mantinham uma imprensa clandestina.

Quando cheguei a Varsóvia, encontrei o mesmo estado de espírito que na Cracóvia. A consolidação da Resistência havia progredido rapidamente e a grande maioria dos habitantes da capital, mesmo aqueles que ocupavam as funções mais altas da organização, acreditava na invulnerabilidade da França e da Inglaterra. Estavam convencidos de que o exército francês só havia permitido que a Wehrmacht entrasse em seu território para poder cercá-la e destruí-la. Quando eu dizia que, na França, a questão resumia-se a conseguir manter a linha Maginot, era tratado como alarmista. Passei duas semanas em Varsóvia e retornei a Cracóvia para novas entrevistas antes de minha segunda viagem à França. Minha principal tarefa estava ligada à criação da função especial de delegado do governo no seio da Resistência. Ela repousava sobre a aceitação de dois princípios:

(1) Qualquer que fosse o encaminhamento da guerra, os poloneses jamais aceitariam colaborar com os alemães. Os "Quislings"[9] deviam ser eliminados a qualquer preço;

(2) o Estado polonês seria perpetuado pela administração clandestina, em relação estreita com o governo no exílio.

O primeiro desses dois princípios era confirmado pela própria atitude do povo polonês em relação ao ocupante. Os poloneses nunca reconheceram a ocupação alemã. A Polônia, ao contrário de outros países ocupados, nunca teve Quislings.

Quanto ao segundo, uma vez admitido o princípio da continuidade do Estado, era necessário aceitar a designação de delegados do governo, o qual, evidentemente, não poderia ficar na Polônia, pois seria obrigado a permanecer secreto e anônimo e, portanto, sem contato com os Aliados e em constante perigo.

Testemunhei as inúmeras discussões prévias sobre a localização do governo, que finalmente foi decidida.

A tradição herdada das insurreições polonesas de 1830 e 1863 contra a Rússia tsarista indicava que o governo secreto devia ficar no coração do movimento clandestino, o que implicava necessariamente que fosse secreto e anônimo. No momento, isso deixaria a Polônia isolada de seus aliados e sem meios para prosseguir sua política exterior. E se este governo fosse descoberto, seria impossível designar um novo. O fator determinante da decisão de manter o governo no exílio durante todo o tempo que durou a guerra foi a constatação de que a continuidade da Resistência só poderia ser tecnicamente garantida se seus responsáveis fossem designados por um centro situado fora da zona de perigo. Esse sistema garantiria a continuidade da atividade clandestina apesar dos golpes que a Gestapo pudesse desferir contra ela. Qualquer que fosse a posição ou a importância daqueles que tombassem na Polônia, eles poderiam ser substituídos segundo um procedimento de designação legal.

Foi igualmente decidido limitar as prerrogativas do governo ao acordo das pessoas previamente escolhidas pelos responsáveis da Resistência. O sistema era recíproco e flexível...

A maior dificuldade naquele estágio de desenvolvimento residia no fato de que os partidos que chegaram ao poder na Resistência não haviam participado do governo antes da guerra, nem tomado parte nas últimas eleições legislativas. Assim, era impossível determinar seu grau de popularidade e sua real influência no país.

Era evidente que a coalizão dos quatro partidos era aprovada pela grande maioria do povo polonês, mas não era possível atribuir a cada um o que lhe cabia por direito.

Por outro lado, complicando ainda mais a situação, os quatro partidos pretendiam conservar sua independência. Em razão de sua experiência nos anos anteriores à guerra, desconfiavam da administração central e não queriam que o governo interferisse em suas questões internas. Foram dadas garantias a cada partido de que a administração criada pela Resistência não se oporia a seus interesses ou princípios. Era vital que os representantes da Resistência na Cracóvia e em Varsóvia entrassem num acordo sobre a pessoa a ser designada delegado em chefe do governo, que teria poderes bastante extensos. Enfim, apesar das discussões, controvérsias e complicações diversas, um acordo foi selado a respeito da pessoa do delegado geral e dos delegados provinciais, representando os quatro partidos segundo sua importância.

Os partidos também decidiram criar um parlamento clandestino. Além do aspecto da representação pura, ele teria igualmente uma função de controle: sobre a política dos quadros e sobre as finanças da Resistência. Foi definida uma regra de participação dos partidos nas diferentes estruturas da administração clandestina.

Partindo dessa vez para a França, minha missão era dar conta do complexo processo de estabelecimento do Estado clandestino e de seus mecanismos; em seguida, do desenvolvimento das discussões no seio da coalizão e dos compromissos assumidos e, finalmente, das condições que o governo no exílio na França deveria aceitar em troca do apoio da Resistência a Sikorski.

Além disso, confiaram-me a missão que eu considerava mais prestigiosa: jurei transmitir todos os planos importantes, segredos e detalhes relativos aos assuntos internos de cada um dos quatro partidos a seus próprios representantes no gabinete de Sikorski. Jurei transmitir aqueles dados apenas e tão somente a quem de direito, não utilizá-los contra qualquer partido e não usá-los em minha carreira. Em suma, desempenhava o papel de confessor de cada um dos partidos e, mais exatamente, de um verdadeiro "canal" entre Varsóvia e Paris.[10]

Estava cheio de orgulho.

12

A queda

Passei cerca de quinze dias em Varsóvia e recebi ordens de retornar à França pelo mesmo caminho que da primeira vez, parando na Cracóvia. Um rapaz de dezessete anos, filho de um renomado médico da capital, iria em minha companhia. Seus pais consideravam o caminho escolhido bastante seguro e suplicaram que eu levasse o menino para a França para que se alistasse no exército polonês. Fiquei três dias na Cracóvia, onde conferenciei com as autoridades da Resistência, e em seguida parti para a fronteira com meu jovem companheiro. Levava comigo um microfilme com as fotografias de uma mensagem de 38 páginas contendo os planos e sugestões para a organização da Resistência. O filme não tinha sido revelado e podia ser inutilizado num segundo, se necessário fosse, por uma simples exposição à luz. Durante o trajeto para o ponto de encontro com meu guia, eu não conseguia me livrar de um mau pressentimento. O caminho que tomaria era familiar e minha própria experiência seria reforçada por um guia de excelente reputação. No entanto, havia alguma coisa inquietante no ar. Na Cracóvia, meus superiores encheram-me de recomendações com um ar um pouco ansioso demais, um pouco preocupados com minha segurança. Sentado no trem que deslizava em direção à fronteira, eu não conseguia me impedir de olhar para meu jovem protegido, pensando sobre o que nos esperava.

Depois de chegar a Zakopane, teria de percorrer quatro quilômetros a pé antes de encontrar meu guia. A partir daí, estaria sob sua proteção e, por assim dizer, sua responsabilidade. A regra era que o guia preparava todo o trajeto, decidindo a hora da partida, os locais de repouso e o que fazer em caso de perigo. Cada mensageiro segue uma rota particular. O guia designado para conduzi-lo conhece todas as paradas entre o ponto de partida, onde assume a responsabilidade sobre seu "protegido", e aquele onde o entrega à organização clandestina no país neutro, no caso a Hungria, fora da zona de perigo. Até lá, o guia é fisicamente responsável por seu "paciente", como se costumava dizer. Ele não deve deixar seu protegido um instante sequer, e o mensageiro fica inteiramente à mercê do guia, cujas instruções deve seguir.

Quando encontrei meu guia, notei que ele também parecia inquieto a respeito de nossa expedição. De início, pensei que fosse minha imaginação e que seu humor não era mais que um reflexo do meu. No entanto, ele não demorou a revelar a fonte de suas preocupações. Seu antecessor, que deveria ter chegado oito dias antes, ainda não tinha voltado. Durante a conversa, ele pareceu sugerir que seria bom retardar nossa viagem. No entanto, minha missão era urgente demais: dei pouca importância a suas sugestões, insistindo com impaciência que partíssemos de imediato. Estávamos no final de maio de 1940. Holanda e Bélgica haviam caído e os alemães marchavam sobre Paris. Mas eu acreditava, como quase todo mundo em Varsóvia, inclusive os mais bem informados, que a França resistiria, que os alemães tinham avançado demais e que sua ofensiva seria vencida. No entanto, não conseguia me impedir de pensar no que significaria uma derrota da França. Naquela altura, estava habituado a prever todas as eventualidades, pois no trabalho clandestino o improvável acontece com frequência e com resultados assustadores. Percebi que, se a França fosse vencida, eu me veria abandonado em algum lugar da Europa junto com um menino de dezessete anos. Todo o sistema de ligação entre a Polônia e o governo no exílio era inteiramente baseado em rotas continentais. Se a França caísse, todo o sistema cairia junto.

O guia, embora não aconselhasse abertamente um adiamento preciso, continuava a dar a entender que desejava retardar a viagem e exprimia convicções que viam nosso sucesso com pessimismo. Continuei a reagir com impaciência e a insistir para partir imediatamente. No entanto, tivemos de esperar que o tempo melhorasse e passamos dois dias no chalé de seu pai na montanha. Na tarde anterior à nossa partida, o guia desceu até o povoado para buscar informações. Jantei em companhia de seu pai, um velho montanhês robusto, e de sua irmã, uma jovem cheia de vivacidade de cerca de dezesseis anos. Ela sabia tudo sobre a atividade do irmão e tinha muito orgulho dele. Comportava-se em geral de maneira muito estoica. Mas, naquela noite, parecia deprimida e com um humor estranho.

Depois da refeição, sentados em silêncio, tristes e preocupados, ela fez um gesto convidando meu jovem companheiro para sair. Isso me surpreendeu, mas não vi como intervir. Depois de cerca de quinze minutos, durante os quais o velho homem e eu não trocamos uma palavra e mal nos olhamos, eles retornaram. O menino estava pálido e nervoso, lutando visivelmente para manter o sangue-frio, embora seu rosto deixasse entrever claramente sua agitação. A menina estava com os olhos vermelhos e tinha um ar solene: fitava timidamente o chão. Esperei que o pai a repreendesse ou pelo menos a questionasse: ao contrário, ele se levantou e levou-a consigo para fora do chalé. Não pude aguentar mais.

"O que houve?", perguntei duramente ao jovem. "Que mistério é esse? O que foi que ela disse?"

"Nada de importante", respondeu ele com voz trêmula.

"Não se faça de idiota", recomecei. "Precisa me dizer. Sou responsável por sua presença aqui, esqueceu?"

Ele balbuciou a contragosto. Migalha por migalha, consegui arrancar toda a conversa que tiveram. A mocinha havia informado que temiam que o outro guia tivesse sido pego pela Gestapo. Nesse caso, a rota se tornaria extremamente perigosa. Seu irmão havia recomendado que não nos importunasse, mas ela concluiu que era seu dever avisar o rapazinho e impedi-lo, se possível, de fazer a viagem. Disse que poderia ficar no chalé com eles e que cedo ou tarde encontraria outra oportunidade de atravessar a fronteira.

Tomei imediatamente uma decisão. Saí e fui ter com pai e filha, que conversavam agitadamente perto do poço. Eles confirmaram o que o menino havia dito. A menina acrescentou que seria criminoso levar o jovem naquelas condições, pois ele não apenas estaria em perigo, mas poderia ser um estorvo em caso de acidente. Respondi que discutiria o assunto com o irmão dela quando ele voltasse.

Meu guia retornou pouco tempo depois e parecia estar de melhor humor. Relatei os fatos na presença dos outros três. Acrescentei que parecia preferível, dadas as circunstâncias, adiar nossa viagem.

Naquele instante, todas as suas dúvidas desapareceram e ele voltou a ser pura e simplesmente o agente leal que havia recebido ordens de cruzar a fronteira comigo e cujo dever era cumprir sua missão, qualquer que fosse o perigo.

"Adiar a viagem?", rosnou ele. "Ficou maluco? Acha que vou mudar nossos planos só porque um casal de jovens idiotas resolveu tagarelar a torto e a direito?"

E como a irmã começou a soluçar, ele a fuzilou com os olhos.

"É isso mesmo que você é, uma idiota."

Embora tanta dureza me irritasse, senti grande simpatia pelo guia. Evidentemente, ele estava dilacerado entre o senso de responsabilidade e as preocupações. Estava incomodado, perdido.

"Mas, se o que ela disse é verdade, precisamos tomar cuidado", insisti.

"Cuidado?", repetiu ele com desdém. "O melhor que temos a fazer é ir dormir. Lembre-se de que me deve obediência, desde o instante em que nos encontramos. Sou responsável por toda a história e não vejo necessidade de continuar essa discussão. Isso só serve para nos deixar nervosos."

"Mas temos algumas coisas a discutir", repliquei olhando para o menino que estava sentado, quase esmagado de nervosismo.

"No que me diz respeito, não há mais nada a discutir", disse ele com raiva.

Depois, percebendo para onde eu olhava, acrescentou:

"Minhas ordens não dizem respeito ao menino; portanto, ele ficará aqui. Quanto ao senhor, vá descansar. Está chovendo, partiremos em três horas. É mais prudente 'viajar' na chuva e creio que vai chover durante vários dias."

Relutei ao me separar do rapaz, pois havia me apegado a ele e lamentava que não pudesse realizar o sonho de alistar-se no exército. Ele, por sua vez, manifestou o desejo de prosseguir a viagem, muito aborrecido por termos duvidado de sua coragem e resistência. Depois de uma discussão animada, consegui convencê-lo de que era melhor nos separarmos. Cochilei uma hora ou duas e o guia veio me acordar.

"De pé", disse ele. "Vamos partir."

Vesti-me às pressas e joguei a mochila nas costas. Lá fora, estava escuro feito breu e a chuva batia em nosso rosto. Meus olhos ainda estavam pesados de sono e acompanhei o guia maquinalmente. A terra era um mar de lama que colava nos sapatos, transformando cada passo numa empreitada difícil. Ao contrário de meu companheiro, que avançava com passo seguro ao longo do caminho tortuoso e desigual, eu tropeçava com frequência, perdia o equilíbrio e caía em cima dele a toda hora. Cada vez que isso acontecia, esperava um xingamento, mas ele se contentava em rir da minha falta de jeito. Estava muito alegre, marchava cantarolando e virava de tempos em tempos para abençoar a chuva, que diminuiria a vigilância dos guardas na fronteira.

"Reze para que o dilúvio continue", comentou ele. "Quando chove, os guardas da fronteira procuram abrigo..."

Assim como previsto, o dilúvio tirou os soldados de seus postos e atravessamos a fronteira com a Eslováquia sem incidentes.

A chuva continuou durante três dias, com maior ou menor intensidade. Avançávamos tenazmente, sem trocar uma palavra, exceto em caso de necessidade. O bosque estava ensopado, e o incômodo da marcha não podia sequer ser interrompido pelo calor reconfortante de um bom fogo. Parávamos de vez em quando em alguma gruta para repousar um pouco. Caíamos no chão duro e úmido e, enquanto um ficava de guarda, o outro dormia um sono agitado.

Quando propus que parássemos numa das cabanas previstas para as paradas habituais, ele recusou, resmungando:

"Melhor não; sinto que pode ser perigoso. Vocês da cidade não têm nem resistência nem bom-senso!"

No quarto dia, o sol apareceu entre as nuvens e o ar parecia viscoso. O bosque soltava fumaça como uma selva africana. Tínhamos quase um dia de atraso. Meu guia continuava, teimoso, alerta, e eu me arrastava atrás dele, exausto, incapaz de acompanhar sua resistência. Um único desejo me dominava: tirar os sapatos. Meus pés estavam inchados e cada uma das botinas de sola pregada apertava meus tornozelos como uma prensa. Suportei a dor o máximo que pude sem coragem de atrair a cólera do guia sugerindo uma parada. No entanto, minhas forças e minha paciência chegaram ao fim. Bati, com todo o respeito, no ombro do guia e disse:

"Sinto muito, mas realmente não posso mais. Preciso descansar. Não existe um lugar onde possamos passar a noite?"

Para minha surpresa, ele não ficou irritado. Ao contrário, foi com doçura e benevolência que colocou a mão no meu ombro e disse:

"Sei como está cansado. Também não é fácil para mim, mas saiba que estamos a menos de vinte quilômetros da fronteira húngara. Reúna suas últimas forças, tente!...", disse amigavelmente.

"Se fosse possível! Mas vinte quilômetros ou duzentos seriam a mesma coisa para mim. Não consigo mais!"

Sua paciência o abandonou.

"Então acha que não faz diferença?", disse, rangendo os dentes de raiva contida. "Fique sabendo que é muito perigoso parar por aqui, mesmo por algumas horas. A Gestapo vigia essa região, com toda a certeza. Quem pode garantir que não estamos sendo seguidos? Ou que não estejam só esperando que alguém apareça em algum lugar?"

"Creio que está exagerando o perigo. Existem muitos motivos para que o outro guia não tenha retornado, se é isso que o incomoda. Em todo caso, mesmo que tenha sido pego, pode ser que não tenha falado."

Ele me examinou como se lamentasse ter começado aquela viagem comigo.

"Como quiser", disse, dando de ombros. "Há uma aldeia eslovaca perto daqui onde podemos passar a noite."

Em seguida, olhou para mim com um apelo mudo no fundo dos olhos.

"Isso vai esticar nosso percurso em cinco quilômetros para ir e mais cinco para voltar à rota."

"Não seja tão pessimista", disse eu, rindo fracamente, tentando voltar às boas com ele. "Com certeza está precisando de repouso tanto quanto eu."

"Não creio", disse ele amargamente. "Só vou ficar tranquilo quando retomarmos o caminho."

Seguimos a pista durante dois quilômetros num silêncio tenso. Eu continuava a sofrer de maneira atroz. Quando estávamos deixando uma trilha e passando para a estrada, reuni toda a minha coragem e propus que me indicasse uma casa para passar a noite, enquanto ele, se considerasse perigoso demais, poderia esperar em outro lugar e me encontrar na manhã seguinte.

"Você conhece as ordens", disse ele com calma, "sabe muito bem que depois que começamos a viagem somos uma única pessoa. Não importa o que aconteça, é meu dever permanecer a seu lado até chegarmos à Hungria e até que possa entregá-lo a nossos homens em Košice."

Nessa hora, embora aborrecido com sua atitude por causa do cansaço, não pude me impedir de admirá-lo enormemente. Ele agia com prudência, por disciplina, por lealdade à Resistência, com uma calma decidida que poucos homens seriam capazes de manter. Chegamos finalmente à estrada e andamos uma hora na superfície dura. Era quase um prazer depois de penar como burros de carga percorrendo a lama pegajosa.

Numa curva da estrada, vimos as luzes de um povoado bem próximo. Meu guia fez sinal para irmos até um grande carvalho. Seu tom era resignado e amuado quando me disse:

"Não podemos entrar lá desse jeito. É uma aldeia pequena, vamos chamar atenção, todos falarão de nós."

"O que fazer então?", perguntei em tom conciliador, querendo agradar.

"Tirar a mochila, fazer a barba, tentar se lavar e tratar de ficar o mais apresentável possível. E isso é uma ordem!"

Procuramos um riacho nas cercanias e o encontramos depois de quinze minutos. Deitados na margem, conseguimos nos lavar e fazer a barba com certa facilidade. Cavamos um buraco sob uma árvore facilmente reconhecível e enterramos as mochilas, mas me recusei a aceitar a sugestão de deixar a carteira: ela continha o microfilme. Eu tinha a impressão de que, sem ele a meu alcance, não conseguiria sequer dormir.

Não foi difícil encontrar a cabana onde os mensageiros costumavam parar. Antes de bater, o guia inspecionou a casa, a estrada e o conjunto de árvores que tínhamos acabado de deixar. Um camponês eslovaco, robusto e atarracado, abriu a porta. Era amável e hospitaleiro e falava tanto que era cansativo.

Eu só tinha um desejo: tirar as roupas e dormir. Mas meu guia tinha outras ideias. Antes mesmo que pudéssemos nos sentar diante do fogo que crepitava no fogareiro, fez uma série de perguntas ao camponês.

"Tem visto Franek? Quando foi que ouviu falar dele pela última vez? Tem notícias?"

"Oh!", gritou o camponês caindo na gargalhada. "Está me deixando tonto."

Depois coçou a cabeça.

"Deixe ver... Franek..."

A lentidão do camponês exasperava o guia.

"Responda, pelo amor de Deus! Quando foi que viu Franek pela última vez?"

"Umas três semanas, mais ou menos", respondeu o camponês com uma voz arrastada.

"E o que ele disse?"

"Nada de especial. Que estava bem. Estava voltando da Hungria. Por quê, aconteceu alguma coisa de ruim?"

O guia franziu as sobrancelhas ao ouvir aquela pergunta ingênua e caiu num silêncio pensativo. Franek devia ser seu antecessor, cuja ausência tinha deixado o guia tão perturbado. O olhar do camponês passava de um para outro; ele sacudiu a cabeça espantado, depois saiu da cozinha arrastando os pés e retornou com aguardente, linguiça, pão e leite. Entornei um copo de aguardente e comi com apetite feroz, enquanto o guia mal tocava na comida e bebia distraidamente algumas gotas da bebida. O camponês continuava a tagarelar. Pedi autorização para irmos deitar e ele nos levou até o quarto. Tirei a roupa sem demora, enfiei-me entre os lençóis frescos e adormeci na mesma hora, apertando o precioso microfilme embaixo do travesseiro. Ainda não tinha dormido três horas quando fui despertado por um grito agudo e o choque da coronha do fuzil na cabeça. Estava aturdido, completamente zonzo, e, antes de conseguir recobrar plena consciência, fui jogado no chão por dois policiais eslovacos de uniforme. No canto do quarto, dois policiais alemães riam zombeteiramente. Meu guia se contorcia de dor e sua boca sangrava. Um pensamento lancinante explodiu em minha mente: o microfilme debaixo do travesseiro. Por um segundo, fiquei pregado no chão pela angústia. Depois, saltando furiosamente, peguei o microfilme e joguei-o num balde d'água ao lado do fogareiro.

Os policiais a meu lado ficaram paralisados de medo, achando sem dúvida que tinha jogado uma granada ou uma bomba. Depois, como nada aconteceu, um dos alemães mergulhou a mão no balde e pescou o rolo de filme. O outro, uma espécie de touro de pescoço grosso e cara vermelha, estapeou-me com toda a força. Vacilei e ele se jogou em cima de mim, sacudindo-me violentamente e começando um batalhão de perguntas:

"Onde está sua mochila? Com quem você estava? O que está escondendo?"

Como não respondi, começou a bater de novo. Do outro lado do quarto, o guia recebia o mesmo tratamento. Erguendo um rosto ensanguentado, olhou para o camponês por um segundo, sem cólera nem ódio, mas com uma tristeza profunda e resignada:

"Por que fez isso? Por quê?", perguntou num tom de censura.

O camponês eslovaco sacudiu a cabeça sem responder e piscou os olhos com dificuldade, as lágrimas rolando pelo rosto inchado e enrugado. Não acredito que fosse um traidor. Compreendi que aquela menina tinha adivinhado: Franek havia sido preso e, sob tortura, havia revelado o itinerário e as etapas da viagem. Os pressentimentos de meu guia não o enganaram. E aquele era o resultado da constância com a qual ele me seguiu, por dever e lealdade, apesar da certeza do perigo. Chorei de vergonha. Como pude pressioná-lo daquele jeito? Por que não suportei a marcha até o final?

Enquanto éramos arrastados para fora da cabana, eu gritava sem parar:

"Por favor, me perdoe! Por favor, me perdoe!..."

Eu o vi dar um leve sorriso, como se me desse seu perdão e me motivasse a ter coragem e confiança. Nós nos separamos e seguimos em direções opostas. Nunca mais o vi e jamais soube o que lhe aconteceu.[1]

13
Torturado pela Gestapo

Fui levado para a prisão militar eslovaca de Přešov[1] e jogado numa pequena cela imunda. Um colchão de palha e uma jarra constituíam todo o mobiliário. Os policiais eslovacos caminhavam do outro lado das grades, olhando para mim sem emoção nem curiosidade. Sequei o sangue do rosto e deitei no colchão sujo. A surra e a coronhada que tinha levado me deixaram tonto.

Talvez a prisão comum de Přešov estivesse lotada, mas o mais provável era que eles achassem que eu seria melhor vigiado num estabelecimento militar. Havia alguns soldados eslovacos na mesma prisão e de vez em quando eu podia ouvir suas conversas. A bem dizer, não eram criminosos, apenas tinham sido punidos por pequenas infrações à disciplina militar. Gozavam de certas liberdades. Por exemplo, podiam passear no pátio da prisão, além de se lavar e se barbear numa pia.

Já com as ideias mais claras, sentei, apertei os joelhos contra o peito e apoiei o queixo nas mãos. Um velho eslovaco havia substituído os dois policiais e me observava com uma mistura de piedade e simplicidade que era ao mesmo tempo desconcertante e irritante. Por um momento, pensei que talvez a Gestapo não estivesse interessada em meu caso, já que nem havia se dado o trabalho de enviar guardas nazistas. Minhas esperanças foram brutalmente dissipadas. Dois homens entraram em minha cela e fui jogado no chão. Um deles chegou a cuspir no colchão, em sinal de desprezo.

Em seguida, empurraram-me com brutalidade para fora de cela e de lá para um carro que estava à espera.

Fui levado para o comissariado de polícia de Přešov. Entrei num pequeno gabinete de móveis disparatados. Uma fumaça espessa de tabaco escurecia a salinha. Sentado atrás de uma mesa quadrada, um homenzinho magro de cabelos ruivos examinava documentos. Alguns soldados de uniforme alemão estavam sentados ao longo da parede, fumando seus cigarros tranquilamente e conversando como se eu não estivesse lá, como se fosse um objeto invisível ou inanimado. O ruivo continuou a examinar os papéis, e comecei a examinar os flocos de caspa no colarinho e nos ombros de seu uniforme preto. Passando de um pé a outro, fiquei me perguntando se a cadeira vazia diante da mesa era para mim. Finalmente, o guarda que me seguia berrou por cima do burburinho dos outros:

"Sente-se aí, seu porco", e acertou um soco em meus rins.

Tropecei e caí sentado na cadeira.

Então era isso, pensei, o interrogatório da Gestapo de que tanto tinha ouvido falar. Até então, minha concepção da brutalidade da Gestapo era muito clara, mas vagamente irreal. Nunca me passara realmente pela cabeça que um dia eu pudesse ser a vítima. Pois agora eu estava lá. Sentado, mordendo os lábios de ansiedade, esfregando as mãos úmidas uma na outra. Meu espírito parecia paralisado e impotente.

O homem magro afastou algumas folhas e olhou para mim, como se minha presença só fizesse piorar o aborrecimento de sua rotina diária. Empurrou os documentos na minha direção e perguntou secamente:

"Estes documentos são seus?"

Todo o meu ser ficou gelado e não consegui responder. Sentia que a menor falha seria como uma brecha minúscula numa represa: uma resposta errada poderia se transformar na onda que arrasta tudo ao passar. Os pálidos olhos azuis do homem brilharam de maneira inquietante. Um sorriso desprovido de humor estendeu seus lábios finos.

"Ora, ora! Então não quer conversar conosco?... Não somos bons o bastante para você?"

Uma explosão de risos irrompeu, e a mão do guarda, sempre atrás de mim, voou e agarrou minha nuca.

"Responda ao inspetor, seu porco de merda!", gritou ele.

Seus dedos penetravam em meu pescoço como garras.

"Sim, são os meus documentos."

Minha voz não obedecia mais à minha vontade, como se uma outra pessoa falasse pela minha boca. O inspetor balançou a cabeça afirmativamente com um ar sarcástico.

"Obrigado. É muito amável em responder à minha pergunta diretamente. E já que este é o seu estado de espírito, tenho certeza, meu amigo, de que não vai fazer nenhuma objeção a contar toda a verdade sobre suas relações com o movimento clandestino."

Respondi imediatamente:

"Não tenho nenhuma relação com o movimento clandestino. Pode olhar meus documentos. Sou filho de um professor de Lviv."

De fato, os documentos diziam que eu era filho de um professor de Lviv, cidade ocupada pelos soviéticos. O nome era verdadeiro, assim como todos os detalhes que apareciam na carteira de identidade do filho do professor, que já tinha fugido e agora estava no exterior. Assim, mesmo que a Gestapo tentasse estabelecer minha identidade, não conseguiria descobrir que eu não era o filho daquele professor.

O inspetor me examinava com o rabo do olho, o rosto fechado.

"Sei, sei, é o que dizem os seus documentos, não é? Mas há quanto tempo o senhor é o filho de um professor de Lviv? Dois meses? Três?"

Zombarias e gargalhadas voltaram a irromper entre os ouvintes sentados na sala. Ao que tudo indicava, o inspetor era o rei do humor negro da Gestapo local e uma claque de admiradores tinha se reunido para a apresentação. Fiquei reconfortado com a ideia de que as palhaçadas do inspetor me dariam um pouco de tempo para respirar de vez em quando e preparar minhas respostas.

O inspetor fez biquinho — com certeza tinha inventado uma piada particularmente brilhante.

"Então é filho de um professor de Lviv, portanto um homem inteligente. Gostamos de lidar com homens inteligentes, não é mesmo?"

Seu olhar passeou pela sala, e, como cães bem treinados, seus homens aprovaram. Ele recebia aquele tipo de aplauso com o sorriso satisfeito de um ator consumado.

"Diga-me então, filho de professor", sussurrou ele, "morou a vida inteira em Lviv?"

"Sim."

"É uma bela cidade, Lviv, não é mesmo?"

"Sim."

"E gostaria de revê-la um dia, não é verdade?"

Mantive um silêncio impassível, pois sabia que qualquer resposta me faria parecer ridículo.

"Então não quer responder à minha pergunta?", perguntou o inspetor docemente. "Pois vou responder por você. 'Sim, gostaria muito de retornar.' Diga-me então: por que saiu de Lviv?"

A última pergunta foi colocada com uma cortesia exagerada. Eu estava tão bem preparado para assumir minha identidade que respondi com uma vivacidade mecânica.

"Foi por causa dos soviéticos. Meu pai não queria que ficasse em Lviv sob ocupação russa."

Ele fez uma careta cheia de simpatia.

"Então seu pai não gosta dos russos, mas você gosta?"

"Não foi isso que eu disse. Também não gosto deles."

"E gosta mais de nós?"

Seu tom era irônico, sarcástico.

"Ora…", tentei parecer embaraçado, ingênuo. "Confiávamos mais em vocês."

"Confiava mais em nós? Está querendo dizer que não confia mais? Que horror!"

"Não é que não confie no povo alemão… Mas não entendo por que não acreditam em mim", disse, parecendo perturbado. "Só queria ir para a Suíça… Genebra… para a casa de um amigo."

"Você gosta de nós e confia em nós", murmurou ele com ironia, "mas pretende nos deixar assim, sem uma despedida? Eu não sou filho de professor, amigo, não consigo entendê-lo."

Aquele homem era um bufão, mas tinha certa habilidade. Conseguia virar minhas próprias palavras contra mim. Esforcei-me para conservar um ar grave e ingênuo.

"Sou estudante, a guerra interrompeu meus estudos. Estou farto de tudo isso, só quero ir para a Suíça estudar."

"Será que, ao contrário, não pretende ir para a França juntar-se ao exército polonês?"

"Não, juro que só quero ir para a Suíça e viver em paz até o final da guerra. Não quero lutar contra vocês nem contra ninguém. Só quero estudar."

"Muito bem, muito bem, continue", disse ele, fingindo sorrir. "Você me intriga."

Mais uma vez, foi uma explosão de risos. Ele levantou a mão para restabelecer o silêncio, como um artista recebendo com modéstia a homenagem dos aplausos, mas desejoso de levar seu número até o fim.

"Conte-me tudo, sua viagem deve ter sido interessante."

"Não foi exatamente interessante. Meu pai e eu discutimos muito sobre minha partida. Depois, um dia, atravessei a fronteira germano-soviética e fui para Varsóvia. Queria fugir dos russos de qualquer maneira."

"Devo dizer que isso é ilegal", afirmou ele com condescendência. "Não devia agir assim."

Em seguida, acrescentou, agitando a mão:

"Sinto muito pela interrupção. Continue, por favor."

"Em Varsóvia, encontrei por acaso um antigo colega de escola e pedi ajuda para ir a Genebra. O nome dele é Mika. Mora em Varsóvia, na casa 30 da rua Polna. Ele me olhou de um jeito misterioso e marcou um encontro num café no dia seguinte. Foi aí que prometeu me ajudar a chegar a Košice, na Hungria, desde que eu levasse para um amigo dele um filme que mostrava as ruínas de Varsóvia. Aceitei a proposta e meu amigo me entregou o filme, 45 dólares e o endereço de um guia numa cidade perto da fronteira. Foi isso que aconteceu até o dia em que seus homens me prenderam. É verdade, juro."

Dei um nome e um endereço falsos em Košice, mas o nome de meu amigo Mika, em Varsóvia, que supostamente tinha me ajudado, era autêntico. Seu endereço também era correto. Mas eu sabia que minhas revelações não poderiam prejudicá-lo, pois ele havia fugido da Polônia três meses antes.

No começo de meu relato, o inspetor se esparramou na cadeira, juntou as mãos na nuca e fechou os olhos como quem se prepara para ouvir um solo excepcional e quer gozar plenamente o seu encanto. Quando acabei, abriu lentamente os olhos e seus lábios esboçaram uma careta zombeteira.

Olhou para um dos lados da sala e fez um sinal para um homem com uma pasta apoiada nos joelhos.

"Viu que história comovente, Hans? Não quero que mudem nem uma palavra. Quero ler exatamente como foi contada."

Depois, voltou os olhos para mim e murmurou:

"Perfeito, perfeito. Peço desculpas por não poder ouvi-lo mais. Mas, amanhã, um de meus colegas terá esse prazer. Sua conversa com ele sem dúvida será bem mais agradável."

Virou-se levemente e, com uma surpreendente mudança no tom de voz, rosnou para o brutamontes atrás de mim:

"Leve esse canalha de volta para a cela."

O guarda voltou a enterrar os dedos no meu pescoço e me fez levantar. Em seguida, empurrou-me com violência. Tropecei, mas um outro homem empurrou-me para a frente. Os outros soldados levantaram e fizeram o mesmo. Eu passava de mão em mão como uma bola. Quando cheguei à porta, o guarda me segurou pela cabeça e me empurrou porta afora. Quase quebrei os ossos.

Na cela, encontrei um engenhoso dispositivo montado em minha homenagem: um enorme refletor preso numa lâmpada potente. A luz era ofuscante e não havia como escapar daquele suplício.

Caí no colchão de palha. O controle que havia conseguido manter no gabinete desapareceu de um só golpe. Minhas pernas amoleceram e todo o meu corpo tremia sob o efeito retardado das reações reprimidas durante o interrogatório. Eu tremia convulsivamente e tentava proteger os olhos da luz cegante do refletor. Era impossível ordenar meus pensamentos caóticos ou traçar qualquer plano.

Eu não acalentava nenhuma ilusão sobre o crédito dado a minha historinha. Estava consciente de que o tratamento relativamente suave que tive no primeiro interrogatório não ia durar muito. Minha história "era certinha demais" e tinha muitos pontos fracos para parecer verídica. Eu sabia, contudo, que precisava manter essa versão, nem que fosse para evitar o perigo de revelar alguma informação importante. Isso servia também como uma espécie de analgésico: era um verdadeiro alívio saber que não precisava quebrar a cabeça para inventar alguma coisa nova. Durante toda a noite, as frases de meu relato ressoaram em minha cabeça num ritmo monótono. Ao amanhecer, o guarda que me servira de escolta no dia anterior apareceu em minha cela. Não havia feito a barba e tinha o uniforme desabotoado, a cabeleira despenteada. Olhou para mim com ferocidade, indicando que eu era o único responsável por ter acordado tão cedo. Apontou o indicador na direção que queria que eu tomasse. Morto de frio e de sono, eu batia os dentes e meus joelhos mal me mantinham de pé.

Fomos para a mesma sala onde acontecera o primeiro interrogatório. O mobiliário havia sofrido algumas mudanças. Uma pequena mesa havia sido colocada ao lado da maior, com uma máquina de escrever novinha em folha, algumas pastas e lápis. As cadeiras alinhadas ao longo das paredes haviam sido retiradas. Havia apenas quatro homens na sala, além de mim. Atrás da mesa grande, um novo funcionário ocupava uma poltrona giratória.

Era um tipo não muito raro na Alemanha, porém mais comum na seção da Gestapo que operava na Polônia. Era gordo e sua carne parecia ter sido moldada numa peça única. A gordura não formava pneus, por assim dizer, mas uma única curva. O rosto parecia mais eslavo do que nórdico. Tinha pele olivácea, olhos estreitos e escuros e maxilares altos e poderosos, que se destacavam nos contornos espessos e moles das bochechas e faziam pensar que talvez tivesse sido magro na juventude. Uma barba forte, escanhoada, dava um tom azulado às bochechas pesadas.

O rosto gordo, coroado de cabelos negros lustrosos de gomalina e cuidadosamente penteados para trás, com lábios cruéis e apertados, dava uma impressão extraordinária de contrastes, de potência grosseira aliada a uma delicadeza e crueldade totalmente femininas. Para um homem daquele tamanho, tinha mãos admiravelmente finas, os dedos terminando em unhas bem-cuidadas. Não parava de tamborilar na mesa, impaciente, olhando ao redor da sala.

Os outros três eram agentes habituais da Gestapo, comuns, grandes e muito musculosos, limpos em seus uniformes. Meu sangue gelou quando vi que dois deles estavam armados com cassetetes de borracha.

"Sente-se", começou o oficial, "e diga toda a verdade. Não vamos machucá-lo se não formos obrigados. Fique bem na minha frente e olhe diretamente nos meus olhos o tempo todo. Não pode virar a cabeça, nem olhar para outro lugar. Deve responder às perguntas imediatamente. Não tem direito de pensar. Devo avisar que estará em maus lençóis se der respostas contraditórias ou ficar tentando lembrar das mentiras anteriores para contar uma história igual à de ontem."

As palavras saíam mecanicamente, como se já tivesse repetido aquilo inúmeras vezes.

Ao me sentar, tentei desesperadamente reprimir qualquer sinal de medo. No entanto, senti um músculo do rosto se contrair sem que conseguisse impedi-lo. Passava constantemente a língua nos lábios. Os olhos do oficial me examinavam sem trégua. Era difícil suportar aquela inspeção silenciosa. O barulho dos pés se arrastando no chão e a respiração pesada dos guardas contribuíam para tornar a atmosfera ainda mais tensa. Por fim, projetando o corpo para fora da cadeira, como uma foca elegante, e com uma delicadeza calculada, o oficial escolheu um local limpo da mesa para apoiar os cotovelos. Juntou as pontas dos dedos e falou com uma voz abafada, mas sonora e melíflua.

"Sou o inspetor Pick", disse gravemente. "Se ainda não ouviu falar de mim, vai poder gozar de um certo reconforto, por enquanto. Jamais permito que um homem saia daqui sobre os próprios pés, ou mãos, sem ter extraído dele toda a verdade. Quando não consigo, fica difícil identificar algo de humano no que sobra do prisioneiro. Posso garantir que, depois de alguns dos nossos carinhos, vai encarar a morte como um luxo. Não estou pedindo nenhuma confissão. Estou pouco me lixando para isso. Se for razoável e disser a verdade, será poupado. Do contrário, será espancado até chegar a dois dedos da morte. Não tenho o menor respeito pelo heroísmo. Alguns heróis que foram capazes de suportar uma dose inabitual de maus-tratos não me impressionaram nem um pouco. E, agora, vou começar meu interrogatório. Lembre-se de que não tolero a menor hesitação. Vai dispor de uma fração de segundo para responder a cada pergunta. Cada vez que deixar de responder prontamente, será punido."

Esse longo preâmbulo pareceu esgotá-lo. Como um balão desinflado, ele desmoronou na poltrona de couro, que balançou levemente.

"Conhece um homem chamado Franek?", disse num ronronar indolente.

"Franek?... Franek? Não, acho que não." Minha voz era hesitante e trêmula.

"Imaginei que diria isso. Mas não vamos lhe dar a devida recompensa por sua primeira mentira — ainda não. Franek era um guia do movimento clandestino. Conseguimos pegá-lo algumas semanas atrás. Ele nos contou tudo: itinerários e pontos de parada. Sabemos muita coisa sobre todos os homens que fazem essa rota. O que estão fazendo e qual é o objetivo dessas viagens? Não tente negar que trabalha na Resistência. É inútil. Esperamos que nos conte tudo o que sabe, senhor emissário. Entendeu bem?"

Umedeci os lábios. Minha garganta doía de tão seca. Ele parecia conhecer ou adivinhar muitas coisas. Olhei para ele com ar estúpido e protestei com a voz rouca:

"Não estou entendendo. Não sou emissário de ninguém."

Ele fez um sinal para os homens colocados atrás de mim e cruzou as mãos no peito. Era o sinal esperado. Um dos homens bateu violentamente com o cassetete atrás da minha orelha. Uma dor atroz explodiu em todo o meu corpo, como se tivesse sido atravessado por um raio. De todos os golpes que tive de suportar, nunca senti nada que se comparasse à dor intensa provocada pelo cassetete de borracha. Ele fazia vibrar todos os músculos do corpo numa agonia horrível, parecia a sensação produzida pela broca do dentista quando toca um nervo, mas multiplicada ao infinito e espalhada por todo o sistema nervoso.

Não consegui reprimir um grito e recuei ao ver com o canto do olho outro cassetete vindo em minha direção. O inspetor levantou a mão para deter o golpe.

"Vamos lhe dar mais uma chance", riu ele. "Não parece ser um tipo capaz de suportar muita coisa. E então, vai falar agora?"

"Sim, mas não vão acreditar em mim", balbuciei.

A dor provocada pelo golpe paralisante desapareceu depressa, deixando apenas uma lembrança e o medo doentio de ser golpeado de novo. Mas o cansaço, a falta de comida e de sono, os outros golpes recebidos e a natureza desmoralizante das provações por que passava contribuíram para desencadear vertigens e náuseas. Fechei a boca e quase desmoronei da cadeira. O inquisidor recuou com uma refinada repulsa.

"Tirem-no daqui!", gritou para os homens. "Levem-no a uma latrina antes que desembuche sua carga aqui."

Arrastado da cadeira, fui levado para um banheiro imundo. Vomitei num urinol fedido, o estômago contraído em espasmos dolorosos. Quando levantei, um dos homens estendeu uma garrafa de aguardente. Tomei um gole, eles arrancaram a garrafa da minha mão e levaram-me de volta para a cadeira, onde desmoronei, totalmente sem energia, sem vida, a cabeça vazia.

O inspetor Pick limpava a boca com um lenço de bolso.

"Como está se sentindo?", perguntou com uma careta de repugnância.

"Muito bem, acho", respondi debilmente.

"Então, responda às perguntas. Onde começou a viagem? Quem forneceu seus documentos e o filme?"

"Já disse isso ao outro inspetor. Saí de Varsóvia. Um amigo, colega de escola, foi quem me deu o filme."

"Vai continuar insistindo nessa história para boi dormir? Acha mesmo que vamos acreditar que as fotos eram simplesmente das ruínas de Varsóvia?"

"Era o que tinha lá. Juro."

"Se é assim, por que jogou o filme na água?"

Hesitei. Minha única fonte de energia vinha do fato de que o filme havia sido destruído pela água. À parte os documentos falsos, não havia nem sombra de provas materiais contra mim.

"Responda!" Sua voz exasperada, vários tons acima, arrancou-me dos meus pensamentos. "Por que jogou o filme na água?"

"Não sei", respondi com voz tímida. "Achei que devia proteger meu amigo."

"Você achou que isso protegeria seu amigo", disse ele com desprezo. "Como assim? O nome dele estava no filme?"

"Não. Acho que agi assim por instinto."

"Instinto? Tem o hábito de agir por instinto? Então devo supor que foi o instinto que o levou a esconder sua mochila?"

"Eu não tinha nenhuma mochila!", repliquei indignado, assumindo um ar de inocência ferida.

"Você é um mentiroso desgraçado!", berrou um dos guardas, esmagando minha boca com o punho.

Senti um dente estalar e ficar mole. O sangue escorreu entre meus lábios. Passei a língua sobre eles e empurrei-os contra o dente móvel. Aspirei, de maneira automática, tentando arrancá-lo completamente.

Com um gesto, o inspetor afastou o guarda e olhou para mim com frieza.

"Acha mesmo que vamos acreditar que passou quatro dias escondido perto da fronteira sem dispor de provisões?"

"É a mais pura verdade", afirmei com veemência. "Acredite em mim, por favor. Compramos comida dos camponeses no caminho."

"Sei que está mentindo", disse ele, melífluo. "Colocamos agentes em todos os pontos de parada indicados por Franek. E você foi pego perto de Přešov. Não havia camponeses de quem pudesse comprar comida, e vocês não pararam em nenhum outro povoado, do contrário teriam sido presos. E agora, pela última vez, onde foi que escondeu a mochila?"

Febrilmente, revirei a questão na cabeça. Não havia nada de comprometedor em minha mochila. Mas senti que, se começasse a modificar minha história, perderia o fio condutor e talvez acabasse revelando alguma coisa importante se não soubesse mais o que dizer.

Mais uma vez, a dor fulgurante repercutiu em mim, sem aviso prévio: o golpe do cassetete atrás da orelha. Deslizei pela borda da cadeira, fingindo um desmaio, e caí no chão. A voz do inspetor Pick parecia vibrar bem longe, acima de mim, como o ronco de um avião à distância.

"Essa simulação de fraqueza de nada vai adiantar", dizia. "As pancadas atrás da orelha foram estudadas por nossas maiores autoridades médicas. São dolorosas, eu sei, mas não provocam nem desmaios, nem perda de consciência. Gestos teatrais não modificam teorias científicas."

As observações professorais sobre o efeito das pancadas detonou uma manifestação delirante de alegria sádica entre os guardas. Além dos risos, ouvi a voz do inspetor, aguda, arrebatada e cheia de desdém.

"Ao trabalho, vamos", gritou. "Deixem apenas o fôlego necessário para que responda."

Os guardas partiram para cima de mim, colocando-me de pé contra a parede. Um verdadeiro dilúvio de socos abateu-se contra meu rosto e todo o meu corpo. Como deslizei para o chão, seguraram-me pelas axilas. Com o último sobressalto de consciência que restava em mim, senti quando me largaram e desmoronei no chão como um boneco insensível e desarticulado. Eles haviam superestimado minha capacidade de resistência: não deixaram fôlego suficiente para um novo interrogatório.

Abandonaram-me na cela durante três dias em que não fui incomodado. Todas as minhas articulações doíam. Meu rosto estava inchado e ferido. O lado da pancada doía ao menor contato. Senti que minha situação era desesperadora e compreendi que era evidente para a Gestapo que eu estava mentindo. Durante os interrogatórios futuros haveria cada vez mais perguntas que não poderia responder. Mas eu estava convencido de que a única coisa que podia me salvar era me agarrar à minha história.

O velho eslovaco que trazia água e comida tentava me encorajar a comer, mas só consegui engolir o líquido claro que fazia o papel de sopa. No segundo dia, ele me levou ao banheiro, onde tentei retirar o sangue seco do rosto. Havia vários soldados eslovacos fazendo a barba. De repente, notei uma lâmina de barbear em cima da pia em que me lavava. Quase mecanicamente, sem ter nenhuma intenção precisa e sem chamar atenção, peguei-a depressa e enfiei no bolso.

Voltei para a cela e, ao deitar no colchão, apertei a lâmina febrilmente na mão. Durante a noite, fabriquei um quadro com um pedaço de madeira que encontrei, guardei a lâmina com cuidado e escondi-a no colchão. Pensava que poderia ser útil se a tortura continuasse.

Ao final do terceiro dia, os guardas da Gestapo entraram em minha cela. Um deles disse maldosamente:

"Acho que gostaria de ter mais uma entrevista conosco. Talvez queira nos mostrar como é forte. Espero que tenha mesmo essa oportunidade, mas hoje vai ter que se arrumar para visitar um oficial ss. Está se sentindo importante, não é?"

Apesar do estado de letargia de todas as minhas faculdades, as notícias provocaram uma reação vigorosa. Deixei brilhar dentro de mim um débil raio de esperança, a mais tímida perspectiva de vida e de liberdade. Talvez estivessem acreditando em minha história, afinal, ou então, como cheguei a pensar, achassem que eu era apenas um elo sem importância com o qual era quase inútil perder tempo. Minha alegria aumentou quando vi o barbeiro que veio fazer minha barba. Enquanto isso, os guardas levaram minhas roupas e sapatos e os trouxeram de volta limpos e escovados.

Nada refreava meu otimismo quando entrei no gabinete do oficial da Schutzstaffel.[2] Ele dispensou os guardas com um gesto seco, com um leve toque de aversão. Em seguida, ofereceu-me uma cadeira com cortesia evidente e atravessou a sala para retirar um soldado mutilado que estava na outra extremidade. Enquanto isso, tratei de observá-lo com atenção, tentando definir a tática que deveria usar com aquele desconhecido.

Era um jovem extraordinariamente elegante de cerca de 25 anos, alto, esbelto, de longos cabelos louros caindo na testa com graça estudada. Cultivava uma atitude de franca e fria masculinidade. Em outras circunstâncias, o minucioso esforço que fazia para garantir cada detalhe daquela pose, cuidadosamente montada, teria me divertido. Seu uniforme era um verdadeiro esplendor: corte de rara elegância, acabamento meticuloso e uma constelação de fitas e condecorações. Sem dúvida, era considerado por seus superiores como o espécime típico do jovem *Junker* prussiano, e fazia todo o esforço possível para se manter fiel a essas obrigações.[3]

Caminhou na minha direção com um passo cuidadosamente controlado, como se tivesse dupla personalidade, uma parte agindo sempre como um censor severo, vigiando e ordenando o comportamento da outra. Havia algo naquele homem que me fascinava. Ele era um produto tão autêntico e extremado da educação nazista e da tradição prussiana que parecia irreal. Nele, o movimento parecia fora de lugar, como se uma estátua da tão decantada Juventude Hitlerista descesse do pedestal.

Fiquei completamente atônito quando ele se aproximou de mim, colocou gentilmente a mão em meu ombro com um toque de timidez juvenil e disse com real solicitude:

"Não tenha medo. Providenciarei para que não lhe façam nenhum mal."

O encanto terno de suas palavras derrubaram todas as minhas previsões, tanto que fiquei sem saber o que fazer. Balbuciei algumas palavras que pareciam um agradecimento e demonstravam minha surpresa.

"Por favor, não precisa agradecer", replicou ele. "Estou vendo que não é o tipo de homem com quem costumamos lidar por aqui. É um homem culto, uma pessoa de classe. Se fosse alemão de nascimento, é bem provável que se parecesse muito comigo. De certa forma, é um prazer encontrar alguém como o senhor nesse maldito buraco que é a Eslováquia, onde só lidamos com imbecis e piolhos."

Meu cérebro trabalhava a toda velocidade para tentar adivinhar o objetivo daquela nova abordagem. Nenhum dos amigos que um dia caíram nas redes da Gestapo havia mencionado uma experiência parecida com aquela. Respondi com extrema prudência, como alguém que caminha no escuro num terreno esburacado.

"Permite que diga que o senhor é muito diferente dos homens que encontrei até agora?"

Esperei pela resposta com certo nervosismo, mas ele se contentou em me encarar com um olhar franco e direto que não implicava nem aprovação nem desaprovação. E disse, inclinando suavemente a cabeça:

"Poderia fazer a gentileza de acompanhar-me a meu gabinete, por favor?"

Por um instante, quase acreditei que tinha mesmo o direito de escolher. Concordei e atravessamos um corredor decrépito, cujo estado pareceu incomodá-lo, pois começou a bater com as pontas dos dedos no uniforme, como quem retira grãos de poeira. A sala onde entramos estava mobiliada no estilo tipicamente germânico. Parecia ter sido decorada especialmente para seu uso. Havia uma pesada mesa de mogno de linhas severas e rico acabamento cercada por quatro poltronas de couro marrom. Um canapé de veludo marrom estava encostado na parede e havia também uma grande escrivaninha perto da janela. As paredes, pintadas num tom fuliginoso, estavam decoradas com ampliações enormes de fotos de Baldur von Schirach, líder da Juventude Hitlerista, e Heinrich Himmler, chefe da Gestapo. Mas que milagre! Não havia nenhum retrato de Hitler. Uma espada antiga de cavaleiro teutônico reinava na parede, acima da escrivaninha. Desviando os olhos daqueles retratos, descobri uma terceira fotografia, menor, mostrando uma mulher de meia-idade e traços delicados, aristocráticos, com uma adolescente cujo rosto e cabelos louros lembravam os do homem à minha frente. Ele captou meu pensamento.

"São minha mãe e minha irmã; meu pai faleceu há cinco anos."

Houve um instante de silêncio constrangido. Apesar do ar viril e seguro de si, com certeza não era nenhum veterano no ramo das inquisições nazistas. E parecia se debater em busca de um jeito de abordar o problema que eu representava para ele. Diante de sua hesitação, quase fiquei constrangido também. De repente, escondendo sua confusão com uma brusca determinação, ele apontou para o retrato de Von Schirach com um gesto teatral.

"Olhe para ele", disse num tom amargo, com uma expressão de orgulho ferido no rosto. "É um verdadeiro chefe, um homem magnífico. Houve um tempo em que fiz parte do círculo de seus adoradores. Pensei que podia me considerar seu homem de confiança e veja só onde vim parar!"

Parou de falar e começou a andar de um lado para outro, nervoso. Durante a guerra, vi muitos homens de aspecto impassível e mesmo duro, taciturnos e reservados na superfície, arderem de desejo de falar de si mesmos. O comportamento do tenente era o de alguém que há tempos sofria com o desejo de desabafar com alguém que não fosse próximo o suficiente para ser perigoso. Ele falou num tom confidencial que me deixou perplexo.

Eu sabia muito bem que aqueles que recebem esse tipo de confidências muitas vezes acabam pagando, mais tarde, pelo privilégio de tê-las ouvido. Os homens do tipo do jovem tenente em geral ficam com vergonha, depois, desse tipo de comportamento sentimental e acabam alimentando um sentimento de ódio e rancor contra a pessoa que testemunhou sua fraqueza. No entanto, eu não dispunha de nenhum meio imaginável de detê-lo. Estava desorientado e temia algum tipo de armadilha. Ele colocou sua cadeira diante de mim, sentou-se e, inclinando-se em minha direção, começou o relato de sua vida.

Tinha nascido na Prússia oriental numa família de Junkers. Menino delicado e sensível, com pendores artísticos, alimentou um ódio terrível contra o pai, um homem severo e tirânico, que desprezava aquele caráter fraco e pretendia fazer dele um oficial ilustre. Era adorado pela mãe e pela irmã, que o defendiam do adestramento paterno. Aos dezessete anos, foi enviado para um Ordensburg, um daqueles famosos colégios nazistas, centros de instrução da elite da nova ordem. Naquela época, antes de chegada de Hitler ao poder, tais centros funcionavam secretamente.[4]

Ao falar do colégio, seus olhos mostraram um brilho fanático e sua voz ficou rouca de emoção ao reviver os acontecimentos da época. Foi nesse "monastério" germânico que conheceu Baldur von Schirach, tornando-se seu favorito. O chefe da Juventude Hitlerista costumava visitá-lo com frequência e levá-lo para longos passeios nas florestas. No terceiro ano do colégio, ele perdeu seu lugar para um rapazinho que, nas palavras de Von Schirach, cantava antigos cânticos germânicos melhor do que ele e, além do mais, era o melhor lançador de disco da escola.

O relato desse incidente abria uma velha ferida. A dor que sentia fez com que cobrisse involuntariamente os olhos com as mãos, como se uma luz muito forte estivesse apontada para seu rosto. A narrativa terminou de forma brusca.

"Depois, entrei para a escola de formação dos oficiais ss e me formei em primeiro lugar na minha turma", disse, voltando ao assunto, "e tenho muito orgulho do que faço. Queria vê-lo porque seu comportamento me impressionou. Tenho certeza de que acabaremos nos entendendo. Acredite, por favor, que não tenho nenhuma intenção de prejudicá-lo pessoalmente, nem pretendo pedir que traia quem quer que seja ou passe a ser um agente nosso. A questão que desejo discutir com você tem uma importância vital para o futuro da Polônia."

O objetivo daquela surpreendente entrevista finalmente estava claro. Aquele rebento de pura cepa nazista pretendia me converter à nova ordem. Tentei desesperadamente inventar uma resposta anódina para aquele convite tácito à confissão e à confiança. Embora ele tivesse usado de muita franqueza e encanto para me seduzir, certamente tanta gentileza não tinha como objetivo apenas o meu bem. Ele apresentava um tom demasiado verídico e apaixonado.

Esperei por um instante que, mesmo que seus esforços se mostrassem inúteis e suas sedutoras ofertas não tivessem efeito sobre mim, ele conservasse simpatia e consideração suficientes por minha pessoa para interceder a meu favor. Não precisei de muita reflexão para afastar tal ilusão. Além do fato psicológico evidente de que sua crueldade recairia mais intensamente sobre mim por eu ter ouvido aquelas confidências, percebi que ele tinha sido completamente doutrinado pelos princípios nazistas de força e crueldade.

Ele continuou a seguir o curso de suas lembranças, ao mesmo tempo ingênuo e orgulhoso.

"Você sabe", disse, "que o Partido Nacional-Socialista, em seus primórdios, baseava-se em princípios puramente viris. Temos uma ideologia puramente viril."

E acrescentou com orgulho:

"Quando eu estava no Ordensburg, nunca dirigia a palavra a mulheres, exceto por motivos de serviço. Gosto de falar francamente, de homem para homem, e tenho certeza de que vamos nos entender."

Depois desse discurso impressionante, ele foi até um pequeno armário colocado num canto da sala e pegou uma garrafa de conhaque. Serviu-me uma dose, estendeu um cigarro e aproximou sua cadeira da minha.

"Pois bem, voltemos aos negócios", disse sorrindo. "Em primeiro lugar, devo dizer que mudei sua condição para a de prisioneiro militar e dei instruções para que seja tratado como tal."

"Muito obrigado", falei.

"Oh, não por isso. Afinal, sei que não é um criminoso e tenho certeza de que, depois de ouvir o que tenho a dizer, vai querer trabalhar conosco e não contra nós."

Arrisquei um débil protesto:

"Jamais trabalhei contra vocês, como supõe. Tenho certeza de que vai acreditar se lhe disser que não tenho nada a ver com o movimento clandestino…"

Ele me interrompeu e seu rosto ficou sombrio.

"Por favor, não continue com essa palhaçada. Temos provas, que mostrarei em breve, de que é um emissário da Resistência."

Olhou para mim para descobrir se insistiria nas negativas. Como resolvi guardar silêncio, ele deu uma batidinha em meu joelho.

"Ah, assim é muito melhor, meu caro. Não caia no ridículo negando a evidência. Não consigo entender a obstinação de vocês, poloneses, que estão hoje num beco sem saída. A França capitulou. A Inglaterra se oferece para negociar, a América se mantém neutra e está a milhares de quilômetros…", comentou com o olhar perdido, degustando o conhaque em pequenos goles.

Recomeçou bruscamente, com uma exaltação teatral.

"Em breve, o Führer ditará a paz em Londres. Em alguns anos, irá proclamar a nova ordem nos degraus da Casa Branca, em Washington. A nova paz será permanente, não terá nada em comum com as promessas mentirosas dos plutocratas judeo-democráticos. *Pax germanica*, a paz sonhada por Nietzsche e todos os grandes pensadores e poetas que trabalharam para a nova ordem. Sei que o mundo inteiro tem medo de nós. É um equívoco. Não queremos cometer injustiças contra ninguém. Com exceção dos judeus, é claro. Não há lugar para eles, serão liquidados. É o que o Führer decidiu. Pretendemos ser justos em relação ao mundo não germânico e faremos reinar a justiça. O trabalho garantirá o pão e a existência. Em troca de uma atitude leal ao Terceiro Reich, permitiremos que participem de nossa nova civilização. Você vai ver, nossas condições são generosas."

O álcool, o calor da sala, o discurso veemente, apaixonado do tenente deixaram-me cansado. Estava num estado de letargia, ligeiramente embriagado. Interrompi seu discurso de modo bastante insolente.

"Já ouvi a maior parte dessas coisas antes. O que quer de mim?"

Ele não se deu conta da impertinência do meu tom, tão absorto estava em suas ardentes visões do futuro. Conteve-se e assumiu um ar de firmeza, o ar de um realista seguro de si, de um alto dignitário competente.

"Queremos ser generosos. Sabemos quem é e o que faz. Transmite informações da Resistência a seus chefes, na França. Mas não vou pedir que traia seu país, seus superiores e seus amigos. Só queremos entrar em contato com eles para convencê-los das vantagens da colaboração entre poloneses e alemães. Garantimos a segurança deles sob nossa palavra de honra alemã. Você mesmo será o emissário encarregado de estabelecer tais contatos. Se realmente ama seu país, não vai rejeitar esta proposta. É seu dever dar a seus chefes a oportunidade de discutir conosco sobre a atual situação. Considere os outros países ocupados. Em cada um deles, houve homens de espírito realista que escolheram a via da colaboração, para grande benefício de seus países e de si próprios. Mas vocês, poloneses, constituem uma estranha exceção, infelizmente. O que proponho nada tem de desonroso ou indigno."

Olhou para mim com um ar encorajador, o rosto contraído pela emoção, quase suplicante, e acrescentou solenemente:

"E então, aceita minha proposta?"

Respondi suavemente, surpreso com minha própria firmeza.

"Não posso aceitá-la por duas razões: não creio na virtude de resultados obtidos pela força. A colaboração não pode repousar senão no respeito mútuo, na liberdade e na compreensão. Além do mais, mesmo que considerasse seus princípios aceitáveis, nada poderia fazer. Vocês superestimam minha importância. Não conheço nada do movimento clandestino ou de seus chefes. Pode acreditar no que lhe digo."

Ele me encarou com tanto desprezo, tanta ferocidade, que percebi imediatamente como minha resposta havia sido temerária. Poderia ter hesitado, contemporizado, mas aquela atmosfera de franqueza acabou me enchendo de uma audácia ingênua.

"Insiste em desempenhar essa comédia absurda?"

Agora o tenente mostrava-se contido: cada palavra era medida e vibrava como uma chicotada. Apertou uma campainha colocada ao lado de sua cadeira. O soldado mutilado entrou mancando e olhou para mim com curiosidade. Em seguida, virou-se para o oficial, que disse: "Heinrich, traga o filme e mande os guardas da Gestapo entrarem".

O soldado saiu mancando, enquanto o tenente cruzava a sala de um lado para outro, lançando olhares raivosos. Percebi que me desprezava, não apenas como inimigo intransigente de seu país, mas como um homem que se mostrara indigno de colaborar, causando-lhe uma decepção.

O soldado retornou, seguido por dois homens da Gestapo. Entregou algumas fotos ao tenente, que, por sua vez, estendeu-as para mim.

"São ampliações dos filmes que jogou na água. Conseguimos salvar uma pequena parte — pequena, mas importante. Pode ver."

Peguei as fotos com a mão trêmula. Por um instante, pensei que ia enlouquecer de raiva e impotência. Reconheci os três últimos negativos de meu filme Leica. A água não havia penetrado até o coração do rolo. Examinei as provas. Nada havia sido transcrito em código, exceto os nomes de pessoas e localidades. Tudo era muito claro, mas felizmente as três fotos que eles conseguiram salvar não continham nada de importante ou perigoso. O homem que me entregou o filme não teve tempo ou foi negligente demais para transcrever o texto em código. Eu não estava com medo, mas com raiva de não poder puni-lo por sua negligência. O oficial me observava atentamente.

"Reconhece este texto? Tenho sido franco com você. Dispomos de três fotos. Trinta e três foram destruídas. Os cretinos que permitiram que jogasse o filme na água foram enviados para a frente de batalha — onde espero que se comportem melhor do que em nossos serviços. Agora espero que diga o que havia no resto do filme."

Respondi com uma voz estrangulada.

"Não, não pode ser. Deve ter havido algum engano, fui enganado."

Seu rosto fico lívido de fúria.

"Não vai parar com essa insensatez sobre sua inocência?"

Dirigiu-se rapidamente para um canto da sala, abriu o armário onde tinha pego a garrafa de conhaque e tirou um chicote.

"Há poucos minutos", gritou ele com raiva, "falei com você de homem para homem, como um polonês que eu podia respeitar. Mas agora você não passa de um chorão imundo, um covarde, um hipócrita e um idiota."

Marcou meu rosto com uma chicotada. Os homens da Gestapo pularam em cima de mim, cobrindo-me de socos. O mundo girava ao meu redor quando caí sob aquela avalanche de pancadas.

Foi sem o menor sentimento de triunfo que constatei, ao retornar à cela, que tinha sobrevivido a mais uma sessão de tortura da Gestapo.

Estendido em meu catre, tudo o que entrava em contato com meu corpo contribuía para aumentar a dor lancinante que se espalhava dos pés à cabeça. Passando a língua sobre as gengivas ensanguentadas, senti sem nenhuma emoção que tinha perdido mais quatro dentes. Meu rosto nada mais tinha de humano, era uma máscara horrível, sangrenta, inchada. Compreendi que não sobreviveria a uma nova sessão daquele tipo. Ardia de ódio impotente e de humilhação.

Sabia que tinha chegado ao fim, que nunca mais seria livre, que não sobreviveria a um novo interrogatório, e, para escapar da desonra e da vergonha de acabar traindo meus amigos, mergulhado num estado de semi-inconsciência, só o que me restava era usar a lâmina de barbear e enfim morrer.

Perguntei-me muitas vezes sobre o estado de espírito de uma pessoa que morre por um ideal. Estava certo de que mergulhavam em reflexões de ordem elevada sobre a causa pela qual iam morrer. Fiquei francamente surpreendido quando descobri que não era nada disso. Sentia apenas um ódio que superava até a dor física.

Pensei em minha mãe, minha infância, minha carreira, minhas esperanças. Sentia uma tristeza infinita diante da ideia de sofrer uma morte sem glória, como um inseto esmagado, miserável e anônimo. Minha família assim como meus amigos jamais saberiam o que havia acontecido comigo, onde se encontrava meu corpo. Tinha assumido tantas identidades que, mesmo que os nazistas quisessem informar alguém de minha morte, era provável que não conseguissem retraçar minha verdadeira origem.

Jazia no catre à espera da hora em que o eslovaco terminaria sua ronda. Até lá, minha decisão se consolidou quase que sozinha. A bem dizer, não discuti razões, nem refleti. Simplesmente agi sob o impulso da dor e do desejo de escapar, de morrer. Pensei em minhas convicções religiosas e no crime inegável que ia cometer. Mas a lembrança do último interrogatório ainda era muito viva. Só conseguia pensar uma coisa: estou enojado, enojado.

O guarda terminou a ronda. Peguei a lâmina e cortei o punho esquerdo. A dor não foi grande, mas evidentemente não tinha alcançado a veia. Tentei de novo, dessa vez mais fundo, imprimindo um movimento rotativo à lâmina e afundando-a o máximo que pude. De repente, o sangue jorrou como uma fonte e senti que dessa vez havia conseguido. Em seguida, segurando a lâmina com a mão direita ensanguentada, cortei a veia do punho esquerdo. Agora parecia mais fácil. Descansei no colchão, os braços estendidos ao longo do corpo. O sangue jorrava num fluxo uniforme e formava poças ao lado das pernas. Depois de alguns minutos, comecei a me sentir mais fraco. Mergulhado numa espécie de bruma, percebi que o sangue tinha parado de correr e que ainda estava vivo. Apavorado diante da ideia de não conseguir morrer, sacudi os braços no ar para sangrar de novo. O sangue corria aos borbotões. Senti que sufocava e tentei respirar pela boca. Tive ânsias de vômito. Vomitei e perdi a consciência.

14
No hospital

Não sei quanto tempo fiquei desacordado. Fui recuperando a consciência gradualmente. De início, só conseguia registrar sensações físicas dolorosas. O interior da minha boca e minha língua estavam ressecados, inflamados, amargos. As orelhas zumbiam. Muito fraco, eu tentava descobrir o que me cercava, mas algo impedia meus esforços, devolvendo-me ao vazio do qual tentava escapar.

Lutando contra essa pressão incessante, fui reagindo pouco a pouco. Uma coisa ficou clara: eu não estava mais na minha cela, deitado sobre meu colchão imundo, mas sim sobre uma superfície dura.

Meu corpo estava rígido, tenso. Tentei me virar de lado. Encontrei resistência. Fiz um esforço mais violento, mas ainda não conseguia me mover. Com certeza estava paralisado, meu nervos deviam ter sido atingidos, tanto que meus membros não executavam mais as ordens do cérebro. Em pânico, relaxei completamente o corpo e senti alguma coisa cortante penetrar minha carne em diferentes pontos. Percebi que estava solidamente amarrado a uma espécie de mesa de operações. Forcei meus olhos a abrir e fixar os objetos ao meu redor. O brilho ofuscante de uma fonte luminosa atingiu minhas pupilas, obrigando-me a piscar. Uma lâmpada pendia do teto, coberta de forma a concentrar o foco em mim, como se eu estivesse sob os holofotes numa cena de teatro.

Sentia-me exposto e humilhado. Um rosto planou, indistinto, acima da minha cabeça: era desproporcionalmente grande. Dominando o zumbido nas orelhas, ouvi uma voz dizer em eslovaco:

"Não tenha medo. Está num hospital eslovaco de Přešov. Vamos cuidar de você. Vamos fazer uma transfusão de sangue agora mesmo."

Então não era mais a prisão, era um hospital.

Essas palavras tiveram em mim o efeito de uma ducha de água fria, e consegui balbuciar:

"Não quero transfusões. Deixem-me morrer. Sei que não são capazes de entender, mas imploro que me deixem morrer."

"Fique tranquilo. Vai dar tudo certo."

O médico, pois agora dava para ver o jaleco branco dos cirurgiões, desapareceu e descobri no fundo da sala as costas largas e ameaçadoras de um polical eslovaco debruçado sobre um jornal. Minha inspeção da sala terminou de repente. O médico havia retornado a meu campo de visão e dessa vez notei que era um homem atarracado, de pernas curtas. Um instrumento pontudo penetrou em minha perna.

"Vai lhe fazer bem", disse ele.

Tentei detê-lo, escapar de suas mãos. Tensionando todo o corpo num último esforço de resistência, desmaiei.

Quando despertei, estava num quarto estreito e pequeno, em companhia de três outros pacientes, todos eslovacos. Um violento cheiro de ácido carbônico e iodofórmio reinava no ambiente. Era noite fechada. A lua iluminava os leitos e seus ocupantes. Meus três companheiros de quarto viravam-se continuamente e roncavam alto. Um homem careca gemia de vez em quando, com uma expressão angustiada, nas garras de um pesadelo.

Sentei-me no leito, surpreso por não sentir dor. À exceção de uma leve pressão nas têmporas, meu corpo estava mergulhado num torpor agradável. Com dificuldade, mobilizei meu espírito para examinar a possibilidade de uma nova tentativa de suicídio ou de fugir dali. Examinei o quarto. Não parecia vigiado. Mas, pela porta entreaberta, vi a silhueta onipresente do policial eslovaco de uniforme azul, sempre debruçado sobre o jornal. Esgotado e sem ânimo, deixei a cabeça cair no travesseiro.

Não podia alimentar grandes esperanças. Mesmo que uma oportunidade de fuga aparecesse, duvidava que tivesse forças suficientes para tirar partido da ocasião. Compreendi que voltaria a enfrentar os assaltos dos inquisidores da Gestapo muito em breve e resolvi tentar dar cabo de minha vida de novo. Adormeci com o magro consolo que consegui tirar dessa decisão.

No dia seguinte, uma voz feminina cheia de alegria me despertou. Uma freira estava de pé ao lado da cama, com um termômetro na mão, que colocou em minha boca, murmurando:

"Entende eslovaco?"

Com o termômetro na boca, balbuciei que sim. O eslovaco é muito parecido com o polonês e consigo compreender quase todas as palavras.

"Ouça com atenção, é bem melhor estar aqui do que na prisão. Vamos tentar mantê-lo no hospital o maior tempo possível, entendeu?"

Conseguia entender as palavras, mas não tão bem o seu significado. O desejo de questioná-la me fez tirar o termômetro da boca, que ela colocou de volta com autoridade, apoiando o indicador nos lábios e sacudindo a cabeça em sinal de advertência.

"Sou obrigada a tirar a sua temperatura. Precisa aprender a se comportar."

Em uma semana, meu estado melhorou consideravelmente. Mas eu ainda não podia usar as mãos, nem para comer. Talas imobilizavam meus pulsos e as bandagens pareciam luvas de boxe de tão grandes. Enquanto isso, lembrando as palavras da freira, simulava uma fraqueza que sentia cada vez menos. Os dias passados no hospital eslovaco de Prešov foram, talvez, os mais estranhos de minha existência. Minha convalescença inspirava emoções múltiplas. Uma exaltação aguda e a sensação quase inacreditável do retorno de minhas forças alternavam-se com crises de melancolia provocadas pelo pavor periódico diante da ideia de um novo interrogatório da Gestapo. E a cada dia era mais incômodo fingir que estava fraco. Eu ansiava por sair da cama, caminhar, passear, sentar ao sol, e a repressão que precisava me impor aumentava minha impaciência. Embora o médico eslovaco e as freiras fossem muito gentis, tentando adivinhar meus desejos e necessidades, mantive a prudência nas conversas. A presença constante de policiais não inspirava nenhum desejo de trocar confidências.

Para meu grande espanto, constatei que quase todo mundo no hospital já tinha ouvido falar de mim. Os doentes expressavam sua simpatia enviando pequenos presentes através da freira, até mesmo chocolate e laranjas. Os agentes da Gestapo que vigiavam o quarto não faziam nada que pudesse me perturbar. Satisfeitos como cães de guarda superalimentados, passavam a maior parte do tempo dormitando nas cadeiras encostadas nas paredes do corredor.

No quinto dia, a inércia na cama tornou-se insuportável. Quando a religiosa que havia colocado o termômetro na minha boca no primeiro dia apareceu, supliquei que me trouxesse um jornal. Ela arregalou os olhos, mas finalmente concordou. Foi até o corredor pedir permissão ao guarda. Ele resmungou uma autorização e ela voltou com um jornal eslovaco. A manchete, em letras pretas garrafais, teve o efeito de uma bomba explodindo em minha cabeça: "A FRANÇA CAPITULOU!".[1]

Palavra por palavra, pois não conhecia o eslovaco tão bem que pudesse ler as frases completas de uma só vez, li o artigo que explicava a manchete. Li e reli, como se a repetição pudesse modificar a informação, que pensei que fosse uma mentira inventada pelo tenente SS: o marechal Pétain havia assinado um armistício na floresta de Compiègne. O exército francês tinha simplesmente desmoronado diante dos alemães. A colaboração... Era a vitória da Alemanha sobre a Europa ocidental. Precisei de alguns minutos para entender e processar os fatos e mergulhei num verdadeiro desespero. Durante séculos, fomos ligados à França por laços históricos e culturais. Para nós, poloneses, a França era quase uma segunda pátria. Nós a amávamos com aquele amor profundo, irracional que dedicávamos à Polônia. Além do mais, toda a nossa esperança de libertar a Polônia repousava sobre a vitória da França. Diante daquilo, não consegui ver nenhuma saída.[2]

Logo depois, percebi que o artigo não trazia nenhuma informação sobre a Grã-Bretanha. Virei as páginas febrilmente até encontrar a palavra "Inglaterra" e então li: "A Inglaterra está cometendo suicídio ao persistir na resistência...". Comecei a rezar como acho que fazem todos os povos livres nesses dias fatídicos, mas com uma paixão que só aqueles que foram vencidos conhecem. Rezava para que Churchill tivesse a força de resistir às provações que teria de enfrentar, rezava por uma resistência firme e obstinada dos combatentes britânicos, rezava para que jamais admitissem a derrota e rezava para que a coragem não abandonasse todos aqueles que não haviam renunciado à luta. Todo o resto se tornava secundário diante daquele fato capital: a Inglaterra não havia capitulado. Nem tudo estava perdido.[3]

O artigo não continha mais nada de interessante. Deixei o jornal cair no chão e fechei os olhos.

A cada dia, quando o médico vinha me examinar no quarto, perguntava pelas últimas notícias da Inglaterra. Muitas vezes, ele não podia falar: os guardas estavam perto demais. Mas, debruçando-se sobre mim, ele dava um jeito de sussurrar algumas palavras no meu ouvido. Falava de Dunquerque, do bombardeio da Inglaterra. Falava da iminente invasão alemã, do moral baixo da população civil inglesa, das lutas dentro do governo inglês. As notícias não eram boas e ele estava pessimista. A Inglaterra não tinha mais nada a fazer senão se render nos próximos dias. A Alemanha era invencível.

Mas não me deixei abater. Tinha a impressão de que tais informações vinham de fontes alemãs e conhecia a habilidade de Goebbels em dar uma aparência de verdade a todas as interpretações favoráveis aos desígnios nazistas. Mas não fazia comentários. Morei na Inglaterra entre 1937 e 1938. Havia algumas coisas que não me agradavam no caráter nacional dos ingleses. Eram secos e afetados. Muitos deles não compreendiam a Europa continental e nem mesmo se importavam com ela. Mas eram obstinados, fortes e realistas. Um francês ou um polonês, com seu amor exagerado pelos grandes gestos, poderia se suicidar diante de um fracasso, mas nunca um inglês. Mesmo a evacuação de Dunquerque, por mais chocante que fosse a notícia, não conseguiu abalar minha convicção. Sabia que aquela nação de homens de negócios, organizadores, colonizadores e homens de Estado era capaz de avaliar sua própria força, que saberia onde e como utilizar sua potência. Homens assim não correm o risco de jogar quando têm na mão um jogo execrável. Se ainda resistem, é porque fizeram seus cálculos e viram que ainda têm chances de vitória.

No sétimo dia, de manhã cedo, dois homens da Gestapo entraram fazendo as botas soar no chão. Um deles jogou um pacote de roupas em meu leito e, virando-se para seu acólito, disse:

"Ajude-o a se vestir e seja rápido. Não tenho a menor vontade de perder o dia inteiro neste necrotério."

O menor dos dois, um sujeito de cerca de quarenta anos, careca e descarnado, avançou para mim com um ar fanfarrão. Não abri a boca. Estava deitado, os olhos semicerrados, com um ar completamente exausto. Seu rosto ficou vermelho de cólera.

"Levante-se, porco polonês!", berrou. "Esse seu truquezinho não vai funcionar com a gente."

Seus gritos fizeram o médico aparecer, fervendo de indignação.

"Mas que gritaria é essa? Por que estão querendo levantar esse homem?", gritou. "Está muito doente, não pode ser transferido."

"Ah, é mesmo?", replicou com insolência o policial grandalhão, refestelado em sua cadeira. "Olhe aqui, doutor, fique com suas pílulas que dos prisioneiros cuidamos nós."

"O que estou dizendo é que, se for retirado daqui, não vai resistir. Necessita de tratamento contínuo."

O brutamontes balançou a cabeça num movimento de compaixão burlesca, enquanto seu companheiro ria estupidamente.

"Escreveremos para sua mãezinha..."

O médico estava lívido de cólera sufocada. Arrancou as roupas das mãos do baixinho.

"Vou ajudá-lo a se vestir", disse secamente.

Os dois agentes da Gestapo se sentaram e acenderam seus cigarros. Enquanto abotoava minha camisa, o médico murmurou em meu ouvido:

"Finja-se de doente enquanto puder. Vou dar um telefonema."

Concordei imperceptivelmente, indicando que tinha entendido. Pegamos o corredor debilmente iluminado. Os dois homens da Gestapo me sustentavam em pé. Meus braços ainda estavam imobilizados com talas e eu precisava mantê-los afastados do corpo. Na saída do hospital, fingi que estava prestes a desmaiar. Vacilei e saí ziguezagueando sob a luz crua do sol. Os policiais me pegaram pelas axilas, praguejando, e me jogaram num carro que esperava na frente do hospital.

Partimos. O ar vivo que entrava pela janela me reanimou. Às escondidas, respirava profundamente. Mas cada vez que sentia seus olhos em cima de mim simulava novos sintomas. Acho que meu desempenho foi convincente. O grandalhão pediu ao motorista que diminuísse a velocidade.

"Tome cuidado com os buracos", rosnou. "Não queremos que esse pássaro tenha uma hemorragia... Precisamos dele em boa forma...", riu maldosamente.

Estávamos bem próximos do portão da prisão. Os muros cinzentos erguiam-se diante de mim, vagos, ameaçadores, assustadores e incapazes de deixar nascer a menor esperança. Tive vontade de me jogar para fora do carro. Mas, antes que pudesse tomar uma decisão, as rodas pararam num ranger de pneus. O baixinho me deu um cutucão.

"Pode sair, querido", macaqueou estupidamente. "Já está em casa."

Olhei para ele como se tivesse perdido todo o controle da minha vontade e continuei sentado, ereto e mudo. O policial grandalhão abriu a porta e desceu. O outro girou meu corpo e me empurrou nos braços do colega. Fui arrastado até o portão de entrada da prisão. Atravessando a soleira, entrevi um de meus inquisidores, o especialista em urbanidades. Em seguida tropecei de propósito, fingi que caía e fiquei deitado no chão.

O jovem funcionário da Gestapo encorajava os dois ironicamente.

"E então, quanto tempo vão ficar olhando para ele? Com certeza não vai voar sozinho até a cela. Se não for pedir demais, poderiam levá-lo e providenciar um pouco d'água?"

Os dois policiais me tiraram do chão resmungando. Fui levado para a cela sem grandes delicadezas e jogado na cama. Um deles foi procurar água, que em seguida espalhou pelo meu rosto e meu corpo. Então os dois se retiraram.

Após fracassadas tentativas de dormir, desisti e abri os olhos. Reconheci uma cruz que havia desenhado com um pedaço de carvão um pouco antes de cortar os pulsos. Acima dela, tinha escrito uma linha de um poema da minha infância, que recordava vagamente: "Eu te amo... ó pátria adorada".

Repeti tais palavras sem parar. Como um encantamento, elas exerciam sobre mim um estranho efeito tranquilizador, e não demorei para adormecer profundamente.

Depois de duas ou três horas de sono, acordei mais disposto, com os nervos menos excitados. Encontrei sentado em minha cela o benévolo guarda eslovaco. Um pacote redondo descansava em seus joelhos. Cumprimentou-me suavemente, mas de maneira calorosa.

"Estou contente em revê-lo", começou ele.

Mas parou em seguida, confuso:

"Não sei mais o que digo, sou apenas um velho doido e desajeitado. Quero dizer que..."

"Sei o que quer dizer", respondi sorrindo. "Obrigado, meu bom amigo."

Ele desembrulhou o pacote e estendeu uma grossa fatia de pão branco e uma maçã.

"É da parte da minha mulher", disse.

"Agradeça a ela por mim."

"Então trate de comer. Deve estar com fome."

Com uma cortesia instintiva, ele esperou que eu terminasse de comer. Em seguida, balançou docemente a cabeça.

"Nunca vou esquecer o dia em que o encontrei na cela com o sangue jorrando dos braços como de uma mangueira de jardim."

"Foi você que me encontrou? Como descobriu o que eu pretendia fazer? Não era a hora da sua ronda."

"Ouvi você gemer e vomitar. Olhei pela vigia e vi que estava caído, todo cortado e coberto de sangue. Não devia ter feito uma coisa dessas", acrescentou cheio de solenidade. "É pecado, todo mundo tem sempre alguma razão para viver."

Fiquei pensando que era bem fácil filosofar sobre a dor e a tortura quando as vítimas são os outros. Como explicar que, depois que se atinge um determinado grau de sofrimento, a morte parece o maior dos privilégios? Tentei fazê-lo entender, sublinhando em termos bem simples que os homens em meu estado só têm diante de si a perspectiva de torturas intoleráveis e um futuro fechado. Ele ouviu com atenção e, quando terminei, cruzou as mãos nos joelhos e balançou-se, refletindo em voz alta:

"Continuo acreditando", continuou ele, "que tentar se matar é um crime. Você disse que para alguns o futuro pode ser algo sem esperanças. Mas como é que podemos conhecer o futuro?"

Sorri com certa amargura.

"Eu conheço o meu futuro. O que acha que a Gestapo vai fazer comigo quando os interrogatórios chegarem ao fim?"

"Talvez as coisas não estejam tão mal assim, se pensar melhor. Talvez não fique aqui."

"Eles nunca vão me deixar sair."

Ele sorriu com um ar animador.

"Não tenho tanta certeza disso. Ouvi o médico do hospital telefonar para o da prisão. Pelo que pude entender, estava dizendo que é preciso mandá-lo de volta para o hospital ou então ele não assumirá mais nenhuma responsabilidade."

Senti uma onda repentina de esperança invadir momentaneamente o peito. Mas tratei de reprimi-la. Já tinha me decepcionado muitas vezes.

"Que tipo de homem é o médico da prisão?"

"Não precisa se atormentar, não é alemão. É eslovaco", disse, dando a entender que a simples nacionalidade do médico já era garantia suficiente.

O médico da prisão entrou na cela quando eu ainda estava conversando com o carcereiro. Também era baixo e atarracado, com olhos cinzentos e de expressão franca, como os de seu colega no hospital. Sorriu de um jeito tranquilizador.

"O dr. Kalfa informou que o senhor está muito doente. Vou examiná-lo e fazer um relatório às autoridades sobre seu estado."

Começou a fazer um exame bastante sumário que, no entanto, para um eventual espectador, parecia bem completo. Por fim, levantou-se e murmurou laconicamente:

"Seu estado é muito grave."

Em seguida, deu um tapinha de encorajamento em meu ombro e saiu rapidamente da cela.

Uma hora depois, meus "bons amigos", os dois guardas da Gestapo, fizeram sua entrada. Por sua expressão sombria e desapontada, compreendi imediatamente que ia retornar ao hospital. O grandalhão, que era quem dava as ordens, foi o primeiro a falar:

"Então conseguiu meter esse desgraçado de médico na história e vamos ter que levá-lo de volta para o hospital, hein?"

Não respondi nada.

Ele continuou, sarcástico:

"O cavalheiro fará a gentileza de caminhar com suas próprias pernas ou teremos que levá-lo nos ombros como um campeão?"

"Prefiro andar", disse eu friamente, reprimindo o desejo de amassar aquela cara debochada com os punhos.

Não consegui reprimir completamente um sorriso irônico, mas, um segundo depois, temi por aquela imprudência. Tinha sido uma provocação. O maior dos dois agentes da Gestapo tinha dado mostras de certa perspicácia. Olhou para mim como uma ave de mau agouro, como se estivesse tentando medir o grau de desafio que eu representava. Felizmente, o magricela meteu-se entre nós.

"Prefiro andar, prefiro andar", grasnou, tentando me imitar.

O outro olhou para ele com um olhar tão cheio de desprezo, tão carregado de aversão, que qualquer um que tivesse a pele menos cascuda teria se encolhido. Mas, em seguida, virou-se para mim, entediado.

"Levante", rosnou. "Vamos sair daqui."

Meu retorno ao hospital teve certamente um lado cômico. Ladeado por aquele casal ridículo em seu contraste, sujo e coberto de curativos, atravessei todo o corredor. No entanto, minha recepção foi muito cordial. Enquanto seguíamos pelo corredor, os médicos, as freiras e os doentes sorriam com simpatia, marcando as boas-vindas com um sinal de cabeça, sem ousar enfrentar abertamente meus cães de guarda. O rosto do grandalhão estava roxo de ódio, e ele olhava severamente para todas as pessoas que encontrávamos. Seu colega baixinho aumentava ainda mais sua raiva, pavoneando-se como um idiota e fazendo pose para todo mundo ver.

Apesar do consolo representado por aquela atitude simpática dos que estavam ao meu redor, o futuro ainda me parecia tão sombrio e sem saída quanto antes. Compreendi que, apesar de toda a boa vontade, os eslovacos não podiam correr o risco de me ajudar a fugir. Imaginei dias sem fim, simulando uma doença que não tinha e ouvindo os murmúrios de consolação de médicos e freiras...

A rotina cotidiana mostrou-se tão tediosa quanto eu havia previsto. Mas no décimo primeiro dia após o retorno ao hospital aconteceu uma coisa nova.

Naquele dia, eu estava em meu leito, sonolento, observando o indolente guarda nazista, visivelmente aborrecido, quando uma jovem que eu não conhecia entrou de maneira tímida em meu quarto. Era uma mocinha bastante feia, de traços grosseiros, mas cheios de bondade. Estava vestida com elegância e carregava um buquê de rosas. Fiquei abismado quando ela começou a falar em alemão.

"Entende alemão?", perguntou docemente.

Minha resposta foi cortante e meio hostil.

"Sim. O que deseja?"

Vi o homem da Gestapo se agitar na cadeira, olhando para ela com curiosidade, mas a situação não parecia perigosa. Supus que a moça tinha se enganado de quarto. Ia interrompê-la para dizer que talvez tivesse se enganado, mas ela começou a falar precipitadamente com timidez.

"Sou alemã. Acabei de ser operada de apendicite. Todos os doentes do hospital ouviram falar do senhor e simpatizam com o senhor. Gostaria que aceitasse estas rosas para que não pense que todos os alemães são tão maus quanto aqueles que encontrou durante a guerra."

Fiquei perplexo. Aparentemente, ela não sabia que o civil sentado perto do meu leito era um agente da Gestapo. Recobrei minha presença de espírito e comentei:

"Mas nunca a vi antes... Não conheço a senhorita, nunca nos falamos. Por que veio até aqui me importunar?"

Ela pareceu vexada e constrangida.

"Por favor, não seja tão amargo. Aprenda a perdoar e será mais feliz."

Colocou as flores na cama e foi embora. O policial acompanhava tudo como um gato.

"Obrigado", gritei desesperadamente. "É que não a conheço, nunca a vi e..."

O agente da Gestapo levantou-se com indolência, atravessou o quarto e barrou a saída da moça.

"Ora, que belo discurso", disse.

Segurou seu braço, obrigando-a a dar meia-volta e andar até a cama. Quando ouviu que ele falava alemão, ela empalideceu e começou a tremer. Senti pena do fundo do coração. E tentei interceder junto ao guarda.

"Ela não fez por mal. Estou dizendo que não a conheço. Deixe-a ir embora. Você a está assustando, não vê?"

Ele olhou para mim friamente.

"Poupe o fôlego, vai precisar dele mais tarde."

Pegou o buquê de rosas e reduziu-o a migalhas, na tentativa de encontrar alguma mensagem escondida. Agarrou o punho da mocinha entre os dedos e arrastou-a para fora do quarto.

Uma hora depois, um funcionário da Gestapo que eu nunca tinha visto antes veio fazer uma visita. Era uma espécie mais sutil, mais refinada de agente, o tipo de inspetor que a Gestapo usava para descobrir os segredos que não conseguia obter através de seus métodos tradicionais. Era um homem de meia-idade, usava óculos de aro de tartaruga, estava vestido com apuro e tinha a aparência de um universitário. Sua tática, embora revelasse mais perspicácia do que a dos torturadores, era de todo modo bastante transparente.

Apresentou-se discretamente e com dignidade, perguntando por minha saúde. Fez algumas observações ao acaso, sobre os hospitais, a ciência, a sociedade e a guerra. Depois, como se falasse sem pensar, suspirou e declarou:

"Achei que pessoas com um pouco de experiência política seriam capazes de inventar um estratagema mais engenhoso do que uma mocinha carregando um buquê de rosas."

Parou, à espera de uma resposta que não veio.

"Eu só queria comentar", continuou ele, sem dar recibo da tentativa fracassada, "a capacidade de julgamento de seus colegas, e não condenar seus atos, já que isso não é da minha competência no momento. Você vai deixar o hospital em duas horas."

Observou o efeito que a notícia produzia em mim.

Tentei conservar uma expressão calma e inexpressiva.

"É claro que sabemos que essa transferência é muito perigosa para o senhor, que pode até ser fatal. Não somos exatamente os monstros que dizem por aí, mas não temos escolha, pois é claro que seus colegas sabem onde está…"

Parou de novo, tirou os óculos, pegou o lenço no bolso e começou a limpar as lentes, como uma pessoa cheia de tato que espera que seu interlocutor organize a confusão dos pensamentos antes de responder a uma pergunta difícil. Eu não tinha saída. Por trás desse maquiavelismo, havia um fato que parecia inevitável: ele acreditava firmemente que a moça do buquê de rosas era uma mensageira encarregada de preparar minha fuga. Era irônico constatar que, da primeira vez que realmente dizia a verdade à Gestapo, podia ter certeza de que não iam acreditar em mim. Dei de ombros com um ar cansado, aceitando meu destino. Sentia-me vencido.

"Essa jovem é completamente inocente. É ingênua demais para estar envolvida…"

Ele me interrompeu com impaciência:

"Bem, se essa vai ser a sua atitude, é melhor se preparar para ir embora."

As palavras que eu ainda tinha a dizer morreram em meus lábios.

15
Minha salvação

Mais uma vez fui vestido e levado para um automóvel. Não tinha a menor ideia do rumo que tomaríamos e na verdade estava num estado lamentável demais para fazer conjecturas. Os homens da Gestapo sentaram-se cada um de um lado e partimos num entardecer que tingia as montanhas eslovacas de vermelho. O ar era fresco, um pouco frio. Os povoados desfilavam, um depois do outro, mas não prestei a menor atenção. Um só pensamento agitava meu espírito... o suicídio, uma oportunidade de pular daquele carro.

Só comecei a sair daquela apatia um pouco antes do cair da noite. Meu coração começou a bater mais rápido depois que reconheci uma paisagem familiar, uma casinha branca com janelas azul-escuras. Tínhamos cruzado a fronteira. Estávamos no sul da Polônia. No passado, eu havia vivido alegres férias de verão naquela casa. Saímos da cidade de Krynica antes que meus olhos pudessem matar a saudade, e menos de uma hora depois chegamos a uma cidadezinha onde eu havia feito muitos trabalhos.[1]

Foi de lá que, por duas vezes, fui enviado em missões no exterior pela Resistência. Ali eu tinha muitos contatos. Meu agente de ligação e meu guia moravam na cidade. Seria ela o nosso destino? Eu não ousava sequer ter esperanças. Agora o carro estava diminuindo a velocidade. Chegamos ao coração da cidade, trafegando entre camponeses, ciclistas e pedestres. Depois de chegar à praça do Mercado, o carro parou diante do hospital.

Foi a repetição de minha entrada no hospital de Přešov. Ladeado pelos guardas, arrastei-me até o alto da escada. Estava realmente doente e fraco, mas aproveitei para exagerar. Minhas bandagens estavam empapadas de sangue, o que tornava minha representação ainda mais plausível. Os guardas foram obrigados a me carregar até o segundo andar, onde fui jogado no leito sem muito cuidado.

Quando partiram, apoiei o corpo no cotovelo e examinei meus colegas de quarto. Eram cinco velhinhos, com idades que pareciam ir dos setenta aos oitenta anos. Olhavam para mim muito espantados e pareciam um amontoado único de barbas ásperas, cabeças carecas e gengivas desdentadas. Era uma visão estranha, mas, naquele momento, fui incapaz de saborear sua comicidade. Imaginava o que os nazistas podiam estar tramando. Seria um novo tipo de teste psicológico inventado pela "raça de senhores"? Talvez pretendessem provocar um estado de excesso de confiança e me fazer cair em contradição. Depois fiquei pensando que poderiam ter me trazido à cidade para atrair meus amigos e camaradas. Mas não parecia possível que conhecessem os contatos que eu tinha naquele lugar. Meu espírito passava e repassava ansiosamente todos os dados do problema sem conseguir chegar a nenhuma conclusão.

Os murmúrios dos velhos cessaram bruscamente, como se uma rajada de vento tivesse varrido o som para fora do quarto, como uma revoada de folhas mortas. Eu já havia vivido tempo suficiente num hospital para saber que era um sinal de que a Gestapo tinha feito sua entrada. Fechei os olhos, agitando-me convulsivamente na cama, como quem sofre uma dor violenta. Um homem e uma mulher falavam em polonês ao redor do meu leito. Depois de ouvir o que diziam, concluí que eram um médico e uma enfermeira. O guarda devia estar rondando o local, pois o médico falou com ele secamente.

"Seu dever não é vigiar o quarto do corredor? Não vai conseguir nada de bom pisando nos meus calcanhares."

O homem que estava de guarda não respondeu e foi embora.

O médico se debruçou sobre mim para examinar os ferimentos e refazer os curativos. Enquanto desenrolava as bandagens sujas, cheias de sangue coagulado, fez algumas perguntas num sussurro rápido e inquieto.

"Onde foi que o prenderam?... Posso ser útil em alguma coisa?... Devo avisar alguém de sua chegada?..."

Naquela situação, não era nada fácil conquistar minha confiança. Suspeitei de uma armadilha e respondi num tom lamentoso e ferido:

"Não tenho ninguém a quem enviar mensagem alguma. Sou inocente de tudo que me acusam. Tudo o que queria era ir para a Suíça. Por que ninguém acredita em mim?"

"Não tenha medo", murmurou ele. "Não sou nenhum agente provocador. Todo o pessoal — médicos, enfermeiras e assistentes — é inteiramente polonês e não há um único traidor ou renegado entre nós."

Abri os olhos e encarei os dele com insistência. Era extremamente jovem para um médico. Tinha uma bela cara de camponês, a pele fina salpicada de sardas, um tufo de cabelos louros em desordem. Aquela aparência ingênua convidava a fazer confidências, mas a prudência e a desconfiança que naquela altura dos fatos tinham se transformado em minha segunda natureza reprimiram o impulso. Não disse nada.

Na manhã seguinte, uma freira entrou no meu quarto — assim como em Prešov, todas as enfermeiras eram freiras de algum convento das vizinhanças. Fez um sinal com a cabeça e, sem dizer uma palavra, colocou o termômetro em minha boca. Ficou olhando para mim, impassível. Em seguida, retirou o termômetro e verificou. Quanto a mim, olhei ansiosamente para a coluna de mercúrio. Marcava 37,8°C. Ela pegou meu prontuário, anotou gravemente o número 39,4°C e deixou a sala em seguida. Logo retornou com um homem idoso que se apresentou como o médico-chefe e me repreendeu severamente, erguendo a voz:

"Ouça bem, meu jovem. Você está muito doente, mas pode ficar curado, se quiser. Só existe um tratamento possível. Se quiser viver, tem de repousar e evitar qualquer emoção. Mas se não quiser seguir meus conselhos", deu de ombros, como se não me desse a menor importância, "podemos muito bem usar esse leito para outros doentes. Agora, trate de ficar deitado tranquilamente e deixe-me examiná-lo."

Virou-se para a enfermeira e ordenou que levasse uma bandeja e tratasse de buscar bandagens e pomadas. Ao deixar o quarto, ela pisou em falso, chocou-se com o guarda e deixou o conteúdo da bandeja cair no chão. Ele correu para ajudá-la a recolher as coisas. Nesse meio-tempo, o médico sussurrou:

"Trate de me ouvir... Assim que eu sair, comece a gemer e a se lamentar. Grite que vai morrer e que deseja se confessar. Coragem! Não vamos abandoná-lo."

Quando a enfermeira retornou, ele deu instruções em tom peremptório e rude:

"Refaça esses curativos a cada duas horas e cuide para que o paciente não deixe o leito. Se ele precisar de mim, pode me chamar. Estarei em meu consultório."

Assim que a enfermeira trocou os curativos, comecei a me contorcer furiosamente. Pouco a pouco, entrei em transe, gritando freneticamente:

"Oh, Jesus, estou morrendo, cheguei ao fim... Irmã, irmã! Chame um padre! Preciso me confessar. Estou implorando, irmã... Não me deixe morrer em pecado..."

A freira olhou para mim com o semblante fechado e foi consultar o jovem soldado da Gestapo. Era um tipo bem diferente de todas as sentinelas que eu já tinha visto. Não apresentava o menor traço de cinismo, o que era realmente notável. Seu rosto distinguia-se pela ausência total de expressão. Era inteiramente desprovido de inteligência ou estupidez, ternura ou crueldade. Sentado, mantinha sempre uma postura rígida. Nunca lia em serviço. Dava a impressão de alguém que se considera a própria encarnação da disciplina e do prestígio nazistas. Quando a freira falou com ele, retificou sua postura e, com ar altivo, concedeu o que ela pedia com um sinal de cabeça.

Ela retornou com o médico-chefe, que me examinou com ar contrariado, sem esconder seu desprezo. Estava visivelmente irritado:

"O que é isso? É homem ou não é? Se está mesmo determinado a morrer, não há nada que eu possa fazer. Traga uma cadeira de rodas para ele, irmã."

Eu continuava a gemer. O médico gritou:

"Pare imediatamente com esses gritos! Essa freira vai levá-lo para se confessar. Mostre algum respeito pelos outros doentes, não é o único paciente aqui."

A cadeira de rodas chegou. A enfermeira enrolou-me num robe e ajudou-me a sentar. Empurrou a cadeira para fora do quarto com o guarda nazista marchando atrás de nós, como numa parada. Eu ouvia o débil rumor do coro de velhinhos à distância, que recomeçou como se um maestro invisível tivesse erguido a baqueta.

A capela do hospital ficava no andar térreo. Confessei-me com um velho padre simpático, que pareceu muito interessado em meu caso. Assim que a confissão terminou, ele pousou as mãos em meus ombros, dando-me a sua bênção:

"Não tenha medo, meu filho. Conserve sua fé em Deus. Sabemos de todos os sofrimentos que passou por nossa amada Polônia. Todo mundo neste hospital deseja ajudá-lo de alguma maneira."

A confissão deixou-me num estado de paz e tranquilidade que não durou muito tempo. Nos dias seguintes, precisei concentrar toda a minha vontade para manter as aparências de um moribundo. Meu corpo, aliás, obedeceu muito bem a essa necessidade. Os psiquiatras modernos sempre insistiram nas estreitas relações entre a vida psíquica e a vida física do indivíduo. Minha própria experiência demonstrou a veracidade dessa teoria. Eu não conseguia comer e nem mesmo levantar os braços, vestir-me sem ajuda ou até ir ao banheiro. A despeito dos sedativos que tomava, minha cabeça doía o tempo todo. Os acessos de febre alternavam-se com períodos em que ficava gelado, embora minha temperatura permanecesse rigorosamente a mesma.

Assim, recebi dos médicos uma autorização para ser levado todo dia à capela. Num desses dias, a freira que empurrava minha cadeira de rodas ajoelhou-se a meu lado. Examinei sua fisionomia aberta e corajosa e resolvi arriscar um tudo ou nada. Sabia que não poderia falar com ela enquanto houvesse gente na capela, de modo que pedi que ficasse até que eu terminasse minhas preces. Ela concordou. Sentado na cadeira, ouvia o débil rumor do rosário escorrendo entre seus dedos. O frescor da capela, sua calma repousante, o perfume familiar e um pouco exótico do incenso, a firmeza tranquila da freira transmitiam segurança. Eu estava convencido de que poderia contar com ela. Finalmente, ficamos sozinhos. Cheguei mais perto e murmurei:

"Irmã, sei que a senhora tem um coração nobre. Mas é importante que eu saiba se é também uma boa polonesa..."

Ela encarou-me por um instante e, continuando a recitar seu rosário, disse simplesmente:

"Amo a Polônia."

Nem precisei ouvir aquela resposta, ela estava escrita em seus olhos. Falei rapidamente, em voz baixa:

"Vou lhe pedir para fazer uma coisa, mas, antes de falar o que é, devo dizer que pode ser perigoso. Naturalmente, a senhora tem toda a liberdade de recusar."

"Diga o que espera de mim. Se puder fazer, farei."

"Obrigado. Sabia que diria isso. Eis o que gostaria que fizesse. Há na cidade uma família chamada [...]. Eles têm uma filha, Stéfi. Encontre-a e conte tudo o que aconteceu comigo. Diga que foi enviada por Witold."

Witold era meu pseudônimo na clandestinidade. Passei o endereço à freira.

"Irei hoje mesmo", disse ela calmamente.

Depois de ter feito o pedido, senti-me aliviado de um grande peso. Não esperava que resultasse em alguma coisa mais precisa, mas pelo menos tinha a sensação de que não estava mais em um mundo hostil. Tinha uma amiga em quem podia confiar. Recuperei um pouco da esperança.

No dia seguinte, esperei a freira com impaciência. Quando finalmente a vi, meus olhos a interrogaram. Ela murmurou:

"Em alguns dias receberá a visita de uma freira de um convento vizinho."

"Uma freira? Mas por quê?"

"Não sei. Foi o recado que pediram que eu trouxesse."

"Mas..."

"Vamos logo com a temperatura!", ordenou ela em voz alta.

Durante dois dias, foi como se caminhasse sobre brasas. Compreendi que, se meus amigos se davam o trabalho de enviar alguém com a aparência inofensiva de uma freira, era porque já havia um plano em andamento. No terceiro dia, pouco depois do meio-dia, a freira anunciada apareceu. Ouvi a respiração entrecortada e o ronco dos velhos que dormiam sob o calor do sol da tarde que entrava pela janela cinzenta da sala. Ela chegou na ponta dos pés e aproximou-se do leito em passinhos miúdos, com certa hesitação.

Achei que seu rosto pálido e delicado parecia vagamente familiar, mas, observando às escondidas, não consegui identificá-la, e não tinha coragem de encará-la abertamente antes que chegasse ao pé da cama. Foi então que a reconheci, emocionado e assustado: era a irmã do guia que havia sido preso junto comigo pela Gestapo.[2]

Apresentou-se com uma voz ainda infantil, mas firme.

"Faço parte de um convento dos arredores. As autoridades alemãs permitiram que trouxéssemos cigarros e alimentos para os prisioneiros. Precisa de alguma coisa?"

Simulei uma grande fraqueza e comecei a falar tão baixo que era difícil entender. Ela adivinhou a manobra e disse com uma voz suficientemente alta para chegar até o guarda:

"Sinto muito, não consigo ouvi-lo."

E em seguida, debruçando-se sobre mim, murmurou:

"Seus chefes já sabem de tudo. Pediram que tenha um pouco mais de paciência."

Eu conseguia falar sem mexer os lábios.

"O que aconteceu com seu irmão?", perguntei sem parar de vigiar o guarda com o rabo do olho.

Seus olhos se encheram de lágrimas.

"Não tivemos mais notícias dele."

Era inútil tentar consolá-la com palavras hipócritas, e não consegui proferir uma única palavra.

"Diga a eles que preciso de veneno. Tenho certeza de que a Gestapo me trouxe até aqui para denunciar meus camaradas da região. Não consigo suportar mais torturas. Quanto mais cedo tiver o veneno, melhor. E para todos!", disse, sempre observando o guarda de rabo de olho.

"Entendi. Cuide-se bem. Voltarei em alguns dias."

O período que se passou até seu retorno foi um infindável suplício. Além dos muros do hospital, os companheiros tramavam um jeito de me socorrer: eu sabia disso... mas o que exatamente? Fiquei irritado por só poder esperar, deitado na cama.

Ela voltou depois de cinco dias, trazendo frutas e cigarros. Mais uma vez, usamos o estratagema utilizado na primeira visita. Fiz de conta que não conseguia falar e ela se debruçou sobre mim.

"Eles já sabem de tudo", sussurrou. "Você recebeu a Cruz dos Valentes."[3]

Fez de conta que ajeitava meu travesseiro e depois murmurou em meu ouvido, sem olhar para mim:

"Acabei de colocar uma pílula de cianureto embaixo do seu travesseiro. Ela mata quase instantaneamente. Mas imploro que só a utilize se tiver certeza absoluta de que o pior vai acontecer."

Agradeci com os olhos.

Depois de sua partida, enchi-me de coragem e resolução. Agora estava armado contra as piores eventualidades. O veneno me deu o sentimento de que possuía um talismã contra aquilo que mais temia: a tortura, a possibilidade de sucumbir a uma pressão mais forte e trair a organização. Assim que pude, fui ao banheiro e escondi cuidadosamente a minúscula cápsula. Para isso, a jovem tinha trazido também um pedacinho de esparadrapo cor de pele, que era o esconderijo habitual entre os prisioneiros, sobretudo na região do períneo.

Esse sentimento de segurança era tão grande que esqueci até da decepção por não ter recebido nenhuma informação mais precisa sobre o plano de evasão. Para não parecer insatisfeito ou exigente demais, reprimi as perguntas que estavam na ponta da língua desde o começo da visita. Mas os acontecimentos iriam se precipitar com uma rapidez muito maior do que havia imaginado.

Naquele mesmo dia, à tardinha, o jovem médico de aparência viçosa e ingênua apareceu para o que pensei que seria um exame de rotina. Ao terminar, examinou meu rosto com certo constrangimento, como se tentasse avaliar minhas chances de cura. Em seguida, num tom normal, mas com um toque de humor na voz, disse lentamente:

"Pois bem, o senhor será libertado hoje à noite..."

Estremeci como se tivesse levado um choque. Sentado na cama, disse num sopro de indignação:

"Ficou maluco? Não fale tão alto. O guarda vai ouvir. Ele acabou de sair, mas só deve ter ido pegar água. Pelo amor de Deus, tome cuidado!"

Ele riu.

"Não se preocupe. O guarda foi comprado. Não vai retornar enquanto eu estiver aqui. E agora, trate de ouvir com atenção. Está tudo arranjado. À meia-noite, vou passar pelo quarto acendendo um cigarro. Este será o sinal. Então, tire a roupa e desça para o primeiro andar. Encontrará uma rosa no parapeito de uma janela. Suba e pule a janela. Os homens estarão esperando lá embaixo."[4]

Parou um instante.

"Entendeu bem?"

Meu coração batia desesperado.

"Sim, entendi perfeitamente."

E repeti as instruções com voz contida.

Ele sorriu batendo amigavelmente em meu ombro.

"Tenha calma. Está tudo certo, vai funcionar! Boa sorte." Piscou o olho e saiu.

Não poderia ter dado um conselho mais difícil de ser seguido. Para mim, não havia a menor possibilidade de calma nem de repouso. Mil dúvidas atropelavam meu espírito. Eu pensava febrilmente nas precauções que devia tomar, nas complicações que poderiam acontecer. Passei quase todo o tempo observando o guarda, de volta a seu posto desde a saída do médico. Será que teria fingido aceitar o suborno para armar uma cilada para meus companheiros? Parecia tão imbuído da doutrina nazista! Fiquei mais tranquilo quando ele virou a cabeça na minha direção. Exibia nos lábios a marca da cobiça e da satisfação consigo mesmo. Interpretei esse sinal como uma indicação de que estava contente com sua boa sorte.

Um pouco antes da meia-noite, o guarda fez de conta que caía num sono profundo. A cabeça caída sobre o peito, roncava sonoramente. No instante preciso em que o sino da igreja começou a soar as doze badaladas, a silhueta do médico apareceu na abertura da porta. Ele tirou um cigarro do bolso, acendeu-o com gestos lentos, bem visíveis, e partiu em seguida. Inspecionei o quarto sumariamente. Uma mistura tranquilizadora de roncos, rumores de respiração e resmungos de gente adormecida vinha de todos os lados. Saí da cama, tirei o pijama do hospital e o escondi embaixo dos lençóis. Peguei a pílula de cianureto e fechei a mão, pronto para engoli-la ao menor sinal de perigo. Completamente nu, desci na ponta dos pés para o primeiro andar.

Meio constrangido, examinei o corredor mal iluminado. Tinha perdido momentaneamente meu senso de orientação e, como havia duas escadas muito semelhantes, não sabia dizer onde ficavam a fachada e a parte de trás do hospital. Nessa incerteza terrível, senti de repente uma corrente de ar frio nas costas. Haviam deixado uma janela aberta especialmente para mim: com certeza, o autor do plano imaginou que eu não seria capaz de abri-la sozinho. Fui então na direção da janela aberta. Meu coração vibrou de felicidade assim que vi a rosa que o vento tinha jogado no chão. Meus olhos sondaram a escuridão da noite por um segundo, depois subi como pude para o parapeito da janela e olhei para baixo.

"O que está esperando? Pule de uma vez!", ouvi dizerem.

Respirei profundamente e pulei. Senti o aperto forte de braços vigorosos. Vários pares de mãos apararam meu corpo antes que chegasse ao solo. Alguém me estendeu um par de calças, uma camisa e um casaco, dizendo em tom de comando:

"Rápido! Vista-se. Não temos um segundo a perder... Consegue correr?"

Fiz que sim meio sem convicção. Eles estavam descalços, como eu. Corremos pela aleia do jardim até a grade. Eu não tinha a menor ideia de quem poderiam ser meus "salvadores", nem a que organização pertenciam. Fizemos uma pausa diante da grade para recuperar o fôlego depois da corrida.

Um deles falou:

"Muito bem! Vejo que não conseguirá pular sem ajuda. Vou subir primeiro. Vocês o levantam e eu puxo para o outro lado."

Ele pulou a grade com agilidade. Fizemos o que havia mandado, e, sem saber exatamente como, encontrei-me do outro lado. Retomamos a corrida em direção ao campo, evitando as ruas asfaltadas. Meus pés descalços começaram a atrapalhar, doendo bastante. As costelas incomodavam e eu tinha uma sensação de queimação e sufoco nos pulmões a cada vez que respirava. Finalmente, dei uma topada, saí tropeçando para a frente e acabei estatelado no chão, ofegante.

"Esperem um instante", disse. "Preciso recuperar o fôlego."

Eu ainda não tinha terminado a frase quando um de meus "salvadores", o mais atlético, se abaixou e carregou-me nos ombros como se eu fosse um saco de batatas. Devo ter emagrecido muito, pois ele me carregou sem vacilar através do bosque.[5]

Quando estávamos bem protegidos pela escuridão, um dos homens suspirou de alívio.

"Acho que podemos descansar aqui por um momento", sugeriu àquele que me carregava. O outro largou meu corpo no chão, sob uma árvore. Encostado nela, tentei recuperar o controle de mim mesmo.

"Fuma?"

Recusei — com certeza, a fumaça ia acabar comigo.

"Acha que consegue andar sozinho?", perguntou o mais forte.

"Acho que não. É muito longe?"

Sem responder, ele voltou a se abaixar e, dando impulso com o corpo, jogou-me nos ombros. Caminharam numa marcha metódica e contínua por quinze minutos, saíram do bosque e vi que tínhamos chegado a uma vasta clareira descoberta. A lua, até então escondida atrás das nuvens, apareceu no céu iluminando um rio, embora eu só distinguisse um débil brilho prateado à nossa frente.[6] Os homens pararam e meu carregador colocou-me de pé no chão. O outro enfiou dois dedos na boca e assobiou uma nota breve e cortante. Dois homens surgiram do meio do mato. Um segurava um revólver e o outro um punhal alemão cuja lâmina brilhava ameaçadoramente à luz do luar. Chegando mais perto, lançaram uma saraivada de injúrias dirigidas a Hitler. De vez em quando, faziam alguma observação cáustica sobre as "amolações que temos de enfrentar por causa dos intelectuais". Por alguns instantes, discutiram com os "meus" e em seguida partiram. O homem que me carregou até lá ordenou que seguíssemos em fila indiana ao longo do rio. Estávamos penando com os pés atolados na lama até os tornozelos quando, cinco minutos depois, uma silhueta surgiu diante de nós.

"Boa noite, cavalheiros."

Eu estava diante de Staszek Rosa.[7] Era um jovem socialista da Cracóvia. Parecia um daqueles tipos que não podem ver um rabo de saia, completamente inconsequentes. Nunca teria suspeitado que pudesse ter qualquer ligação com a Resistência. Ao vê-lo diante de mim, fiquei sem voz de tão surpreso. Gentilmente, ele deu um tapinha em meu ombro.

"E então, Jan? Meus cumprimentos pelo divórcio da Gestapo. Aposto que não apreciava muito esse casamento, não?"

"Obrigado, Staś", balbuciei. "Para onde vamos agora?"

Rosa já estava retirando uma canoa do riacho. Mandou que embarcássemos e nos afastamos da margem. Éramos cinco, ou seja, pelo menos dois a mais do que uma canoa daquele tamanho podia levar. O sujeito forte pegou os remos. Fiquei na frente dele, à esquerda. A corrente arrastava o barco para o meio do rio e precisávamos chegar à outra margem o mais rápido possível. Todos os esforços do remador foram inúteis. Ele praguejava e a canoa balançava cada vez mais. Um pouco depois, soltei o banco em que me segurava para esticar um pouco as mãos e caí na água. O homem largou um dos remos e, com toda a calma, agarrou-me pela gola, sem deixar de manobrar o outro remo. Com a ajuda dos outros, voltei a bordo. Ele tinha realmente uma força incomum, e seu autocontrole não ficava atrás.

Fiquei deitado no fundo da canoa, molhado até os ossos, tremendo de frio. Mas, para nossa surpresa, meu corpo serviu como um lastro e fez com que a embarcação ficasse mais fácil de manobrar! Depois de uma hora lutando contra a corrente, finalmente chegamos à margem. Enregelado, eu tentava me aquecer batendo nos braços e saltando de um pé para o outro. Staszek escondeu a canoa entre os juncos e partimos em direção à floresta. Era evidente que ele precisava se reorientar, pois a corrente tinha nos levado mais longe que o previsto. Mas ele acabou encontrando o caminho e, depois de mais de uma hora de marcha pela floresta, chegamos aos arredores de um povoado. Ao longe, via-se uma granja. Foi para lá que andamos. Rosa verificou se era mesmo o local marcado.

"Fim! Aqui nos separamos. Você vai para o celeiro. Trate de se esconder na palha e dormir. Amanhã de manhã seu anfitrião vai aparecer para uma visita. Ele vai tratar de escondê-lo. Quando a Gestapo resolver encerrar as buscas, voltaremos para pegá-lo", disse Staszek se despedindo.

Eu queria expressar minha gratidão por tudo que haviam feito por mim. Rosa cortou meu discurso, com um sorriso zombeteiro nos lábios:

"Não precisa ficar tão agradecido. Tínhamos duas ordens. Primeiro, fazer tudo o que estivesse a nosso alcance para salvá-lo e deixá-lo num porto seguro. Segundo, liquidá-lo se a operação não desse certo..."

Depois de um instante, acrescentou:

"Agradeça aos operários poloneses, foram eles que o salvaram."

"Tenha bons sonhos", disse o sujeito mais forte, partindo junto com os outros, que romperam pela primeira vez o mutismo impassível que haviam observado até então para me dizer adeus.

Subi até o celeiro e caí pesadamente na maciez da palha. Era um homem livre novamente.

16
O "agrônomo"

Precisei ficar escondido, pois os perseguidores multiplicavam esforços para encontrar-me. Soube sem surpresa que todas as estações de trem e estradas para fora da cidade estavam sob forte vigilância.[1] Todos os trens, todos os veículos, todos os passageiros e todos os pedestres eram minuciosamente revistados. No entanto, ninguém foi preso, não houve represálias. O agente da Gestapo que havia sido comprado também deu um jeito de desaparecer sem deixar traços, o que levou as autoridades à conclusão de que era o único cúmplice de minha fuga. Sem dúvida, foi por isso que a vigilância policial foi mais amena nos meios poloneses. Mais tarde, tentei obter informações sobre seu destino: fiquei sabendo que foi "explorado a fundo", fórmula usada pelo movimento clandestino para dizer que, depois de aceitar o suborno, tais indivíduos eram obrigados a participar de outras ações sob ameaça de serem denunciados à Gestapo. Não tive acesso a nenhum outro detalhe.[2]

Passei três dias na granja. Meu benfeitor era um socialista amável com muita experiência nas costas e havia lutado contra o tsarismo em 1905, sob as ordens de Józef Piłsudski. Cheio de orgulho, contou que minha fuga havia sido montada, sob as ordens da direção da Resistência polonesa, pela organização militar do PPS (Partido Socialista Polonês), que, seguindo instruções de Cyna,[3] financiou a ação graças ao caixa do partido, que merecia, portanto, a minha mais profunda gratidão. Era curioso pensar na distância que havia entre mim e aqueles operários que salvaram minha vida, pois, apesar de alguns encontros ocasionais e da leitura de artigos de jornal sobre suas lutas por melhores condições de vida e trabalho e por maior influência política, eu não sabia quase nada a seu respeito. O primeiro contato mais estreito que tive com eles aconteceu precisamente numa ocasião em que minha vida estava em jogo. Era divertido lembrar dos avisos solenes de minha mãe para que desconfiasse... das atrizes, do carteado e dos revolucionários.

Meu anfitrião logo mostrou que era um mestre da camuflagem. Eu ficava tão bem dissimulado no meio da palha, das tábuas e da aparelhagem de lavrar a terra que nem mesmo sua mulher e seus filhos, que passavam muitas vezes pelo celeiro, desconfiaram da minha presença.

Contudo, aquela reclusão forçada foi difícil de aguentar. Eu sofria de uma fadiga intensa, mas não conseguia dormir. Mal comia e sofria de tremores incontroláveis. Meu anfitrião, que vinha me ver ao meio-dia e à noite, sempre se mostrou cheio de tato e gentileza. Fazia de conta que não percebia os sinais de minha fraqueza. Com grande solicitude, insistia para que comesse e cuidava dos meus ferimentos que ainda não estavam cicatrizados.

No terceiro dia, quando aquele retiro tinha se tornado quase insuportável, o guarda florestal chegou com um jovem mensageiro do movimento clandestino, que era o protótipo do jovem oficial polonês: esguio, alerta, com uma espécie de ardor displicente que não escondia, porém, uma tenacidade e uma determinação inabaláveis.

Como se estivesse me convidando para jantar e com o tom de homem de sociedade, pediu que me preparasse para partir no dia seguinte para uma pequena quinta nas montanhas, onde deveria ficar por pelo menos quatro meses.

"Espero que tenha compreendido", acrescentou, "o sentido desta ordem. Além da recomendação do médico do hospital de onde fugiu apontando a necessidade de uma convalescença total, é preciso que a Gestapo perca completamente a sua pista. Deve comprometer-se também a não estabelecer nenhuma relação com nenhuma célula da Resistência até que receba novas ordens neste sentido. A não observância dessas exigências será considerada uma infração à disciplina, evidentemente com todas as consequências previstas."

Seu tom seco me incomodou, pois respondi com uma ponta de irritação na voz:

"Parece que estou sendo considerado suspeito, como se tivesse cometido um erro ao fugir. Por acaso pensa que o fato de ter caído nas mãos da Gestapo fez de mim um covarde?"

"Não seja idiota."

"Não sou idiota. Só não quero ser descartado. Sei que ainda posso ser útil."

"Claro, contamos com isso, mas não dando mostras de impaciência e indisciplina."

"Está censurando minha impaciência só porque constatei que ainda há muito trabalho a fazer e que sou perfeitamente capaz de fazer a minha parte?"

Seu rosto assumiu uma expressão severa. Apertou os olhos.

"Ouça aqui, doutor impaciente, está cansado de saber o que quer dizer 'sem contato com o alto'. É o bê-á-bá da conspiração e não é você que vai mudá-lo."

Com efeito, tratava-se de uma medida preventiva adotada desde a formação do movimento clandestino para limitar os danos em caso de infiltração de espiões ou agentes provocadores. Como era impossível suprimir todos os suspeitos, era uma espécie de solução de compromisso. Qualquer indivíduo suspeito era proibido de manter contato com seus chefes, mas podia continuar suas tarefas, dando ordens a seus inferiores. Naturalmente, se as suspeitas se mostrassem verdadeiras, o suspeito era "eliminado". Em seguida, a regra foi estendida também aos que haviam sido presos. Nesse caso, as precauções eram até maiores. Depois de cada prisão, os locais de reunião eram trocados. Os documentos pessoais de todos os membros que mantinham relações com a pessoa "infectada" eram mudados e essa pessoa recebia ordens de permanecer isolada durante algum tempo. Refletindo sobre os fundamentos dessa importante regra, eu não podia deixar de admitir que aquele belo oficial de ligação tinha toda razão em me censurar severamente. Meu ar envergonhado e minha tristeza deviam ser evidentes, pois ele explodiu numa gargalhada contagiosa.

"Faça de conta que pegou a 'rubéola clandestina'. Você esteve nas mãos da Gestapo e, no que nos diz respeito, agora é contagioso."

Parou de falar, sorriu com um ar entendido e acrescentou:

"Você fugiu com a ajuda de um membro da Gestapo que nós compramos. E se ele estiver nos enganando? Precisa se submeter a uma quarentena voluntária. É uma formalidade, como sabe, mas uma que não admite exceções."

Tentei pedir desculpas por meu comportamento, mas ele me deteve com um gesto.

"Vamos levá-lo amanhã. Vai fazer uma pequena viagem de passeio. Vai morar numa bela propriedade distante das cidades e dos funcionários alemães. O local é bonito, sua estada será agradável." Em seguida, ele foi embora.

No dia seguinte, ao amanhecer, uma velha charrete toda desconjuntada entrou de marcha a ré na granja. Instalaram-me num tonel colocado na charrete com todo o cuidado. Palha em profusão, feno e legumes cobriam completamente o meu pouco confortável esconderijo. Por algum tempo, tentei várias posições dentro do tonel. Finalmente, adotei a que parecia melhor: queixo apoiado nos joelhos, braços apertando as pernas contra o corpo. A charrete seguiu seu caminho num coro de estalos e rangidos durante um tempo que para mim pareceu uma eternidade. Não demorou muito, meus ombros, cotovelos e joelhos transformaram-se numa massa dolorida esmagada pelos choques e raspões incessantes. Finalmente, mais ou menos por volta do meio-dia, a viatura fez uma parada que eu nem ousava mais esperar.

Ouvi o granjeiro saltar de seu banco e cair pesadamente no chão. Ele subiu na charrete e abriu caminho entre o sortimento de legumes espalhados ao redor do meu alojamento. Bateu no tonel e gritou num tom rude:

"Chegamos, já pode sair."

Fui desdobrando o corpo da posição em que estava e saí de dentro do tonel. De pé sobre as tábuas oscilantes da charrete, piscando os olhos por causa da luz do sol, estirei os braços e fiz um esforço para conseguir esticar as pernas. Precisei de um bom momento para conseguir ficar ereto.

Estávamos na clareira de uma floresta. As árvores pareciam gigantescas depois da estadia num espaço tão estreito e apertado. A relva verde e fresca parecia macia e atraente. Respirei profundamente o ar puro do campo. Era um luxo que superava todos os meus sonhos. O granjeiro interrompeu meu êxtase:

"Não acha que já é tempo de descer dessa charrete e encontrar a moça que está à sua espera?"

Respondi vivamente:

"De que moça está falando?"

Ele estendeu um dedo bronzeado e nodoso.

"Vire-se e veja."

Ao me virar, vi uma jovem de pé perto de um carro. Ela olhava para mim com franca curiosidade. Saltei atrapalhadamente da charrete. Agradeci meio sem jeito ao granjeiro, cujo rosto, enrugado e enquadrado por uma densa barba, exibia um enorme sorriso. Estava me sentindo um pouco idiota e caminhei na direção da moça tentando recuperar o máximo de dignidade possível naquelas circunstâncias.

Devia estar com uma aparência miserável para aqueles olhos que me avaliavam com frieza. A calça era três vezes maior do que eu, e inconscientemente tentava segurá-la com a mão esquerda. A direita, fechada, continuava apertando a pílula de cianureto que tinha recebido. O casacão que ganhei de presente era tão pequeno e estreito que as mangas só chegavam até os cotovelos. Como não tinha camisa, meu peito, banhado em suor, estava completamente nu. Por um segundo, quando estava quase chegando, achei que ela ia cair na gargalhada, o que me irritou. No entanto, ela conseguiu manter um ar solene e um pouco distante. Apesar ou talvez por causa de sua excessiva dignidade, ela parecia impertinente e pueril. Não era bela, nem mesmo bonitinha, mas sua silhueta esguia e leve, o frescor de sua pele, seu porte gracioso concorriam para que fosse singularmente atraente. Deve ter sentido que a contemplava com franca admiração e desviou os olhos para examinar o ar a seu redor, como a tentar descobrir entre as árvores os pássaros invisíveis que gorjeavam com tanta alegria.

Foi divertido conseguir perturbar sua calma. Aproveitei a ocasião para esboçar uma reverência, murmurando em francês:

"*Mademoiselle, j'ai honte de moi.*" [Senhorita, tenho vergonha de mim.]

Ela aceitou a brincadeira e respondeu na mesma língua:

"*Monsieur, vous êtes excusé.*" [O senhor está desculpado.]

O velho granjeiro, que observava o quadro como se a cena fosse destinada a ele, balançou a cabeça com espanto e gritou um sonoro adeus. Sua voz relembrou à jovem criatura a necessidade de manter a dignidade e a seriedade.

"Recebi instruções", começou com uma ponta de pedantismo, "de recebê-lo em nossa casa. Meu nome é Danuta Sawa e sou filha de Walentyna Sawa.[4] Vivemos em nossas terras, não muito longe daqui. Esperamos que sua estadia seja agradável."

"É muito amável de sua parte, realmente. Eu sou Witold."

Conservei uma expressão séria e fechada. Ela percebeu um toque de humor.

"Oh, como está magro", disse, "parece um espantalho. Os alemães não deixam muitos alimentos substanciosos para nós, mas vamos enchê-lo de morangos, ameixas e peras."

"Obrigado, é muita gentileza."

Mas, em seguida, uma expressão aborrecida apareceu em seu rosto.

"Como sou idiota. Já ia esquecendo que preciso lhe passar sua 'lenda'."

A lenda é a coleção de informações que compõem a identidade de um membro da Resistência. É fornecida a todos os novos membros e também àqueles que precisam mudar de identidade. É uma biografia imaginária, com certo número de datas e locais igualmente fictícios, necessários para a composição de uma nova identidade. É preciso decorá-la cuidadosamente para conseguir entrar completamente na pele do personagem.

"Daqui por diante", disse ela com um ar travesso, "será meu primo que chegou recentemente da Cracóvia. Como não serve para grande coisa e é bastante preguiçoso, nunca teve um trabalho regular. Para aumentar suas dificuldades, acabou caindo doente e o médico recomendou um longo repouso no campo. É agrônomo de profissão e vai ajudar a cuidar do meu jardim. Fiz a gentileza de inscrevê-lo no Arbeitsamt."

O Arbeitsamt é uma repartição alemã na qual todo trabalhador polonês é obrigado a se inscrever. Qualquer um pode ser convocado a qualquer momento para a verificação da carteira, que contém informações precisas sobre o trabalho que a pessoa desempenha.

"Mas não sei absolutamente nada de jardinagem. O máximo que consigo é distinguir uma árvore de um arbusto. Como poderei enganar quem quer que seja?"

Ela olhou para mim espantadíssima.

"Como pode ser tão insensível à natureza? Ah, imagino que sejam todos assim na cidade. Não precisa se atormentar. Já prevíamos sua ignorância, não esqueça que é um abominável vagabundo. Pode passar seu tempo à toa pela casa, reclamando de seus males e sofrimentos, exceto quando resolver correr atrás de algum rabo de saia."

Protestei.

"Mas vão perceber à primeira vista que sou um homem sério. Não vou conseguir enganar ninguém!"

Ela me interrompeu:

"Quando chegar, vai fazer uma ronda de inspeção em nossa propriedade. Deve ser visto por todos — camponeses, servidores, aldeões. Na verdade, todas as pessoas de peso, importantes."

Ela olhou para mim com um ar grave.

"Entendeu?", acrescentou lentamente, como quem mastiga uma lição para um jovem aluno meio atrasado.

"Creio que conseguirei compreender suas instruções, se fizer o esforço necessário. Mas uma coisa me preocupa: suponha que alguém faça alguma pergunta sobre jardinagem e cultivo. Vou ficar num belo beco sem saída."

"Serei sua professora. Terá aula todos os dias antes da ronda. Em caso de dificuldade, basta franzir as sobrancelhas e virar-se para mim fingindo irritação. Mantenha sempre um ar de aborrecimento e indiferença, ou seja, aja como um gentleman."

"Serei seu aluno mais dedicado", garanti, batendo os calcanhares.

Já fazia muito tempo que não tinha oportunidade de brincar assim. Estava comovido e muito agradecido pelo fato de ela reconhecer minha necessidade de um pouco de humor.

Ela correu até o carro e tirou de lá um grande sobretudo claro, que estendeu para mim sorrindo.

"Não sabíamos o seu tamanho. Vista isso, por favor. Amanhã escolheremos algo mais adequado."

Olhei para ela surpreso.

"Por que devo vestir isso? É quente demais. Não estou sentindo nenhum frio."

"Ah, como é bobo! Não se trata de aquecê-lo, mas de esconder o que está vestindo. Não quero que o vejam nesses trajes!"

Com um ar de mártir, vesti o casacão que ela me deu. Entramos no carro. Assim que me sentei no confortável banco de veludo, senti o cansaço e a fraqueza tomando conta de mim. Era difícil prestar atenção nas observações de Danuta, minha anfitriã. Divertida, mas ao mesmo tempo preocupada, ela seguiu meus inúteis esforços para dizer algo espirituoso ou interessante.

"Tente descansar um pouco. Amanhã terá tempo suficiente para brilhar."

Deu o exemplo apoiando a cabeça no encosto acolchoado. De repente, levantou e gritou para o cocheiro.

"Passe-me o vinho, por favor!"

O camponês raivoso que dirigia o carro parecia considerar nossa associação com a mais absoluta desaprovação. Vi quando sacudiu a cabeça grisalha, murmurando: "Que bagunça — tantos problemas —, se pelo menos o patrão ainda estivesse vivo…"

Estendeu a garrafa a contragosto. Depois de beber um pouco daquele vinho generoso, comecei a me sentir bem melhor. A letargia que sentia antes desapareceu momentaneamente e pude ver que a estrada se desenrolava no meio de uma densa floresta.

"Não precisa tentar ser brilhante."

Um burburinho ruidoso e uma agitação fantástica saudaram nossa chegada à propriedade. Assim que descemos do carro sob o olhar desaprovador do cocheiro, fomos cercados por um grupo de camponeses. Examinando-me abertamente dos pés à cabeça, faziam comentários que não consegui ouvir. Enquanto isso, Danuta foi cercada por uma horda de crianças que gritavam em coro, cada uma tentando encobrir a voz das outras, contando histórias sem pé nem cabeça. Tentavam beijar sua mão. Fiquei admirado que não tenham arrancado seu braço, tamanho era o ímpeto de cada uma para ser a primeira a pegar a mão da madrinha adorada. Acima da avalanche de gritos, ouvia-se o cacarejar das galinhas, os latidos e os uivos dos cães soltos e, ao longe, o mugido intermitente das vacas.

Com dificuldade, consegui abrir caminho em meio ao grupo de crianças em volta de Danuta. Seus cabelos estavam desgrenhados, o rosto avermelhado, suas roupas, amassadas pelas crianças que não paravam de puxá-la e abraçá-la. Mas, ao que tudo indicava, ela estava gostando dessa recepção entusiasmada. Depois de muitos estratagemas e muita bajulação, conseguiu finalmente dispersar a criançada. E pude enfim recuperar o fôlego e contemplar do alto de uma grande varanda os arredores de meus novos domínios. Diante de mim, estendia-se um gramado enorme, muito bem cuidado, com um canteiro florido de peônias rosa e brancas no centro. A área de serviço, os estábulos, as cavalariças e a forja ficavam a alguma distância da casa. O próprio solar, branco e cintilante ao sol, era cercado, à exceção da fachada, por fileiras de faias atrás das quais perfilavam-se os edifícios da plantação. Acalentado por esse tranquilo cenário rural, fechei os olhos e fiquei ouvindo o delicioso burburinho dos campos. Varsóvia, a Resistência, a Gestapo, minha fuga, tudo isso parecia irreal. Longínquo.

17
Dwór, convalescença e propaganda

No interior da residência familiar dos Sawa, as paredes altas, de um branco brilhante, exibiam uma coleção de retratos e fotografias: velhos quadros mostrando grupos de pessoas no baile, na caça, dividiam espaço com retratos de velhos dignitários barbudos com antigos trajes nacionais e matronas imponentes. Havia também algumas fotos mais recentes dos membros mais jovens da família. Reconheci divertido uma jovem Danuta em dia de formatura, a pele salpicada de pequenas sardas, posando com a devida dignidade. Intrigado, examinei o grupo.[1]

Danuta não demorou para recriminar minha completa falta de cortesia.

"Está vendo, mãe", disse ela, enfatizando a palavra "mãe" para indicar que a referida senhora se encontrava presente, em carne e osso, "as péssimas maneiras que meu primo trouxe da cidade? Não vê a tia há séculos e fica aí olhando fotos como se fossem uma coleção de fenômenos, sem sequer se dar o trabalho de cumprimentá-la."

Esse pequeno discurso irônico logo fez efeito. Eu estava encabulado, sem saber pelo que devia me desculpar primeiro: se pela maneira indiscreta como havia examinado as fotos ou se pela falta de atenção que me fez perder a entrada de minha "tia", que, aliás, estava vendo pela primeira vez na vida. Era uma mulher de cerca de sessenta anos, corpulenta, com um rosto surpreendentemente jovem, de pele ainda fresca. Seus cabelos tinham um tom brilhante de castanho e os olhos eram marrons. Sorriu enquanto eu balbuciava desculpas ininteligíveis.

Danuta virou-se para a mãe, zombeteira:

"O gato comeu a língua dele."

"Oh, pare de espezinhar esse pobre rapaz", disse a "tia", avançando na minha direção.

Sorria sempre, tentando me deixar à vontade. Sua voz era suave e melodiosa.

"Não dê atenção a Danuta", disse. "Ela sempre tenta desconcertar as pessoas. Quero que se sinta livre aqui, como se estivesse em casa. Danuta contou que agora é nosso 'primo'. Fico feliz em poder ajudá-lo, embora deva dizer que o mundo está ficando muito estranho, estranho demais para mim. Eu estava habituada a ganhar primos por meio de nascimentos e não por ordem da minha filha. Mas estou vendo que estou velha demais para o mundo de hoje."

"A senhora é muito boa", respondi. "Espero não me transformar num fardo para a família."

"De modo algum", respondeu ela, acrescentando: "Oh, meu pobre rapaz, como está magro e pálido. Precisamos cuidar disso. Sente-se, descanse e, mais tarde, depois de comer e beber um pouco de leite frio, poderá nos contar as novidades da Cracóvia".

"Obrigado", falei. "Será um prazer tomar um pouco de leite frio. Está fazendo calor e, como pode ver, eu não estava vestido de maneira adequada para um dia assim. Espero que esteja tudo bem com a senhora."

Uma sombra passou em seu rosto.

"Não, nem tudo. Os boches não são exatamente uns anjos, e meu querido filho Lucjan…"

"Ei, mãe, pare com isso!", interrompeu Danuta.

Durante as três primeiras semanas de minha estadia na encantadora casa de Danuta, passei a maior parte do tempo recuperando a saúde. Ficava na cama, lia ou passeava pelo saguão, cujo parquê rangia à minha passagem, conversava com os empregados da casa ou examinava os retratos que tinham se tornado familiares.

Todos os habitantes da casa, desde a mãe de Danuta até as moças que trabalhavam na cozinha, estavam unidos por uma atmosfera singular de lealdade e confiança mútua. De início, atribuí isso à paciência, ao tato e à gentileza que emanavam de Danuta e de sua mãe. Em seguida, porém, a ideia de que havia algo mais foi se impondo pouco a pouco, mas era algo impalpável que eu não conseguia precisar. Ficava aborrecido quando trocavam olhares furtivos pela casa quando pensavam que eu não estava presente ou interrompiam bruscamente uma discussão quando eu aparecia. Tinha a impressão de que toda a casa partilhava um segredo que não podia revelar ao estrangeiro que eu realmente era.

Certas noites, ouvia batidas nas janelas que davam para o pátio dos fundos, seguidas de um rumor de vozes indistintas. Afastava esses devaneios, que só podiam ser produto de minha imaginação excitada demais, a imaginação pouco confiável de um doente. Mas numa noite em que não conseguia dormir, resolvi sentar no parapeito da janela do meu quarto. Vi uma moça, que achei que era Danuta, passeando com um homem no jardim. Não pensei nada na hora. Mas no dia seguinte, no café da manhã, brinquei com Danuta:

"O romance é um passatempo agradável, mas não devia passear tão tarde da noite. Corre o risco de molhar os pés: o idílio e a gripe não são bons companheiros."

Seu rosto ficou imóvel e ela me fuzilou com os olhos.

"Com que direito está nos espiando?", replicou secamente.

E depois, sem nenhuma lógica, acrescentou:

"Além do mais, não fui a lugar nenhum ontem à noite. Está tendo alucinações, primo."

Isso me irritou e respondi:

"Faça o que bem entender, pode flertar com quem quiser, só não venha me dizer que sou cego. Estava apenas brincando e você se enfureceu..."

"Desculpe. Não estou me sentindo muito bem hoje. Mas você está realmente equivocado. Não saí ontem à noite."

Dei de ombros e mudei de assunto. Se ela queria esconder o que podia ser o começo de uma relação amorosa, certamente isso não era problema meu.

Na semana seguinte, todo o meu enfado desapareceu graças a uma nova atividade. Não podia mais adiar as rondas de inspeção das terras, necessárias para dar credibilidade à minha função de "agrônomo". Tinha de cumprir urgentemente as exigências de minha suposta "biografia", a fim de reencontrar meu oficial de ligação o mais rápido possível e diminuir o período de quarentena que tinham me imposto.

A perspectiva de inspecionar as terras me deixou extremamente nervoso. Eu era uma completa negação em tudo que dizia respeito a ciências naturais, botânica e zoologia. Nos meus tempos de estudante, só consegui ser aprovado nessas disciplinas graças a um esforço contínuo. Percebi que, para poder me passar pelo "doutor agrônomo de Cracóvia", precisava suprir minha ignorância com estratagemas engenhosos.

Danuta e eu nos reunimos para elaborar um plano de campanha. Depois de uma longa discussão, marcamos um ensaio geral. No dia seguinte, faríamos um passeio pela parte do terreno a ser inspecionada e Danuta me faria repetir todas as observações que devia fazer.

"E então", perguntou ela, "acha que vai ter sucesso como agrônomo?"

"Francamente", respondi hesitante, "minha memória não é muito boa para os assuntos agrícolas. Digamos que me atrapalhe e comece a falar um monte de bobagens. Por exemplo, sei o que devo dizer a respeito das couves, mas... e se aparecer um pé de tomate?"

"É", disse ela, preocupada. "Vai ser um problema. Mas há sempre uma solução para qualquer dificuldade, precisamos ser metódicos."

"As dificuldades me atraem", repliquei, "e tive uma ideia."

Peguei um caderno e um lápis e arrastei Danuta para o jardim em meio a protestos e risos.

A paisagem era encantadora, fazia sol e estava quente. As pereiras e tílias que cercavam a casa desenhavam profundas zonas de sombra. Estávamos sentados num banco embaixo de uma delas, relaxados, num clima de confiança.

"Antes de falar sobre os planos para as rondas de inspeção, queria pedir desculpas pelas observações que fiz no outro dia, à mesa. Não queria dizer que..."

Ela me interrompeu imediatamente, meio sem graça:

"Deixe disso, é absurdo. Não quero mais falar sobre esse assunto, por favor. E então, qual o brilhante método que inventou para o sucesso das rondas?"

Levantei do banco como um professor prestes a começar sua aula.

"Em qualquer situação em que se vê diante de algo que parece impossível", declamei, "o indivíduo precisa tomar consciência dos meios e das forças de que dispõe. É bem verdade que não sei nada sobre plantas, mas, por outro lado, sei muita coisa sobre a organização de serviços de informações e, portanto, sei descobrir o método para escapar do desastre. Assim, pretendo anotar e numerar as observações que me ensinou e que devo repetir em meu caderno. Na beira de cada fileira de determinada planta, colocarei o número correspondente num pedacinho de madeira e hoje à noite tratarei de decorar as observações na ordem indicada. O que acha da minha ideia?"

"Genial, absolutamente genial!"

A primeira inspeção foi um sucesso estrondoso. Percorri a propriedade, cheio de importância e condescendência, fazendo observações tais como: "As sementes não estão valendo grande coisa este ano. Mas gostei da disposição das linhas de plantio". De vez em quando, cumprimentava trabalhadores isolados ou jovens camponesas que trabalhavam o jardim. O sucesso me subiu à cabeça e não consegui resistir à tentação de provocar Danuta. Quando a ronda estava chegando ao fim, parei para cumprimentar alguns trabalhadores por seus esforços:

"Perfeito, realmente perfeito", comentei com indolência. "É uma pena que não tenhamos nenhum homem por aqui para dirigir os trabalhos. Nota-se a ausência da mão de um homem."

Dei uma olhadela para Danuta. Ela estava vermelha de ódio! Eu havia exagerado um pouco.

Voltamos para casa satisfeitos com o sucesso da minha "estreia". Já íamos entrar quando Danuta pegou meu braço e disse, inesperadamente séria:

"Por favor, Witold, antes de entrar gostaria de dizer uma coisa. Vamos até o banco?"

Achei que não era hora de brincadeiras. Fomos até o banco e nos sentamos. Ela olhou ao redor com atenção para verificar se não havia ninguém por perto. Em seguida, disse:

"Você não estava enganado no outro dia, quando disse que me viu pela janela, à noite, no jardim. Eu estava com um membro da Resistência que você precisa conhecer. Achamos que ainda estava muito doente para agir e que qualquer trabalho continuado poderia esgotar suas forças. Ele estará aqui hoje à noite. Peço que não vá dormir antes que ele chegue, embora não possa dizer exatamente a que horas virá."

Em seguida levantou-se do banco, mas eu permaneci sentado, imóvel.

"Vamos, primo, pé na estrada", disse rindo. "O jantar nos espera. Quanto a mim, seria capaz de comer um cavalo inteiro de tanta fome."

Antes que pudesse fazer qualquer pergunta, ela pegou meu braço e tratou de me arrastar para casa.

À noite, esperei pela chegada do convidado de Danuta com certa impaciência e um pouco de ansiedade. Estava há tanto tempo em banho-maria que começava a me sentir inútil, como se as faculdades adquiridas no trabalho para a Resistência começassem a enferrujar.

O jantar transcorreu num clima meio lúgubre. De comum acordo, Danuta e eu renunciamos às provocações. Depois da sobremesa, alegando uma dor de cabeça, ela foi para o quarto. Quanto a mim, fiz algumas gracinhas para minha "tia" e depois subi para o quarto, coloquei uma poltrona perto da janela e tentei ler. O calor do dia, o cansaço do passeio e a tensão em que me encontrava acabaram me deixando sonolento, e não demorei a cair no sono.

Um pouco depois da meia-noite, senti uma mão em meu ombro e despertei sobressaltado: Danuta estava de pé atrás da poltrona. Murmurou gentilmente:

"Acorde, Witold. Ele está esperando por nós no jardim. Venha em dez minutos", disse baixinho e saiu.

Ao que parece, tinham assuntos para discutir sem mim. Esperei os dez minutos, desci a escada na ponta dos pés e fui para o jardim. Esquadrinhei a escuridão sem sucesso. De repente, ouvi Danuta falar com alguém cuja voz era familiar. Era um homem, mas não consegui identificá-lo. Ela chorava, lamentando-se. Não tinha dinheiro. Os alemães sequestravam todos os produtos da granja… O pior é que ela se atormentava muito por causa dele. Eu estava surpreso com a mudança que tinha se operado na jovem. Parecia sempre tão segura de si, tão alegre, tão cheia de confiança. A voz do homem tentava tranquilizá-la.

Cheguei mais perto e fiquei muito espantado quando vi que a voz que me intrigava pertencia ao oficial de ligação que viera falar comigo na granja onde fiquei após a fuga do hospital. Sua aparência não havia mudado. Era sempre o mesmo jovem oficial esguio e cortês. Virou-se para mim com um sorriso cativante nos lábios:

"E então, como vai, Witold? Danuta o está tratando bem? Se não estiver sendo gentil, tem minha autorização para lhe dar umas palmadas."

Respondi que Danuta era uma jovem malvada e cruel, mas que eu suportava estoicamente meus sofrimentos. Acrescentei que devia felicitá-lo por seu talento em fundir-se com a natureza, tanto que quase não o reconheci.

No jargão da Resistência, "fundir-se com a natureza" indicava a faculdade de não atrair atenção, de transformar-se num elemento da paisagem. E era considerada um trunfo muito valioso.

"É muito amável da sua parte", respondeu ele, que parecia ao mesmo tempo orgulhoso e meio constrangido, "mas viemos aqui para discutir seus problemas e não as minhas capacidades." E, dirigindo-se a Danuta:

"Não quer trazer um pouco de leite e algo para comermos? Estou com fome. E preciso conversar com Witold."

Danuta obedeceu e partiu sem dizer uma palavra. Fiquei me perguntando se era seu marido ou noivo, mas não ousei perguntar.

Ele deitou na relva com um suspiro de cansaço.

"Vou lhe dizer uma coisa, Witold", começou, meio embaraçado. "Sabe que está sozinho nesta casa com Danuta. Sabe também que é uma moça honesta..."

"Por que está me dizendo isso?", perguntei, realmente intrigado. Ele começou a rir.

"Oh, não tem importância. É que me conheço bem, sem dúvida alguma, e não tenho nenhum motivo especial para pensar que você é diferente de mim."

Tentei brincar.

"Mas, então, por que se preocupar tanto com Danuta se, como acabou de dizer, você mesmo é um mulherengo? Está querendo dizer que ela é sua esposa?"

"Não, minha irmã."

Fiquei sem voz. Então ele era Lucjan, o irmão de quem Danuta não queria de jeito nenhum que a mãe falasse.[2]

Antes que eu pudesse responder, Danuta retornou com a comida e meu estranho interlocutor a interpelou alegremente:

"Pois bem, maninha, vejo que negligenciou seus deveres mundanos e fui obrigado a me apresentar sozinho a Witold. Agora que a situação se esclareceu podemos falar de nossos negócios", continuou ele, bebendo seu leite. "Como se sente agora, Witold?"

"Estou bem melhor do que quando cheguei. Preciso muito fazer alguma coisa. Tenho a sensação de estar perdendo tempo. Não existe nenhum perigo para a organização. A Gestapo parece ter abandonado as buscas por mim. Seja como for, minha aparência mudou tanto que não creio que conseguissem me reconhecer."

Lucjan olhou para mim com aquele ar de candura e sinceridade que compunham todo o seu encanto.

"E que tipo de trabalho gostaria de fazer concretamente?"

Depois de alguns minutos de reflexão, respondi:

"Levando em conta todos os fatores em jogo, tais como minha atual fraqueza, minha experiência geral com as técnicas do jornalismo e da propaganda, penso que poderia servir na seção de propaganda."

Disse isso sem muita convicção, pois a ideia de trabalhar neste ramo não me entusiasmava nem um pouco. Fabricar mentiras, ser desleal e cruel não eram coisas do meu gosto, mas, pensando nos golpes que poderíamos desfechar contra o inimigo, eu seria capaz de passar por cima de todos os meus escrúpulos.

Lucjan parecia ter lido meus pensamentos.

"A propaganda não o atrai muito, não é? Bem, terá a resposta em alguns dias."

Foi assim que nosso encontro chegou ao fim.

Nada aconteceu durante vários dias, e minha impaciência começou a se manifestar. Caminhava para cima e para baixo pela casa, nervoso. As brincadeiras de Danuta me irritavam, e eu respondia brevemente e de mau humor. Certa noite em que me sentia melancólico, sentado no salão com Danuta, ouvimos uma pedrinha bater na vidraça. Corremos para a janela. Eu tentava controlar a impaciência, enquanto Danuta repreendia o irmão pela imprudência de aparecer àquela hora.

"Não se preocupe, querida. Não fui pego até agora, não é?"

Ela explodiu em soluços.

"Você é tão despreocupado, tão teimoso. Não pensa no que pode acontecer com a gente. Não cuida nem mesmo de você. Um dia acabará preso, e então o que será de nós?"

Não sabia mais para onde voltar seus olhos de corça assustada e saiu correndo do salão. Lucjan não estava à vontade. Num acesso de confiança, disse:

"Essa vida está matando minha irmã. É muito sensível, e ser obrigada a fingir o tempo todo e a reprimir as próprias emoções não é nada bom para sua saúde. Cuide dela, Witold, por favor."

"Farei tudo o que puder, Lucjan."

Ele balançou a cabeça e suspirou. Em seguida, mudando bruscamente de tom, reincorporou o personagem oficial, impessoal.

"Seu pedido para trabalhar na seção de propaganda foi aceito pelas autoridades da Resistência. Trate de providenciar uma lista do material necessário e comece a trabalhar assim que puder. Vamos para outro lugar. Trouxe instruções a respeito do seu novo trabalho."

Subimos para o meu quarto e discutimos os detalhes do trabalho. Quando terminamos, ele ficou me observando em silêncio por alguns segundos e finalmente sorriu.

"Boa sorte, Witold, tenho certeza de que vai dar o que fazer aos boches."

O sorriso parecia acentuar ainda mais a expressão tensa e cansada de seu rosto.

"Vou me esforçar", respondi. "E você, trate de se cuidar."

Danuta retornou, de olhos vermelhos e claramente envergonhada por sua explosão, e assumiu a tarefa de desanuviar o ambiente.

"Sabia, maninho, que fui contar a prataria e descobri que na verdade não há mais quase nada para contar?" Olhou para Lucjan, ameaçando-o com o dedo. "Não é porque aprendeu a entrar e sair de casa como um ladrão que deve se comportar como tal. Se continuar com isso, entre você e os alemães, não vai sobrar nada."

Lucjan virou-se para mim como se estivesse profundamente magoado.

"Está vendo, Witold, o modo como sou tratado dentro da minha própria casa? Minha irmã me acusa dos piores malfeitos. Fica o tempo todo imaginando novas maneiras de me envergonhar. Vou embora antes que arruíne completamente a minha reputação. Adeus!"

Deu um beijo no rosto de Danuta, um tapinha amistoso em meu ombro e partiu. Um segundo depois, vimos quando cruzou correndo o jardim e pulou o muro com agilidade.

Já no dia seguinte, depois do longo período de inatividade forçada, mergulhei com alegria nas novas tarefas de propagandista. Pedi a Danuta que arranjasse listas telefônicas e comerciais e todo tipo de folhetos e impressos publicitários.

No final, quando teve tempo para recuperar o fôlego, Danuta pediu explicações:

"Não é que seja curiosa, caro primo, mas se devo correr para cima e para baixo pelo povoado, gostaria de saber qual o motivo."

"Oh, minha cara criança", respondi cheio de entusiasmo, explodindo de felicidade por passar à ação novamente, "você vai assistir ao nascimento de uma obra-prima imortal. Em alguns instantes, começarei a escrever uma carta eloquente, a ser endereçada a todos aqueles que, no Reich, têm um nome polonês. Pelo menos é o que vamos tentar. Queremos lembrar a todos os indivíduos de origem polonesa que, embora formalmente sejam cidadãos alemães, o sangue polonês continua a correr em suas veias."

Danuta interrompeu o discurso.

"Calma lá, Witold. Não fique tão animado. Se levantar um pouco mais a voz, não vai precisar mandar carta nenhuma. Todo o Terceiro Reich já terá ouvido, inclusive a Gestapo."

Com efeito, percebi que, progressivamente, tinha caído num verdadeiro frenesi e recomecei num tom mais contido.

"Além do mais, a carta vai convocar os citados poloneses a estudar a história de seu país. Citarei os exemplos mais abomináveis da brutalidade e do terror da Gestapo e terminarei tentando convencê-los de que, apesar dos métodos de guerra implacáveis e bárbaros dos nazistas, a Alemanha irá perder esta guerra."

"E quando terminar essa obra-prima, para onde e para quem pretende enviá-la?"

"Vamos passar as listas em revista para escolher os nomes que pareçam poloneses. Faremos uma lista e a mandaremos, junto com cópias da carta, aos membros da Resistência que trabalham nas províncias da Polônia que foram incorporadas ao Reich. Eles poderão reproduzir milhares de exemplares da carta e enviá-las às pessoas indicadas na lista."

"É tão simples", disse ela, cheia de sarcasmo. "E como pretende enviar essas cartas? Nas asas da esperança? Pombo-correio?"

"Nem um, nem outro. É bem mais simples usar os meios que o governo alemão colocou à nossa disposição. Como os nazistas consideram que as regiões da Polônia incorporadas ao Reich agora fazem parte integrante da Alemanha, tudo o que temos a fazer é escrever os endereços, colar os selos nos envelopes e colocar no correio. Raramente o Reich censura esse tipo de correspondência."

Danuta e eu pusemos mãos à obra, trabalhando quase sem descanso, e conseguimos terminar em alguns dias. Lucjan veio nos visitar de novo e ficou muito satisfeito, enchendo-nos de elogios. No entanto, apesar do bom humor aparente, ele parecia preocupado. Finalmente, desisti de terminar minha explicação e perguntei:

"Está me ouvindo, Lucjan? Parece estar com alguma coisa bem mais importante na cabeça. É melhor que diga logo, se puder, é claro."

"Conhece Bulle?", perguntou ele.

"Acho que já ouvi esse nome, mas não me diz grande coisa."

Danuta interveio:

"Ah, então o nome Bulle não lhe diz nada? Como pode não ter ouvido falar dele? Todo mundo por aqui conhece esse animal imundo, esse porco nojento..."

"Não precisa ficar tão furiosa, Danuta. Como quer que ele o conheça? Parece até que Witold é responsável pelos atos de Bulle."

Ele se virou para mim, a expressão dura, os dentes cerrados.

"Bulle é um *Volksdeutsche*", disse, cuspindo a palavra como uma injúria, a mais pesada de todas.

Seu rosto expressava o mais profundo desprezo. Acendeu um cigarro.

A categoria dos *Volksdeutsche*, da qual Bulle fazia parte, foi inventada pelos alemães. A instituição tinha dois objetivos: a desnacionalização da

Polônia e abaixar o moral da população. No começo, referia-se apenas a um terço da Polônia, que, segundo as palavras do Gauleiter Forster,[3] "sempre foi alemã até ser polonizada pelos poloneses através do terror e da opressão". Pretendia introduzir nesse território uma cultura puramente germânica, a língua alemã, escolas e institutos alemães privilegiados, excluindo todos os outros. Um decreto proclamou que nessas regiões só seriam tolerados os indivíduos que falassem alemão, enviassem os filhos a escolas alemãs e servissem o *Wartheland** de uma forma ou de outra.

A maioria dos alemães que residiam na Polônia antes da guerra apressou-se a obter os documentos de residentes alemães para poderem se tornar *Reichsdeutsche*. A maioria esmagadora da população polonesa recusou-se firmemente a aceitar "essa gloriosa oportunidade de estabelecer sua solidariedade para com o Reich". Continuou a falar polonês e demorava de maneira exasperante a aprender alemão. Os nazistas, vendo que sua generosa oferta corria o risco de ser deliberadamente desdenhada, resolveram fazer algumas concessões. Qualquer pessoa que possuísse as mais longínquas provas de ascendência alemã poderia adquirir, dirigindo-se aos organismos raciais alemães, rações alimentares idênticas às dos alemães, receber certos privilégios e habilitar-se para o alto favor da nacionalidade alemã depois da guerra. Para grande tristeza dos alemães, apenas um grupinho miserável de poloneses ficou tentado por oferta tão sedutora. Eram os *Volksdeutsche*. Os nazistas fizeram esforços desesperados para aumentar seu número, chegando ao ponto de abandonar finalmente qualquer pretensão à pureza da raça. A outorga, no futuro, da nacionalidade alemã foi oferecida a quase todo mundo, assim como, no presente, várias vantagens, sob a forma de rações alimentares especiais ou alocações suplementares de roupas, praticamente sem nenhuma contrapartida. Todos esses mimos, as rações suplementares e a mais sedutora propaganda só serviram para reunir um magro rebanho de renegados.

Os *Volksdeutsche* eram objeto do mais completo desprezo, considerados traidores criminosos ou miseráveis.[4] Naturalmente, eu conhecia e partilhava esses sentimentos unânimes. No entanto, a atitude de Lucjan em relação a Bulle parecia bastante incompreensível a meus olhos. A explosão

---

* Warthegan/Wartheland: distrito administrativo do Reich (*Reichgan*) formado pela antiga província prussiana de Posen e outras regiões fronteiriças polonesas. [N. E.]

Embaixador Jan Ciechanowski (1887-1973), que dedicou um capítulo de suas memórias ao relato da entrevista com Karski durante sua primeira missão nos Estados Unidos, em julho de 1943.

1936. Na esquerda, Jan Kozielewski (futuro Jan Karski) de uniforme ao lado do irmão militar, Marian Kozielewski.

Jan Karski. Fotografia tirada em Washington durante sua primeira missão nos Estados Unidos (Junho-Setembro, 1943).

Jan Karski ditando *Estado Secreto* para a tradutora e secretária bilíngue, Krystyna Sokolowska, no quarto de hotel que eles usaram como escritório durante o verão de 1944 em Manhattan. Publicado em 28 de novembro de 1944 por Houghton Mifflin, o livro foi um best-seller e vendeu mais de 400 mil cópias.

Jan Karski em sua casa. Chevy Chase, Maryland (Estados Unidos), 4 de abril de 1995.

Passaporte diplomático utilizado por Jan Karski durante viagem à Paris em 1943.

Diploma de Jan Kozielewski da Universidade Jana Kazimierza em Lviv (a cidade de Lviv atualmente pertence à Ucrânia), de 8 de outubro de 1935.

Edição sueca de *Estado Secreto*.

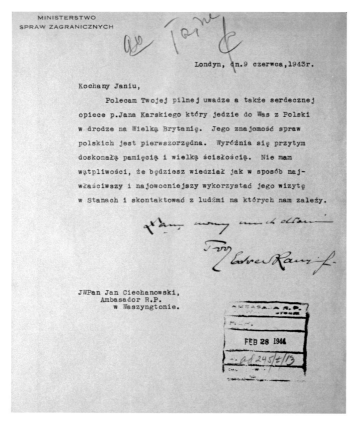

Carta de recomendação de Edward Raczyński, o Ministro das Relações Exteriores polonês, para o embaixador polonês em Washington, Jan Ciechanowski. "Londres, 9 de junho de 1943. Querido Janiu, recomendo a você, também por sua cordial solicitude, Jan Karski — que chega à você recém-saído da Polônia, tendo passando também pela Grã Bretanha [...] O conhecimento dele dos assuntos poloneses é excelente. Ele se caracteriza, sobretudo, por sua memória excepcional e profunda sobriedade. Tenho certeza de que você poderá usar a visita dele aos Estados Unidos de modo conveniente e produtivo, e que será capaz de colocá-lo em contato com as pessoas que são importantes para nós. Com cordial amizade, Edward Raczyński".

Diploma de Justos entre as Nações concedido a Jan Karski pela Autoridade de Recordação dos Mártires e Heróis do Holocausto (Yad Vashem).

Cidadania honorária oferecida a Jan Karski pelo Estado de Israel por sua missão durante o Holocausto.

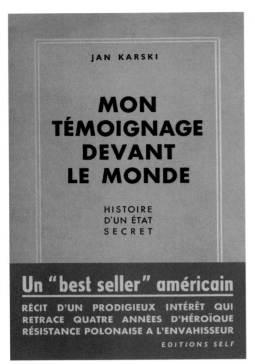

Edição francesa de *Estado Secreto*.

A folha de rosto da primeira edição americana de *Estado Secreto*.

de Danuta podia ser explicada pela emotividade e exaltação. Mas era evidente que Lucjan também experimentava a mesma repugnância indignada, apenas temperada pela disciplina e pelo autocontrole, regras absolutas que os clandestinos devem interiorizar, pois sem elas seriam incapazes de sobreviver por muito tempo.

"Por que sente tanto ódio desse indivíduo? Afinal, não passa de um verme como os outros."

A cólera de Lucjan tinha amainado. Falou com frieza, objetivamente.

"Não podemos tratar o problema dos *Volksdeutsche* unicamente com desprezo. É verdade que muitos deles acabarão recuando diante do ostracismo social e do desdém de todos a seu redor. Mas alguns são imunes a esse tipo de pressão, e os desse tipo são verdadeiramente perigosos. Só será possível torná-los inofensivos por meio de métodos bem mais enérgicos. Bulle é um dos piores."

Danuta cerrou os punhos e uma indignação veemente retorceu suas feições.

"Esse porco deveria ser executado", disse ela. "Bulle não é um simples *Volksdeutsche*. E também não é um traidor comum. Vive rondando, oferece álcool aos camponeses para embriagá-los e soltar suas línguas. Enche a cabeça deles com as últimas novidades da mais nojenta propaganda nazista e trata de convencê-los a colaborar com os alemães. Todo mundo sabe que denuncia nossos membros à Gestapo…"

Lucjan interrompeu vivamente.

"Não temos nenhuma prova disso."

"Provas, provas!" Danuta ergueu os braços para o céu. "E de que prova você precisa? Vai ficar esperando por uma confissão completa, escrita de próprio punho? Não seja ingênuo, meu irmão!"

"Precisamos de provas. Não temos direito de agir como os nazistas e condenar as pessoas sem ter certeza de sua culpa. Cedo ou tarde, Bulle acabará se traindo. E quando isso acontecer, vamos cuidar dele direitinho."

Mas Danuta não se dava por satisfeita. Antes que pudesse replicar, Lucjan mudou o rumo da conversa para outro assunto.

"Falando nisso, aquela ideia da carta foi excelente, Witold. E agora que conseguiu executá-la com tanto brilho, o que pretende propor de novo? Teve mais alguma ideia?"

"Claro. É só uma coincidência, mas também andei pensando a respeito dos *Volksdeutsche*. Gostaria de me dedicar a esse problema por um tempo e encontrar um jeito para que recebam a recompensa que merecem."

Os olhos de Danuta brilharam de alegria.

"Nada no mundo me daria mais prazer do que ajudá-lo com isso, Witold. Mas o que pretende fazer?"

Foi Lucjan que deu a resposta.

"Aposto que nosso amigo vai simplesmente empregar o método do engajamento voluntário. Acertei, Witold?"

Fiz que sim.

"Esse método deu ótimos resultados na Alemanha e em alguns distritos poloneses. Podemos tentar a mesma coisa por aqui."

Comecei a trabalhar imediatamente, com a ajuda devotada de Danuta, encarregada de reunir e conferir as listas de nomes de *Volksdeutsche*, enquanto eu lançava mão de meus recursos literários para redigir um novo tipo de dissertação.

Dessa vez, em lugar de escrever apelos ao povo polonês para reforçar seu desejo de resistir, estava redigindo cartas destinadas às autoridades nazistas, exprimindo o mais profundo desejo de servi-los. Cada carta era assinada com o nome de um *Volksdeutsche*. Precisávamos de um número considerável de variantes para evitar que o estratagema fosse descoberto. Mas todas elas eram mais ou menos fiéis à forma que um recém-convertido à catequese nazista adotaria espontaneamente: "O Führer despertou em mim a consciência da comunidade alemã que me levou a fazer o seguinte pedido. Atualmente, sirvo ao Grande Reich alemão como lavrador (ou comerciante, funcionário de polícia etc.), mas não posso mais continuar a assistir ao sacrifício heroico de meus irmãos alemães. Desejo oferecer meus serviços ao glorioso exército alemão e, através da presente, solicito o privilégio de ser imediatamente integrado às fileiras da Wehrmacht... Seria uma grande honra para mim poder servir ao exército alemão, e espero que meu patriotismo seja recompensado em breve com a incorporação e o envio para a frente de batalha..."

Era o método do "engajamento voluntário". Enviávamos "pedidos" desse tipo às autoridades ocupantes em nome dos *Volksdeutsche*. É claro que tentávamos ao máximo evitar repetições, de modo a dificultar a descoberta da mistificação. As cartas diferiam em estilo, nos detalhes ou nos destinatários, mas eram semelhantes entre si na questão de fundo e expressavam o tom do neófito nazista quando se dirigia a seus "mestres".

Quando Danuta leu a primeira carta que escrevi, o entusiasmo que sentiu ao saber do projeto foi subitamente abalado. Ela olhou para mim com uma gravidade incomum, perturbada até o fundo da alma. Percebi que o estratagema feria suas concepções de honra. Apesar do ódio que sentia pelos execráveis traidores que pertenciam aos *Volksdeutsche* e de seu desprezo pelos covardes, percebi que achava aquele golpe cruel demais.

"Acho que sei o que se passa em seu espírito, Danuta", falei. "Acha que não devíamos nos rebaixar ao uso de tais métodos. Mas precisamos ter em vista a nossa situação e o mal que tais indivíduos podem nos fazer. Só podemos desorganizar os planos dos nazistas graças a subterfúgios desse tipo. Do contrário, jamais teremos a menor chance contra eles… Além do mais, são as ordens que recebi."

Ela pareceu mais tranquila e interrompeu meu discurso com ironia:

"Quando você chegou aqui, Witold, mal conseguia articular uma palavra. Um mês de cura no campo e já demonstra uma eloquência incrível. Mais um mês e vai estar fazendo discursos tão longos quanto os de um funcionário nazista."

Quando propus a Lucjan que me confiasse uma missão de propaganda, não esperava que ganhasse aquelas dimensões. Ainda não estava completamente recuperado, e os projetos simples que havia começado tinham se desenvolvido a ponto de consumirem uma energia considerável. O ponto de partida de nosso programa era simplesmente preparar o terreno para sustentar o moral da população polonesa e garantir que os colaboradores covardes ou traidores fossem castigados.

Mas cada ideia parecia dar origem a novas ideias que não podiam ser negligenciadas sem prejudicar o conjunto. Assim, acabei me envolvendo, com o consentimento e a ajuda da Resistência, na edição de uma enorme quantidade de cartas, panfletos e, por fim, periódicos e jornais. Minha responsabilidade consistia em preparar os mais variados textos de propaganda. Era uma incursão ao mesmo tempo delicada e excitante no domínio político e literário. Cada termo devia ser pesado com precisão, pois quase todos os nossos documentos eram difundidos como se fossem de organizações secretas alemãs, liberais, socialistas, católicas, comunistas e mesmo nazistas. Um dos princípios fundamentais de nossa técnica de propaganda era publicar todos os nossos panfletos, proclamações e até mesmo boletins de informação sob a égide de um grupo fictício que defendia a ética católica, as tradições do parlamentarismo alemão, a solidariedade internacional dos trabalhadores ou a liberdade individual. Cada documento era escrito num estilo e num espírito estritamente condizentes com as doutrinas de seus supostos inspiradores. Em pouco tempo, comecei a me sentir na pele de um ator sobrecarregado. Estava constantemente na corda bamba, pois o menor passo em falso podia facilmente desmascarar toda a história.

Esse sistema de publicações de propaganda, sempre sob os auspícios dos alemães, teve um sucesso crescente. Nossa audácia também aumentou, levando-nos a projetos mais ambiciosos, cujo campo se ampliava constantemente. No final, a Resistência criou dois jornais que circulavam não somente entre as fileiras do exército alemão na Polônia, mas também no Reich propriamente dito. Um deles era a suposta publicação dos sociais-democratas, e o outro, uma folha ardentemente nacionalista.[5]

Tenho a impressão de que os boatos que circularam sobre a existência de um vasto movimento de resistência na Alemanha poderiam muito bem ser resultado de nosso trabalho. Conheci muito bem a Alemanha nazista sob diversos aspectos durante a guerra: por ocasião de minhas viagens no Reich, jamais encontrei vestígios de qualquer movimento hostil ao regime nazista que tivesse alguma importância. Pode ser que o governo nazista tenha conseguido trancar toda a resistência alemã nos campos de concentração, mas infelizmente não teria sido por causa do movimento clandestino alemão.

Em meio a essa atividade febril, eu ainda era obrigado, de vez em quando, a fazer as rondas de inspeção da propriedade e continuar memorizando o sistema de numeração que estabeleci para conseguir reconhecer os legumes. As preocupações e o trabalho obrigatório que essas rondas exigiam eram, contudo, compensados pela aquisição gradual de uma magra bagagem de conhecimentos agrícolas e também pela estima e amizade do pessoal da propriedade, que afinal conquistei. Para minha grande surpresa, consegui vencer até mesmo a obstinada resistência do velho cocheiro contra mim.

No entanto, embora meu medo de delatar minha origem tivesse diminuído, essas inspeções eram um fardo que vinha se somar aos outros trabalhos. A energia acumulada em três semanas de convalescença consumiu-se muito rapidamente. Meu humor ficou insuportável, e minha paciência limitada. Danuta me pressionava com frequência para que diminuísse a tensão e tentasse repousar alguns dias. A cozinheira fazia cara feia para mim, reprovando meu aspecto ruim, como se eu fosse um porco que ela tentasse engordar. Com um zelo incansável, ela propunha todo tipo de infusões para abrir meu apetite e me oferecia as mais variadas iguarias. Por fim, sucumbi a essa pressão combinada, sobretudo porque comecei a perceber que estava prestes a ter uma recaída. Prometi que trataria de vagabundear durante alguns dias e comer tudo que me oferecessem.

A cada semana, separava um dia de folga. Mas o trabalho me dominava de tal maneira que era quase impossível relaxar. Eu precisava cumprir uma disciplina severa e sistemática de repouso, obrigar meu corpo a ficar deitado, minha mente a ler e conversar inocentemente, embora meu espírito estivesse em outra parte. Certa noite, estava sentado folheando um livro qualquer quando ouvi o ruído familiar que indicava as visitas de Lucjan. Feliz por poder abandonar um repouso que já não aguentava mais, corri para recebê-lo e tive a surpresa de ver um estranho a seu lado.

Era um jovem de pequena estatura, mas muito forte. Tinha o rosto bronzeado, e o que havia de jovem em seus traços contrastava singularmente com as marcas profundas que só costumam aparecer na maturidade. Estava vestido como um granjeiro, porém tinha todo o ar de um camponês bastante rude, mas nem um pouco ingênuo.

Compreendi imediatamente que era um clandestino, dadas as circunstâncias de sua visita e o olhar rápido e experiente com que examinou a sala. Olhava para mim com uma calma impassível; sua postura exprimia grande segurança. Observei Lucjan com curiosidade. Havia algo de realmente extraordinário na atitude do estranho que me fascinava, além de não ser o tipo de pessoa que imaginaria encontrar ao lado de Lucjan. Dono de um rosto todo desenhado em linhas duras, inflexíveis, ele parecia resoluto e até mesmo um pouco cruel.

18
Sentença e execução

Ficamos os três nos olhando sem dizer uma palavra. Concluí que cabia a Lucjan a tarefa de quebrar o gelo e decidi que, se ele continuasse com aquela descortesia, eu manteria o mesmo silêncio obstinado. Como o silêncio se prolongava, cada vez mais opressor, pensei em fazer alguma observação ácida, mas, para minha indignada surpresa, Lucjan puxou seu jovem amigo pela manga e foi com ele para o outro lado da sala. Cochicharam um instante e voltaram para perto de mim. Aquele comportamento esquisito estava começando a me irritar.

"Se preferirem ficar sozinhos, Lucjan", disse com aspereza, "posso perfeitamente deixá-los."

Lucjan olhou para mim com um espanto sincero.

"Não pretendíamos ser grosseiros, Witold", respondeu, desculpando-se. "Sinto muito, mas tivemos um problema urgente e, por isso, creio que não tive o mínimo de tato com você."

E acrescentou:

"Gostaria que conhecesse Kostrzewa."

Kostrzewa deu um sorriso jovial e simpático e seus grandes e ternos olhos azuis me encararam amigavelmente. Pelo visto, havia me examinado e formado uma opinião a meu respeito.

"Já tinha visto o senhor no povoado", disse com desenvoltura, "e fico muito feliz em conhecê-lo."

Gostei de Kostrzewa, mas tive certa dificuldade para classificá-lo. Apesar da aparência franca e simples, ele podia parecer astucioso e ousado. Pensei que não devia ser uma pessoa fácil de lidar e ponto final. Num tom bastante afável, Lucjan perguntou se eu estava disposto a lhe fazer um favor.

"Claro", respondi. "O que é?"

"Nada especial. Temos um pequeno acerto de contas a fazer daqui a alguns dias e precisamos de alguém para servir de sentinela."

Essa desconfiança me incomodou. Achava que ele me devia uma explicação.

"Não tem nada a acrescentar ao que acabou de dizer?"

"Não, nada a acrescentar. Tudo o que tem a fazer é ficar escondido atrás de uma árvore e assobiar caso alguém se aproxime. Podemos contar com você?"

"É claro. E quando vai ser isso?"

"Será informado daqui a um ou dois dias."

Retirou-se bruscamente e Kostrzewa seguiu seu exemplo. Desapareceram pela janela. Fiquei olhando enquanto os dois se afastavam, extremamente irritado com eles e comigo mesmo. Quebrei a cabeça para tentar descobrir a natureza da tal expedição, mas não cheguei a conclusão alguma.

Dois dias depois, Lucjan retornou sem Kostrzewa. Senti que havia alguma coisa importante no ar. Não que Lucjan demonstrasse qualquer emoção: tinha sido muito bem treinado para manter o sangue-frio e não deixar transparecer nada, mas eu já tinha visto tantos homens em situações semelhantes que não me deixei enganar pela calma que afetava.

Enquanto observava o vago sorriso de Lucjan, meu coração batia violentamente e minhas mãos ficaram quentes e úmidas.

"O pequeno favor que me pediu será para hoje à noite?"

"Sim", respondeu ele. "É melhor botar as botas de borracha. A relva está úmida."

Subi para o quarto, mas ele me deteve para inspecionar minhas roupas.

"Vista alguma coisa escura. Não quero que fique muito visível."

"Está bem. Desço em um minuto."

Lucjan estava sentado na poltrona que, inconscientemente, sempre escolhia quando estava nervoso ou angustiado. Examinei-o de maneira discreta enquanto subia a escada. Os músculos de seus maxilares trabalhavam, sua testa estava franzida e ele segurava um cigarro aceso entre os dedos, sem fumar. Chegando ao quarto, vesti uma calça escura, enfiei um pulôver sob o casacão e retornei ao salão.

Lucjan se balançava para a frente e para trás.

"Melhor assim", disse. "Está pronto?"

Mal tive tempo de responder, pois ele já estava saindo pela porta dos fundos. Segui seus passos. Ele parou na trilha atrás da casa e colocou a mão em meu ombro, detendo-me. Seus olhos percorreram com cuidado a escuridão ao redor. Certificando-se de que ninguém nos observava, ele retomou o caminho em passos largos. O ar era fresco e úmido. Levantei a gola do casacão e marchei silenciosamente a seu lado. Seguimos pela beira da trilha, tomando cuidado para permanecer sempre na sombra das árvores. Depois de um quilômetro, Lucjan deixou a trilha e entrou no bosque. Saímos num grande campo, que atravessamos a toda velocidade pela relva espessa e úmida. Agora nossa caminhada descrevia um grande círculo e compreendi que estávamos contornando uma aldeia para penetrar no bosque que ficava ao lado da trilha pela qual havíamos chegado. Depois de três quilômetros de marcha através dos campos, voltamos a entrar no bosque. No meio da noite, seguindo uma direção certa, Lucjan avançava rapidamente, e eu tropeçava atrás dele seguindo a estreita trilha que seus passos traçavam entre as árvores, raízes e arbustos. Depois de um quilômetro extenuante, Lucjan parou.

Jogou-se no chão atrás de uma moita espessa de arbustos que parecia ter sido escolhida cuidadosamente e com antecedência. Era um excelente local. Tínhamos a visão da estradinha, mas éramos invisíveis. Ninguém podia chegar por trás sem que ouvíssemos o barulho dos passos. Em caso de alarme, era fácil bater em retirada e sumir no meio das árvores. Tive certeza de que todas aquelas precauções não podiam ser destinadas a algo sem importância.

Fiquei sentado enquanto Lucjan ia e vinha, examinando a estrada com uma prudência incansável. O cansaço e o frio começavam a pesar para mim. O ar misterioso de Lucjan e sua falta de consideração comigo me incomodavam. Tentei me conter o máximo que pude, mas finalmente explodi:

"Será que pode me dizer o motivo de todo esse mistério, Lucjan? Tudo bem que me arraste por meia Polônia, mas gostaria de saber a razão, nem que fosse vagamente. Quanto tempo ainda vou ficar aqui? Na verdade, estou pouco me lixando, mas quando é que vai acontecer?"

Ele olhou para mim com espanto.

"O que houve? Está doente?"

"Doente? Eu? Claro que não, só quero ter uma ideia do que está acontecendo, se não for muito incômodo."

"Já disse que é uma bobagem que não merece explicações!"

"Seja como for, gostaria que me contasse!"

"Pois bem, vou lhe dizer, mas daqui a pouco."

E recomeçou sua incansável vigilância. Sentei-me e retomei minha tediosa contemplação. Tendo em vista minhas débeis condições de saúde, tinha sido um idiota ao aceitar participar daquela expedição inútil. Estava me sentindo humilhado e agredido, mas não havia nada que pudesse fazer. Prometi a mim mesmo que me vingaria quando tudo acabasse. Lucjan sentou-se a meu lado para descansar um pouco. Obstinadamente, recomecei com as perguntas.

"Não vai mesmo me dizer o que significa tudo isso? Por quê? Não confia em mim?"

Ele franziu as sobrancelhas e sacudiu a cabeça com impaciência.

"Isso mesmo. Não confiamos em você…"

Dei um salto indignado.

"Como?"

"Sente-se, por favor, deixe-me terminar. Não é o que está pensando. Sabemos que é leal e digno de confiança. Mas é intelectual demais, sensível demais para fazer o que planejamos. Não podemos correr o menor risco. E agora, fique tranquilo. O silêncio é indispensável."

Reprimi meu amor-próprio, sentei resmungando e fiquei em silêncio. Os minutos passavam, pesados e penosos. Estava a ponto de me levantar para esticar as pernas entorpecidas quando Lucjan me deteve com um gesto imperioso. Alguém se aproximava pela estrada. No silêncio, ouvi o som martelado de um par de botas de sola pregada batendo no chão com uma força extraordinária, como se aquele que as calçava quisesse chamar atenção. Fiquei boquiaberto quando o indivíduo começou a assoviar a mesma melodia que Lucjan e eu utilizávamos. Olhei para Lucjan cheio de curiosidade, mas ele permaneceu impassível.

O assobiador entrou em nosso campo visual. À luz do luar, atenuada por algumas nuvens, achei que parecia com Kostrzewa, mas não dava para ter certeza.

Ao passar, ele olhou rapidamente na nossa direção, sem no entanto diminuir o passo. Tentando descobrir a chave do enigma, olhei para Lucjan. Ele não olhava mais para o ruidoso personagem, mas para a direção de onde ele tinha vindo. Tinha um leve e estranho sorriso nos lábios. Olhei na mesma direção. Quando meus olhos se acostumaram à penumbra, percebi a silhueta de um homem que corria de árvore em árvore ao longo de um acostamento da estrada. Tudo indicava que estava seguindo Kostrzewa, se é que era mesmo Kostrzewa.

Lucjan ofegava dolorosamente. Meu coração começou a bater mais forte. O homem passou pela estrada exatamente diante do local onde estávamos escondidos. Lucjan fez um sinal e se levantou com movimentos lentos e furtivos. Avançamos encolhidos atrás do perseguidor de Kostrzewa.

Caminhávamos silenciosamente à beira da estrada, cerca de vinte metros atrás do sujeito. Diminuímos o ritmo um instante e perdi nosso homem de vista. De repente, ouvi um rumor de luta no meio das moitas, de corpos esmagando a folhagem e quebrando galhos. Lucjan parou bruscamente e agarrou meu ombro, no auge da agitação.

"Fique aqui", comandou, num fio de voz. "Se alguém aparecer, assobie a nossa senha e vá se esconder imediatamente."

Pulou na estradinha e desapareceu. Tive vontade de correr atrás, mas fiquei no acostamento, desgostoso com a parte que me cabia: uma batalha sangrenta se desenrolava, e a mim restava apenas o humilhante papel de vigia — e um vigia que nem sequer sabia o que estava fazendo. Passaram-se quinze minutos, durante os quais fiquei encolhido, vigiando a estrada e os campos ao redor, de ouvidos aguçados, o espírito cheio de reflexões amargas sobre a minha própria sorte e de preocupação com o que estava acontecendo mais adiante. De repente, vi uma silhueta avançar lentamente na minha direção. Era Lucjan. Seu rosto exibia uma palidez assustadora no meio da noite. Quando chegou mais perto, notei sua testa molhada de suor. Seu aspecto era preocupante, e lamentei os pensamentos duros de um minuto atrás. Pedi que passasse a noite no solar. Já era tarde e o perigo seria mínimo. Ele recusou secamente:

"Não sou idiota de fazer isso", disse num tom cortante, mas, em seguida, suavizou: "Desculpe, Witold. Não quis ser grosseiro. Explicarei tudo daqui a um ou dois dias, em casa".

Arrastando-se, exausto, Lucjan partiu pelos campos, e eu tomei o caminho de volta para o solar. Estava abatido, cansado e com pressa de me deitar. A luz se acendeu assim que entrei em meu quarto. Recuei. Era Danuta, que me esperava no escuro. Eu estava cansado e deprimido demais para sentir curiosidade ou cólera. Ansiosamente, ela perguntou:

"Aconteceu alguma coisa?"

"Por quê, alguma coisa deveria ter acontecido?", repliquei com amargura.

Danuta pareceu magoada, mas eu não tinha condições de consolá-la.

"Tem certeza de que não tem nada a dizer?"

Estava quase suplicando.

"Absolutamente nada."

"Por favor, queria tanto saber!"

"Saber o quê?!"

"O que houve hoje à noite, é claro!"

"Creio que é você quem pode me dizer isso. É muito provável que saiba bem mais do que eu."

"Realmente não sei. Se soubesse, não estaria fazendo perguntas."

"Estou cansado demais para enigmas!", respondi cruelmente. "Gostaria de dormir."

Ela saiu do quarto com um ar de reprovação.

Fiquei me sentindo meio culpado e caí pesadamente na cama sem sequer tirar a roupa. Adormeci na mesma hora.

Acordei no dia seguinte. Não tinha vontade de ver ninguém. Todas as emoções da noite anterior se misturavam numa sensação odiosa de culpa, medo, raiva e humilhação. Mandei selar um cavalo e saí, voltando apenas na hora do almoço.

Durante o almoço, o clima foi pesado. Danuta e eu evitávamos nos olhar. Comi pouco e apressado, querendo terminar e ir embora dali. No meio da refeição, uma das empregadas entrou esbaforida na sala. Gaguejava de emoção:

"Sabiam que Bulle, aquele espião miserável, suicidou-se ontem à noite?"

Fui até ela e apoiei as mãos em seus ombros.

"Acalme-se!", murmurei. "Sente-se aqui, fale mais devagar e conte o que aconteceu."

Ela começou a recitar de cor, como uma escolar envergonhada, lentamente, aos arrancos:

"Ele se enforcou numa árvore... um lenhador encontrou o corpo quando foi cortar lenha... deixou um bilhete... escreveu que estava farto de ser um espião nazista... que se arrependia de todos os seus crimes... acusou os alemães... e pediu perdão às pessoas da aldeia!"

Eu ouvia perplexo. Entendi na mesma hora que a história tinha ligação com minha aventura noturna. Olhei para Danuta buscando uma ideia, uma pista. Se sabia de alguma coisa, disfarçou muito bem. E comentou friamente, sem paixão:

"Fico contente de ver que ele se arrependeu. É uma boa lição para os outros *Volksdeutsche*."

Desnecessário dizer que o povoado inteiro não falava de outra coisa e que os comentários seguiram seu curso, cada qual dando sua opinião sobre "o que o remorso pode fazer com um homem". O que era muito bom, pois se Bulle, agente dos nazistas — que conhecia, portanto, suas fraquezas —, havia jogado a toalha, isso só podia indicar uma catástrofe iminente para os alemães.

A Gestapo ficou visivelmente incomodada com o incidente. Ouvi um policial fazer o seguinte comentário diante de uma assembleia de camponeses nada convencidos:

"Esse tal de Bulle era um louco. Ia ser internado em breve."

Passaram-se alguns dias e eu ainda não sabia a verdade. Danuta e eu ainda não estávamos à vontade um com o outro, parecíamos constrangidos. Eu não sabia até que ponto ela conhecia as atividades do irmão. A ideia de que também soubesse mais do que eu era para mim o cúmulo da humilhação. Continuava esperando que dissesse o que sabia ou pelo menos que negasse que sabia alguma coisa. Mas ela permanecia de boca fechada, o que me irritava ainda mais. Por fim, Lucjan apareceu. Cumprimentou-nos alegremente, fez perguntas sobre a colheita, alusões estranhas a Bulle e à comoção da gente do povoado. Esperei pacientemente que Danuta saísse da sala para enchê-lo de perguntas, à queima-roupa, as mesmas que já tinha feito antes, as mesmas que fazia há uma semana. O que significava tudo aquilo? Por que Bulle tinha sido morto? Por quem? Por que me mantinham na ignorância?

Lucjan tinha se preparado para ser tranquilo e irônico.

"Morto?", murmurou. "Pensei que tinha se suicidado..."

Falei de maneira brutal — havia bebido um pouco demais:

"Pode parar com essa farsa estúpida. Quero saber a verdade."

"Muito bem. Mas, por favor, pare de gritar. Já vai saber a verdade. Danuta vai lhe contar."

"Danuta? O que ela tem a ver com isso? O que poderia me dizer?"

"O que ela tem a ver com isso? Bem, ela simplesmente organizou tudo."

Fiquei pasmo. Não podia conceber Danuta envolvida naquele história macabra. Lucjan olhou para mim com ironia.

"Não consegue acreditar, não é? É uma das razões pelas quais não quisemos lhe contar todos os detalhes. Você é delicado demais, refinado demais para um trabalho desse tipo, Witold."

"Continuo não acreditando!", gritei furioso. "Danuta, Danuta, venha cá imediatamente."

Corri até a porta e chamei de novo. Ela entrou, tão pequena e delicada que fiquei comovido.

"Seu irmão disse que foi você quem organizou a execução de Bulle. Isso é verdade, Danuta?"

"Sim, perfeitamente."

E começou a explicar a longa história. Havia tomado a decisão na noite em que falou dos *Volksdeutsche*. Era preciso fazer alguma coisa para anular a influência crescente de Bulle sobre os camponeses. Pensou no assunto durante vários dias, até que a ocasião favorável surgiu: Bulle havia contado a uma das criadas que andava seguindo a pista de Kostrzewa e que em breve ia pegá-lo.

Era a oportunidade que queria: usaria Kostrzewa como isca e atrairia Bulle para o castigo merecido. Danuta procurou uma amostra da letra de Bulle e redigiu a carta de suicídio. Lucjan aceitou o plano, depois de obter provas do comportamento criminoso de Bulle.

O projeto foi executado com uma facilidade maior do que esperavam. Fui chamado a participar — com um papel importante, acrescentou ela.

"Não tenha vergonha de não ter ajudado a enforcá-lo. Isso é trabalho para um homem do campo, com músculos e estômago bem sólidos!"

Sacudi a cabeça para dissipar aquela nuvem.

"O que não entendo é por que Lucjan me pediu, cerca de um mês atrás, para tomar conta de você... Parecia tão frágil e solitária."

"Ora, Witold", disse gravemente, "Lucjan estava certo. Muito em breve essa guerra vai chegar ao fim e nós sairemos desse inferno. Um bom verão, alguns meses com direito a respirar livremente e voltaremos a ser normais. E eu serei de novo uma frágil mocinha."

Olhou para mim com ar de reprovação. Sua expressão era triste e séria. Vi seus lábios tremerem, seus olhos ficaram molhados. Saiu da sala correndo.

Lucjan virou-se para mim e sacudiu a cabeça com desgosto.

"Você conhece as mulheres tão bem quanto eu conheço os chineses."

A sequência da história de Bulle foi trágica. Lucjan tinha uma fraqueza encantadora, mas que não lhe trouxe sorte. Amava enormemente as mulheres. Muitas vezes, todos sabíamos, encontrava suas amigas e fazia longos passeios à noite. Sem dúvida, não conseguia perceber que a época não era propícia para flertes. Quando Danuta e eu tentávamos adverti-lo, protestava inocentemente:

"Não posso fazer nada: tenho muita sorte no amor, isso é tudo."

Mas sua sorte não foi muito longe. Certo dia, quando retornava de uma cidadezinha vizinha depois de acompanhar uma moça, foi interpelado por um oficial da Gestapo que estava de carro. Seu primeiro movimento foi de fuga, mas conseguiu se controlar. Aproximou-se lentamente e ficou aliviado ao ouvir o oficial pedir que o ajudasse a trocar um pneu furado. Lucjan aceitou e já se preparava para começar quando o oficial ordenou peremptoriamente que entrasse no automóvel. Impossível adivinhar a razão daquela decisão repentina. Talvez houvesse alguma coisa suspeita na atitude de Lucjan ou talvez o oficial quisesse simplesmente levá-lo para ajudar a carregar suas bagagens. Seja como for, Lucjan recusou-se a correr o risco de ser levado para o quartel-general da Gestapo. Fez de conta que ia entrar no carro, livrou-se, correu para trás de uma grande moita de arbustos e desapareceu.

Esses acontecimentos foram narrados pela jovem que o acompanhava. Danuta ouviu a história cada vez mais tensa, tentando manter o sangue-frio. Discutimos rapidamente e sugeri que inspecionássemos toda a casa para destruir qualquer documento comprometedor, fizéssemos as malas e partíssemos para a Cracóvia. Danuta hesitou. Insisti em partir imediatamente.

"Permanecer aqui só vai agravar a situação. Se Lucjan conseguir escapar, pode nos encontrar na Cracóvia. Não acredito que a Gestapo vá fazer alguma coisa contra sua mãe. É bem provável que a considerem inocente de qualquer cumplicidade."

Ela começou a chorar e concordou. Fizemos os preparativos às pressas. Todo o pessoal da casa se reuniu na varanda para nos dizer adeus. Entramos no carro que, alguns meses atrás, havia me deixado naquele lugar encantador.

O velho cocheiro, que me desprezava mais do que nunca, estava se preparando para partir quando recebemos uma terrível notícia. Um jovem aldeão chegou de bicicleta para dizer que Lucjan havia sido preso, escondido no bosque. Passei o braço pelos ombros de Danuta, tentando consolá-la. Ela tremia e soluçava freneticamente.

Gritei para o cocheiro:
"Vamos! Vamos!"

Danuta afastou-se com violência. Havia recuperado o sangue-frio e falava calmamente.

"Espere um instante, Witold. A notícia da captura de Lucjan muda tudo. Preciso ficar para enfrentar os acontecimentos, quaisquer que sejam. Alguém tem de cuidar da casa!"

Comecei a protestar. Ela apoiou a mão em meu ombro com doçura.

"Não torne as coisas ainda mais difíceis, Witold. Você precisa ir, tem trabalho à sua espera, mas eu nasci e fui criada aqui e serei inútil longe da minha aldeia. Agora vá, por favor. Até a próxima, e lembre-se de nós."

Parti com o coração dilacerado.

Nunca mais voltei a ver os Sawa. Alguns meses depois, na Cracóvia, soube que a família inteira havia sido presa pelos nazistas, torturada e executada.[1]

19
O Estado clandestino (II) — Estruturas

Trabalhei na Cracóvia durante cerca de sete meses — de fevereiro a setembro de 1941. Meu trabalho era totalmente diferente de todos que havia feito até então. Fui designado para a nova tarefa porque falava várias línguas, tinha conhecimentos de relações internacionais e possuía uma excelente memória. O trabalho consistia em ouvir os boletins radiofônicos de notícias e fazer relatórios para as mais altas instâncias civis e militares da Resistência na Cracóvia. Não precisava cobrir as transmissões polonesas em Londres, nem a propaganda da BBC, mas os programas de países neutros como a Turquia, a URSS (antes de sua entrada na guerra), a Suécia e, se possível, os Estados Unidos. Meus superiores achavam muito importante dispor de um quadro real e completo da situação militar e política. Para tanto, era indispensável não se limitar às transmissões em inglês, francês ou polonês das rádios aliadas, cujo conteúdo, "propagandístico" demais, necessitava da correção das notícias e análises dos comentaristas políticos e militares dos países neutros. Se meus relatórios fossem pessimistas ou desencorajadores, eram mantidos em segredo e não eram utilizados por nossos chefes. Contudo, na maior parte dos casos, os relatórios que produzia serviam à imprensa clandestina da Cracóvia.[1]

Durante esse período, nosso trabalho alcançou sua maior intensidade, e, infelizmente, esse aumento foi proporcional ao número de prisões.

No processo de organização da Resistência, no início da guerra, um grande erro foi cometido e teve graves consequências. De fato, a maioria dos membros da Resistência baseou seus cálculos na certeza de que a guerra seria curta. As catástrofes e tragédias causadas por essa avaliação equivocada foram incalculáveis.

Um movimento clandestino que aposta numa guerra curta tenta semear o máximo de caos e desorganização. Trata-se de impedir que o ocupante estabeleça o controle do país. Tal concepção conta com o efeito conjugado de um grande número de ações em diferentes pontos ao mesmo tempo. A conspiração e o segredo são sumários, na medida em que são considerados provisórios. O sucesso será resultado antes da desordem semeada do que da perfeição da própria organização.

Uma avaliação equivocada do fator tempo pode resultar num verdadeiro desastre. Os primeiros membros da resistência polonesa foram, até certo ponto, vítimas de um erro desse tipo. Desde o final de 1939, funcionavam na Polônia inúmeras organizações clandestinas, militares e políticas, reunindo massas de pessoas recrutadas em todas as classes da sociedade. Cada uma delas tentava desenvolver suas atividades na maior escala possível. Se a guerra tivesse terminado em 1940, como todos então acreditavam, todas essas forças poderiam ser usadas em combate no momento decisivo e gozariam de um peso considerável. Mas, ao contrário, o verão de 1940 trouxe a notícia desencorajadora da derrota da França e a certeza de que uma vitória dos nossos aliados, se houvesse mesmo uma vitória, só aconteceria ao fim de um longo tempo. Mas numa boa parte dos casos, não era mais possível conter a expansão espontânea e generalizada do movimento clandestino. Seguiu-se a isso uma onda de prisões, que vitimou muitos dirigentes importantes. Foi a época em que, um depois do outro, caíram Rataj, Rybarski, Niedziałkowski, Dabski e muitos outros, executados ou desaparecidos.[2] Os "centros de organizações autônomas", como eram chamadas as unidades isoladas, sem relação com uma entidade central poderosa, foram as primeiras vítimas. Tais unidades poderiam realizar um trabalho eficaz numa guerra curta, ao passo que num período longo de hostilidades sua sobrevivência era muito difícil, quiçá impossível, e elas sucumbiram rapidamente sob a potência policial da Gestapo. A segunda metade de 1940 e a primeira de 1941 foram para nós um período de grandes sofrimentos — pagamos com nosso próprio sangue as ilusões que acalentamos sobre a França e Grã-Bretanha.[3]

Mas tiramos grandes lições das derrotas sofridas no período. Se quiséssemos prosseguir nossa ação em grande escala — e era evidente que não podíamos nos furtar à missão que nos cabia —, precisávamos mudar inteiramente nosso sistema de organização. Nossa sobrevivência e sucesso dependeriam a partir de agora da coordenação de todas as unidades isoladas numa forte organização central. Só esta organização central poderia angariar os recursos financeiros e organizacionais para fabricar e obter os inúmeros documentos indispensáveis para um trabalho clandestino eficiente. Entre esses documentos, podemos citar carteiras de identidade (*Kennkarten*), certificados autênticos das delegacias de trabalho alemãs (*Arbeitsamt*) e outros para ocasiões especiais (autorizações para deslocamentos e viagens). Os grupos militares precisavam de explosivos e equipamentos modernos que nem mesmo o mais inteligente dos pequenos grupos conseguiria obter sozinho. Precisávamos fornecer aos organismos políticos e de propaganda estoques de papel, impressoras e especialistas de todo tipo: redatores, gráficos e divulgadores. E, uma vez alcançado este nível de complexidade, vinha a necessidade de quadros especiais para garantir a ligação entre os diversos ramos. Os agentes de ligação precisavam dispor de locais de reunião, esconderijos, armazéns para o material de guerra, lugar para arquivos e pontos de encontro. Somente uma grande organização conseguiria operar a divisão do trabalho indispensável para a segurança e eficácia de um mecanismo tão complexo. E enquanto a organização central se cristalizava, incorporando as unidades isoladas mais próximas, as que se encontravam nas periferias ficaram particularmente expostas, transformando-se numa espécie de muro sangrento entre a Gestapo e o corpo principal. Quando a Gestapo farejava uma pista que podia levar à Resistência, caía em cima desses grupos. Assim, eles atraíam toda a sua fúria, mas atrasavam o progresso das investigações alemãs. Eram como os subúrbios de uma cidade sitiada, na qual só raramente a artilharia inimiga consegue penetrar.

A Gestapo via nessa situação um enigma insolúvel, e, de fato, nós mesmos ficávamos confusos. Era frequente que, depois de um dia de prisões em massa, a Gestapo relaxasse a pressão, convencida de que a organização inteira havia sido destruída, quebrada ou ficado inoperante. Às vezes, um membro preso entrava em pânico e nos enviava uma mensagem por meio do organismo criado com esse objetivo. Ele informava que a Gestapo havia penetrado no âmago da organização e conhecia os nomes das autoridades centrais.

O prisioneiro havia sido interrogado a respeito de um ou dois nomes que, na realidade, eram menos importantes do que ele pensava. Eram, em geral, nomes de dirigentes de um pequeno grupo, semidestacado, por intermédio do qual ele havia trabalhado. Assim, quando acreditava que tinha alcançado seus fins e cumprido seu objetivo, a Gestapo caía invariavelmente num impasse.

Em conformidade com o princípio segundo o qual a Resistência organizada constituía a continuidade do Estado polonês, com seu governo no exílio, procedemos à divisão organizacional em cinco setores fundamentais.

(1) O setor administrativo era composto pelo delegado-chefe do governo e pelos delegados regionais. Doze departamentos funcionavam sob sua autoridade, cada um com um diretor, que era o representante de um ministério do governo polonês em Londres: diretor do Interior, das Finanças, da Educação etc. A tarefa primordial desse setor era organizar e manter uma administração clandestina e secreta do país independentemente do ocupante.

Seu funcionamento repousava sobre a atitude adotada, que consistia em ignorar o ocupante. Os poloneses recusaram qualquer participação na administração política do Governo Geral alemão e foi sancionado um decreto segundo o qual nenhuma lei, nenhum decreto advindo dos alemães, deveria ser observado.[4] Isso poderia acarretar uma situação caótica, e foi justamente para controlar todo o país que se instituiu a autoridade da delegação administrativa secreta. Logo ficou claro que essa administração clandestina exerce sobre a população uma influência bem maior do que a do ocupante nazista com suas medidas brutais. Havia praticamente em cada departamento, cada cidade, cada distrito, um representante da Resistência investido de plenos poderes administrativos do Estado clandestino que permanecia em contato com a população. Tais personagens precisavam estar prontos para dirigir a administração do país a partir do momento em que ficasse livre dos invasores.

(2) O setor armado compreendia toda a organização militar clandestina. À sua frente estava o comandante em chefe, ao qual se submetiam os

comandantes de região e de circunscrição: estes últimos detinham todos os poderes e prerrogativas dos chefes de exército em relação à população de uma zona de guerra. Podiam promulgar decretos e ordens militares, convocar a população para determinados trabalhos e requisitar homens para as necessidades da guerra. Cada soldado desse exército clandestino tinha os mesmos direitos e deveres do combatente de um exército regular, inclusive os relativos à dupla contagem do tempo de serviço para fins de aposentadoria futura.

O comandante em chefe, embora isso não fosse de domínio público, havia recebido, por decreto do presidente da República polonesa, poderes especiais que o autorizavam sobretudo a proclamar uma mobilização geral ou parcial dos poloneses no momento em que o governo polonês no exílio, de comum acordo com os outros governos aliados, desse ordem de sublevação geral contra os ocupantes.

A tarefa desse setor armado que, em 1941, ganhou o nome de Armia Krajowa —Exército do Interior — era dividida em duas partes: a primeira compreendia as manobras políticas contra o ocupante, a propaganda, a preparação do levante geral; a segunda era responsável pela ação estritamente militar: sabotagem (contra a indústria civil e a indústria bélica alemãs), manobras (ação direta contra o exército alemão, suas comunicações, seu abastecimento e seus transportes), formação militar etc. Além disso, colaborava com as unidades que operavam em territórios incorporados à força ao Reich e à União Soviética.[5]

(3) A Representação Política constituía o parlamento da Resistência. Cada um dos quatro partidos políticos dava sequência, por iniciativa própria, a um grande número de atividades políticas no quadro da Resistência. Tinha direito de fazer propaganda autônoma, seu próprio trabalho social e político e a resistência ao ocupante. Mas os representantes desses quatro partidos constituíam um corpo oficial colocado sob a responsabilidade do delegado-chefe e do comandante em chefe do exército.[6]

O parlamento da Resistência controlava também as finanças e decidia o número de representantes de cada partido na delegação administrativa secreta e nos serviços do delegado-chefe e dos delegados regionais. Esses mesmos partidos exercem controle sobre o governo polonês de Londres através da assembleia de seus representantes.

(4) O quarto setor era chamado de Diretório da Resistência Civil. Sua principal função era apoiar a política de resistência ao ocupante. Seus membros eram cientistas, juristas, padres e personalidades engajadas na ação social. Eles deviam livrar a Polônia de traidores e colaboracionistas, julgar os que eram acusados de colaboração, condená-los e garantir que a sentença fosse executada. Esse setor tinha ramificações regionais que podiam funcionar como tribunais.

O Diretório tinha competência para condenar à infâmia ou à morte. Um polonês era declarado culpado do crime de infâmia quando não seguia a atitude geral de resistência ao ocupante e era incapaz de justificar seu comportamento. A condenação significava um ostracismo social fomentado pela publicidade da decisão e constituiria a base dos processos criminais do pós-guerra. Era condenado à morte qualquer um que fornecesse ajuda ativa ao inimigo ou que fosse julgado culpado de prejudicar membros da Resistência. Esse tribunal também detinha o poder de condenar à morte todos os empregadores alemães particularmente cruéis. Não havia nenhum tipo de apelo contra as sentenças do tribunal e elas eram invariavelmente executadas.[7]

(5) O quinto setor tratava dos centros de organização isolados. Coordenava os trabalhos dos grupos políticos, econômicos, educacionais e religiosos que agiam fora dos outros quatro setores. Alguns desses grupos realizavam tarefas importantes como, por exemplo, o estabelecimento de programas de educação clandestina para os alunos do ensino fundamental e do ensino médio, assim como para adultos e alunos de nível universitário. Contribuíam para a manutenção de um moral elevado e organizavam um auxílio caritativo às pessoas que sofressem espoliações por parte do ocupante. Embora esses grupos não fossem parte constitutiva plena das estruturas da Resistência propriamente dita, eram importantes e muito valorizados.

Assim apresentava-se o Estado clandestino no inverno de 1940-41.

No exterior, homens políticos importantes, poloneses ou não, perguntaram-me várias vezes se essa atitude implacável em relação aos colaboradores poderia ser mantida caso a guerra se prolongasse e o terror alemão se intensificasse ainda mais. Nunca tive a menor dúvida a esse respeito. Quaisquer que fossem os acontecimentos militares e sem levar em conta os sacrifícios que representava, esta atitude irredutível de resistência seria mantida. À medida que a guerra se prolongava, nós poloneses acabamos por perceber que a extensão dos sofrimentos e sacrifícios suportados continuava não sendo reconhecida pelas outras nações. Isso era tema de discussões amargas entre nós, de artigos na imprensa clandestina e de questionamentos ao governo no exílio. A despeito disso, todos os nossos recursos, nossas vidas, nossa existência mesma enquanto nação, estavam engajados na luta pela vitória das potências democráticas, e sofríamos com o fato de que outros países, menos obstinados em seus esforços do que a Polônia, chegavam a aceitar manter relações fosse com a democracia, fosse com o fascismo, e mesmo assim "se davam" melhor do que nós.

20

Cracóvia — O apartamento da sra. L...

Na Resistência, era proibido morar muito tempo num mesmo lugar. Assim, a ordem para mudar de endereço não me causou espanto. Essa decisão foi acelerada ainda mais pelo fato de uma mulher ter sido presa na casa pela Gestapo. Eu não tinha a menor ideia de qual fosse a sua identidade, nem a razão pela qual havia sido presa, mas o fato foi interpretado como um alerta. Desapareci. Não preenchi nenhuma ficha em meu novo endereço e lá permaneci sem me registrar, ouvindo sempre as transmissões de rádio e mantendo contato com meu antigo senhorio. Esse era um estratagema habitual dos clandestinos quando sentiam que a Gestapo rondava seus passos. Quando alguém se tornava suspeito, a Gestapo geralmente obtinha seu endereço através do serviço de alojamento e fazia a prisão no meio da noite. Um resistente podia, sem correr risco de ser pego, saber se a Gestapo procurava por ele permanecendo em contato com sua residência oficial, mas sem morar lá. Foi o que me salvou. Algumas noites depois da minha mudança, soube que dois membros da Gestapo apareceram procurando por mim. Portanto, era indispensável mudar de identidade novamente.

Durante a minha permanência na Cracóvia, a sorte não me abandonou. Os que viviam comigo foram presos, mas consegui escapar. Pouco depois, fui morar numa das residências cooperativas que os alemães toleravam e encontrei emprego numa livraria. Meu rádio ficava no apartamento de uma velha senhora. Consegui alugar esse quarto sob o pretexto de que, além do emprego na livraria, exercia também a função de comerciante de quadros e, portanto, precisava de um depósito.

Quem dirigia a cooperativa era Tadeusz Kielec, um velho conhecido desde o liceu de Łódź. Eu estava convencido de que, embora não fosse membro de Resistência, ele jamais me trairia. Era um personagem pouco comum, brilhante e generoso, que aplicava suas ideias de maneira rigorosa, constante e desinteressada.

Não levou muito tempo para que cada um de nós pensasse que o outro pertencia à Resistência. Kielec adivinhou isso simplesmente por causa do nome falso que eu era obrigado a usar. Quanto a mim, compreendi que Kielec era um dos nossos porque estava sempre muito bem informado sobre os últimos acontecimentos, conhecia perfeitamente os métodos da Gestapo e tinha informações que só poderia ter obtido por intermédio de clandestinos. Além disso, depois de algum tempo trabalhando como conspirador, adquirimos um "faro" especial para reconhecer instintivamente os parceiros. Contudo, durante o curto período em que morei com ele, nenhum de nós se declarou ou questionou o outro a esse respeito.

Em abril de 1941, Kielec requisitou e obteve a permissão para ir visitar parentes no sul da Polônia. Alguns dias depois, ficamos sabendo que havia sido preso com outros três... perto de Lublin, ao norte da Cracóvia. Os quatro foram pegos desmontando os trilhos de uma estrada de ferro. Um comboio de armas e mantimentos devia passar por ali no dia seguinte a caminho da Alemanha, vindo da URSS, e eles estavam tentando descarrilar o trem.

Fiquei sabendo mais tarde que Kielec chefiava um desses pequenos grupos clandestinos "periféricos" mencionados antes. Seus homens e ele foram vítimas dos métodos de trabalho independentes das organizações autônomas. Os quatro foram enforcados publicamente na praça do mercado de Lublin e seus corpos deixados na forca durante dois dias e duas noites para servir de exemplo à população.[1] Avisos informavam os cidadãos de Lublin que eram bandidos poloneses que haviam atacado funcionários alemães para roubá-los. A mesma pena seria aplicada a qualquer um que atacasse a comunidade alemã, diziam os cartazes, tornando a verdade evidente.

Depois da prisão de Kielec, a Gestapo invadiu a cooperativa, revirou a casa, deixou tudo de cabeça para baixo e interrogou os moradores. Quando fui avisado da batida, os alemães já estavam a três portas do meu quarto. Abandonei todos os meus bens, botei o pé no mundo e nunca mais voltei. O destino de meu amigo Kielec e seus companheiros me abalou profundamente. Eu estava sem dinheiro e a organização passava por momentos difíceis. Enfrentei dificuldades para mudar de identidade de novo e encontrar todos os documentos necessários. Foi nessas circunstâncias árduas que encontrei refúgio na casa de uma senhora conhecida pelo nome de Laskowa.[2] Era esposa de um antigo diplomata que servia o exército polonês no ocidente. O casal vivia no exterior, na casa de seu filho Józio. Percebendo a iminência da guerra, o marido enviou-a de volta para a Polônia na companhia do filho, acreditando que poderiam viver com maior segurança. Como aconteceu com muitos outros, haviam perdido todos os seus bens.

Weronika Laskowa era uma mulher de seus quarenta anos, de aparência ainda jovem, bela como uma estrela de cinema e que dizia ter 28 anos. Quem resolvesse fazer qualquer tipo de piadinha ou contradizê-la a respeito da idade sabia o risco que corria, pois era capaz de réplicas cáusticas quando provocada. Seu apartamento tinha cinco cômodos, e, para sobreviver, ela trabalhava servindo refeições na grande sala de jantar. Também ganhava um pouco de dinheiro cultivando uma grande horta, cujos produtos vendia. A maior parte de sua renda vinha de seu trabalho infatigável, necessário para criar o filho de cinco anos.

Tinha verdadeira adoração pelo menino e considerava essencial que ele não soubesse, não sentisse por um instante sequer que estávamos em guerra. Ele devia ter tudo o que teria em tempos normais: boas roupas, chocolate, laranjas, leite, doces. Assim, ela se matava de trabalhar para comprar todas essas coisas no mercado negro, mesmo que a preços exorbitantes.

Por trás desse amor irracional de mãe — a menos adaptada às circunstâncias que já vi —, ela era muito inteligente, sensível e corajosa. Mesmo servindo jantares para um número considerável de clientes, seu apartamento não chamava atenção e tornou-se um verdadeiro refúgio para a Resistência.

Guardei na memória a seguinte cena: um dia, a sala de jantar estava lotada depois da refeição. Num canto, quatro homens estavam mergulhados numa animada conversa em voz baixa. Em outro, dois homens e uma mulher preparavam pacotes de jornais clandestinos que seriam distribuídos fora da Cracóvia. Num terceiro, dois outros homens empacotavam alguma coisa cuja aparência lembrava muito a de explosivos. Eu estava sentado à mesa com dois companheiros que trabalhavam frequentemente comigo. Tínhamos acabado de receber alguns gramas de cianureto e estávamos produzindo pílulas, pois a ordem era que todos os homens que pertencessem às unidades mais expostas possuíssem uma. Laskowa ajudava dividindo o cianureto em minúsculas porções com a ajuda de uma pinça de farmacêutico. A campainha avisou da chegada de um visitante que era esperado. Levantando-se bruscamente para abrir a porta, ela derramou um pouco de cianureto na mesa. Nesse mesmo instante, o pequeno Józio entrou correndo na sala e, tentando subir na mesa para ver o que a mãe estava fazendo, colocou a mãozinha bem em cima do pó espalhado no tampo.

Alguém foi abrir a porta em seu lugar, pois Laskowa lançou-se sobre o menino, esfregou freneticamente suas mãos e seu rosto, arrancou suas roupas e levou-o para dentro, onde tratou de lavá-lo dos pés à cabeça. Alguém teve a temeridade de dizer que tantas precauções eram desnecessárias, mas ela o calou com um olhar gelado e começou a limpar a mesa e o chão ao redor. Todo mundo na sala olhava para ela num silêncio constrangido. Assim que terminou sua faxina, Laskowa pegou a pinça de farmacêutico e recomeçou o trabalho no ponto em que havia parado.

Cyna, o jornalista em cuja casa morei quando retornei à Cracóvia vindo da França, e Kara, chefe do Estado-maior das forças armadas clandestinas da região, vinham com frequência à casa de Laskowa. O trabalho dos dois exigia uma colaboração estreita, e era lá que se encontravam na maioria das vezes. Emprestavam-se dinheiro mutuamente para compra de material e também cediam homens para a execução de missões especiais.

Na época, eu trabalhava na agência de imprensa de uma unidade militar e precisava estar em contato constante com os dois. Pouco antes da Páscoa de 1941, começamos a suspeitar que nossa seção estava correndo um sério perigo. Um de nossos divulgadores havia sido preso recentemente e várias mulheres que eram agentes de ligação afirmaram que estavam sendo espionadas e seguidas. Dois de nossos "pontos de ligação" (locais onde publicações clandestinas, dinheiro, armas e outros materiais eram armazenados e onde passávamos para pegá-los) foram objeto de batidas policiais, e, embora nenhum de nós tenha sido preso, nossas perdas materiais eram importantes. Ou havia um provocador infiltrado na organização ou a Gestapo estava nos nossos calcanhares. A ordem de "romper o contato hierárquico" foi dada em toda a província, mas infelizmente era tarde demais. Um dia, Cyna chegou ao apartamento visivelmente angustiado. Kara não havia comparecido a um encontro dos dois à margem do rio uma hora antes. Cyna andava para cima e para baixo na sala, explicando os fatos, perdendo-se em conjecturas e pensando em voz alta. Por fim, anunciou:

"Vou à casa dele atrás de notícias."

Laskowa suplicou que não fosse:

"Não deve correr esse risco, é perigoso demais. Precisamos ter um pouco de paciência e esperar que a situação se esclareça…"

"Se esperarmos, as coisas podem piorar. Aliás, mesmo que a Gestapo esteja no nosso encalço, não tem como descobrir o endereço de Kara. Passarei lá e estarei de volta em menos de duas horas."

Ele nunca mais voltou.[3]

Depois de duas horas, Laskowa e eu começamos a trabalhar, embalando todo o material comprometedor que podíamos e queimando o resto. O material que não queimamos foi colocado numa mala e coberto com legumes. Em seguida, chamamos a empregada, que conhecia todos os segredos da casa. Laskowa explicou que precisávamos partir e confiou seu filho Józio à mulher. Deu instruções para que colocasse um grande vaso chinês no parapeito da janela, de modo que pudesse ser visto da rua, todos os dias às oito da manhã, e, em seguida, de quatro em quatro horas. Se não estivesse acontecendo nada de importante, devia retirar o vaso cinco minutos depois de colocá-lo. Desse modo, se a Gestapo aparecesse, ou o vaso não estaria na janela ou não seria retirado, indicando que a casa era perigosa.

Laskowa deixou a casa antes de mim com sua mala. Fui encontrá-la na esquina alguns minutos depois e caminhamos juntos várias horas, discutindo sobre o local onde poderíamos passar a noite e sobre um outro local para esconder a perigosa bagagem. As sugestões de Laskowa eram ponderadas e inteligentes. Não queria comprometer ninguém. Recusava-se a ir morar em casa de amigos ou aparecer em pontos de encontro, pois sabia que era agora uma pessoa suspeita. Quanto à mala, propôs um plano simples e engenhoso: deixá-la no depósito de bagagens da estação de trens e mandar, dois dias depois, o mais velho e decrépito dos carregadores buscá-la. Se os alemães revistassem a mala, ele seria a única pessoa presa. Provavelmente, seria solto — caso contrário, bem, seria mais um velho homem sacrificado em nome da causa. Enfim, depois de muita hesitação e de verificar bem se não estávamos sendo seguidos, alugamos um quarto num hotel imundo, de péssima reputação. Os alemães — em sua campanha para desmoralizar a população, sobretudo a juventude — apoiavam e mantinham locais como aquele. Tentamos passar despercebidos pelos corredores, fazendo de conta que não reparávamos na aparência sórdida dos outros locatários. Pagamos o quarto e caminhamos em direção à escada. Senti que aquele ambiente deplorável afetava Laskowa e olhei para ela com uma expressão preocupada. Ela tomou meu braço, me deu uma cotovelada amigável e disse sorrindo:

"Vamos lá."

Ela reagiu espantosamente bem nos dias que se seguiram, enquanto eu saía em busca de notícias e para ver o que dizia o vaso chinês. Ele aparecia e desaparecia conforme o combinado. Prudentemente, fiz contato com a organização e pouco a pouco fiquei sabendo dos detalhes terríveis da catástrofe que tinha acontecido.

Tudo começou com a prisão de um agente de ligação da Silésia. Sob torturas indescritíveis, ele deixou escapar os endereços dos pontos permanentes de encontro. Fomos vigiados por um longo tempo, sem que fizessem nenhuma prisão. Foi assim que descobriram onde morava Kara. Felizmente, e foi isso que nos salvou, ele não tinha aparecido na casa de Laskowa desde que começara a ser seguido. Kara foi preso na véspera do dia em que tinha encontro marcado com Cyna. Usando um estratagema comum a todas as polícias do mundo, a Gestapo ficou trancada com ele em seu apartamento. Três mulheres agentes de ligação, ao constatarem que ele não comparecera a um encontro marcado, passaram em sua casa em busca de notícias. E, no dia seguinte, Cyna caiu na mesma ratoeira.

A organização fez todo o possível para tirar Cyna e Kara da prisão. Em vão. A Gestapo sabia que tinha pegado gente importante e tomou precauções extraordinárias. A organização nunca ficou sabendo do destino de Cyna, mas chegou até nós uma mensagem da prisão informando que Kara havia sido terrivelmente torturado, estava com as duas pernas esmagadas até os ossos e com os braços quebrados: não podendo mais suportar o sofrimento, ele pedia veneno. A direção da Resistência enviou duas pílulas de cianureto e uma mensagem: "Você acaba de receber a medalha da Ordem Virtuti Militari. Eis o cianureto. Um dia, nos encontraremos. Irmão".

No dia seguinte, chegou a notícia de que Kara havia sido enterrado no pátio da prisão. E nada sobre Cyna. Alguns meses mais tarde, soubemos que estava no campo de prisioneiros de Oświęcim em boa saúde. A Gestapo não havia descoberto quem ele era na verdade.

Laskowa pôde voltar a seu apartamento em relativa segurança e retomar o curso de sua vida.

Essas prisões e as confissões feitas sob tortura nos deram a certeza de que muitos de nós éramos conhecidos pela Gestapo ou poderíamos vir a ser a qualquer instante. Ficou decidido que era necessário efetuar uma completa reorganização de todas as forças da Resistência local. Mudamos os endereços, os pontos de contato e de ligação, os esconderijos. Modificamos as designações. Uma parte dos clandestinos foi enviada para outras cidades. Fizemos todo o necessário para anular o sucesso alemão. Este episódio foi uma das piores derrotas da Resistência na Cracóvia no ano de 1941. A Gestapo ficou convencida de que a destruição havia sido completa, mas nossas perdas eram inferiores à metade do que o ocupante pensava.

Fiz parte do grupo que foi retirado da Cracóvia: fui transferido para Varsóvia, onde retomaria o tipo de trabalho que fazia em 1939, "um trabalho de ligação no primeiro grau". Assumiria a direção de uma unidade cuja missão principal consistia em garantir a ligação entre os dirigentes políticos da Resistência naquela cidade.

A necessidade e a importância do trabalho de ligação comportam dificuldades e perigos inerentes à conspiração. Seu objetivo é evitar reuniões muito frequentes entre os principais responsáveis. Exige, acima de qualquer outra qualidade, ser totalmente imparcial, ter boa vontade e um comportamento leal e desinteressado. As opiniões e simpatias pessoais não podem intervir no trabalho. Uma violação de tais regras poderia facilmente provocar mal-entendidos, intrigas, desavenças e rivalidades de todo tipo, ou seja, comportamentos nocivos à unidade da Resistência.

Jurei que cumpriria essa missão sem trair a confiança em mim depositada.

21
Uma missão em Lublin

O primeiro problema que tive de resolver assim que cheguei a Varsóvia foi a criação de uma "lenda", uma história que não despertasse as suspeitas da Gestapo, além de não colocar minha família e meus amigos em risco. A regra da clandestinidade exigia que limitasse ao mínimo o número de pessoas informadas sobre o que fazíamos, não só por questão de segurança pessoal, mas sobretudo para preservar os interesses da organização. Aqueles a quem eu poderia contar a verdade deviam ser cuidadosamente selecionados, não podendo ser julgados com base simplesmente em suas boas intenções ou simpatias por nossa causa, mas por sua capacidade de servir, calar e não deixar espaço para negligência ou para os inúmeros estratagemas empregados pela Gestapo.

Três de meus irmãos e uma irmã moravam em Varsóvia. Eu não via minha irmã nem me comunicava com ela desde aquela visita a seu apartamento, após a fuga do trem de prisioneiros, em novembro de 1939. Tive algumas notícias depois disso e temia encontrá-la num estado de espírito ainda pior do que então. Seu marido, quando vivo, gozava de boa situação financeira, e, do ponto de vista material, ela ainda vivia muito bem, mas continuava desesperada e inconsolável. Vivia completamente retirada da sociedade, recusando-se a encontrar os amigos e os membros da própria família. Encontrá-la seria com certeza um erro.

Meu irmão mais velho, Marian, em cuja casa recebi a ordem de mobilização na manhã de 24 de agosto de 1939, era um homem firme, com quem podia contar integralmente. Ele sabia quase tudo a meu respeito. Mantivemos contato por intermédio de conhecidos comuns e chegamos a nos encontrar certa vez em Varsóvia, no quadro da Resistência. Meu irmão foi preso no segundo ano da ocupação e enviado para o campo de concentração de Oświęcim, que — por ironia do destino — foi criado na caserna de minha antiga unidade militar. Libertado por milagre, ele às vezes falava sobre o tempo de prisão. Os alemães haviam transformado o antigo quartel num dos mais terríveis locais da Terra. Os fatos que narrava a respeito do campo superavam em horror todas as histórias que eu conhecia sobre outros campos. Os guardas eram, em sua maioria, degenerados, criminosos de todos os tipos, escolhidos intencionalmente. Os criminosos, em particular, foram estimulados pela promessa de uma clemência proporcional à sua crueldade contra os detentos.[1]

Marian tinha 48 anos. Era um homem culto, experiente e competente. Ocupava um cargo importante no aparelho central da delegação do governo no exílio e conhecia bem melhor do que eu o funcionamento interno da Resistência. Embora os contatos com a família e com os mais próximos fossem malvistos no seio da clandestinidade, e às vezes até proibidos, eu o encontrava com bastante frequência. Contudo, decidimos de comum acordo que o resto da família não saberia de nada. Combinamos que ele fingiria não saber do meu paradeiro durante a guerra.[2]

Nunca fui muito próximo de meu segundo irmão, Adam, e resolvi não me manifestar. O terceiro, Stefan, vivia em condições difíceis. Tinha 45 anos e fazia milagres para sobreviver com a família da melhor maneira possível.[3] Sua filha mais velha, Zosia, de quem eu gostava muito, havia completado 17 anos, e seu filho, Rysiek, tinha 16. Este, segundo meu irmão, estava indo por um "mau caminho". Influenciado por especuladores, interessava-se muito pelos ganhos que podia obter no mercado negro. Combinamos então que devia ignorar minha presença em Varsóvia.

Minha maior dificuldade era o grande número de amigos e conhecidos que eu tinha em Varsóvia antes da guerra. Era impossível evitá-los na rua, nos locais públicos, restaurantes e em quase toda parte. E ficar impassível diante do sorriso de um amigo era quase tão difícil quanto ficar mudo sob as torturas da Gestapo. Quando eu reconhecia alguém, fazia o possível para me desviar sem chamar atenção, mas quando era pego antes de conseguir escapar resmungava por dentro e esboçava um sorriso mecânico.

Depois de algum tempo, encontrei uma forma de sair dessas situações com um mínimo de danos. Dizia que estava trabalhando no departamento comercial de uma fábrica perto de Kielce e que às vezes vinha a Varsóvia em viagens de negócios. Fazia uma ou duas perguntas rápidas, cuja resposta não esperava, e garantia a meu interlocutor que estava encantado em revê-lo, mas que infelizmente estava ocupado demais para poder aproveitar a feliz casualidade. Sugeria um encontro mais tarde, num café, onde teríamos tempo bastante para renovar nossa amizade e falar dos velhos tempos. Minha ausência em tais encontros deve ter sepultado algumas simpatias, mas era o único jeito de evitar consequências mais graves.

No conjunto, porém, a população de Varsóvia adaptava-se com notável facilidade à rede de conspiração tecida a seu redor e que englobava toda a vida da cidade. Havia tantos clandestinos que o resto da população começava a considerar sua presença natural. As pessoas aprenderam a não comentar os fatos e gestos de seus conhecidos e a não se meter nos assuntos de um vizinho meio esquisito. Aprenderam também a não mencionar o nome de qualquer homem ou mulher cujas atividades desconhecessem.

Em Varsóvia, o número de pessoas com documentos falsos ou que tinham algo a esconder era impressionante. Quando um amigo que não se via há muito tempo aparecia, era bastante provável que estivesse saindo de um esconderijo. Isso era aceito com muita naturalidade. Talvez até demais. O "sumiço" tornou-se tema de inúmeras piadas e jogos de palavras, e não apenas entre os poloneses, mas também nos cabarés alemães. Uma das piadas mais populares versava sobre um varsoviano que encontra um velho amigo de Lviv num bonde lotado:

"Olá, Wiśniewski", grita ele o mais alto que pode, a fim de ser ouvido, preso entre os passageiros. "Que m… está fazendo em Varsóvia? Não morava em Lviv?"

"Olá, Lesinski", responde o outro no mesmo volume, "é um prazer encontrá-lo de novo, mas por favor pare de me chamar de Wiśniewski! Estou me escondendo."

Quem vive o tempo inteiro em perigo fica excepcionalmente sensível e vigilante em certos casos, mas também tende a relaxar a vigilância nos acontecimentos cotidianos da vida, o que muitas vezes provoca verdadeiros dramas.

Alguns de nossos melhores homens foram presos não por terem cometido algum erro ou por falta de inteligência, mas simplesmente porque deixaram de tomar as precauções cotidianas de maneira metódica. Um de meus amigos dormiu no bosque de Otwock, perto de Varsóvia. Foi despertado por uma patrulha alemã, revistado e preso. Encontraram com ele estopilhas e detonadores. Ele trabalhava numa "unidade diversionista" e estava habituado a manejar explosivos, armas e venenos e a guardá-los nos bolsos, como um eletricista com seus rolos de fios, sem maiores precauções.

Se o perigo era uma ameaça constante para os resistentes, a pobreza era ainda mais penosa: a miséria e a subnutrição aumentaram na Polônia por vontade expressa dos alemães, a tal ponto que a nação inteira estava diretamente ameaçada. Os alemães proibiram a exportação de produtos agrícolas dos campos para as cidades a fim de facilitar a requisição total dos produtos. As carteiras de alimentação fornecidas à população atribuíam rações inferiores ao mínimo vital e não podiam, portanto, manter ninguém em boa saúde. Assim, o mercado negro era essencial, embora os preços praticados fossem muito superiores aos recursos da maioria da população. A própria Resistência não podia fornecer um salário suficiente para garantir um padrão mínimo de vida.

Um exemplo: eu recebia 450 zlotys por mês, mas a soma necessária para manter um padrão de vida no limite da normalidade era de 1000 zlotys. Os preços de gêneros correntes, como pão e batata, eram trinta vezes superiores aos de 1939. Um quilo de toucinho custava tranquilamente sessenta vezes mais que antes. O nível de vida havia caído de maneira vertiginosa. O cardápio dos mais pobres consistia exclusivamente em pão preto com serragem misturada à farinha. Um prato de cereais por dia era considerado um luxo. Durante todo o ano de 1942, não provei o gosto de manteiga ou açúcar. Ninguém usava meias no verão; os sapatos, roupas e roupas de cama custavam pequenas fortunas. Como todo mundo, eu tentava aumentar meu salário ridículo vendendo alguns objetos de antes da guerra que consegui conservar. No entanto, todos vivíamos com fome. Cada um se virava como podia e fazia o possível para "se aguentar".[4]

Por mais assustadoras que me pareçam hoje essa fome e essa pobreza, observo que na época não eram tão terríveis quanto parecem agora. Pela primeira vez na vida, compreendi que a noção de pobreza não é resultado da miséria, mas da consciência de ser mais infeliz do que os outros.

Além dos meus magros recursos, algumas circunstâncias favoráveis ajudaram-me a viver. Assim, descobri uma cantina cooperativa barata, que recebia fundos de pessoas ricas e doações in natura de proprietários rurais. Lá obtinha, às vezes, um prato de sopa e um prato composto por nabos, cenouras e duas batatas, regadas com um molho com vago sabor de carne.

Um dia tive a ideia. Já que vivia sob falsa identidade e minha carteira de alimentação tinha um nome falso, nada me impedia de repetir o mesmo procedimento. Com a ajuda de um amigo que pertencia à Resistência e trabalhava nos serviços municipais e de meu confessor, padre Edmund, consegui duas certidões de nascimento de bebês mortos 28 anos antes e dei um jeito de obter duas novas carteiras de identidade falsas, com as respectivas carteiras de alimentação. Tratei de inscrever-me nos novos endereços e de passar por lá de vez em quando, em comum acordo com as locadoras. A vantagem de ter uma vida tripla diminuía as preocupações. Se uma identidade ficasse comprometida, dispunha de duas outras que podia adotar imediatamente. E minhas rações de pão, geleia e legumes também eram triplas.

Não hesitei um segundo em agir assim, pois não havia nenhum plano organizado para o abastecimento da população, exceto o plano imposto pelo ocupante. Cada um estava entregue a si mesmo.[5] Qualquer meio empregado para aumentar a própria ração era moral: operações no mercado negro, contrabando e todos os tipos de métodos engenhosos visando combater o programa de fome alemão — tudo era bom.

Uma de minhas primeiras missões quando cheguei a Varsóvia foi ir a Lublin levar material para um líder político que estava escondido lá. Entrei no trem carregado de uma massa de boletins de rádio, relatórios e jornais clandestinos embrulhados em papel-jornal, de modo que parecesse um pedaço de pão ou qualquer outro alimento. Carregava o pacote ostensivamente debaixo do braço para evitar suspeitas e poder me livrar dele facilmente caso fosse necessário.

O trajeto até Lublin costumava levar cerca de seis horas, ou até mais, com os trens degringolados que os alemães deixaram na Polônia. Meu vagão era velho e sujo. Uma multidão incrível apertava-se lá dentro e quase todo mundo estava envolvido em contrabando de comida. Todos os lugares estavam ocupados, os corredores do vagão regurgitavam de gente e os banheiros, cujas portas permaneciam escancaradas, estavam lotados. Fiquei de pé, espremido bem no meio dos outros passageiros, e, a cada curva ou freada, batia nos vizinhos e nos felizardos que viajavam sentados.

Depois de três horas de sacolejos e sufocação, houve uma brusca parada no meio da campina, alguns quilômetros antes de Lublin. Pela janela, vi um esquadrão de policiais alemães armados até os dentes manobrando ao longo do trem. Era uma das batidas correntes que a Gestapo organizava contra o mercado negro. Os papéis e pacotes seriam examinados e cada passageiro seria interrogado.

Ninguém podia sair antes que as investigações chegassem ao fim. Dois policiais abriram caminho lentamente no meio da multidão desde a extremidade do vagão, verificando documentos e embrulhos. Segurando meu pacote, comecei a deslizar discretamente para a outra extremidade. A visão de dois outros policiais chegando da direção oposta interrompeu meu deslocamento. O círculo se fechava sobre mim e tentei encontrar um meio de me livrar do pacote. Se o deixasse cair ali perto, colocaria todas as pessoas do vagão em perigo e o perderia irremediavelmente. Havia uma outra saída no meio do vagão, cuja porta estava solta, embora presa à parede pelas dobradiças. Fui até lá e me apoiei discretamente na porta, com o ar de um homem que está olhando a paisagem para matar o tempo, esperando que a revista termine. Então, mantendo o braço ao longo do corpo, enfiei o pacote cuidadosamente entre a parede e a porta.

Agora havia dois policiais bem perto de mim. Bocejei, espreguiçando, e recuei para dar passagem. Apresentei os documentos de maneira confiante, embora por dentro estivesse bastante abalado. Minha identidade havia sido preparada meticulosamente, de modo que a devolveram em seguida sem suspeitar de nada. No entanto, vários homens foram presos e inúmeros pacotes confiscados.

Alguns minutos depois que o trem havia partido novamente, enquanto todo mundo recuperava a calma, comecei a procurar o pacote.

Uma velha camponesa de cabelos grisalhos, toda enrugada, a pele bronzeada, estava apoiada na porteira, bloqueando meu caminho e rindo na minha cara. Quando cheguei perto, ela se abaixou, pegou o pacote e estendeu-o a mim por cima da cabeça dos passageiros.

"Passem o pacote para aquele rapaz", gritou com uma voz que, para meus ouvidos aterrorizados, ressoou como um trovão. "E não é toucinho!"

Eu estava assustado e comecei a negar que fosse meu, mas ela insistia, estendendo o pacote para mim de uma maneira que não dava margem para dúvidas. Eu temia que algum delator alemão tivesse ouvido ou que ela aprontasse mais alguma. Passando de mão em mão, o pacote chegou a mim. Ninguém perguntou absolutamente nada. Peguei o embrulho murmurando explicações vagas e desapareci no meio da multidão o mais rápido que pude, na direção do vagão seguinte. Estava fora de mim e furioso, tanto comigo mesmo quanto contra aquela mulher exasperante.

Minha cólera contra ela evaporou assim que parei para pensar por um instante. A mulher não tinha a menor intenção de denunciar nada, e mais ainda: havia arriscado a vida ao cobrir o pacote com sua longa saia e enfiar-se deliberadamente entre mim e porta. Mas minha fúria era por ter visto que, completamente concentrado em evitar a Gestapo, ficara exposto a perigos vindos de outro lado. Comportei-me com uma impropriedade tão evidente durante a revista que fiquei à mercê de qualquer observador atento, até mesmo uma simples idosa.

Mas quando o trem parou na estação que antecedia Lublin fiquei sabendo de duas ou três coisas sobre aqueles bravos camponeses. A Gestapo havia revistado o trem metodicamente, com uma eficiência impiedosa. Todos os pacotes que continham um mínimo que fosse de alimento haviam sido confiscados. Os policiais procuraram em todo lugar, passaram os cassetetes por baixo dos bancos, ficaram na ponta dos pés para examinar os bagageiros, encontraram sacos de farinha embaixo das saias volumosas das camponesas, chegaram mesmo a retirar fatias de toucinho de seus sutiãs. Tinham esvaziado o trem de comida como se fossem um bando de gafanhotos.

No entanto, na pequena estação antes de Lublin, e como num passe de mágica, uma multidão de homens, mulheres, meninos e meninas desceu do trem carregando todo tipo de pacotes pesados e volumosos, nos quais entreviam-se migalhas de pão, sacos de farinha, presunto e pedaços de toucinho. Como um enxame de abelhas, deixaram o trem espalhando-se pela floresta, onde desapareceram em instantes, enquanto eu arregalava os olhos com espanto e alegria. Nunca entendi onde e como eles conseguiram esconder pacotes daquele tamanho.

Na verdade, as vítimas daquela guerra adquiriram talentos que rivalizavam com seus sofrimentos desumanos. Esse incidente tocante e estranho fez com que entendesse uma das piadas mais populares da Polônia ocupada.

Pergunta: Como desembarcar os exércitos aliados no continente sem que os alemães percebam?

Resposta: Entregue a tarefa ao mercado negro polonês... e pode dormir tranquilo.

Cheguei a Lublin sem nenhum outro incidente.

22
A guerra da sombra

Contrariamente a uma opinião bem difundida, a ocupação nazista na Polônia não era muito eficaz, nem mesmo do ponto de vista policial. A experiência dos movimentos de resistência em todos os países ocupados demonstravam que a máquina repressiva era impotente diante de uma estrutura clandestina organizada e dispondo de forte apoio na sociedade.

A polícia e a Gestapo construíram sua reputação com base no terror cego e absoluto, no recurso a métodos desumanos contra as pessoas detidas, em inspirar medo. Além do mais, elas ainda se esforçavam para tornar sua ameaça imprevisível e estranha a qualquer lógica. O policial alemão médio era na maior parte dos casos um sádico deseducado, um ignorante e, ao mesmo tempo, um criminoso. Segundo as estimativas da Resistência, em 1942, a Gestapo dispunha, só na Polônia, de mais de 60 mil agentes. Apesar disso, nunca foram capazes de destruir o movimento de resistência polonês e só conseguiram penetrar até o centro dirigente da conspiração em situações excepcionais.

Determinados métodos de repressão utilizados pelos nazistas encurralavam as pessoas em escolhas dramáticas e enfraqueciam o espírito de resistência. Em primeiro lugar, o princípio da responsabilidade coletiva, aplicado para aniquilar o sentido do movimento de resistência e quebrar o espírito de luta na sociedade. A partir de setembro de 1939, os nazistas começaram a massacrar centenas de inocentes em represália contra as perdas que sofriam. Desde o começo, estabeleceram as regras do jogo que fomos obrigados a aceitar. Sabíamos que cada uma de nossas ações contra o ocupante seria seguida pelo assassinato de pessoas que conhecíamos e amávamos e isso nos partia o coração.

Jamais poderemos esquecer e perdoar essa abjeção inconcebível dos alemães. Devemos ensinar as crianças a lembrar desse princípio infame da responsabilidade coletiva... Quando formos livres de novo, usaremos todas as oportunidades, aproveitaremos todas as chances que se oferecerem para fazer esses monstros sádicos da Gestapo e a administração nazista na Polônia pagarem por essas mortes aleatórias e por tudo o que nos fizeram, assim como ao indefeso povo judeu.

O reino da justiça não poderá ser instaurado neste mundo enquanto esse bando de degenerados não tiver pagado diante dos povos que foram submetidos à sua barbárie.[1]

Nas cidades, de uma maneira geral, não sabíamos quem iria morrer em represália a uma ação de resistência contra os alemães. Eles fuzilavam um prisioneiro em cinco ou um morador em dez na rua onde tinha acontecido um atentado ou sabotagem. No interior, o ocupante dava mostras de uma perversão ainda mais diabólica. Publicava listas com os nomes das pessoas que seriam responsabilizadas durante um período de três meses por qualquer "ato de banditismo" cometido contra a administração do Governo Geral. Nas cidades pequenas, todo mundo se conhecia e sabia quem eram os reféns. Era ainda mais difícil resolver explodir um trem, por exemplo, quando sabíamos quem ia pagar por aquilo com a própria vida. Mas a Resistência precisava agir e assim os atos de sabotagem de determinado setor eram realizados pelos resistentes de outro setor.

Os métodos empregados pelos alemães para extorquir produtos agrícolas eram inumeráveis, mas os camponeses inventaram formas de enganá-los, de guardar alimento e de entregar apenas produtos inferiores ou ainda de destruir o que não podiam salvar. Contudo, os campos ainda viriam a sofrer um novo atentado desmoralizante na segunda metade do ano de 1942. Os alemães publicaram uma ordem proibindo qualquer casamento sem permissão das autoridades. Em quase todos os casos, a autorização era recusada sob o pretexto de que o casal não se enquadrava no programa de melhoria do padrão racial do povo polonês. Complementando esse decreto sem precedentes, um outro estabeleceu em seguida que todas as crianças "ilegais" podiam ser "confiscadas" de seus pais pelas autoridades e deportadas para algum dos orfanatos do Reich.

Como depois do primeiro decreto os aldeões começaram a contrair matrimônios secretos, o segundo entrou em cena. Os filhos desses infelizes pais eram invariavelmente confiscados. Muitas vezes, as mães tentavam levar os bebês para outras aldeias e se esconder, mas raramente obtinham sucesso. A Gestapo usava todos os seus recursos para encontrar a mãe e levava o bebê como se fosse um filhote de cachorro. Milhares de crianças polonesas ficaram irremediavelmente perdidas para seus pais. Ninguém sabe exatamente o que aconteceu com elas.[2]

Mas as violências sofridas pela população do campo contribuíram para sua radicalização política. O Partido Camponês, que falava em nome da população rural, não dissimulava sua vontade de ver nascer, após a vitória, uma Polônia de estrutura sociopolítica diferente. Os campos sofriam, suportavam o peso da guerra, mas não tinham a menor intenção de fazer isso gratuitamente. Os "dez mandamentos da Resistência", publicados pelo Partido Camponês, transformaram-se em palavras sagradas na boca e no coração da população oprimida. A imprensa clandestina tratou de imprimi-los e distribuí-los em folhetos de formato pequeno; os camponeses trataram de recopiá-los; as crianças trataram de aprendê-los de cor:

(1) Lutem implacavelmente pela independência da Polônia.

(2) Apesar das perseguições, criem uma organização em seus povoados para reconfortar os mais fracos e acalmar os mais exaltados até chegar a hora. Essa organização deve ser como um posto militar. Deve sabotar e enfraquecer continuamente a lei sanguinária do alemão e libertar-se dela quando a hora chegar.

(3) Criem essa organização para que seja possível instituir uma Polônia do povo, tendo a classe camponesa como fundamento, uma Polônia sem nenhuma elite, com um Parlamento eleito livremente e uma administração colocada no poder pelo povo.

(4) Exijam reformas sociais justas, terra para os camponeses, trabalho para todos; uma economia do país baseada em cooperativas; a nacionalização das minas e indústrias.

(5) Sirvam lealmente o seu país, pois são vocês que o alimentam. Sabotem as requisições do ocupante. Reabasteçam seus irmãos famintos das cidades. Como bons cristãos, não permitam que eles sejam explorados.

(6) Sejam submissos, astuciosos e prudentes em suas relações com o ocupante. Sejam fiéis às suas organizações, guardem seus segredos, mantenham a palavra, defendam a dignidade da Nação.

(7) Sejam impiedosos com os traidores e os provocadores. Estigmatizem o servilismo e as relações com o inimigo. Eliminem os comentários e as curiosidades inúteis.

(8) Escolham dirigentes fortes, dignos de confiança, experimentados, generosos, dispostos a qualquer sacrifício. Não se deixem desmoralizar pela guerra.

(9) Sejam implacáveis ao pedir os castigos mais severos para os alemães, por sua bestialidade, sua rapacidade, seu espírito de agressão. Exijam que eles sejam esmagados.

(10) Mantenham a fé. Digam aos vizinhos que, por mais longa que seja a guerra e quaisquer que sejam os sacrifícios que ela exija, virá o dia da vitória final, o dia da justiça e da verdade, e uma Polônia independente e democrática renascerá.

Os setores rurais da Resistência demonstravam um ardor especial e uma engenhosidade muito particular.[3]

Em nosso desespero diante dos métodos bárbaros dos alemães, realmente empregamos procedimentos dos quais tínhamos quase vergonha, mas eram respostas puramente racionais em face do espantoso plano alemão de extermínio. Em várias ocasiões, utilizamos, por exemplo, o trabalho de proxenetas para intermediar encontros entre oficiais alemães e prostitutas sabidamente infectadas com doenças venéreas. Em setembro de 1939, libertamos um grande número de criminosos das penitenciárias, encorajando-os a retomar suas antigas "profissões", desde que limitassem suas atividades aos alemães. Nossas autoridades registravam os nomes e as fichas de cada um deles, de modo a poder controlá-los depois da guerra. Naturalmente, prometemos que suas condenações gozariam de reduções proporcionais ao sucesso de suas operações contra os alemães. O fato de que nenhum desses criminosos tenha cometido um único crime contra poloneses e de que podíamos entregar a muitos deles as missões mais sangrentas da ação clandestina é bastante significativo. Prova a intensidade do ódio coletivo contra o alemão.[4]

As pessoas que não viveram sob dominação nazista jamais serão capazes de avaliar a força desse ódio e terão dificuldade para compreender como todas as leis morais, todas as convenções, todos os instintos reprimidos simplesmente desapareciam. Não nos restava nada além do desespero do animal preso na armadilha. Usávamos todos os meios concebíveis para nos defender, numa luta sem quartel contra um inimigo determinado a nos destruir. A Polônia lutava como um gato ferido, furioso e com as garras em riste contra o opressor. Duvido que tenha acontecido algo semelhante em alguma outra grande coletividade desde a época de Cristo.

Dispúnhamos de verdadeiros "especialistas em vingança". Fiquei sabendo do exemplo de um homem chamado Jan, nascido na província de Poznań, que falava alemão fluente e usava os documentos de um *Volksdeutsche*. Antes da guerra, vendia porcos. Sua região padeceu de maneira atroz sob a ocupação nazista. Em Varsóvia, Jan se transformou num desses "especialistas" que pagavam aos alemães na mesma moeda.

A atividade favorita de Jan era disseminar doenças contagiosas, em particular o tifo, do qual os alemães tinham um medo terrível. Dizem que para tanto ele usava piolhos que cultivava especialmente para esse fim e que transportava numa linda caixinha, fabricada também com esse objetivo, para introduzi-los nos locais frequentados pelos alemães. Quando ouvi isso, o método me pareceu tão repugnante que não quis pedir maiores explicações. Com o tempo, minha sensibilidade diminuiu.

Tínhamos inúmeras provas da obediência do povo e de sua confiança em nós. Uma ordem típica foi dada especialmente para sondar a disciplina e a confiança do povo polonês. Proibia a leitura de jornais alemães impressos em polonês. O delegado-chefe do governo no exílio sabia que era impossível proibir completamente a leitura de tais jornais. A curiosidade e o desejo de conhecer as notícias eram ardentes demais para serem reprimidos. A ordem limitou-se durante algum tempo às sextas-feiras. Nesse dia, os poloneses receberam instruções de não comprar um único exemplar dos jornais nazistas.

Foi possível ver o resultado dessa ordem quase imediatamente. A edição de sexta-feira dos jornais alemães precisou ser reduzida de maneira bastante sensível. Logo ficamos sabendo que em toda a Polônia — em Varsóvia, Cracóvia, Lviv e Vilnius — qualquer um que comprasse um jornal na sexta-feira corria o risco de receber uma tijolada na cabeça quando saísse da banca de jornais. Uma mão invisível podia pregar em suas costas um cartaz com a inscrição: "Esse porco apoia os alemães". Uma frase escrita com tinta indelével podia aparecer no dia seguinte, como num passe de mágica, na parede da sua casa: "Aqui mora um imbecil, um polonês vil e estúpido que prefere obedecer aos bandidos nazistas que a seus próprios dirigentes".

Um meio simples e engenhoso de unificar e reconfortar o povo polonês, aproximando-o da Resistência, era rebatizar as ruas. A Representação Política deu a ordem. Talvez fosse de inspiração um pouco sentimental, mas acabou tendo um valor prático importante. De uma noite para outra, as paredes, os postes, as esquinas, placas e inscrições apareciam com novos nomes, os nomes dos heróis dessa guerra e dos homens de Estado mais admirados pelos poloneses: "avenida Niedziałkowski", "aleia Rataj", "rua Roosevelt", "bulevar Churchill". Quando estávamos entre patriotas, era um crime imperdoável usar os nomes de antes da guerra ou aqueles dados pelos ocupantes. Quando estávamos com desconhecidos, era fácil saber de que lado estavam. Se dissessem "rua Roosevelt", sabíamos que, a não ser que fossem provocadores, eram dos nossos. Se dissessem "rua Debowa", era melhor manter a boca fechada. Foi assim que a maioria das ruas da Polônia foi rebatizada, com nomes aceitos pela grande maioria da população.

Tive inúmeros testemunhos do sucesso com o qual a Resistência mantinha e sustentava a atitude intransigente do povo em relação ao inimigo. Redigi com bastante frequência relatórios sobre o efeito de nossas instruções que seriam distribuídos entre nossos dirigentes. No começo de 1942, os alemães intensificaram sua caça. Cada vez mais homens, mulheres, meninos e meninas eram pegos e enviados para campos de trabalho. Um aristocrata polonês, ex-diplomata, que estudara em Heidelberg e tinha muitas relações com o corpo diplomático e a aristocracia alemães, pediu autorização ao delegado para enviar um memorando às autoridades centrais em Berlim. Ele mostrou coragem ao descrever os excessos e brutalidades dos alemães na Polônia e pedia ao governo alemão que pusesse um ponto final em tais excessos e proibisse que crianças, mulheres grávidas e pais de família fossem enviados para campos de trabalho. Era uma proposta interessante e podia até ter chance de sucesso. Foi o que destaquei em meu relatório. No entanto, se a permissão fosse concedida, daria a impressão de que ele agia em nome da nação polonesa, e a nação polonesa não reconhecia a nenhum alemão o direito de enviar um polonês sequer para campos de trabalho. A atitude que havíamos adotado em relação aos alemães proibia qualquer colaboração e qualquer compromisso no campo político. O projeto foi rejeitado por unanimidade.

A frequência de cinemas, teatros e bordéis que os alemães inauguravam com o objetivo de corromper e desmoralizar o povo polonês assim como a leitura dos livros que eles publicavam eram naturalmente proibidas. Uma atriz polonesa abriu seu próprio teatro no início de 1942. Tinha alguns contatos entre os alemães e obteve uma autorização. Não tinha intenção de montar peças que ofendessem ou desmoralizassem e realmente nunca o fez. No entanto, outros atores, muitos dos quais combatiam ao nosso lado, começaram a perguntar à Resistência se era permitido abrir teatros poloneses e qual era a nossa posição a esse respeito.

A resposta dada pela grande maioria foi: "A atriz em questão deve fechar seu teatro imediatamente sob pena de ser declarada infame".

Para explicar tal decisão, tive de destacar que nenhum polonês podia se permitir o desfrute de uma sessão de teatro enquanto a Polônia sofria, lutava e se sacrificava. Nenhum polonês tinha o direito de esquecer, sequer durante duas horas, o que se passava em seu país. Era proibido interromper o combate e a insurreição permanentes contra o invasor.

A atriz manteve seu teatro aberto a despeito da decisão, da qual foi notificada. As peças que montava eram quase sempre comédias leves e inofensivas. Pouco depois, foi declarado que ela havia cometido uma "infâmia" e seu nome nunca mais apareceu nos jornais clandestinos. Ela foi perseguida por ter ofendido os sentimentos da nação polonesa. A "atitude de resistência ao ocupante" não podia ser ignorada por quem quer que fosse.

Em nossa campanha de resistência e de vingança contra os alemães, eles próprios nos prestaram serviços inestimáveis. A administração nazista, os policiais, os oficiais e os civis não eram assim tão indiferentes aos bens deste mundo quanto se diziam ao falar da raça de "super-homens". Nos países ocupados, os alemães não passavam de um bando de ladrões medíocres: quando não estavam abusando da população local, só pensavam em ganhar dinheiro.

A administração alemã nunca soube até que ponto explorávamos a fraqueza de seus agentes. Para tirar partido de sua venalidade, empregávamos muitas vezes a corrupção. Prometíamos aos que, acima de tudo, queriam escapar sãos e salvos que receberiam proteção depois da guerra se a Alemanha saísse derrotada. Mas foi a chantagem que garantiu nossos maiores sucessos. Temo dizer, inclusive, que alguns de nós se transformaram em mestres nessa bela arte.

Certa vez, um funcionário alemão vendeu uma informação à Resistência. Seu preço era excessivo, mas pagamos alegremente. Ele esfregou as mãos, expressou sua amizade e esboçou algo vagamente semelhante a um cumprimento ao povo polonês. Não sabia que tínhamos provas concretas de todo o negócio, inclusive fotografias. Educadamente, continuamos a pedir que nos prestasse outros serviços, a preços cada vez mais baixos à medida que ele ficava cada vez mais comprometido. Durante um longo período, ele nos forneceu "mercadorias" que devem ter feito muita falta depois.

O soldado médio alemão lidava quase o tempo todo com a falta de dinheiro. Queria boas refeições, bebidas, cigarros, e era fácil para ele vender um cinto, um casaco, um cobertor, até mesmo um revólver ou fuzil. Nossos preços eram vantajosos. Depois de concluída a primeira operação, o pobre-diabo era obrigado a fornecer um fluxo ininterrupto de artigos militares, que precisava roubar ou comprar dos colegas, pois sabia que, se interrompesse seu comércio conosco, poderíamos facilmente denunciá-lo a seus superiores.

Muitos alemães eram *Treuhänder*, ou seja, administradores de propriedades rurais, imobiliárias e outras, e tentavam enriquecer no mercado negro vendendo grãos requisitados, móveis, forragem e qualquer coisa que pudessem surrupiar sem ser pegos. Tínhamos vários agentes cuja única tarefa era fazer compras desse tipo. Em geral, falavam alemão correntemente, compravam sem barganhar tudo que o *Treuhänder* oferecia e desapareciam com suas compras. Retornavam no mesmo dia pedindo determinados artigos a preços muito reduzidos. O *Treuhänder* ouvia aquilo com espanto e em geral ficava furioso. Era então que o nosso homem explicava:

"Vejo que ainda não entendeu que na verdade estou lhe fazendo um favor. Se não me vender o que pedi, posso procurar seus superiores para conversar a respeito da compra anterior. Creio que prefere que não faça isso, não é mesmo?"

Realmente, havia em nosso trabalho alguns momentos de satisfação intensa.

Gostaria de encerrar este capítulo narrando uma das mais extraordinárias medidas que tomamos sob o jugo alemão. Não conheço nenhum precedente em outra organização de resistência.

Em 1941, a situação financeira da Resistência era muito precária. A ajuda que chegava de Londres não era suficiente para nossas múltiplas despesas. A delegação do governo resolveu remediar a situação lançando um programa de empréstimo interno. Seriam vendidos títulos, considerados obrigações normais do governo, que seriam reembolsados com juros depois da libertação da Polônia e do retorno do governo no exílio. O sucesso obtido pela venda desses títulos foi uma prova notável da fé da população na restauração de sua pátria e de sua confiança na autoridade do Estado clandestino.

Os "títulos" em si não tinham uma aparência muito oficial. Dezenas de milhares de pedaços de papel que pareciam um tecido com o seguinte texto: "Agradeço pela doação de tantos quilos de pão, batatas, carvão etc. Farei o meu melhor para restituí-los assim que possível".

Em seguida, vinha a assinatura e um sinal secreto no lugar do número de série. As palavras "pão", "batatas", "carvão" etc. serviam para indicar o montante da soma.

O organismo de divulgação da imprensa clandestina foi utilizado ao máximo nesta campanha. Pessoas que não trabalhavam ativamente na Resistência, mas gozavam da confiança do público por sua autoridade moral, foram habilitadas como agentes de empréstimo. A campanha serviu também para incluir muitas pessoas na atmosfera de trabalho dos movimentos clandestinos. Alguns membros da Resistência, eu entre eles, também deviam coletar dinheiro.

Foi uma campanha de empréstimo muito estranha. O agente coletor procurava pessoas que na verdade mal conhecia, confiando apenas em sua boa-fé, lealdade, discrição e generosidade. Falava com elas em nome da delegação do governo, secreta e anônima, e de autoridades do Estado que eles desconheciam. Não podiam provar sua identidade de um modo conclusivo. Visitei cerca de vinte pessoas que, em sua maioria, nunca tinha visto antes. A maior parte delas, pessoas comuns da pequena burguesia ou do povo, que viviam do que havia sobrado dos dias melhores.

Perguntavam-me com frequência: "Por que deveria confiar em você? Como posso saber quem é? Como provar que não vai simplesmente pegar esse dinheiro para você?".

Eu respondia informando que vinha recomendado por um amigo da pessoa em questão, em quem ela certamente confiava. E insistia no fato de que a Resistência não podia evidentemente deixar de ser anônima e que não podia fornecer endereços. Dizia também que, caso desejassem, enviaria regularmente o jornal clandestino do partido político que preferisse. Era sempre a melhor forma de persuasão. Concluía simplesmente dando minha palavra de honra.

Embora tenha passado por alguns incidentes desagradáveis, devo destacar que, entre as vinte pessoas que procurei, nenhuma se recusou a contribuir. E não sou particularmente hábil como vendedor. Evidentemente, várias pessoas diminuíram as somas que eram pedidas. Por exemplo, uma delas, a quem pedi 10 mil zlotys, resolveu dar 100! Suponho também que alguns compradores tenham contribuído apenas por prudência, pois tudo indicava que a Resistência seria o Estado depois da guerra. Mas, no geral, senti que as pessoas davam o dinheiro porque queriam ajudar.

A campanha de empréstimo foi um grande sucesso e a soma que arrecadamos de uma grande ajuda para a continuação do trabalho. Essas somas serão sem dúvida reembolsadas depois da libertação. Não fazer isso seria um imenso abuso em relação àquela brava gente que amava seu país e tantos sacrifícios fez por ele.[5]

23
A imprensa clandestina

Um dos campos da ação de Resistência com o qual eu estava particularmente familiarizado era a imprensa clandestina. Recebi ordens de fazer um relatório mensal para uso interno sobre esta imprensa. A pessoa a quem deleguei a preparação de um sub-relatório devia ler todos os jornais e periódicos importantes e selecionar os elementos de maior destaque e mais interessantes, inclusive as polêmicas e tomadas de posição. A partir disso, eu elaborava um relatório de imprensa divulgado a cada três dias. Esse relatório servia para manter as autoridades informadas sobre as principais correntes políticas e era também uma preciosa fonte de informação para o governo em Londres. Mas a imprensa também me interessava por motivos pessoais. Colecionar sempre foi uma das minhas manias: antes da guerra, eram velhas moedas polonesas, livros de arte ilustrados e outros objetos que suscitassem meu interesse. Durante minha permanência em Varsóvia, compreendendo sua importância histórica, reuni provavelmente a mais rica coleção de escritos clandestinos poloneses: jornais, brochuras e livros, colocados em caixas em intervalos regulares e escondidos em locais seguros. Espero poder reavê-los depois da guerra e creio que serão interessantes tanto para historiadores quanto para museus.

Os poloneses adquiriram uma longa tradição e experiência de edição e divulgação de imprensa clandestina. A história das edições polonesas desse tipo começa com a primeira partilha da Polônia (1772). Durante a guerra atual, milhares de jornais foram impressos, desafiando a Gestapo, do mesmo modo como desafiaram a polícia secreta do tsar, a famosa Okhrana, cerca de 35 anos antes. Naquela época, como sob a ocupação alemã, pequenas impressoras portáteis funcionavam nas cidades polonesas, no fundo dos porões das casas dos operários. Outras máquinas, barulhentas demais para serem utilizadas no subsolo, eram escondidas nos bosques. Lampiões a óleo forneciam luz para o editor, que era ao mesmo tempo jornalista, tipógrafo e redator do jornal clandestino.

Um desses numerosos editores anônimos de outrora, também escritor e redator, era um jovem socialista desconhecido que publicou durante dois anos (1899-1901) o jornal clandestino *Robotnik*, nos porões dos pardieiros do centro industrial têxtil polonês, em Łódź, a Manchester polonesa. Cerca de dezoito anos depois, ele ficou conhecido em todo o mundo. Trata-se de Józef Piłsudski, líder do movimento revolucionário antitsarista polonês, mais tarde comandante em chefe das forças armadas polonesas e um dos pais da independência da Polônia.[1]

A imprensa clandestina que eu enfocava não tratava exclusivamente das questões internas do país ocupado. Todos os jornais — diários, semanais, quinzenais ou mensais — esforçavam-se para dar notícias do mundo inteiro. Tais informações eram fornecidas por uma importante cadeia de radiouvintes, bem organizada e secreta. Arriscando constantemente a própria vida, eles ouviam as transmissões estrangeiras em porões à prova de som, em pequenas cabanas nas florestas, em sótãos de teto duplo dissimulado. Suas fontes mais importantes eram a BBC de Londres, a WRUL de Boston e a Columbia WCBX de Nova York.

Cada jornal possuía vários postos de escuta, pois nunca dava para ter certeza de que as transmissões americanas e britânicas poderiam ser sintonizadas ou de que os ouvintes conseguiriam estar lá na hora. Meninos levavam as mensagens até os porões das cidades ou os esconderijos nas florestas, onde o homem que cuidava ao mesmo tempo da redação e da tipografia, munido de uma impressora manual ou de um mimeógrafo, redigia os editoriais e recebia os artigos dos "correspondentes" e dos "repórteres" disseminados por todo o país, os quais transmitiam as informações locais por meio desses mensageiros.

A delegação do governo, o Exército do Interior e os estados-maiores dos grandes partidos políticos também organizaram agências de notícias especiais. Por intermédio dessas agências, os poloneses recebiam relatórios verídicos das últimas notícias do mundo exterior, da situação nas frentes de batalha e dos acontecimentos mais importantes dos outros países ocupados. Elas tinham correspondentes regulares nos países aliados e neutros. Em poucas horas, os discursos de Churchill e Roosevelt, as entrevistas dos membros do governo polonês no exílio e as notícias das operações militares chegavam à Polônia e eram amplamente divulgadas. Essas agências não forneciam apenas os textos dos discursos, mas também um comentário e notas explicativas. Como as agências de notícias comuns, vendiam cópias aos jornais clandestinos, que faziam seus artigos com base em suas informações. Em troca, os jornais recebiam fundos proporcionais às vendas aos leitores. As melhores agências de notícias clandestinas eram a agência do AK, a agência da delegação do governo e a agência do Eco da imprensa.

Os jornais eram numerosos e muito variados. Cada grupo político tinha pelo menos um órgão clandestino, e muitos tinham vários. A influência e a tiragem desses jornais também eram muito diferentes. O *Biuletyn Informacyjny* [Boletim de informação] rodava pelo menos 30 mil exemplares, mas cada exemplar tinha vários leitores, pois os jornais passavam de mão em mão. A tiragem dos outros jornais era menos importante: desde 150 exemplares até 15 mil.

Como eram esses jornais clandestinos? A maior parte era de formato pequeno, por motivos compreensíveis (de doze a quinze centímetros de largura por vinte a 25 de altura) e tinha de quatro a dezesseis páginas. A maioria deles era impressa manualmente, alguns em linotipia, outros em pequenas impressoras manuais ou mimeógrafos.

Nem todas essas publicações clandestinas gozavam da aprovação das autoridades da Resistência. Muitas, embora publicadas de boa-fé, eram consideradas... perfeitamente supérfluas. Algumas tinham um público muito localizado e limitado, enquanto outras tinham um caráter político irresponsável e semeavam a confusão na Resistência. Alguns desses veículos transmitiam opiniões que pertenciam antes ao campo do misticismo, da profecia ou da adivinhação. Outros ainda inobservavam as regras da conspiração e provocavam prisões e perdas materiais.

A publicação de um jornal clandestino exigia homens perfeitamente treinados e competentes, que não apenas deviam fazer bom jornalismo, mas garantir também que nada de importante fosse revelado ao inimigo. Era certo e garantido que a Gestapo esmiuçava esses jornais à cata da menor informação significativa. Os editores tinham prazer em enviá-los diretamente para o quartel-general da Gestapo em Varsóvia, geralmente acompanhados de uma mensagem: "Enviamos um exemplar de nosso jornal com o objetivo de facilitar suas pesquisas, para que saibam o que pensamos de vocês e possam acompanhar o que estamos preparando".

No conjunto, as opiniões e tendências da imprensa clandestina eram as da Resistência. A delegação do governo tinha seu próprio jornal oficial, o *Rzeczpospolita Polska* [A República Polonesa], que expressava o ponto de vista oficial do governo no exílio e das autoridades da Resistência. O jornal publicava suas ordens e palavras de ordem, as decisões dos membros eminentes do governo no exílio, os discursos dos chefes de Estados aliados e editoriais que expressavam o ponto de vista oficial da Resistência. Tinha grande tiragem, ampla difusão e exercia profunda influência na opinião pública. A delegação do governo também publicava periódicos provinciais expressando os mesmos pontos de vista e com objetivos similares. Dois dos mais populares, *Nasze Ziemie Wschodnie* [Nossas províncias orientais] e *Ziemie Zachodnie RP* [As províncias ocidentais da República Polonesa], eram particularmente notáveis no modo de tratar as questões relativas a suas regiões.[2]

O jornal oficial do comando do Exército do Interior era o *Wiadomosci Polskie* [As notícias polonesas]. Continha artigos dedicados à luta armada e aos problemas sociais. O AK também tinha um órgão semioficial: o já citado *Biuletyn Informacyjny*, que tratava das notícias correntes. A redação do jornal era composta por excelentes jornalistas que conheciam o ofício — tratava-se sem dúvida do jornal mais popular da Polônia. O comando militar publicava também o *Żołnierz Polski* [O soldado polonês] que dedicava grande parte de seu espaço à análise da derrota de 1939 e publicava também informações sobre as atividades do exército polonês no país e nas frentes externas. Já o *Powstanie* [Insurreição] era uma folha especializada que fornecia informações sobre temas como os combates de rua e as táticas de insurreição e de "diversão".

Os jornais dos partidos políticos pertenciam a um registro diverso: refletiam o pluralismo da vida política na Resistência e, no conjunto, prestavam um enorme serviço por seus alertas à população e por exercitá-la na compreensão dos objetivos discordantes das correntes políticas do mundo moderno. Neles encontravam-se todas as nuances de opinião, da extrema direita à extrema esquerda.

Tradicionalmente de alto nível, as publicações do Partido Socialista Polonês (PPS) distinguiam-se por reportagens de grande valor. O principal jornal do partido era o *WRN*, título formado pelas iniciais das palavras "*Wolność-Równość-Niepodległość*", ou seja, "Liberdade, Igualdade, Independência". O *Wieś i Miasto* [Campo e cidade] encorajava a aproximação e a cooperação entre operários e camponeses. O *Wolność* [Liberdade] destinava-se à intelligentsia. O Partido Socialista adaptava a riqueza temática de sua imprensa às necessidades dos diferentes grupos sociais. Muitas dessas publicações tinham um caráter local e tiragem reduzida.

O principal jornal do Partido Camponês era o *Przez Walkę do Zwycięstwa* [Pela luta até a vitória]. O partido publicava também *Żywią i Bronią* [Eles alimentam e defendem], além de um jornal dirigido à intelligentsia, intitulado *Orka* [Lavoura], e outros mais.

O Partido Cristão do Trabalho, que havia sofrido as maiores perdas na luta clandestina, mudava frequentemente o nome de seus jornais por motivos de segurança. Durante meu primeiro período de trabalho clandestino, seu principal veículo chamava-se *Głos Warszawy* [A voz de Varsóvia]. Quando deixei a Polônia, seus principais jornais eram o *Zryv* [O sobressalto] e o *Naród* [A nação].

O principal jornal do Partido Nacional-Democrata era o *Walka* [A luta]. O partido publicava também um periódico de caráter político-militar chamado *Naród i Wojsko* [A nação e o exército].

As publicações que acabei de descrever eram as mais influentes na Polônia ocupada quando fui embora, em 1942. Havia, é claro, muitas outras, que no entanto não sustentavam a comparação com as precedentes, tanto por seu conteúdo quanto por sua difusão.

Como esses jornais clandestinos eram impressos?

As gráficas clandestinas, bem camufladas, obtinham papel de diversas maneiras — sua imaginação era grande. No interior, carroças de camponeses traziam o papel até os locais secretos. Os preciosos rolos brancos, amarelos ou até mesmo de papel de embrulho marrom-escuro que iam se transformar em jornais eram camuflados embaixo de pés de couve-flor ou de fardos de batata. O papel era comprado sobretudo dos alemães, através de todos os meios de corrupção possíveis. O redator não passava todo o seu tempo debruçado sobre a preparação do jornal. Às vezes, tinha deveres muito estranhos para um jornalista. Eis um depoimento extraído diretamente de um jornal clandestino de Varsóvia, o *Biuletyn Prasowy* [Boletim de imprensa]:

> Ontem, 25 de maio, quatro de nossos colegas jornalistas (três homens e uma mulher) estavam ocupados escrevendo e preparando seu jornal no apartamento dos Bruehl, rua Lwowska, Varsóvia. De manhã cedo, dois homens da Gestapo entraram no prédio e se esconderam na lavanderia Opus, de onde podiam vigiar a porta do apartamento dos Bruehl. Por volta da meia-noite, bateram na porta. Um dos jornalistas abriu e os homens da Gestapo entraram, ordenando que ele se colocasse de frente para a parede, com as mãos para o alto. Um dos policiais foi até o quarto onde ficava a gráfica. Lá, Léon Wacławski, o famoso escritor, e mais tarde redator de um dos nossos jornais, tirou um revólver da manga e atirou no alemão, que morreu na hora. No cômodo ao lado, o outro membro da Gestapo deu três tiros no homem que estava junto à parede, matando-o, e fugiu gritando por socorro. Os dois homens que restavam e a mulher tiveram tempo de sair discretamente do prédio. Léon Wacławski chegou hoje ao nosso Estado-maior. Infelizmente, perdemos todo o material tipográfico do apartamento dos Bruehl. Ontem, a Gestapo prendeu todos os moradores do prédio da rua Lwowska.

Eis outra história publicada no *Głos Polski* [A voz da Polônia], de Varsóvia:

> No dia 4 de julho, uma casa do bairro de Czerniaków, na elegante rua Okrężna, foi cercada pela Gestapo e por ss armados de metralhadoras. A casa abrigava uma de nossas gráficas, que havia sido transferida

de Mokotow, pois tudo indicava que os redatores e tipógrafos estavam sendo vigiados pela Gestapo. Os alemães bateram na porta e, sem obter resposta, jogaram granadas de mão pelas janelas, arrombaram as portas e dispararam algumas rajadas de metralhadora no interior. Dois rapazes foram mortos e duas moças ficaram gravemente feridas, morrendo pouco depois no hospital. Alguns dias mais tarde, o proprietário da casa, Michal Kruk, sua esposa e os dois filhos, de quinze e dezessete anos, assim como todos os moradores das duas casas vizinhas, foram presos e fuzilados.

E, para terminar, o autor acrescenta, sem nenhum outro comentário: "Este acontecimento custou a vida de 83 poloneses".

A distribuição desses jornais era outro problema. Aprendemos muito com as experiências de Stanisław Wojciechowski, companheiro de Piłsudski, que o encarregou da difusão dos jornais clandestinos sob o regime tsarista e foi eleito presidente da República da Polônia em 1922.

Foi ele o criador do "sistema dos três" para a venda de jornais clandestinos, que éramos os únicos a empregar. Cada homem envolvido no trabalho de distribuição conhecia apenas "um homem atrás e um homem à frente": aquele que lhe entregava os jornais num local secreto e aquele a quem devia entregá-los em outra cidade. Quando um portador de jornais era pego pela Gestapo, como outros haviam sido pegos antes pela Okhrana tsarista, e submetidos ao "hediondo interrogatório" pelos homens de Himmler nos porões da tortura, só podia dar esses dois nomes, nada mais. Mas o sistema só funcionava para a distribuição no atacado, pois as coisas eram muito diferentes com as pessoas que distribuíam no varejo. Nesse caso, era preciso lançar mão de todo tipo de artimanha.

Os jornais alemães locais eram vendidos nas ruas de Varsóvia e da Cracóvia: *Krakauer Zeitung, Warschauer Zeitung* ou o *Ostdeutscher Beobachter*, em Poznań, ou ainda o *Völkischer Beobachter*, de Hitler, em todas as cidades polonesas. Nenhum polonês comprava esses jornais, a menos que o vendedor dissesse sorrindo: "Compre, compre... notícias extraordinárias das vitórias alemãs!", e estendesse um exemplar.

O passante sabia que o jornal valia o que custava, pois estava bem recheado: entre as páginas cheias de comunicados alemães descrevendo os inacreditáveis sucessos da bandeira com a suástica, ele encontraria o seu jornal clandestino.

Ao embrulhar um bife, o açougueiro dizia à cliente: "Guarde na geladeira assim que chegar em casa, sim?". E ela já sabia que o jornal fazia parte do pacote. Um sistema menos comum consistia em botar o jornal diretamente nas caixas de correios ou sob os pratos, com a ajuda do garçom do restaurante etc. Janusz Kusocinski, famoso recordista mundial dos 5 mil metros e vencedor dos Jogos Olímpicos de 1932, foi fuzilado pela Gestapo por esse motivo quando trabalhava como garçom num café de Varsóvia.

Antes da guerra, eu nunca havia percebido a imensa influência que a poesia podia ter sobre as pessoas, sobretudo aquelas que lutam por um ideal. Não havia jornal clandestino que não publicasse versos de nossos poetas, como Adam Mickiewicz, Juliusz Slowacki, Cyprian Norwid ou Maria Konopnicka. Um grupo de poetas contemporâneos afirmou seu talento apoiando com a pluma a luta contra o ocupante nazista.[3] A imprensa clandestina não era consagrada apenas à política e às questões militares, mas também à cultura e à religião. Consegui conservar uma cópia do texto que transcrevo a seguir, publicado na primavera de 1942, e que hoje aponto sem hesitar como uma versão moderna do pai-nosso. É o emocionante, melancólico e apaixonado Pater da Resistência polonesa. Foi reproduzido em inúmeros jornais, e milhares de meninos e meninas aprenderam a recitá-lo de cor nas escolas clandestinas:

Pai nosso que estais no céu, olhai para a Polônia, nossa pátria martirizada.

Santificado seja o vosso nome neste dia de nosso desespero infinito e de nosso silêncio.

Venha a nós o vosso reino, oramos a cada manhã, repetindo obstinadamente que vosso reino comece na Polônia inteira e que, ao raiar a liberdade, venham a Paz e o Amor.

Seja feita a vossa vontade assim na terra como no céu. Vossa vontade há de ser feita. Mas não pode ser vossa vontade que o assassinato e a dissolução reinem no mundo e o sangue jorre como água. Que a vossa vontade possa esvaziar as celas úmidas das prisões. Que nunca mais existam na terra fossas cheias de cadáveres. Que o açoite diabólico do medo não se abata mais sobre nós. Que o céu sobre nossas cabeças nos traga luz e calor em vez de bombas e fogo. Fazei com que os aviões sejam mensageiros de alegria e não de morte. Vossa vontade há de ser feita sobre a terra. Olhai, Senhor, para nossa terra coberta de tumbas, iluminai o caminho de nossos filhos, de nossos irmãos e de nossos pais, dos soldados poloneses que abrem o caminho da volta com sua luta. Fazei com que os mares devolvam os afogados, a terra os enterrados, as areias do deserto e as neves da Sibéria os corpos dos que amamos.

O pão nosso de cada dia nos dai hoje... Mas um outro pão, que não aquele que cada dia nos tem imposto. Fardo pesado demais para nossos ombros, pois é êxodo e emigração, e morte nas masmorras, morte que vem do fogo dos canhões, torturas dos campos, morte por fome, morte no campo de batalha. É o tormento do silêncio quando nossas gargantas estrangulam os gritos da dor contida; nosso pão cotidiano é o frio do aço em nossos punhos.

A esse pão cotidiano que é o nosso acrescentai, ó Senhor, a força, a resistência, a paciência e a vontade para que suportemos em silêncio e não gritemos antes que a hora soe.

Perdoai nossas ofensas. Perdoai-nos, Senhor, se somos muito fracos para esmagar a besta. Reforçai nosso braço para que não trema na hora da vingança. Eles pecaram contra vós, infringiram vossas leis eternas. Não deixeis que pequemos contra vós, que pequemos por fraqueza, como eles pecaram por abuso criminoso.

E não nos deixeis cair em tentação. Não nos deixeis sucumbir à tentação, mas eliminai os traidores e os espiões que existem entre nós. Não deixeis o dinheiro cegar o coração dos ricos. Que o abastado alimente o faminto, que em todo momento e em toda parte os poloneses se reconheçam entre si. Fazei com que nossa boca permaneça muda quando nossos ossos se partirem sob a tortura. E não nos deixeis sucumbir à tentação de esquecer amanhã o que sofremos hoje.

Mas livrai-nos do Mal. Protegei-nos, Senhor, do mal. Do inimigo mortal de nossa pátria. Salvai-nos, ó Senhor, da miséria e da deportação, da morte na terra, no mar e nos ares e da traição dos nossos.

Amém. Fazei com que voltemos a ser senhores de nosso solo. Fazei com que nossos corações repousem com a calma do mar e a beleza de nossas montanhas. Que as multidões famintas se alimentem com a vossa luz, ó Senhor. Fazei com que possamos estabelecer a justiça em uma Polônia justa. Amém. Dai-nos a Liberdade, ó Senhor. Amém.

Além dos periódicos, as editoras clandestinas publicavam livros e brochuras de todo tipo. As brochuras eram em sua maioria ideológicas. Os livros eram sobretudo reedições de livros proibidos pelos alemães: clássicos poloneses, textos de educação clandestina, obras militares e livros de preces.

Quase todos os jornais eram publicados em papel sulfite e em formato pequeno por questões de segurança, conforme dissemos. Um belo dia, um desses jornais apareceu num formato semelhante ao do *Times* de Londres. Dadas as circunstâncias, era uma loucura. Em seu primeiro editorial, os redatores se explicavam:

Decidimos imprimir nosso jornal num formato geralmente considerado inviável para conspiradores porque decidimos não dar nenhuma atenção a esses celerados infames da alameda Szucha [sede do quartel-general da Gestapo]. Pretendemos ignorar os perigos da Gestapo e não damos nenhuma atenção à ocupação nazista. O desprezo pelo inimigo e a coragem de uma nação, assim como sua alma, não podem ser mortos. A única recompensa que pedimos a nossos leitores pelos riscos que corremos é audácia e uma grande difusão do nosso jornal, editado contra todas as regras da clandestinidade.

O jornal continuou a circular por algum tempo nesse formato. Um outro periódico quase igualou essa façanha utilizando um belo papel de alta qualidade, capaz de superar, mesmo em tempos normais, os recursos de qualquer jornal. A apresentação e a impressão dessa publicação também eram excelentes. Os editores do notável periódico sublinhavam:

Não temos nenhuma dificuldade para obter papel com as autoridades alemãs, sempre afáveis. As bestas-feras alemãs são corruptíveis até a medula. Delas, podemos obter o que quisermos através da corrupção. Utilizamos esse papel de qualidade superior para mostrar ao mundo a infame venalidade da administração alemã.

* * *

Tendo a imprensa clandestina como porta-voz, a Resistência permanecia em contato com a grande massa da população. Graças a ela, o povo estava sempre bem informado do que fazíamos. Ela ajudava as pessoas a manter o moral alto e sustentava suas esperanças. Para continuar seu trabalho com eficiência, as organizações clandestinas precisavam saber que o povo tinha fé nelas e aceitava sua autoridade. E provas disso nunca faltaram.

24
O "aparelho" do conspirador

Eu dispunha de um "aparelho" conspiratório bastante respeitável. Utilizo as aspas de maneira intencional, pois creio que algumas explicações são indispensáveis. De fato, muita gente pode achar que esses termos não têm nenhum significado e que são até mesmo contraditórios, uma vez que não conseguem associar "conspirador" com "aparelho". As pessoas que encontrei no exterior, por exemplo, não conseguiam sequer imaginar como é que eu podia ter um escritório normal na Resistência. Para elas, as noções de encontro e consulta eram inconcebíveis. Em sua mente, os encontros entre membros da Resistência davam-se de maneira furtiva, em geral à noite, em circunstâncias perigosas e cercadas de ameaças. Os filmes que vi e os romances que li sobre a Resistência na Europa são invariavelmente produtos da imaginação.

Esse nosso tipo de atuação exigia métodos muito simples, muito prosaicos. O mistério e o arrebatamento chamam atenção. A regra mais imperativa da clandestinidade era: "Passem despercebidos".

Na maior parte do tempo, nosso trabalho era provavelmente menos atraente e menos apaixonante do que o de um marceneiro, e nossa existência completamente desprovida de façanhas sensacionais. Alguns de nós passavam horas intermináveis em "pontos de observação". Outros tinham a obscura tarefa de pegar e distribuir a imprensa clandestina, trabalho maçante, pesado, cansativo, perigoso a longo prazo, mas certamente nada excitante. Grande parte do nosso trabalho consistia em nada mais que rotina de escritório, precisa, detalhada, procedendo segundo métodos científicos e administrativos. De fato, para executar um raide, fazer funcionar uma gráfica clandestina, cuidar de uma escola clandestina para crianças ou explodir um trem são necessárias uma longa preparação, análise cuidadosa, informações de diversas fontes e uma coordenação de todas essas atividades.

Meu próprio "aparelho" era complexo. Eu tinha acesso a quatro escritórios bem equipados em diferentes pontos de Varsóvia. Dois deles serviam como ponto de encontro para dirigentes militares e civis, o terceiro estava reservado para os arquivos e o último era meu "escritório", com duas datilógrafas profissionais e os acessórios habituais do trabalho administrativo. Entre meus assistentes, contava com essas duas mulheres, dois rapazes que serviam como agentes de ligação e outros quatro com grau universitário, seguros e bem treinados, que atuavam como representantes de minha seção e tinham permissão para conferenciar com nossos chefes civis e militares.

Os dois locais destinados aos encontros ficavam em dois grandes escritórios comerciais de um mesmo edifício. Seus proprietários sabiam perfeitamente que tinham sido alugados para ocupações de natureza "confidencial". Conseguimos dissipar seus temores com a garantia de que jamais deixaríamos nada de comprometedor no imóvel, e, além do mais... o aluguel combinado era quatro vezes maior do que os preços correntes. Mas eram pessoas dignas de confiança. Tratava-se de um prédio comercial que assistia a um vaivém contínuo de homens de negócios; era registrado junto às autoridades alemãs e até protegido por elas. Tudo isso representava uma vantagem inestimável para nós. Uma grande circulação de pessoas de todos os tipos garantia que passaríamos despercebidos, e tudo foi calculado para não chamar a atenção de ninguém. Além disso, consegui um emprego como agente de publicidade na firma que alugava o imóvel. Era um excelente pretexto para as visitas cotidianas ao "escritório".

Quanto aos arquivos, estavam escondidos num restaurante de Varsóvia. A arte de dissimular documentos em apartamentos particulares havia atingido um nível inacreditável de engenhosidade. Utilizávamos paredes duplas, tetos, gavetas e assoalhos com fundo falso, encanamentos de banheiro, fogões, móveis etc. Podíamos até falar abertamente sobre isso, pois se os alemães pusessem mãos à obra para desenterrar todos os documentos escondidos na Polônia, seriam obrigados a convocar todo um exército de trabalhadores para demolir as casas, abrir tetos e assoalhos até reduzi-los em pedaços, centímetro por centímetro, esburacar milhares de parques, perfurar centenas de esgotos e encanamentos de gás.

Meu "escritório" pessoal ficava num apartamento particular num edifício abastado e calmo de Mokotów, alugado de uma velha senhora da nobreza que residia em Konstancin e cujo filho fora para o Brasil, a serviço de uma companhia comercial, quando a guerra começou. O apartamento tinha, além dos três cômodos principais, uma entrada de serviço na cozinha, muito importante em caso de evacuação forçada. Instalei o escritório num dos cômodos, aquecido, grande e confortável. O segundo ficou para as datilógrafas, que contavam com máquinas de escrever silenciosas, Remingtons modernas, de modo que pudessem ser usadas tarde da noite sem incomodar os vizinhos. As duas datilógrafas que lá trabalhavam tinham aparência modesta, pareciam desinteressadas pelo que acontecia a seu redor e não atraíam nenhuma atenção em sua idas e vindas. A sala de jantar era dos assistentes. A cozinha servia para os agentes de ligação, que só tinham contato direto comigo.

As mulheres estavam perfeitamente adaptadas ao trabalho clandestino. A despeito dessa opinião universal segundo a qual o sexo feminino é tagarela e indiscreto, minha experiência pessoal levou-me a pensar que, no geral, as mulheres são melhores conspiradoras do que os homens. Há certas coisas que não podem fazer tão bem, mas compensam isso com excelentes qualidades, fundamentais para um clandestino. São mais rápidas para detectar o perigo e menos inclinadas a ficar remoendo as desgraças. São incontestavelmente superiores na arte de passar despercebidas e em geral mostram mais prudência, discrição e bom-senso. Os homens muitas vezes tendem a exagerar, blefar e recusam-se a enfrentar a realidade. Na maioria dos casos, cercam-se inconscientemente de uma atmosfera de mistério que cedo ou tarde pode se tornar fatal.

Meu trabalho durante esse período era difícil e exigia grande concentração. Eu encontrava duas ou três pessoas importantes das diversas estruturas da Resistência por dia. Minha missão era submeter e examinar com elas diversas questões, receber suas opiniões e transmiti-las o mais fielmente possível a meus mandantes. Durante todos os encontros, sentíamos a

Gestapo rondando constantemente nas paragens. Discutíamos análises de conjuntura e eu expunha a posição e a opinião dos outros dirigentes clandestinos, observando suas reações para compreender seus pontos de vista e tomando notas de suas decisões para comunicá-las aos outros.

Muitas vezes, levava para tais encontros uma pergunta ou uma opinião do comandante do AK ou do delegado-chefe do governo, e precisava obter de meus interlocutores o máximo de informações sobre o assunto para transmiti-las posteriormente. No que me diz respeito, os momentos mais difíceis eram aqueles em que precisava interromper a entrevista por não ter conhecimento de todos os assuntos relativos à conversa em questão. Chamávamos isso de "ineficácia da seção de ligação política", e eu sofria severas críticas de meus superiores.

No período inicial do trabalho, os erros desse tipo foram numerosos. Mais tarde, aprendi a corrigir esses primeiros tropeços e pude me aperfeiçoar.

Alguns problemas eram debatidos oralmente, mas na maioria dos casos era preciso redigir relatórios, que eram verdadeiros relatórios administrativos, numerados, datados e cuidadosamente redigidos. Às vezes, as pessoas com quem havia discutido recebiam uma cópia através de meus agentes de ligação. Os nomes, locais, partidos e todos os fatores importantes eram sempre cifrados ou designados por pseudônimos. Minha seção tinha dois códigos especiais, um para a delegação e outro para as autoridades militares.

Quando eu concluía que havia uma forte possibilidade de chegar à unanimidade e os homens que recebiam tais relatórios confirmavam minha opinião assinando as cópias e devolvendo-as, a questão era considerada resolvida. Então, o relatório era arquivado como testemunho e documento histórico. Assim, meus relatórios foram a base dos relatórios mensais e trimestrais que o governo polonês no exílio recebia da Resistência. Quando não havia acordo sobre determinadas questões ou propostas ou quando as divergências eram definitivas, os dirigentes devolviam o relatório, estabelecendo que era necessário reunir a Representação Política do país para retomar a discussão e levá-la adiante.

Qualquer pedido de convocação da Representação Política era transmitido ao gabinete da delegação do governo no exílio. O diretor tinha a responsabilidade de fixar a data e o local do encontro. Geralmente, esperava acumular certo número de questões pendentes antes de organizar uma reunião, a não ser quando o problema era considerado de importância vital. Mas isso não era mais da minha alçada e eu não era informado da decisão final.

25
Mulheres agentes de ligação

No decorrer do meu trabalho, acabei simpatizando profundamente com as mulheres agentes de ligação, cuja árdua tarefa consistia principalmente em facilitar os contatos entre nossos companheiros de clandestinidade. Elas eram um elo vital de nossas operações e, em muitos casos, ficavam mais expostas do que as pessoas cujo encontro facilitavam.

Um princípio governava todos aqueles que realizavam um trabalho clandestino importante: fazer o máximo para manter os locais de moradia pessoal afastados das tarefas secretas. Ninguém devia conhecer meu endereço pessoal, à exceção dos membros mais próximos de minha família e da jovem que era minha agente de ligação. Ninguém organizava qualquer ação política, marcava qualquer encontro, guardava qualquer documento comprometedor no local onde eu dormia. Isso dava a todos nós o sentimento de um mínimo de segurança, liberando-nos de um temor constante. Assim, podíamos dormir sem medo. É claro que acidentes podiam acontecer e realmente aconteciam, mas esse sistema conseguia reduzi-los ao mínimo.

Ninguém, nem mesmo "minha" agente de ligação, devia conhecer meu sobrenome, nem os documentos falsos que estavam sempre em meu bolso. Nessas condições, muitas vezes era quase impossível para os membros da Resistência estabelecer comunicação entre si. E eram as mulheres agentes de ligação que resolviam esse problema, garantindo a conexão. Quando eu desejava entrar em contato com determinado chefe político, de quem ignorava tanto o nome fictício quanto o endereço, entrava em contato com sua agente de ligação.

Mas elas, ao contrário, ficavam muito expostas. O apartamento de uma agente de ligação estava muitas vezes à disposição da Resistência. Não podíamos perder contato com ela, que precisava morar num lugar de fácil acesso e não podia mudar de nome ou endereço sem permissão. Enquanto durasse sua atividade, não podia buscar outro abrigo, pois isso significaria romper os contatos entre os membros e os diferentes setores da Resistência. A mulher agente de ligação e seu apartamento eram sempre vigiados cuidadosamente por um serviço especial de "observação". Assim, caso ela fosse presa, não poderia nos trair, nem mesmo sob tortura, pois, duas ou três horas depois da prisão, todos os que estavam em contato com ela já haviam mudado de nome e de endereço.

Ela estava constantemente em perigo. Muita gente conhecia todos os pormenores de sua vida. Isso era deplorável no trabalho clandestino. Ela sempre carregava documentos comprometedores, a natureza de suas idas e vindas despertava suspeitas e sua presença era necessária em vários locais perigosos. A "vida" média de uma agente de ligação não durava mais que alguns meses.

Elas eram inevitavelmente pegas pela Gestapo, a maioria em circunstâncias que não deixavam nenhuma dúvida sobre suas atividades, e eram tratadas com uma crueldade bestial nas prisões nazistas. Muitas carregavam veneno consigo e tinham ordem para usá-lo em caso de necessidade. Era quase impossível tirá-las da prisão, e a Resistência não podia correr o risco de vê-las ceder diante da tortura. Podemos dizer que, entre todos os resistentes, seu destino era o mais rigoroso, seus sacrifícios os maiores e sua colaboração a menos recompensada. Estavam sempre sobrecarregadas de trabalho e antecipadamente condenadas. Nunca ocuparam postos importantes e jamais foram condecoradas por heroísmo. A maioria das agentes de ligação com quem tive a honra de trabalhar sofreu a sorte comum de suas irmãs. Uma delas era uma jovem de 22, 23 anos. Nós nos víamos com frequência, mas eu sabia muito pouco a seu respeito. Trabalhou conosco durante quase três meses e era uma colaboradora maravilhosa. Foi pega pela Gestapo e não conseguiu se livrar dos documentos que transportava nem engolir o veneno.

Uma mensagem transmitida clandestinamente da prisão depois de seu primeiro e único interrogatório revelou seu destino. As bestas furiosas da Gestapo despiram-na completamente antes de deitá-la no chão. Amarraram suas pernas e braços a ganchos e escavaram seus órgãos sexuais com cassetetes de borracha. A mensagem da prisão dizia: "Quando a levaram, a parte de baixo de seu corpo estava em frangalhos".

Outra mulher, de cerca de cinquenta anos, ficou conosco mais tempo. Antes da guerra, ensinava francês numa das maiores escolas de Varsóvia. Juntou-se à Resistência quase desde o começo. Era pobre e vivia num modesto apartamento com o marido, que tinha cerca de setenta anos e estava incapacitado para o trabalho. Pôs sua casa à disposição de uma das organizações democráticas, para a qual trabalhava como agente de ligação. Foi através dela que entrei em contato com os membros dessa organização.

A Gestapo a surpreendeu em seu próprio apartamento e aproveitou para prender também seu marido. Ambos foram submetidos a torturas abomináveis. O marido morreu durante o primeiro interrogatório. A "sra. Pawłowska" sobreviveu ao segundo, mas teve de ser carregada para sua cela. Tinha como companheiras outras quatro mulheres presas na mesma época.

No dia seguinte, foi encontrada enforcada numa trave do teto. Tinha usado o cinto de seu corpete como corda e ninguém ouviu o menor rumor. Sua determinação de morrer era tão inabalável e sua indiferença à dor tão firme que expirou sem exalar o menor gemido e sem bater na parede com os pés no último espasmo que precede a morte.

Mais tarde, perguntei a um médico se isso era possível. Ele respondeu negativamente. Um homem que se suicida, disse ele, sempre perde a consciência, mas o instinto de conservação entra em jogo no último momento. Nesse caso, o instinto foi contrariado por uma força maior.

As agentes de ligação eram o próprio símbolo do destino das mulheres polonesas durante a Ocupação, pois foram as que mais sofreram e, na maior parte dos casos, sacrificavam a própria vida.[1] No entanto, as mães, esposas, filhas dos membros da Resistência também tinham o seu fardo de sofrimentos e tormentos. Se não fossem atuantes, suas angústias eram ainda maiores, pois não tinham nenhum meio de avaliar o perigo nem de sentir a aproximação do drama: estavam sempre na expectativa do pior e não conheciam um instante de paz. Se a mulher de um clandestino vivia com o nome verdadeiro e seu marido era descoberto, normalmente ela era presa junto com ele. Muitas vezes, mesmo que não tivesse nenhuma participação na ação, era torturada pela Gestapo, que buscava obter as informações que não havia conseguido arrancar do marido. Na maioria dos casos, essas mulheres não tinham a menor possibilidade de responder à polícia alemã, mesmo que desejassem, pois não sabiam de nada. Essas desventuradas, martirizadas sem motivo, morriam porque haviam se casado com homens nobres e corajosos.

Via de regra, as esposas dos chefes estavam inscritas na Resistência e tinham nomes falsos. Viviam como seus maridos, em locais retirados, mudando o tempo todo de domicílio, abandonando amigos e família, perseguidas pelo medo e pela insegurança. O pior é que a maioria delas era, por sua própria constituição, inapta para esse tipo de existência. Às vezes, eram totalmente incapazes de participar da ação e jamais seriam aceitas nas organizações se não fossem obrigadas a partilhar a vida dos maridos.

Muitas outras mulheres polonesas levavam uma existência sofrida. As hospedeiras inocentes, que recebiam membros da Resistência sem saber de nada, eram muitas vezes arrastadas na órbita dos que eram presos pela Gestapo. A sorte das moças que distribuíam a imprensa clandestina, correndo de lá para cá com documentos escondidos no corpo ou em pesadas bolsas, também era digna de pena.

A distribuição de jornais era um trabalho simples e mecânico frequentemente confiado às mulheres, pois dos homens se exigiam tarefas mais importantes. Lembro de uma mocinha magra, pouco atraente, de sobrenome Bronka, que passava pelo escritório duas vezes por semana, sempre pontual e ofegante. Era silenciosa e tímida, parecia esgotada e farta da existência de animal acuado que era obrigada a levar. Talvez tenha sido pega pela Gestapo. De todo modo, uma vez na Resistência, era difícil sair, adotar outro tipo de vida e encontrar um trabalho normal.

Um dia, perguntei a ela por que estava tão triste e desanimada. Ela respondeu a contragosto:

"Tenho algum motivo para estar feliz?"

"As coisas estão tão mal assim?", devolvi, quase esperando uma resposta atravessada.

Ela respondeu num tom mal-humorado:

"Como qualquer outra pessoa, ninguém enriquece em tempos de guerra."

Puxou uma cadeira, sentou-se e relaxou um pouco. Ocorreu-me que talvez estivesse com fome. Era terrivelmente magra, com uma cor esverdeada e doente. Seus olhos brilhavam estranhamente, como se tivesse febre.

"Quer jantar comigo?", convidei. "Tenho pão, geleia e tomates. Sinto não poder oferecer nada quente. Não tenho carvão e só consigo água quente quando a proprietária cozinha."

"Sim, obrigada", respondeu ela. "Pode me dar um copo d'água?"

Eu trouxe a água e fiquei olhando enquanto ela comia lentamente o pão escuro, duro e insípido e a geleia de beterraba. Era estranho vê-la devorar aquilo com recolhimento, saboreando cada bocado antes de engolir. Quanto terminou, bebeu o copo d'água. Recusou energicamente um dos meus tomates, dizendo que eu precisava dele.

Conversamos um pouco.

"Há quanto tempo distribui jornais clandestinos?", perguntei.

"Três anos", respondeu vivamente.

Estávamos em 1942, e, portanto, ela fazia aquele trabalho desde o começo da guerra.

"Nunca fez outra coisa durante esses três anos?"

"Não, é minha especialidade. Meu chefe acha que tenho uma aptidão excepcional para 'fundir-me à paisagem', porque não tenho uma cara muito inteligente."

Começamos a rir. Seu rosto se transformou nesse breve momento de hilaridade. O riso arredondava seu rosto, que ganhava uma aparência mais normal.

"E quantas pessoas atende?", perguntei.

"Visito 120 pontos", respondeu num tom impassível.

Levei um susto. Isso representava uma carga inacreditável de trabalho. Ela percebeu meu espanto.

"É", comentou. "Passo em 120 endereços duas vezes por semana."

"Isso dá mais ou menos quantos por dia?"

"Mais ou menos quarenta", respondeu, "mas varia. Às vezes consigo parar um pouco mais cedo, quando estou cansada demais."

Olhei para ela com um ar de compaixão.

"Está na hora de ir", disse ela, levantando-se pesadamente. "Ainda tenho onze visitas a fazer hoje."

"Deve ser cansativo", comentei.

"Não", respondeu ela. "Mas, se quer saber, só tenho um sonho na vida: que essa guerra acabe e que eu encontre um trabalho em que possa ficar sempre no mesmo lugar e as pessoas venham me ver. Queria ter uma casa de repouso para senhoras."

Eu não soube o que responder.

"Obrigada pelo jantar", disse ela ao sair.

E, mesmo assim, Bronka se considerava feliz em comparação com aquelas mulheres que, como dizia ela, "tinham relações com os alemães". Era a fórmula infamante que se aplicava a todas as mulheres vistas na rua com um alemão ou que consumiam alguma coisa num bar com eles. Essas mulheres eram tratadas com um desprezo generalizado que devia deixá-las muito infelizes. Mas Bronka me ensinou que era preciso fazer distinções entre elas.

"Sem dúvida", afirmou, "existem mulheres que vivem com alemães e devem ser censuradas. Mas algumas simplesmente não têm escolha."

Contou a história de uma conhecida que fora classificada pelos vizinhos como mulher que "tem relações com os alemães". Vivia num pequeno apartamento de dois cômodos, bem mobiliado. O marido era prisioneiro dos alemães. Era uma mulher de classe média, nem mais nem menos patriota do que as outras. Recebia a imprensa clandestina e fazia o que podia, normalmente.

Alguns meses antes, os alemães haviam obrigado essa mulher a receber um locatário que, depois de algum tempo, convidou-a a ouvir música com ele num café. Ela chegou a recusar seis vezes. Irritadíssimo, o alemão disse que, se não aceitasse, daria um jeito de mandá-la para um campo de concentração.

"O que queria que ela fizesse?", disse Bronka, indignada. "Não é nenhuma Joana d'Arc, apenas uma pobre mulher que quer viver até o final da guerra e reencontrar o marido. Ela não tinha ninguém com quem falar. Não faz parte da Resistência. Não tinha escolha. E é chamada de nomes horríveis pelos homens, todos olham atravessado para ela nos cafés e ela tem medo deles e do alemão. Ainda por cima, muitas vezes está apavorada por ter um jornal clandestino na bolsa. Não é fácil. As mulheres sofrem muito mais do que os homens nessa guerra…"

26
Um casamento por procuração

Seu pseudônimo era Witek, e era uma das figuras de proa de uma organização que tratava sobretudo de questões educativas e religiosas.[1] Com um grupo de amigos, estabeleceu a meta de preservar a ética da juventude polonesa. Witek, que além disso editava o jornal *Prawda* [Verdade], era um homem de cerca de 35 anos, muito talentoso, corajoso e empreendedor. Era o motor de sua organização. Sua inspiradora era uma escritora bastante conhecida, que figurava entre os escritores importantes da Polônia. Era ela quem imprimia à organização um caráter específico, atraindo novos membros com seu carisma e transmitindo a eles seu ardor apaixonado.[2]

A agente de ligação e assistente de Witek era uma jovem que respondia pelo pseudônimo de Wanda. Eram inseparáveis. Sempre alegres, cheios de esperança e energia, escreviam, publicavam e distribuíam brochuras notáveis, das quais algumas foram até traduzidas no exterior. Foi assim que *Golgotha*, que descrevia o campo de concentração de KL Auschwitz, em Oświęcim, foi traduzida para o inglês.[3] Eu costumava visitá-los com frequência, simplesmente para respirar a atmosfera estimulante de otimismo, serenidade e ativismo apaixonado que os cercava.

Em meados de 1942, eles foram separados. Wanda, pega por acaso durante uma fiscalização, foi presa e torturada, mas nada revelou. Não foi enviada para um campo de concentração, mas recusaram-se a soltá-la, e ela foi mantida na prisão de Pawiak em Varsóvia.[4] Conseguimos estabelecer contato com ela. Toda semana, Witek e Wanda escreviam cartas que conseguíamos fazer entrar e sair da prisão. Witek a mantinha cuidadosamente informada de todos os acontecimentos exteriores, e ela narrava o que acontecia no interior da prisão, estimulando-o, como a todos nós, a não desanimar, como se nossa sorte fosse pior do que a dela. Depois, surpreendentemente, um sentimento novo nasceu entre eles, talvez simplesmente despertado pelos acontecimentos, talvez estimulado pela pressão a que os dois estavam submetidos.

Separados pelas portas da prisão, sob a influência das cartas trocadas, apaixonaram-se perdidamente um pelo outro. Lembro da emoção e do orgulho de Witek ao mostrar uma carta que havia recebido de Wanda. Ela dizia que, dentro da prisão, havia finalmente tomado consciência de seu amor por ele. Witek ficou muito emocionado, e durante uma semana tentou redigir uma resposta sincera e digna da mensagem recebida. Não hesitou em pedir conselhos à escritora e a mim, tão desajeitado e ingênuo quanto uma criança pequena.

Não resistimos a brincar um pouco com ele, sugerindo que aceitasse que a escritora fizesse a resposta, que certamente ficaria muito mais bem escrita. A brincadeira não o agradou nem um pouco. Finalmente, reunindo toda a sua coragem, Witek escreveu de volta. Disse a Wanda que a amava desde sempre, mas nunca havia tido coragem suficiente para se declarar, e que sua carta permitira que finalmente conseguisse expressar seus sentimentos.

A correspondência prosseguiu. Li algumas de suas cartas. As de Wanda eram sempre calmas e sérias, cheias de emoção contida. Um pouco depois, Witek pediu sua mão em casamento. Claro que ela não poderia se apresentar numa igreja para a cerimônia nupcial, mas Witek já havia consultado um padre e descoberto que podiam casar-se por procuração. O padre disse que bastaria o consentimento da moça.

A coisa foi arranjada em duas semanas. Estive presente entre as quatro testemunhas dessa cerimônia emocionante que teve lugar numa pequena igreja da periferia de Varsóvia. O padre que oficiava era um amigo nosso. Pronunciou um breve e eloquente discurso que fazia alusão à estranheza do destino humano e que reconstituía muito bem a patética beleza daquele instante. Relembrou que, nos tempos antigos, o casamento por procuração era privilégio dos reis, e que os noivos eram representados por embaixadores em trajes faiscantes de diamantes, com a igreja forrada com os mais luxuosos brocados e tapeçarias, moedas de ouro sendo lançadas para o povo e as ruas explodindo em gritos de "Viva o rei! Viva a rainha!".

"Os tempos mudaram", concluiu o padre. "Celebro este casamento por procuração, com a permissão da Igreja, não porque vocês são ricos ou poderosos, mas porque são os mais pobres, os mais fracos e os mais oprimidos.

"Você, Witek, coloque-se diante do altar, e esta mulher será a embaixadora daquela que vai tomar como esposa", disse ele, e acrescentou, virando-se para a romancista que representava Wanda: "Espero que um dia possa escrever sobre isso: a vida dessas pessoas há de ser o seu mais belo livro..."

"A vida de todos nós, padre", murmurou ela.

Os lábios de Witek tremeram e ele quase desmaiou. Depois da cerimônia, nos separamos para retomar nosso trabalho, que não podia ser adiado. Pouco depois, deixei a Polônia para uma nova missão e nunca soube se o casal conseguiu se reunir algum dia.[5]

A escritora que representava a noiva era uma pessoa excepcional sob todos os pontos de vista. Antes da guerra, sua obras haviam sido admiradas e traduzidas para várias línguas. Ela recebeu inúmeros prêmios e era abastada na época. Em 1942, ficava feliz quando podia comer um prato de sopa a cada dia. Mas não se lamentava.

Havia algo de milagroso em seu destino. Antes da guerra, escrevia sob um pseudônimo, e foi com ele que se tornou conhecida do grande público. Fora do círculo de amigos pessoais, pouca gente sabia que era casada e menos ainda conhecia a identidade de seu marido.[6] Desde o começo, tomou o partido da Resistência e, apesar disso, a despeito dos inúmeros avisos dos amigos, continuou a viver em sua própria casa, usando o nome de casada. Foi avisada de que corria um perigo duplo: ser presa não apenas por causa de seu engajamento, mas também devido à sua reputação. Vários poloneses eminentes, que nunca deram indícios de praticar atividades de resistência, já haviam sido presos. Mas ela recusou-se firmemente a mudar seus hábitos. Quando a censuramos por suas bravatas inúteis e sua falta de prudência, respondeu: "Meus caros amigos, se Deus quiser que seja presa, os boches vão me pegar, não importa quantas precauções eu tome".

Olhamos um para o outro ao ouvir tais palavras e trocamos piscadelas de compreensão, mas ninguém ousou dizer nada. Todos pensávamos que, a despeito de seu talento literário e de sua dedicação à causa, era ingênua demais para o tipo de vida que era chamada a levar. A Providência não toma o lugar da Prudência.

Não demorou para que fosse posta à prova. Certa noite, dois oficiais da Gestapo bateram à sua porta. Ela contou mais tarde que, quando percebeu quem eram, não sentiu medo algum. Perfeitamente calma, entregou-se às mãos da Providência, convencida de que nada poderia lhe acontecer que não fosse vontade de Deus.

Os agentes da Gestapo nem esperaram que abrisse, arrombando a porta e gritando desde a entrada:

"Qual é o seu nome?"

Ela deu o nome de casada.

"Mostre sua *Kennkarte*."

Ela foi buscá-la na escrivaninha e entregou a eles. A carta estava perfeitamente em ordem.

"Quem mais mora aqui?"

"Ninguém. Moro sozinha."

"É o que veremos. Sente-se e fique tranquila."

A batida durou várias horas: revistaram os banheiros e embaixo das camas, esvaziaram os armários, sondaram as paredes e deixaram os móveis de pernas para o ar. Enquanto os alemães reviravam a casa, ela se levantou tranquilamente da cadeira em que estava e, sem nenhuma pressa ou agitação supérflua, saiu porta afora e foi para a casa de uma amiga algumas casas depois. Os alemães não perceberam sua saída e não havia ninguém na rua para prendê-la, apesar do toque de recolher.

A história fez sensação em Varsóvia, e, provavelmente, o mais desagradável para ela foram as nossas brincadeiras. É preciso dizer que, de fato, ao lado de sua grande piedade, ela tinha outro traço característico ainda mais raro e inflexível: nunca mentia e acreditava firmemente que a mentira não se justificava em nenhum caso. Quando contou sua história, o objeto de nossas brincadeiras foi exatamente esse:

"Já percebeu que mentiu para os homens da Gestapo sobre sua identidade?", perguntou alguém.

Ela ficou muito constrangida e abalada pela surpresa.

"Oh, não, não menti", respondeu com um ar preocupado. "Eles perguntaram meu nome e eu disse a verdade. Não perguntaram pelo nome com o qual publico meus livros."

"Muito bem", concordamos, sem saber se devíamos chorar ou rir de sua candura angelical. "Mas, mesmo assim, você os enganou quando escapuliu pela porta debaixo do nariz deles."

Foi então que respondeu com um ar triunfante:

"De jeito nenhum! Estávamos em meu apartamento e eu tinha o direito de deixá-los quando bem entendesse. Nunca disse a eles que esperaria até que acabassem."

"O quê? Está querendo dizer que se eles tivessem ordenado que ficasse esperando por eles teria obedecido?"

Por um instante, ficou perturbada, tão grande era o seu desejo de ficar em paz com a própria consciência.

"Bem", a resposta veio lentamente, "ainda não pensei muito bem sobre o assunto, mas creio que não teria obrigação de ficar. Segundo o nosso ponto de vista, as ordens deles não existem, não é verdade? Ora, ninguém pode executar o que não existe, e, portanto, eu não estava obrigada a obedecer."

Interrompemos a brincadeira, consternados. Sua ingenuidade cândida e sublime causava espanto, mas, ao mesmo tempo, uma sensação de vergonha. O mais notável é que, apesar da desvantagem que sua consciência representava, ela continuou a ser a inspiradora e a mais bela chama da Resistência na Polônia. Corria o ano de 1942 e os apelos mais eloquentes, as denúncias mais veementes, os panfletos e artigos mais eficazes da imprensa clandestina partiam de sua pluma. Um grande número deles, pensávamos, com certeza mereciam figurar eternamente como joias da literatura polonesa desta guerra.[7]

27

A escola clandestina

Depois de um tempo, ficou claro que um jovem seria mais conveniente para ser meu agente de ligação, e Tadek Lisowski foi designado para o cargo.[1] Eu já conhecia a família Lisowski de antes da guerra, quando eram pessoas abastadas. Além da propriedade rural nas cercanias de Kielce, possuíam dois imóveis alugados em Varsóvia. A sra. Lisowska era uma mulher pequena e reservada, muito bem organizada, dotada de uma energia inesgotável e que emanava calor e serenidade. Mantinha perfeitamente em ordem uma casa sempre cheia de amigos, cuidava de meninos difíceis e indisciplinados e também das necessidades do marido, um homem alegre, que frequentava cafés, teatros e salas de jogos com assiduidade.

A sra. Lisowska dirigia os negócios da família, frequentava a igreja e ainda encontrava tempo para as obras sociais e a caridade. Em intervalos regulares, o sr. Lisowski caía na farra e desaparecia por semanas inteiras, deixando a esposa sozinha com as travessuras de Tadek e seu irmão mais novo.

Veio a guerra e as finanças dos Lisowski declinaram rapidamente. A propriedade do distrito de Kielce foi confiscada pelos alemães e os imóveis não rendiam quase nada. A sra. Lisowska conseguia fechar o mês vendendo objetos de valor: joias, quadros, móveis. As crianças, que admiravam o desmiolado do pai, ficaram abandonadas às próprias fantasias e cederam rapidamente sob a influência de companhias duvidosas e da insidiosa propaganda nazista, que visava a completa desmoralização da juventude polonesa através da pornografia e do jogo. Assim, fiquei sabendo por um amigo que o jovem Tadek era cliente de uma das casas mal-afamadas que os alemães haviam aberto com essa intenção e era suspeito de ter roubado a casa dos próprios pais.

Jovens assim representavam um grave problema para os educadores da Resistência. O sistema de ensino clandestino dispunha de recursos muito limitados e, portanto, concentrava seus esforços em elementos de valor, patriotas, prontos a se engajar. Devíamos priorizar os jovens poloneses que forneceriam à Resistência uma base natural. Éramos obrigados a ignorar elementos como Tadek, que, na verdade, eram os que mais precisavam de nós.

Uma vez que um rapaz ou uma moça comprometiam-se de um jeito ou de outro — especulando com a pobreza, extorquindo alguma coisa, jogando ou lidando com a prostituição —, o caminho do ensino clandestino fechava-se irrevogavelmente, e isso era trágico para eles. O que tornava sua situação ainda mais patética é que eram boicotados pela grande maioria dos jovens com que haviam crescido, o que contribuía evidentemente para consolidar os maus hábitos e as más companhias.

Esse era, em linhas gerais, o caso de Tadek. Aquele rapazinho vivo, inteligente e cheio de imaginação caía cada vez mais baixo, desprezado e rejeitado pelos antigos colegas de escola e de vizinhança, e respondia com uma agressividade crescente e exibicionista. Sua mãe, preocupada com seus erros, sentia-se culpada por ter permitido que se afastasse dos cuidados maternais. Certo dia em que ela se culpava em minha presença, comentei:

"Não é culpa sua. Tudo recai sobre a senhora, alimentar e vestir um marido irresponsável e dois filhos já é pesado demais. Ao contrário, admiro muito a forma como enfrenta as coisas."

A sra. Lisowska, cujos cabelos eram completamente grisalhos, respondeu:

"Não me preocupo nem com meu marido nem comigo. Somos uma geração perdida: a guerra nos destruiu, não contamos mais. Mas queria muito que meus filhos lutassem para reerguer a Polônia e construíssem uma vida para eles."

Lançou um olhar que era um pedido mudo de ajuda. A sra. Lisowska sabia há muito tempo que eu estava envolvido num trabalho clandestino, mas, por um acordo tácito, evitávamos qualquer alusão ao tema. Naquele dia, seu amor por Tadek levou a melhor. Hesitou um instante, verificou se eu dava algum sinal de irritação e, ao constatar que não manifestava nenhuma oposição, seguiu adiante:

"O senhor sabe", disse ela, "que não gosto de incomodá-lo com essas histórias, mas não posso evitar. Sei que pertence à Resistência... mas, por favor, não se preocupe... Nunca mais falarei disso."

"Tenho certeza", respondi cordialmente. "Tenho a maior confiança em sua lealdade e discrição."

"Obrigada. Vou lhe pedir um favor, Jan, e imploro que não recuse..."

"Quer que Tadek entre na Resistência...", comecei num tom hesitante.

"Temos essa tradição na família, Jan. Meus antepassados lutaram em todas as insurreições polonesas. Em 1830, meu bisavô foi ferido e exilado na Sibéria por sete anos. Meu avô lutou contra a Rússia tsarista e participou da insurreição de 1863. Quero que essa tradição de luta pela liberdade continue. Conheço Tadek: é o retrato do pai. É triste, muito triste. Queria que parecesse com o avô. Tenho vergonha de dizer isso, Jan, mas é preciso. Neste momento, por ociosidade, por desprezo pelos outros meninos, ele parece pior do que na realidade é. Precisa de uma chance. Se fizer isso, não vai se arrepender. Ele gosta da aventura, tem um grande respeito por você e seguirá suas ordens. Por favor..."

Eu sabia que a sra. Lisowska não era o tipo de mulher que se poderia despedir com promessas vagas e boas palavras. Respondi suavemente:

"Não creio que meus chefes permitam que traga Tadek para trabalhar comigo. Ele tem má reputação, e, além disso, o perigo é muito grande. Se for aceito, é possível que nunca mais volte."

"Em minha família, temos o hábito de morrer por nosso país", disse ela lentamente. "Se Tadek morresse, eu ficaria de coração partido, mas nunca me arrependeria de tê-lo mandado cumprir seu dever."

Era impossível resistir a uma argumentação como aquela. Tomei sua mão.

"Vou fazer tudo o que estiver ao meu alcance por Tadek", disse. "Diga a ele para se encontrar comigo amanhã ao meio-dia. Estarei esperando à beira do Vístula, perto da ponte Poniatowski."

Encontrei Tadek no dia seguinte e tive uma péssima impressão de sua aparência. Era um jovem mal-arrumado e parecia bem mais velho do que de fato era. Tinha o rosto magro e pálido e seus grandes olhos negros estavam cercados por olheiras de uma cor estranha que pareciam marcas de socos.

Temo ter assumido um ar um pouco pedante.

"Por que anda tão descuidado?", disse num tom severo. "Devia ter vergonha. Parece que dormiu oito dias sem mudar de roupa."

Ele ficou envergonhado, balançando constrangido de um pé para o outro. Fiquei com pena. Era visível que não estava nem um pouco à vontade.

"Venha, Tadek", disse num tom menos distante. "Vamos caminhar um pouco. Temos muita coisa para conversar."

Foi um longo passeio. Falei de seus deveres em relação à sua família e à sua pátria. Tracei um esboço da história sangrenta da luta da Polônia contra seus agressores depois das partilhas. Insisti no fato de que, se a resistência desaparecesse, a Polônia jamais conseguiria reviver como Estado. Não teríamos nem uma língua nem um país que fosse nosso. Comparei a época das partilhas com a situação atual do país ocupado. É um erro grave, disse ainda, acreditar que resistir consiste apenas em opor uma força física ao invasor. A manutenção de nosso caráter e de nosso espírito diante das brutalidades e das bajulações de nossos inimigos é ainda mais importante. Falei das façanhas de seu avô e de seu bisavô. Disse acreditar que ele era um rapaz honesto e que sempre encontraria em mim um amigo digno de confiança. Elogiei nossa causa e a verdadeira felicidade que sentíamos ao servi-la.

Mas não passei a mão em sua cabeça. Disse que jovens como ele eram um perigo enorme para a Polônia, que sujavam nossa reputação no exterior e ainda se arriscavam a "contaminar" os outros. Ele ouvia constrangido, e seus olhos eram testemunha do sofrimento que minhas palavras causavam.

"Ouça bem, Tadek", continuei. "Não tenho intenção de continuar com este sermão. Confio em você. Quero que venha nos ajudar na Resistência. O que acha?"

Ele quase sufocou de emoção diante dessa mudança tão brusca. Seus olhos começaram a brilhar.

"Juro que não vai ter vergonha de mim", sussurrou por fim. "Só preciso de uma chance."

Comecei a rir.

"Está bem, está bem. Bem, por hoje, já é o suficiente. Vamos nadar. Vai lhe fazer bem. Lembre-se de que sua mãe não deve saber nada dessa conversa."

Despimos as roupas prontamente e demos algumas braçadas nas águas turvas porém frescas do Vístula. Enquanto nos vestíamos e nos preparávamos para voltar, dei uma ordem a ele em tom oficial. Queria impressioná-lo e fazer com que se sentisse quase um dos nossos.

"Amanhã, às dez horas em ponto, deve se apresentar na rua Puławska, número 26. Sua candidatura foi proposta, e, se for aceita, irá prestar juramento. Daí em diante, será um soldado do exército polonês."

"O exército clandestino?", perguntou ele, fascinado.

"Sim, temos três exércitos: o primeiro na Escócia, o segundo no Oriente Médio e o terceiro aqui."

Ele arregalou os olhos.

"Posso chegar às nove... até às oito..."

"Trate apenas de estar lá às dez em ponto, sem falta", respondi.

Estendi a mão, que ele apertou vigorosamente antes de partir.

A cerimônia do juramento não era nem um pouco complicada ou misteriosa. O simbolismo era bem simples. Ele devia segurar um crucifixo na mão esquerda e erguer a direita para repetir a fórmula que continha seu juramento: "Juro diante de Deus, sobre a Cruz de seu Filho, que servirei fielmente minha Pátria e a Liberdade. Sacrificarei tudo o que possuo. Executarei as ordens de meus superiores e guardarei os segredos que me forem confiados. Que Deus e o sacrifício de seu Filho venham em meu auxílio!".

Depois do juramento, eu disse a Tadek que era seu chefe, que devia obedecer às minhas ordens e que a traição era punida com a morte. Em seguida, trocamos um abraço.

Desde o começo, Tadek justificou a boa opinião que a mãe tinha dele. A vida agitada que levava nas ruas de Varsóvia com todo tipo de companhias ensinou o rapaz a tomar decisões rápidas, a controlar as emoções e a usar de artimanhas. Além disso, era muito inteligente. O conjunto fez dele um excelente agente de ligação. Sua primeira missão — que aceitou com tanta solenidade que parecia que a sorte de toda a Polônia dependia daquilo — consistiu em levar um envelope a um endereço nos subúrbios da cidade de Nowy Sącz. O envelope continha recortes da imprensa alemã. Avisei que a Gestapo era especialmente vigilante nessa cidadezinha onde todo mundo se conhecia e um estrangeiro era facilmente identificável. Quando disse, para terminar, que ele não teria autorização para viajar de trem e que, portanto, teria de chegar lá por seus próprios meios, ele fez uma careta de satisfação, como se qualquer coisa que tornasse a viagem mais perigosa fosse um prazer. Cumpriu sua missão rapidamente e devolveu com ar sério um envelope que não tinha nada dentro exceto uma avaliação favorável dele e de suas capacidades: havia passado com sucesso pela primeira prova. Durante esse período, a sra. Lisowska, que eu via com frequência, comentou que a mudança no rapaz era facilmente perceptível. Estava mais disciplinado, mais calmo. Saía com um ar misterioso e importante que ela achava divertido.

Mas a despreocupação e a busca de sensações do rapaz logo se transformaram num problema. Ele me irritava. Um dia, marcamos um encontro na ponte Kierbedź, que era vigiada o tempo todo por soldados alemães. Devíamos chegar de direções opostas. Quando cheguei, vi duas sentinelas vindo na direção do local onde ele esperava. Tadek estava debruçado no parapeito, mergulhado na leitura do nosso *Boletim de informação*.

Debrucei no parapeito não muito longe dele e os soldados passaram a seu lado como se ele não estivesse ali. Dissimuladamente, mostrei o punho cerrado para ele e fui até lá pronto para dar um sermão. Tadek olhou para mim com olhos de espanto e pousou o dedo sobre os lábios.

"Ei", sussurrou, apontando com a outra mão as sentinelas que ainda estavam bastante perto.

Em outra ocasião, apostou com três outros jovens agentes de ligação que conseguiria ler um jornal clandestino abertamente durante todo o trajeto de um ônibus! Tive de fazer outra reprimenda, para tentar fazê-lo entender que estava colocando em perigo todos nós. Seu arrependimento foi tão sincero que, mais uma vez, perdoei.

Depois de certo tempo, ficou claro para mim que a missão de agente de ligação começava a perder o encanto para Tadek. Ele sonhava com novas aventuras, e, como não ousava falar sobre esses desejos, resolvi me adiantar:

"Tadek", disse eu, "está cansado do trabalho que faz aqui, não é?"

"Não, não", protestou debilmente. "Gosto dele."

"Mas gostaria de algo mais importante, mais excitante, não é?"

Com um olhar agradecido, ele começou a expor sua queixa.

"Veja bem", disse ele, "sei que tudo o que fazemos atrapalha os alemães, mas não consigo ver isso com meus próprios olhos. Corro daqui para lá sem ter a menor ideia do que acontece. Gostaria de trabalhar num lugar onde pudesse prejudicá-los diretamente e ver os resultados dos meus atos, entende?"

"Claro, Tadek", respondi sorrindo. "Vou ver o que posso fazer por você."

Falei com meus chefes e ele foi designado para aquilo que chamávamos de "escola de aspirantes". Era o centro de treinamento dos jovens, rapazes e moças, para a luta na Resistência. Eles recebiam fundamentos básicos de combate de rua, sabotagem e operações de diversão. Familiarizavam-se com o manejo de armas, explosivos, conheciam a psicologia do terror, da direção das massas e os métodos destinados a enfraquecer o moral dos alemães.

Depois de um período preliminar de cerca de cinco meses, os mais capazes terminavam sua aprendizagem com os destacamentos de resistentes nas florestas, montanhas e pântanos. Muitos profissionais notáveis da conspiração saíram dessas escolas e prestaram enormes serviços.[2]

No início do período de treinamento, nem o aluno nem seus pais eram informados do objetivo real daquela educação. Oficialmente, essas aulas secretas, que tratavam também de temas clássicos, tinham como meta subtrair os jovens da influência da campanha de desmoralização dos nazistas. Não gostávamos dessa atitude de desconfiança, mas ela era necessária, pois um grande número de alunos era rapidamente excluído.

Em tempos normais, um jovem como Tadek jamais seria aceito, pois as escolas exigiam um nível muito alto de aptidões físicas e morais. Mas minha intervenção e seus próprios feitos como agente de ligação promoveram sua admissão.

Na mesma época, ele se tornou membro de uma organização chamada "Os Lobinhos", que se ajustava perfeitamente a seus talentos. Era uma associação de jovens dirigida por "especialistas" que tinha como objetivo pressionar os alemães, atormentá-los, agir sobre seus nervos de um modo ou de outro.

Os membros da organização eram, em sua maioria, os autores das milhares de inscrições que se transformaram no enfeite mais comum de Varsóvia e que refloriam a cada manhã. Eles pichavam fórmulas tais como "A Polônia luta", "Vingaremos Oświęcim", "Hitler Kaputt" ou "ss cão raivoso" com tinta indelével nos muros, nos bondes, nos carros dos alemães, em suas residências e muitas vezes sobre os próprios alemães. Os carros alemães tinham seus pneus furados o tempo todo, pois as ruas eram sistematicamente semeadas de pedaços de vidro, de arame farpado ou quilos de pregos espalhados sobre o calçamento.

Eles também cobriam as ruas com caricaturas e cartazes que eram uma fonte constante de divertimento para a população de Varsóvia. A pequena mas implacável e diabólica "matilha" foi de grande importância para a manutenção da atmosfera de desprezo que cercava os alemães e para alimentar o espírito de resistência. Quando as autoridades do Governo Geral requisitaram, no outono de 1942, todas as roupas de lã e abrigos de pele da Polônia para a frente do leste, os "Lobinhos" executaram uma brilhante série de caricaturas sobre o assunto do momento. Um alemão descarnado e melancólico aparecia enrolado num mantô de arminho de corte bem feminino, com o punho de raposa prateada. Acima da imagem, inscrições do tipo: "Agora que estou bem quentinho, morrer pelo Führer será um prazer".

Naturalmente, os melhores cinemas, cafés e hotéis de Varsóvia estavam reservados aos alemães, e a inscrição mais comum na Polônia era "reservado aos alemães". Os "Lobinhos" roubaram um monte dessas placas e prepararam uma grande quantidade de duplicatas. Certa manhã, elas apareceram penduradas em centenas de árvores e postes de luz. Como era costume dos nazistas enforcar suas vítimas nesses cadafalsos públicos, a inscrição das placas ganhava para eles um significado muito particular.

Os alemães destruíram todos os monumentos comemorativos dos heróis poloneses ou de acontecimentos patrióticos. De comum acordo, todos os poloneses passeavam ostensivamente ao redor dos locais onde se erguiam esses monumentos. Chegaram até a organizar orações nesses locais. Os "Lobinhos" usavam buquês e coroas de flores como mensagens simbólicas que eram encontradas em grande quantidade no lugar dos antigos monumentos, assim como nos locais onde membros da Resistência haviam sido executados ou presos ou onde um crime particularmente odioso havia sido cometido pelos nazistas.

Nada conseguia deter os "Lobinhos"; suas façanhas eram inumeráveis e representavam milhares de espinhos pontiagudos nos costados do ocupante. Eles eram muito populares, e Tadek Lisowski era um deles.[3]

Quando chegou o dia em que Tadek deveria me deixar, creio que se sentiu meio culpado, pois começou um grande discurso expressando sua gratidão por tudo o que havia feito por ele e concluiu pedindo que nunca contasse a sua mãe quais eram as suas novas missões, para que ela continuasse pensando que ele estava comigo. Cheguei a bancar o difícil, mas acabei concordando. Entendi muito bem que ele não queria que a mãe se preocupasse com os novos perigos que iria correr na ação diversionista direta. Separamo-nos como grandes amigos. Ele ficou emocionado quando eu disse que sabia que só receberia boas notícias dele e que ele sempre cumpriria o seu dever.

Nunca mais voltei a vê-lo.

Meu sucesso pedagógico com Tadek levou-me a tentar brincar de pedagogo com alguns dos jovens de minha família, mas não tive o mesmo sucesso. Apenas uma de minhas jovens primas, Zosia, recompensou amplamente meus esforços.

Ela tinha cerca de dezoito anos e era filha de um dos meus tios, que havia perdido a mulher em 1940. Eles não eram ricos — meu tio era um modesto funcionário —, e Zosia teve de assumir a administração da casa, encarregando-se de todas as tarefas domésticas.

Ela era feia, desajeitada, cabelos cor de palha e rosto pálido. Mas sua energia e sua inteligência viva compensavam amplamente tais defeitos. Apesar do trabalho duro como dona de casa, encontrava tempo e forças para frequentar à noite uma escola clandestina da Resistência.

Em 1942, ano em que Zosia fez os exames de conclusão do ensino médio, o departamento de Educação da Resistência havia atingido seu rendimento máximo.[4] Só no distrito de Varsóvia, mais de 85 mil crianças e jovens beneficiaram-se com o ensino clandestino, e 1700 diplomas foram entregues naquele ano.

Os alunos se reuniam secretamente em casa, em grupos de três a seis, sob os mais diversos pretextos: jogar xadrez, fazer uma visita de cortesia ou trabalhar. O professor que vinha ensinar-lhes corria grande perigo. Crianças são curiosas, e era difícil impedi-las de tentar conhecer a verdadeira identidade de seu professor, em que escola havia ensinado antes da guerra, o local onde morava e outros detalhes que era perigoso contar até aos adultos. Deixar escapar uma palavra a um pai ou aluno podia significar a morte ou a tortura para aqueles homens, e alguns deles foram realmente presos pela Gestapo no exercício de tão importante função.

Zosia devia fazer seus exames clandestinos em setembro de 1942, mas não falava de outra coisa várias semanas antes. Fiquei muito espantado ao saber que esses exames tinham quase o mesmo nível de antes da guerra. Zosia faria provas orais e escritas de polonês, inglês e francês, e provas escritas de física e matemática.

Ela logo deu um jeito de me aliciar como professor particular de inglês. Estudávamos tarde da noite. Fui autorizado a assistir ao exame, pois em breve iria para a Inglaterra a fim de fazer um relatório sobre a Polônia.

Antes da prova, o presidente da banca fez um pequeno discurso aos alunos, lembrando a dura luta que teriam pela frente contra a vontade da Alemanha nazista de destruir a Polônia.

Ansioso por evitar uma espera muito longa, aproveitei uma distração do supervisor para passar a Zosia um bilhete em que lhe dizia que a veria mais tarde, em sua casa. Justo nesse momento, o professor despertou e Zosia ficou branca feito fantasma. Ele pegou o bilhete, olhou para mim cheio de censura e o leu em voz alta. Desapareci todo vermelho e envergonhado.

À noite, quando Zosia voltou, perguntei qual tinha sido o tema da redação.

"A independência na literatura romântica polonesa", respondeu ela, entusiasmada. "Escrevi dezesseis páginas e poderia escrever até mais…"

Ri com gosto de sua resposta. Os temas não haviam mudado. Eram os mesmos nos meus tempos de escola… Só que agora assumiam um significado inteiramente novo.

Zosia teve excelentes notas. O diploma que recebeu era simplesmente um convite com o pseudônimo do presidente da banca. No verso, havia algumas linhas inocentes: "Obrigado por sua encantadora visita de 29 de setembro de 1942. Disse coisas muito interessantes, que me deixaram muito satisfeito. Muito bem!".

Zosia guardaria essa carta como seu mais precioso tesouro. Quando a Polônia fosse restaurada, depois da guerra, milhares desses convites seriam trocados por diplomas oficiais. Quando vi o convite, tive vontade de juntá-lo à minha coleção de documentos secretos. Usei de toda a minha lábia para convencê-la.

"Zosia, querida", ofereci, "se me der essa carta para minha coleção, posso lhe dar dez papéis secretos da delegação do governo, depois da guerra. O que acha?"

"Ficou maluco?!", respondeu ela indignada.

"Espere, espere. Posso dar também várias circulares do comandante do Exército do Interior e várias sentenças de condenação à morte de alemães pelo..."

Ela interrompeu minha proposta:

"Não apenas ficou louco, como também é um verdadeiro salafrário!"

Fui constantemente atormentado pelo grave problema da juventude polonesa, que, privada de educação, era presa fácil para as tentações oferecidas pelos nazistas. Mas não me preocupava muito com aqueles que eram como Tadek e Zosia. A formação que receberam, sua experiência na clandestinidade, havia feito com que se tornassem prematuramente fortes e conscientes de suas responsabilidades. Mas a massa da juventude polonesa, e europeia em geral, que ficara sem educação por um longo período, era um tema de preocupação cada vez maior, e seria um dos problemas cruciais do pós-guerra na Europa.

28
Uma sessão do parlamento clandestino

Durante todo esse período, devido à posição estratégica que eu ocupava, tive oportunidade de observar toda a estrutura do movimento clandestino e formar uma ideia da situação geral da Polônia. Assim, o comandante do Exército do Interior e o delegado-chefe do governo decidiram utilizar meus conhecimentos para outra tarefa.

Fui enviado a Londres para fazer uma visita ao governo polonês no exílio e estabelecer contato com as autoridades aliadas, particularmente ingleses e americanos. Recebi ordens de transmitir todas as informações de que dispunha sobre nossa atividade e nossas experiências. Os preparativos para a partida duraram várias semanas. Para começar, era preciso obter os documentos necessários. Dessa vez, seria impossível passar pela Hungria, pois chegar até a Inglaterra por lá era quase inviável. O mais simples seria tentar chegar à Espanha ou Portugal via França e, se possível, com documentos em regra.

Não era muito difícil encontrar uma carteira de identidade. Eu mesmo fiz isso. Longos anos de trabalho clandestino ensinaram-me a contar antes comigo mesmo do que com os outros, e elaborei um plano que tirava proveito da presença de trabalhadores estrangeiros, sobretudo franceses, na Polônia. Só em Varsóvia, mais de 2 mil franceses trabalhavam para os alemães. Era o resultado da política de colaboração do governo francês, que, de bom grado, "emprestava" sua força de trabalho ao Terceiro Reich. Eram engenheiros, técnicos e também simples operários. Eu conhecia um técnico chamado Paul Tienpont, que encontrei por acaso na casa de uma família de origem francesa, os Bourdo, instalados em Varsóvia desde o século XIX. Tinha uma boa relação com ele. Era um bon-vivant, espirituoso, ágil e volúvel, mas sabia ficar de boca fechada quando necessário. Era extraordinariamente ganancioso quanto a dinheiro e traficava todo tipo de mercadorias trazidas de contrabando da França — inclusive cocaína e morfina. Seus clientes eram quase exclusivamente alemães, embora às vezes, pelos mais diversos motivos, a Resistência também comprasse com ele. Resolvi explorar sua ganância. Aprendi por experiência própria que é mais fácil enganar alguém que se acha um gênio do que um homem ingênuo e honesto.

Sabia que os franceses que trabalhavam na Polônia tinham direito a quinze dias de férias a cada três meses para visitar a família na França. Depois de verificar diretamente que Tienpont teria direito a suas férias em pouco tempo, desviei a conversa na casa de nossos amigos para esse assunto e convidei-o para jantar num restaurante no dia seguinte. Ele aceitou prontamente.

Cheguei um pouco antes para pedir ao garçom, um conhecido meu, que mantivesse o copo do meu convidado sempre cheio.

Ele entendeu imediatamente:

"Darei um 'tratamento' especial a ele. Pode contar comigo."

O francês chegou de ótimo humor e esfregando as mãos. Perguntei qual a razão de tanta alegria.

"Parece até que acabou de encontrar uma mina de ouro."

Ele caiu na risada.

"Uma 'mina' propriamente dita não, mas... Um colega me enviou ópio diretamente da França. Os alemães adoram. Certamente dará um bom lucro."

"Eu tinha uma proposta a fazer, mas, agora que ficou rico, não sei..."

"Alto lá, alto lá!... Quando foi que disse que fiquei rico? Talvez um dia, mas por enquanto ainda estou contando tostões... Qual é a sua proposta?"

"Preciso sair da Polônia por um tempo. Tenho de ir a Paris, tenho amigos lá..."

"E o que isso tem a ver comigo?", perguntou ele. "Não sou nenhum guia!"

"Quando receber sua autorização de férias, quero que me passe seus documentos. Trocarei as fotos e partirei com eles. Você pode passar o período de férias descansando numa propriedade perto de Lublin e, depois de quinze dias, voltará ao trabalho e dará queixa do roubo dos seus documentos no bonde. A multa será de duzentos marcos, que serão acrescentados ao preço total, naturalmente. E então, concorda?"

O francês começou a avaliar os riscos e, depois de hesitar um pouco, fechou o negócio por 30 mil zlotys.

Ao sair do restaurante, Tienpont segurou meu braço.

"Não quero saber por que irá à França nem o que vai fazer lá. Não é da minha conta. Mas tenho a nítida impressão de que não aprecia o que estou fazendo aqui. Vamos esquecer isso tudo, afinal sou francês. Talvez seja um francês estúpido e mau, mas... aceitei sua proposta porque odeio os alemães e quero ajudar gente como você."

Informei meus superiores imediatamente sobre a chance que se apresentava. De início, minha ideia foi recebida com muito ceticismo, mas finalmente consegui convencê-los e recebi sinal verde. A maior dificuldade era me passar por francês: embora conhecesse bem a língua, falava com um sotaque pronunciado. Não teria maiores dificuldades no território do Governo Geral e do Reich, onde só falaria alemão, que não dominava tão bem quanto o francês, mas precisava falar como um francês falando alemão. No entanto, passada a fronteira francesa, o primeiro francês que aparecesse na minha frente notaria imediatamente que era estrangeiro. Diante disso, a única solução era falar o menos possível. Todo o resto — falsificação de documentos etc. — não passava para nós de uma brincadeira de criança. Os documentos que teria de levar para a Inglaterra estavam microfilmados, num total de mais de mil páginas cujo volume, em microfilmes, não seria maior do que três palitos de fósforo, e ficariam escondidos no cabo de um aparelho de barbear, tão impecavelmente soldado que seria impossível de descobrir.[1] Quanto à viagem, estava completamente tranquilo. Os detalhes haviam sido preparados com todo cuidado. Os tempos de improviso eram coisa do passado e a Resistência era muito mais cuidadosa com a segurança de seus emissários.

Alguns dias antes da partida, meu agente de ligação trouxe um minúsculo bilhete escrito em papel fino: informava que devia me apresentar dois dias depois diante do Comitê Executivo da Representação Política na Polônia; que Grot e Rawicz estariam presentes e que a organização da reunião estava a cargo da agente Ira, que já tinha entrado em contato com meu agente de ligação.

Grot era o pseudônimo do comandante em chefe do Exército do Interior;[2] Rawicz, o do delegado-chefe do governo.[3]

No dia seguinte, meu agente de ligação apareceu com Ira. Era uma mulher grande, de compleição sólida, atitude militar e maneiras de ajudante de ordens. Sem um cumprimento sequer, ela deu suas instruções:

"Deve sair de casa amanhã de manhã, às oito em ponto. Embaixo, encontrará seu agente de ligação com uma outra pessoa. Essa pessoa irá levá-lo ao local do encontro. Seus documentos de identidade devem estar perfeitamente em ordem. Nenhum documento comprometedor! O comandante em chefe já vai ficar suficientemente exposto…"

Achei aquela mulher extremamente desagradável e respondi com ironia:

"Agradeço sinceramente por esta aula. Nunca teria pensado nisso sozinho."

Sem olhar para mim, ela continuou:

"Estarei esperando no local para onde será levado pelo agente de ligação. Será vigiado o tempo todo, desde o momento em que deixar sua casa. Se comprovarmos que não está sendo seguido, poderei levá-lo ao local do encontro. Entendeu?"

"Perfeitamente. Não deveria me dar uma nova biografia?"

"Seria completamente inútil!", disse ela e saiu em seguida.

No dia seguinte, às oito horas, meu agente de ligação esperava por mim na esquina, não muito longe de casa, com uma mulher de certa idade. Depois de me apresentar a ela, meu agente partiu. Acompanhei a mulher, que era simpática e inteligente, a Zoliborz, trocando duas vezes de bonde até chegarmos a um grande edifício moderno. Subimos cinco andares e tocamos a campainha segundo um sinal estabelecido, bastante simples: um som curto, um prolongado. A porta foi aberta pela agente Ira e entramos num apartamento muito feminino. Depois de um breve telefonema, ela se dignou a me olhar:

"Pronto?", perguntou.

Inclinei a cabeça.

"Então, vamos! Irei na frente. Você me segue, uns dez passos atrás. Se surgir algum problema, desapareça, ignorando minha presença. Fui clara?"

Saímos de novo. Ira caminhava na frente, sem me dar a menor atenção, e tive que apertar o passo para acompanhá-la. Finalmente, parou diante de uma igreja e entrou. Entrei cinco minutos depois. A igreja estava quase deserta. Ira estava sentada na terceira fila. Levantou-se depois de alguns minutos e, passando diante de mim sem me olhar, dirigiu-se aos fundos da igreja, abriu uma porta e desapareceu. Fui atrás. A porta dava para um longo corredor úmido que conduzia ao pátio de uma casa particular. Entrei na casa nos calcanhares de Ira. Subimos dois andares. Ela bateu numa porta. Um homem jovem, de altura mediana, abriu a porta. Era forte e tinha uma fisionomia enérgica.

"Trouxe Witold?", perguntou ele.

"Sim, é ele", respondeu ela.

"Algum problema?"

"Não", respondeu Ira, acrescentando num tom seco: "Mas poderíamos ter tido. Devia ter mudado o local do encontro. Nessa época do ano, tem muito pouca gente nas igrejas e quem sai pela porta lateral chama a atenção. E o mendigo?! Com a barba recém-feita! Quem escolheu um cretino desses para vigia? É amadorismo demais!"

Disparava como uma metralhadora. O jovem abaixou a cabeça. Parecia aborrecido.

"Já pensamos em mudar de local."

Ira inclinou a cabeça para se despedir e partiu. O jovem deu um suspiro de alívio.

"Ela é bem dura, não é?"

"Não vejo como poderia ser mais dura que isso", concordei. "Aonde vamos agora?"

"Siga-me."

Atravessamos uma série de corredores estreitos e pequenos cômodos. Enfim paramos diante da porta de uma grande sala, onde ele pediu que esperasse. Ouvi quando disse: "Chegou". Retornou e pediu que eu entrasse.

Ao redor da mesa, vi os homens cujas mãos detinham os destinos da Polônia: o delegado-chefe, o comandante em chefe do Exército do Interior, o diretor do gabinete da delegação do governo[4] e os representantes dos principais partidos políticos. Conhecia todos eles bastante bem, à exceção dos representantes do Partido Nacional e do Partido Cristão do Trabalho.

Eram novos no posto, pois seus antecessores tinham sido presos pouco tempo antes.

O líder do Partido Socialista Polonês,[5] que eu já havia encontrado várias vezes, e o comandante em chefe vieram ao meu encontro com a intenção evidente de deixar-me à vontade. O comandante em chefe era um homem de certa idade, alto e cortês. Falava devagar, com gestos contidos. Passou o braço em meus ombros gentilmente e perguntou:

"Quando será a partida para a Inglaterra, meu jovem?"

Respondi respeitosamente:

"Daqui a uma semana mais ou menos, general."

"Está tudo pronto?"

"Sim, general. Só estou esperando a entrevista com os líderes políticos judeus e as entrevistas particulares com os líderes dos partidos."

O comandante deu uma risadinha.

"Ah, os jovens! Quer mesmo partir? Da última vez penamos um bocado para arrancá-lo das mãos da Gestapo... Falando nisso, como estão as suas mãos? Deixe-me ver em que estado estão agora."

Arregacei as mangas e estendi os braços. Os outros se reuniram a meu redor para examiná-las.

"Fizeram um enxerto alguns meses atrás", comentei, olhando minhas mãos como se fosse a primeira vez que as visse. "Tirando algumas pequenas cicatrizes, estão muito bem. Nosso médico fez um excelente trabalho."

O chefe do Partido Socialista, um homem velho, comentou num tom levemente irritado:

"Acho que não é razoável escolher o senhor para essa expedição. Suas cicatrizes podem denunciá-lo... A Gestapo pode reconhecê-lo." Silêncio. Ele deu de ombros e acrescentou: "Bem, ao diabo tudo isso! Quem pode dizer o que é perigoso ou não? Vamos, mãos à obra."

Sentamos em torno da mesa. O delegado, que ficou de pé, esperou que o ruído das conversas chegasse ao fim e abriu a sessão com um discurso solene na forma tradicional:

"Tenho a honra de abrir o 32º Encontro do Comitê Executivo da Representação Política. Dada a importância da ordem do dia, tomei a liberdade de convidar o comandante de nosso Exército do Interior, a quem dou as boas-vindas. O objetivo desta reunião é passar ao emissário Witold uma série de documentos destinados a nosso governo em Londres, e aos representantes de nossos partidos políticos junto a esse mesmo governo, a respeito da Polônia e da atividade da Resistência. Nosso emissário deverá entrar em contato também com as autoridades das nações aliadas para colocá-las a par da nossa situação. Naturalmente, isso será feito por intermédio do nosso governo, que já foi avisado por telegrama da partida e do itinerário previsto para o emissário. Os chefes dos partidos entregarão seus documentos a Witold, que irá entregá-los a seus respectivos representantes em Londres, em encontros particulares."

Virou-se para mim e, encarando-me nos olhos, sublinhou:

"Estamos convencidos de que nosso emissário cumprirá a missão com total imparcialidade e que só entregará os documentos que lhe forem confiados aos destinatários designados, a despeito de suas opiniões políticas pessoais. Hoje, ele receberá nossas instruções oficiais e será informado do nosso ponto de vista a respeito dos problemas políticos mais relevantes. Sua missão é exclusivamente política. Os contatos de cunho militar foram estabelecidos por outra via."

O estenograma da reunião foi então devidamente codificado e microfilmado. Ele seria a base de meu relatório em Londres. Os oradores falavam lentamente, com calma. Sabiam que suas palavras e opiniões seriam consideradas decisivas pelos homens de Londres. Para o governo no exílio, aquela mensagem seria o eco das aspirações e dos sentimentos da Polônia ocupada e, portanto, determinaria sua política:

"A unidade dos poloneses deve ser reforçada [...]. O governo de coalizão deve ser o representante de toda a Nação [...]. Nenhum partido tem o direito de subtrair-se à responsabilidade pela ação e pela política do governo. A continuidade do Estado polonês deve ser mantida. A continuidade do Estado não significa a continuidade das instituições. A nova Polônia será democrática. A antiga tradição parlamentar que pôde finalmente renascer na Resistência será o fundamento da futura Polônia [...]. Os partidos políticos cooperam com a luta contra o ocupante e apoiam o governo, mas diferem em seus programas e querem que tais diferenças subsistam [...]. Na Polônia livre, um parlamento livre, escolhido em eleições gerais livres, decidirá sobre as instituições, como também sobre a estrutura política e social do Estado. Estas eleições refletirão a verdadeira relação de forças políticas e a importância do apoio da população a cada um dos partidos.

"A Nação persiste no desejo de resistência e continua sempre pronta a suportar sacrifícios [...]. É preciso manter a qualquer custo a atitude irredutível diante do ocupante [...]. O país ocupado não engendrou nenhum 'Quisling polonês' e nunca há de conhecê-los [...]. Os atos de traição e colaboração são severamente punidos, mas continuam bastante marginais [...]. Os traidores são eliminados sem piedade [...]. O governo no exílio precisa ter plena consciência dos fardos que o país carrega [...]. E deve fornecer toda a ajuda possível e conclamar os governos aliados a ajudá-lo [...]. Os emigrantes devem renunciar a qualquer ambição política e silenciar todas as suas rivalidades [...]. Sua sorte não é melhor nem pior do que a dos poloneses que ficaram no país [...]. Os que emigraram devem ajudar os Aliados em seu esforço pela vitória [...]. Depois da guerra, os emigrantes retornarão à nossa pátria e poderão partilhar o conhecimento adquirido no ocidente.

"Os Aliados devem saber que os poloneses depositam neles as suas esperanças. Suas declarações a respeito de Polônia são entendidas literalmente aqui. Quando o ocidente declara: 'O mundo inteiro presta homenagem ao povo polonês por sua atitude irredutível diante do inimigo e jamais esquecerá isso', os poloneses entendem que o mundo inteiro está lhes prestando homenagem e que 'jamais esquecerá a Polônia'..."[6]

A reunião durou várias horas. Para concluir, Grot tomou a palavra. O comandante em chefe do Armia Krajowa fez um apelo pelo envio de armas e material militar na maior quantidade possível. Garantiu que nada seria desperdiçado, que cada granada seria utilizada de modo a garantir o máximo de perdas para o inimigo.

Depois disso, o chefe do gabinete da delegação fechou seu livro-registro. A reunião estava encerrada. Os participantes deixaram o apartamento em ordem regulamentar, um depois do outro.

Uma mensagem codificada foi enviada a Londres e à nossa organização na França:[7] "O mensageiro parte imediatamente. Itinerário: Alemanha, Bélgica, França, Espanha. Permanece quinze dias na França, quinze dias na Espanha. Avisem todos os centros de ligação na França e todos os representantes aliados na Espanha. Senha: 'Vim visitar tia Sofia'. O nome dele é Karski".

29
O gueto

Antes de minha partida da Polônia, por ordem do delegado do governo polonês de Londres e do comandante em chefe do Exército do Interior, foi marcado um encontro entre mim e dois homens que, antes da guerra, eram eminentes personalidades da comunidade judaica e agora dirigiam a resistência desse povo. Um deles representava a organização sionista, o outro, a União Socialista Judaica, o Bund.[1]

O encontro aconteceu ao cair da tarde, numa casa enorme, vazia e semidestruída do subúrbio de Grochów. A aceitação daquele encontro conjunto, apesar de tudo o que separava bundistas e sionistas, era significativa. Provava que os documentos que pretendiam entregar, destinados aos governos da Polônia e dos Aliados, nada tinham de políticos e diziam respeito a toda a comunidade judaica. Eles forneciam informações e expressavam os sentimentos, reivindicações e instruções de toda a população de judeus da Polônia, que naquele momento estava em vias de desaparecer.

O que fiquei sabendo durante nossos encontros naquela casa e mais tarde, quando pude constatar os fatos por mim mesmo, era horrível; não havia palavras para descrevê-lo. Conheço a história. Estudei bastante a evolução das nações, dos sistemas políticos, das doutrinas sociais, dos métodos de conquista, perseguição e extermínio e sei também que nunca antes na história da humanidade, nunca antes no campo das relações entre seres humanos, aconteceu qualquer coisa que se possa comparar ao que foi perpetrado contra a população judaica da Polônia.

Aqueles dois homens eram inesquecíveis: encarnavam os sofrimentos e o desespero de um povo. Os dois viviam fora do gueto, mas em contato permanente com ele; tinham criado meios de entrar e sair de lá. Eu mesmo acabei percebendo que isso não era tão difícil. No gueto, eles estavam entre iguais e não se distinguiam dos outros habitantes. No lado "ariano", precisavam se transformar completamente para não despertar suspeitas. Vestiam-se e comportavam-se de maneira diferente. Precisavam ser pessoas diferentes. Eram como atores desempenhando papéis mutuamente excludentes, obrigados a prestar atenção o tempo todo para não cometer erros de linguagem, gestos ou comportamento. O menor erro poderia ser fatal.

Para o líder do Bund, isso parecia mais fácil. Ele tinha a aparência de um típico nobre polonês, com olhos claros, pele viçosa e grandes bigodes. Tinha cerca de sessenta anos e era distinto e elegante. Antes da guerra, era um advogado criminalista especializado em casos difíceis. Agora, do lado ariano, possuía uma grande loja de materiais químicos e de construção. Todos o chamavam de "senhor engenheiro". Recebia muitos convites, sua companhia era apreciada e vivia cercado de respeito e consideração.[2] Só mais tarde, quando fui ao gueto com ele, pude compreender a força de vontade que tal comédia exigia. Seu ar de decência e savoir-faire desapareceram na mesma hora. O engenheiro polonês de maneiras polidas sofreu uma mudança instantânea e transformou-se num judeu, um dos milhares de judeus miseráveis e exaustos que os ferozes nazistas perseguiam e assassinavam de modo inumano.

O outro tinha um pouco mais de quarenta anos. Possuía feições semitas e deve ter sido difícil camuflá-las. Dava a impressão de estar terrivelmente esgotado e parecia ter dificuldade de controlar os nervos.[3]

A primeira coisa que ficou evidente para mim foi o caráter desesperado, absolutamente desesperado, de sua situação. Para nós, poloneses, era a guerra e a ocupação. Para eles, judeus poloneses, era o fim do mundo. Não havia fuga possível, nem para eles, nem para seus companheiros. E isso era apenas um dos lados da tragédia, uma das causas de seu desespero e agonia. Não tinham medo da morte em si, aceitavam-na como algo quase inevitável, mas a ela se juntava a amarga certeza de que, nesta guerra, não podiam esperar nenhum tipo de vitória, nenhuma das satisfações que por vezes suavizam a perspectiva da morte. Foi por aí que o sionista começou seu discurso:

"Vocês, poloneses, têm muita sorte. Muitos de vocês sofrem; muitos morrem, mas a nação polonesa viverá apesar disso. Depois da guerra, a Polônia voltará a existir. Suas cidades serão reconstruídas e suas feridas acabarão cicatrizando. Desse oceano de lágrimas, de sofrimentos e de humilhação, o país há de se reerguer, este país que também para nós é uma pátria. Só nós, os judeus, não estaremos lá. Nosso povo inteiro terá desaparecido. Hitler perderá sua guerra contra a humanidade, contra o bem e a justiça, mas a nós, a nós ele terá vencido. E 'vencido' não é a palavra certa: a nós, ele terá massacrado, simplesmente isso."[4]

Foi uma noite de pesadelo para mim. Meus interlocutores percorriam a sala com passos pesados; sua sombra dançava à luz da única vela que podíamos acender. Eu estava sentado numa espécie de poltrona desconjuntada, com um dos pés substituído por dois tijolos empilhados. Não ousava me mexer, nem tanto pelo receio de cair, mas porque aquilo que ouvia tinha me petrificado. A certa altura, o sionista desmoronou e caiu em prantos.

"Mas por que estou dizendo tudo isso? Por que continuo a viver? Seria melhor procurar os alemães e dizer quem sou. Quando eles tiverem exterminado todos os judeus, não precisaremos mais de bundistas, sionistas, rabinos. Para que dizer tudo isso, quando ninguém fora daqui poderia entender?! Eu mesmo... não consigo compreender!"

O mais velho tentava acalmá-lo.

"Temos pouco tempo e muitas questões a abordar. Não vamos nos afastar do assunto que nos trouxe aqui..."

Houve um silêncio. O sionista tentava se controlar.

"Peço desculpas...", murmurou.

Fiz um esforço para permanecer calmo.

"Compreendo o que está sentindo... Vou me esforçar para ajudá-los tanto quanto possível. Irei a Londres em missão para a Resistência polonesa. É muito provável que apresente meu relatório aos representantes das potências aliadas."

"É verdade?", gritou o sionista cheio de esperança. "Acha mesmo que terá acesso a Churchill e Roosevelt?"

"Não sei... Mas ao menos devo encontrar alguém com acesso direto a eles. Serei apresentado oficialmente pelo nosso governo. Minha missão é oficial. É nesse quadro que pretendo transmitir seu apelo ao mundo. Farei isso. O que quer que diga em nome dos judeus?"

O líder do Bund falou primeiro:

"Queremos que o governo polonês em Londres e os governos aliados compreendam que estamos indefesos diante do que os nazistas estão fazendo conosco. O extermínio é um fato e ninguém na Polônia tem condições de nos ajudar. A resistência polonesa só pode salvar um pequeno número de pessoas.[5] Não pode salvar a massa. Não pode deter o extermínio. Os alemães não pretendem nos transformar em escravos, como fazem com os poloneses e outros povos conquistados. O que eles pretendem é exterminar todos os judeus. Esta é a diferença."

"E é exatamente isso que o mundo não entende. Não conseguimos fazê-los compreender. Em Londres, Washington e Nova York as pessoas com certeza pensam que os judeus estão exagerando, que são histéricos", acrescentou nervosamente o sionista.

Concordei em silêncio.

"Todos nós vamos desaparecer", continuou o bundista. "Talvez um pequeno número sobreviva, mas 3 milhões de judeus poloneses estão condenados ao extermínio, assim como outros mais, vindos de toda a Europa. Nem a resistência polonesa e menos ainda a resistência judaica têm condições de fazer frente a isso. Toda a responsabilidade repousa sobre as potências aliadas. Uma ajuda efetiva aos judeus só pode vir do exterior."

Eis a mensagem que eu deveria transmitir ao mundo livre. Sabia que, no momento em que aqueles dois seres desesperados passavam sua dramática mensagem, os nazistas já tinham conseguido massacrar 1,85 milhão de judeus.

Os líderes judaicos tinham redigido um relatório minucioso sobre o morticínio dos judeus na Polônia. Pedi mais alguns dados.

"Poderia me dar o número aproximado dos assassinatos cometidos contra a população do gueto?", perguntei.

"Podemos estimar o número exato, com margem de erro mínima, a partir do número de deportações nazistas", respondeu o líder sionista.

"Está dizendo que todos aqueles que foram deportados foram mortos?"

"Todos, até o último", afirmou o bundista. "Evidentemente, os alemães dizem o contrário e se esforçam para esconder o fato. Mesmo agora, quando não há mais dúvidas a esse respeito, continuamos a receber cartas de pessoas que sabemos que estão mortas, cartas encorajadoras, nas quais elas dizem a suas famílias e amigos que estão gozando de boa saúde, que trabalham, que comem carne e pão branco. Mas todos nós sabemos a verdade e podemos dar um jeito para que possa ver com seus próprios olhos."

"Quando começaram essas deportações?"

"As primeiras ordens chegaram em julho. As autoridades alemãs requisitavam 5 mil pessoas por dia. Elas eram pretensamente enviadas para fora de Varsóvia para trabalhar. Na verdade, iam diretamente para os campos de extermínio. Em seguida, esse número subiu para 6 mil, 7 mil e finalmente 10 mil homens por dia. Quando Czerniaków, um engenheiro que liderava a comunidade judaica, recebeu a requisição de 10 mil "trabalhadores" por dia, resolveu se suicidar.[6] Sabia o que isso significava."

"Quantos foram 'deportados' no total?"

"Mais de 300 mil. Restam pouco mais de 100 mil pessoas, mas as deportações continuam…"[7]

Fiquei pálido. Estávamos no começo de outubro de 1942.[8] Em dois meses e meio, só no gueto de Varsóvia, os nazistas tinham cometido 300 mil assassinatos!

Era sobre isso que eu precisava informar o mundo.

Meus companheiros propuseram uma ida ao gueto de Varsóvia para que visse com meus próprios olhos o espetáculo de um povo inteiro perecendo. Uma testemunha ocular seria muito mais convincente do que um simples porta-voz. Mas avisaram que, se aceitasse fazer isso, estaria arriscando a vida e seria assombrado pelo resto dos dias pelas cenas macabras que veria lá. Eu disse que aceitava.

Nosso segundo encontro aconteceu no mesmo local. Foi dedicado à expedição ao gueto e à maneira de expor a situação dos judeus quando estivesse em Londres. Para encerrar, perguntei o que deveria responder quando me perguntassem de que maneira poderiam ajudá-los. A resposta foi amarga e realista. Eles falaram como homens que sabem que a maior parte das propostas que vão fazer não podem ser colocadas em prática, mas que devem de qualquer maneira ser enunciadas, por serem as únicas capazes de pôr fim ao sofrimento de seu povo.

O sionista falou primeiro:

"Os alemães só compreendem a força e a violência. É preciso bombardear as cidades alemãs sem piedade e, a cada bombardeio, jogar panfletos informando os alemães do destino que está sendo dado aos judeus. É preciso ameaçar toda a nação alemã com um destino similar, tanto durante quanto após a guerra. Não desejamos um massacre da população, mas uma ameaça desse tipo é o único meio de deter as atrocidades alemãs. O medo de represálias tem de levar a população alemã a fazer pressão sobre seus chefes para que renunciem a essa política criminosa. Isso é tudo o que queremos."

"Nós sabemos", acrescentou o líder bundista, "que é possível que esse plano não seja aceito, pois não encontra lugar na estratégia militar dos Aliados. Mas nem os judeus nem aqueles que querem ajudá-los podem ver esta guerra de um ponto de vista puramente militar. Diga aos governos aliados que, se realmente pretendem nos ajudar, devem declarar oficialmente ao governo e ao povo alemães que a continuação dessas atrocidades atrairá as mais terríveis represálias, a destruição sistemática de toda a Alemanha!"

"Compreendo", disse eu, "e farei todo o possível para que eles também compreendam o que acabaram de me dizer."

"Tem mais uma coisa", disse o líder sionista: "Hitler declarou que os alemães, todos os alemães, constituem uma única raça, uma única entidade nacional e política. Eles os reuniu em um único exército destinado a dominar o mundo e criar uma 'nova civilização'. Hitler proclamou que não há lugar para os judeus nessa civilização, que eles devem ser exterminados. É uma situação sem precedentes na história e precisa de uma reação igualmente sem precedentes. Que os governos aliados, em todo lugar onde for possível atingi-los, na América, na Inglaterra, na África, ordenem execuções públicas de alemães! Eis o que pedimos".

"Mas é uma ideia esdrúxula", gritei. "Um pedido desse tipo só pode espantar e horrorizar os que pretendem ajudá-los."

"Mas é claro! Acha que não sei? Pedimos isso porque esta é a única recusa que podem nos dar. Pedimos isso porque o mundo precisa entender o que está acontecendo conosco, qual é o crime e quais são os criminosos que enfrentamos. É preciso que o mundo saiba como estamos sozinhos e indefesos. A vitória dos Aliados daqui a um, dois ou três anos não vai significar nada para nós... porque não existiremos mais!"

Eles pararam por um instante, como se para permitir que eu refletisse sobre sua verdadeira condição. Fiquei calado, com medo de dizer alguma coisa que pudesse parecer fora de lugar diante da imensidade do problema que estavam partilhando comigo.

"Mas é impossível!", exclamavam eles, brandindo os punhos como se ameaçassem todos aqueles do outro lado da barricada. "É realmente impossível que o mundo e as democracias ocidentais nos deixem morrer assim. Se cidadãos americanos ou ingleses podem ser salvos, por que não tentam organizar uma evacuação maciça, nem que seja apenas das crianças judias?! Das mulheres?! Dos doentes e velhos?! Por que os Aliados não propõem uma troca aos alemães? Dinheiro? Por que não se oferecem para comprar as vidas de alguns milhares de judeus poloneses que serão os próximos a morrer?"

"Mas como? Como fazer isso? Como é possível dar dinheiro ao inimigo? Trocar prisioneiros de guerra alemães por civis? Hitler reenviaria todos eles para as frentes de combate! É contra todos os princípios da guerra..."

"É o que estamos cansados de ouvir! É o que ouvimos o tempo todo: 'contra os princípios', 'contra a estratégia'! E não é possível adaptar a estratégia às condições? Quem dita as condições é Hitler. Será que o mundo não percebe a sua 'estratégia'? Por que o mundo permite isso?"

Eu não sabia a resposta. Talvez até preferisse não saber.

"Há alguma coisa que gostariam de dizer aos líderes judaicos na Inglaterra e na América?", perguntei. "Creio que também os encontrarei. Eles devem ter sua própria opinião sobre o curso desta guerra. Devo representá-los diante deles?"

O chefe do Bund aproximou-se e apertou meu braço com tanta violência que me machucou.

"Diga que não se trata mais de política ou de diplomacia. Diga que a terra precisa ser abalada até as fundações para que o mundo finalmente desperte! Diga que precisam encontrar a força e a coragem para fazer sacrifícios tão dolorosos quanto o destino de meu povo moribundo. É isso que eles não entendem. Os objetivos e métodos dos alemães não têm precedentes na história. A reação das democracias também deve ser sem precedentes, elas precisam adotar meios extraordinários de represália. Do contrário, sua vitória será apenas parcial, uma vitória apenas militar que não terá sido capaz de deter os alemães em seu programa de aniquilamento."

Ele parou, soltou meu braço e em seguida continuou lentamente, como se pesasse cada palavra:

"Diga que eles devem entrar em contato com as principais personalidades e instituições da Inglaterra e da América; que devem exigir delas uma garantia de ação de salvamento em favor do povo judaico, nem que para isso seja preciso recorrer à greve de fome em locais públicos: que eles se deixem morrer lentamente, diante dos olhos do mundo. Talvez algo assim consiga finalmente balançar as consciências..."

Um suor frio cobriu meu corpo. Fiz menção de me levantar.

"Mais uma coisa", disse o sionista, detendo-me com um gesto. "Não tínhamos intenção de lhe dizer isso, mas na situação em que estamos não faz nenhum sentido esconder nada. Exigimos devotamento e sacrifício de nossos irmãos no exterior, mas não por crueldade. Nós mesmos — nós assumiremos nossa parcela de sacrifícios. O gueto de Varsóvia vai virar fumaça, mas não vamos morrer lá dentro numa lenta agonia, e sim lutando. Vamos declarar guerra à Alemanha — será a declaração de guerra mais desesperada que jamais foi feita."

O líder do Bund levantou-se bruscamente, parecendo surpreso com as palavras do companheiro. Era evidente que o sionista tinha dito uma coisa que não devia:

"De fato, estamos organizando a defesa do gueto", disse lentamente. "Não porque pensemos que seja possível defendê-lo, mas para que o mundo inteiro veja o caráter desesperado da nossa luta: como uma demonstração e uma censura. Estamos negociando com o alto-comando do Armia Krajowa para obter as armas necessárias. Se as conseguirmos, qualquer dia desses os nazistas terão uma sangrenta surpresa."[9]

"E então veremos", concluiu o sionista, "se os judeus ainda sabem morrer lutando e não mais, conforme ordenou Hitler, morrer sofrendo."

Dois dias depois fui ao gueto de Varsóvia tendo como guia o líder do Bund, acompanhado por um combatente da Resistência judaica.[10] Os alemães tinham escolhido, é claro, o bairro mais miserável de Varsóvia para instalar o gueto. Os edifícios estavam caindo aos pedaços e não tinham mais de dois ou três andares. As ruas eram estreitas, com arremedos de pavimento e calçada. Os bombardeios alemães de setembro de 1939 tinham aberto grandes brechas nessa fileira de ruínas e ainda se viam, aqui e ali, vários montes de escombros. Um muro de tijolos de cerca de dois metros de altura tinha sido construído ao redor desse espaço desolado, de onde todos os "arianos" foram evacuados e onde mais de 400 mil judeus foram encerrados à força.

Eu estava usando roupas surradas e um boné com a aba puxada sobre os olhos e tentei me encolher para parecer o mais baixo possível. Ao meu lado caminhavam dois habitantes típicos do gueto, cobertos de farrapos e meio mortos de fome. Penetramos no gueto por uma passagem secreta.

Do outro lado do muro havia um grande espaço a céu aberto que quase dava a volta no gueto inteiro. Uma das casas que se erguiam nesse espaço foi construída de modo que a porta de entrada desse para o bairro ariano e uma porta do porão levasse diretamente para o gueto. Essa casa da rua Muranowska permitiu que muitos judeus mantivessem contato com o exterior.[11] Tomando os devidos cuidados e conhecendo perfeitamente o labirinto dos porões, ir e vir era relativamente fácil. Na verdade, naquele tempo, a casa havia se transformado numa versão moderna do rio Estige, que ligava o mundo dos vivos ao mundo dos mortos. Agora que o gueto de Varsóvia não existe mais, agora que foi destruído na heroica "defesa" que meus amigos prometeram, posso evocar aquela casa e seus porões sem colocar ninguém em perigo, pois ela não tem mais nenhuma serventia.

Será que é necessário descrever mais uma vez o gueto de Varsóvia depois de tudo o que já se disse? Tratava-se de um cemitério? Não, pois aqueles corpos ainda se moviam, muitas vezes tomados por uma agitação violenta; não, ainda estavam vivos, mas tirando a pele que cobria seus corpos, os olhos e a voz, não havia nada de humano naquelas formas palpitantes. Por todo lado, era a fome, o sofrimento, o cheiro nauseabundo dos cadáveres em decomposição, os lamentos dilacerantes das crianças em agonia, os gritos de desespero de um povo que se debatia numa luta monstruosamente desigual.

Atravessar o muro era penetrar num mundo novo, totalmente estranho a tudo que jamais imaginamos. Havia apenas um metro quadrado de espaço livre. Enquanto seguíamos nosso caminho em meio à lama e aos escombros, sombras do que outrora haviam sido homens e mulheres agitavam-se à nossa volta, em busca de alguém ou algo, os olhos faiscantes, o olhar ávido e faminto.

Tudo, homens e coisas, parecia vibrar num movimento perpétuo. Um velho de olhos vítreos, apoiado numa parede, parecia movido por uma força que obrigava seu corpo a estremecer. Os nomes das ruas, das lojas e dos edifícios estavam escritos em antigos caracteres hebraicos. O emprego do alemão e do polonês em inscrições era proibido dentro do gueto, de forma que muitos habitantes não entendiam os nomes escritos. De vez em quando cruzávamos com um policial alemão bem alimentado, parecendo inflado em comparação com a magreza da gente que o cercava. Cada vez que um deles se aproximava, apressávamos o passo ou atravessávamos a rua, como se tivéssemos medo de ser contaminados.

Atravessamos uma miserável imitação de parque — um pequeno terreno relativamente limpo onde cerca de meia dúzia de árvores quase desprovidas de folhas e um canteiro de grama tinham conseguido sobreviver. As mães, apinhadas nos bancos, davam o seio a seus bebês raquíticos. Crianças, cujo esqueleto era aparente, espremiam-se para brincar.

"Brincam antes de morrer", disse o companheiro à minha esquerda, a voz estrangulada pela emoção.

Sem pensar, repliquei — e essas palavras me escaparam dos lábios:

"Mas essas crianças não estão brincando! Elas só fazem de conta que brincam."

Ouvimos um rumor de passos cadenciados. Um grupo de uma centena de jovens se aproximava. Marchavam em fila no meio da rua e eram escoltados por policiais. Suas roupas estavam rasgadas e sujas, mas eles pareciam mais fortes, mais bem alimentados. Apesar dessa aparência mais próspera, pareciam robôs. Seus passos eram rígidos, seus traços endurecidos pelo cansaço, seus olhos brilhantes olhavam fixamente para a frente, como se nada fosse capaz de distrair sua atenção.

"Esses aí têm sorte", disse o líder do Bund. "Os alemães acham que ainda podem ser úteis e trabalham no conserto de estradas e ruas. Recebem proteção enquanto seus braços têm força para trabalhar. São invejados por todos aqui. Salvamos milhares de homens ao fornecer documentos falsos atestando que haviam trabalhado em obras desse tipo. Mas isso não vai durar muito tempo."

Com frequência, nos deparávamos com cadáveres nus caídos no chão. "O que isso significa?", perguntei ao guia. "Por que estão nus?"

"Quando um judeu morre", respondeu ele, "a família tira suas roupas e joga o corpo na rua. Do contrário, teria que pagar aos alemães para enterrá-lo. E a tarifa é tão alta que ninguém aqui teria condições. Além disso, eles usam as roupas. Qualquer trapo é importante por aqui."

Estremeci. Uma frase que ouvi muitas vezes me veio à memória, uma frase cujo sentido nunca tinha entendido até então: *Ecce homo*, eis o homem.

Notei um velho cambaleante, que se segurava nas paredes das casas para não cair.

"Não vejo muitos velhos", comentei. "Eles ficam em casa o dia todo?"

A voz que me respondeu parecia saída da tumba.

"Não! Não há mais velhos!... Eles foram para Treblinka! Estão no céu, talvez. Os alemães, meu caro, são um povo prático. Aqueles cujos músculos ainda são capazes de trabalhar são usados nos trabalhos forçados. Os demais são exterminados por categoria. Primeiro os doentes e velhos, depois os inúteis, depois aqueles cujo trabalho não tem ligação direta com as necessidades da guerra e por fim os que trabalham nas ruas e fábricas. Em seguida, os policiais judeus que destroem seus próximos pensando que vão conseguir salvar a pele. Mas todos nós vamos partir! E todos na mesma direção!"

O guia dizia isso sem emoção.

De repente, gritos e um movimento de pânico: as mulheres recolhiam seus filhos na pracinha e fugiam para as casas mais próximas.

Meus companheiros puxaram-me pelo braço. Eu não conseguia ver nada e não sabia o que estava acontecendo. Tive medo, pensando ter sido reconhecido. Fui arrastado para dentro da primeira porta que apareceu.

"Rápido, rápido, precisa ver isso. Precisa contar ao mundo. Rápido!"

Subimos para o último andar. Ouvi um tiro. Meus companheiros bateram numa porta. Uma fresta se abriu e um rosto pálido e magro apareceu.

"Suas janelas dão para a rua?", perguntou o líder do Bund.

"Não, para o pátio. O que desejam?"

O líder bateu a porta com vontade. Correu até a porta seguinte e bateu com o punho. Ela se abriu. Ele empurrou um rapazola, que voltou precipitadamente para dentro, gritando assustado. Em seguida, empurraram-me para a janela e disseram para olhar através da cortina.

"Agora você vai ver uma coisa: a caçada. Jamais acreditaria em algo assim se não visse com seus próprios olhos."

Olhei. No meio da rua, havia dois adolescentes com o uniforme da Juventude Hitlerista. Estavam sem os bonés e seus cabelos louros brilhavam ao sol. Com os rostos redondos de faces coradas e olhos azuis, eram a imagem da saúde e da vida. Conversavam, riam, empurrando-se num turbilhão alegre. Nesse momento, o mais jovem tirou um revólver do bolso e pela primeira vez compreendi o que estava a ponto de ver. Seus olhos buscavam um alvo com a concentração divertida de um menino no parque de diversões.

Segui seu olhar. Notei então que a rua estava deserta. Os olhos do jovem pararam num ponto localizado fora do meu campo visual. Ele ergueu o braço e mirou cuidadosamente. A detonação explodiu, seguida de um barulho de vidro quebrado e do grito horrível de um homem ferido.

O jovem que atirou deu um grito de satisfação. O outro bateu em seu ombro e disse alguma coisa, aparentemente felicitando-o. Ficaram algum tempo ali, sorridentes, alegres, insolentes, e depois partiram de braços dados, conversando animadamente como se estivessem voltando de uma competição esportiva.

Eu fiquei ali, o rosto colado à janela, tomado por um sentimento de pânico tão forte que não tinha forças para dar um passo ou dizer uma palavra. No quarto, todos permaneceram em silêncio. Minha impressão era de que, se fizesse o menor movimento, movesse um músculo sequer, provocaria o início de mais uma cena como aquela a que tinha acabado de assistir.

Não sei quanto tempo fiquei assim. Por fim, senti uma mão em meu ombro. Virei-me na direção da mão, reprimindo um sobressalto nervoso. Uma mulher, a moradora do apartamento, cujo rosto descarnado parecia lívido na luz mortiça, estava em pé atrás de mim. Gesticulando, falou:

"Veio nos ver? Isso não adianta nada. Vá embora, suma. Não se torture desse jeito."

Meus dois guias estavam sentados num leito capenga, imóveis, a cabeça entre as mãos. Aproximei-me deles.

"Vamos", disse gaguejando. "Levem-me daqui. Estou muito cansado, preciso ir. Voltarei outro dia."

Eles se levantaram em silêncio. Despencamos escada abaixo sem dizer uma palavra. Uma vez na rua, fui andando, quase correndo, e mantive o ritmo até ter certeza de que estava fora do gueto. Não tínhamos razão para tanta pressa, e, além do mais, isso podia despertar suspeitas, mas eu sentia uma necessidade enorme de respirar ar puro, de beber água fresca, e tudo ali parecia poluído pela morte e pela podridão. Eu evitava tocar qualquer coisa. Recusaria um copo d'água naquela cidadela da morte, mesmo que estivesse morrendo de sede. No porão da rua Muranowska, mudamos de roupa, o bundista e eu, e retornamos ao lado "ariano". Nosso guia ficou do outro lado.

Retornei dois dias depois e durante três horas percorri mais uma vez as ruas daquele inferno, a fim de memorizar tudo. Vi uma criança morrer diante dos meus olhos, um velho agonizar, policiais judeus espancarem uma velha senhora com cassetetes. Um pouco antes de deixar o "bairro proibido", entramos numa casa para beber água. A velha moradora tinha sido avisada de nossa chegada. Ela não se queixava. Estendeu a água... num copo de fino cristal. Devia ser seu último objeto de valor.

Na Inglaterra e nos Estados Unidos, contei tudo o que vi no gueto, informei membros importantes dos governos. Encontrei com os líderes judeus dos dois continentes. Narrei o que tinha visto no gueto a alguns dos maiores escritores do mundo — a H.G. Wells, a Arthur Koestler, aos membros do PEN Club na Inglaterra e nos Estados Unidos —, para que contassem a todos, com mais força e talento do que eu, o que estava acontecendo.

Em Londres, depois de cinco semanas repletas de conferências, encontros e entrevistas que consumiam pelo menos nove horas do meu dia, da manhã à noite, fui finalmente avisado de que Szmuel Zygielbojm,[12] líder do Bund no exílio e membro do nosso Conselho Nacional, desejava conversar comigo.

Ele residira na Polônia até 1940, trabalhando na organização clandestina judaica. Era membro do Conselho da Comunidade Judaica de Varsóvia e, pelo que sei, um dos reféns presos por um tempo pelos alemães. Em seguida, tinha escapado para Londres, como delegado escolhido pelo Bund para representar os socialistas judeus no governo polonês no exílio.

Nosso encontro foi marcado para 2 de dezembro de 1942, no Stratton House, perto de Piccadilly, na sede do Ministério do Interior polonês.

Era um edifício enorme, e quando finalmente consegui localizar o número do local indicado, no quarto andar, Zygielbojm já estava esperando, sentado atrás de uma modesta escrivaninha. Parecia cansado. Era um tipo que encontrei muitas vezes entre os líderes judaicos, o olhar penetrante e desconfiado do proletário que conseguiu chegar à elite do poder. Sua juventude devia ter sido muito dura.

"O que deseja saber?", perguntei.

"Tudo o que diz respeito aos judeus. Eu mesmo sou judeu. Conte tudo o que sabe."

Comecei minha narrativa. Zygielbojm ouvia com avidez, intensamente. Estava inclinado na minha direção, uma mão em cada joelho, os olhos quase arregalados. Quis saber de tudo, pediu detalhes mais concretos sobre o aspecto das casas, das crianças, sobre as palavras exatas da mulher que colocou a mão em meu ombro no dia em que assisti à "caçada". Pediu minhas impressões sobre o líder do Bund: como estava vestido, como falava, se estava nervoso. Pediu que descrevesse os cadáveres que jaziam nas ruas do gueto. Fiz o melhor que pude para responder. No final da entrevista, estava esgotado, e ele parecia ainda mais exausto do que eu, com os olhos quase saltando das órbitas. Enquanto apertávamos as mãos, ele me fitou diretamente nos olhos.

"Sr. Karski, farei tudo que puder para ajudá-los. Tudo que puder, farei tudo que pediram. O senhor acredita em mim, não acredita?"

Minha resposta foi bastante fria e impaciente. Estava cansado, completamente esgotado depois de todas aquelas entrevistas, todas aquelas conferências...

"Claro que acredito. Tenho certeza de que fará tudo que puder. Meu Deus, cada um de nós faz tudo que pode."

Creio que, no fundo, achava que Zygielbojm falava por falar ou prometia mais do que poderia cumprir. Eu estava extenuado, aquele homem tinha feito tantas perguntas inúteis... Será que acreditava mesmo nele? E que diferença fazia se acreditava ou não? Nem sabia mais em que acreditava ou deixava de acreditar. E ele não tinha o direito de me importunar ainda mais: já tinha meus próprios problemas para resolver...

Alguns meses se passaram: no turbilhão em que eu vivia, tinha esquecido completamente de Zygielbojm. No dia 13 de maio de 1943, o verdadeiro epílogo do nosso encontro teve lugar. Jamais esquecerei esse dia. Estava sentado em meu quarto no Dolphin Square, descansando um pouco, quando o telefone tocou. Deixei que tocasse três ou quatro vezes e depois atendi, muito a contragosto. Era um funcionário do Stratton House que eu conhecia.

"Sr. Karski? Fui encarregado de avisá-lo de que Szmuel Zygielbojm, membro do Conselho Nacional Polonês e representante do Bund em Londres, cometeu suicídio ontem. Deixou um bilhete dizendo que fez tudo o que podia para ajudar os judeus da Polônia, mas tinha fracassado, que todos os seus irmãos estavam mortos e que ia se juntar a eles. Asfixiou-se com gás."

Desliguei.

No início, não senti nada, depois fui assaltado por uma onda de tristeza misturada com um sentimento de culpa. Era como se eu próprio tivesse proferido a sentença de morte de Zygielbojm, embora fosse apenas um instrumento. Passou pelo meu espírito que ele devia ter achado minha resposta à sua última pergunta muito pouco cordial, áspera demais. Pensei que tinha me tornado tão cínico, tão duro e superficial em meus julgamentos que não era mais capaz de avaliar o grau de abnegação que um homem como Zygielbojm podia atingir. Nos dias seguintes, vi minha confiança em mim mesmo e em minha missão evaporar e obriguei-me a trabalhar em dobro para afastar esses pensamentos intoleráveis.

Depois, pensei muitas vezes em Szmuel Zygielbojm, uma das vítimas mais trágicas da guerra e seus horrores, pois sua morte não teve sequer uma sombra de consolação. Foi voluntária e desesperada. Fico me perguntando se as pessoas são capazes de compreender o que significa morrer como ele morreu, por uma causa que deveria ser vitoriosa, mas com a certeza de que nem mesmo essa vitória evitaria o sacrifício de seu povo, o aniquilamento de tudo o que fazia sentido para ele. De todas as mortes que ocorreram no curso da guerra, a de Zygielbojm é sem dúvida uma das mais impressionantes, pois revela até que ponto o mundo se tornou frio e hostil: as nações e os indivíduos estão separados por abismos de indiferença e egoísmo. A desconfiança e a animosidade reinam, e aqueles que lutam para remediar essa situação por todos os meios possíveis descobrem-se miseravelmente impotentes.

30
Última etapa

Alguns dias após minha segunda visita ao gueto de Varsóvia, o líder do Bund providenciou para que eu visitasse um campo de extermínio.

O campo ficava perto da cidade de Bełżec,[1] cerca de 160 quilômetros ao leste de Varsóvia, e era conhecido em toda a Polônia pelas histórias terríveis que circulavam a seu respeito. Costumava-se dizer que os judeus que iam para este campo estavam praticamente condenados à morte. E só iam até lá para isso.

O líder do Bund nunca tinha estado no campo, mas possuía uma documentação detalhada de tudo o que acontecia lá dentro, graças sobretudo aos ferroviários poloneses.[2]

Escolhemos um dia em que haveria execuções. Essa informação foi obtida com facilidade, pois um grande número de estonianos, lituanos e ucranianos que trabalhavam como guardas no campo, sob o controle da Gestapo, trabalhavam também para organizações judaicas, e não por considerações humanitárias ou políticas, mas por dinheiro. Eu usaria o uniforme de um desses guardas ucranianos,[3] que estaria de folga naquele dia, e também os seus documentos. Garantiram-me que a desordem e a corrupção reinavam de tal maneira que era praticamente certo que meu disfarce passaria despercebido. Além do mais, a expedição havia sido minuciosamente preparada. Eu entraria no campo por uma porta guardada apenas por alemães, pois um ucraniano perceberia a troca mais facilmente. O uniforme ucraniano era por si só um salvo-conduto e provavelmente ninguém me pediria mais nada. Para garantir minha segurança, eu estaria na companhia de outro ucraniano comprado por nós. Eu falava alemão e poderia, caso necessário, discutir com os alemães e comprar seu silêncio.

O plano parecia simples e sem falhas. Aceitei-o sem a menor hesitação e sem nenhum medo de ser pego.

No dia escolhido, de manhã bem cedo, deixei Varsóvia através da estação central em companhia do judeu que trabalhava fora do gueto para o movimento clandestino. Fomos de trem até Lublin. Lá, uma carroça de camponeses esperava por nós. Percorremos várias estradas de terra, pois o camponês que dirigia tratou de evitar a estrada movimentada de Zamość. Chegamos a Bełżec (isto é, Izbica Lubelska) pouco depois do meio-dia e fomos diretamente para o local onde o ucraniano deveria estar esperando para entregar seu uniforme.[4] Era um pequeno armazém que tinha pertencido a um judeu que foi morto. Com autorização da Gestapo, a loja passou às mãos de um camponês local que, é claro, era membro da Resistência e se apresentou como Onyszko.

Meu uniforme ucraniano estava esperando por mim, mas pelo visto seu dono achara mais prudente não aparecer por ali. Sabendo o que estávamos tramando, deve ter pensado que seria melhor que não pudesse identificá-lo, caso tivesse intenção de denunciá-lo em seguida. Mesmo assim, o equipamento que deixou estava completo: calças, um par de botas pesadas, cinto, gravata, chapéu. Mas não quis entregar seus próprios documentos, deixando os de um colega que, segundo diziam, tinha retornado à sua aldeia. Acho mais provável que tenha desertado e vendido os documentos, o que, na época, era muito comum na Polônia. O uniforme e as botas couberam perfeitamente, mas a boina caía sobre as orelhas, de modo que tive de enchê-la com papel. Em seguida, perguntei a meu companheiro o que achava de minha aparência e ele respondeu que fazia muito tempo que não via um ucraniano tão típico.

Uma ou duas horas depois, chegou o guarda ucraniano que iria me acompanhar. Falava polonês muito bem. Seu plano de operação não tinha sofrido mudanças: entraríamos pela porta leste, conforme previsto, guardada por dois alemães. Eles nunca controlavam os documentos dos guardas ucranianos, bastaria cumprimentá-los e dar bom-dia em alemão. Uma vez lá dentro, meu guia me levaria a um local de onde poderia ver tudo: bastava que ficasse em meu lugar, observando. Em seguida, nos juntaríamos ao grupo de guardas que deixava o campo e sairíamos com eles. O guia repetiu suas recomendações: evitar absolutamente qualquer contato com os outros guardas ucranianos, pois certamente perceberiam que eu não era um deles.

Meu ucraniano examinou-me de cima a baixo com um ar crítico e começou a dar ordens como se eu fosse um soldado: lustrar as botas, arrumar a gravata, apertar o cinto, mudar a postura geral, que não era suficientemente militar. Explicou que os alemães eram muito rigorosos na questão da aparência externa e não toleravam que "seus lituanos, estonianos e ucranianos" tivessem um aspecto negligente.

O campo ficava a cerca de dois quilômetros da loja. Seguimos até lá por uma trilha a fim de evitar encontros inesperados. Seriam mais ou menos vinte minutos de caminhada, mas após 1500 metros começamos a ouvir os gritos e comandos, os berros e tiros. À medida que nos aproximávamos, os gritos se tornavam cada vez mais distintos.

"O que houve, o que significa isso?", perguntei.

"O tempo começou a esquentar para os judeus", respondeu meu guia, aparentemente muito satisfeito com sua piada.

Deve ter ficado surpreso com meu olhar severo, pois mudou de tom e murmurou dando de ombros:

"É normal, está saindo uma nova fornada."

Não perguntei mais nada e seguimos em frente, enquanto os gritos aumentavam. De vez em quando, um berro particularmente inumano me arrepiava.

"Quais são as chances de evasão dessa gente?", perguntei ao guia, esperando uma resposta otimista.

"Nenhuma", respondeu ele. "Quando chegam aqui, a vaca já foi para o brejo."

"Acha que é impossível até para uma pessoa sozinha?"

"Bem, talvez seja possível... mas só se alguém ajudar", respondeu ele, cuidadoso.

"Quem?"

"Um guarda. Talvez um guarda como eu. Mas é um risco danado. Se o guarda for pego ajudando um judeu, é uma bala na cabeça dos dois na mesma hora!"

Seja como for, o assunto despertou seu interesse, pois começou a me olhar de rabo de olho enquanto andava. Continuei fazendo de conta que não notava. Ele não aguentou e comentou com malícia:

"Bem, é claro que se um judeu pagasse um preço honesto, talvez conseguíssemos fazer alguma coisa. Mas um risco é um risco!"

"E como poderiam pagar, meu caro? Não têm mais nada!"

"E quem está falando de pedir dinheiro a eles? O pagamento é adiantado. Ninguém faria negócio com eles", disse, indicando o campo com um gesto de cabeça. "Só dá para negociar com gente de fora. Gente como você. Se um sujeito vier me procurar dizendo que amanhã, na hora do transporte, haverá um judeu assim ou assado, posso dar um jeito. Com uma condição: grana adiantada."

Foi assim que ele mostrou suas cartas.

"Já salvou alguém assim?"

"Vários. Mas não muitos. Poderia fazer mais...", disse, rindo.

"Tem muita gente como você, que salva judeus desse jeito?"

"Salvar? Quem falou em salvar? Trata-se de um negócio..."

Ele tinha um ponto de vista muito prático e aquela discussão não fazia o menor sentido. Mas ele insistia. Parei de contradizê-lo. Era claramente inútil tentar mudar seu modo de ver as coisas. Examinei seu rosto pesado, até simpático, e pensei em como a guerra desenvolve a crueldade nas pessoas. Sem dúvida era um homem simples, comum, nem bom, nem particularmente mau. As mãos calosas pareciam as de um bom camponês. Era exatamente o que devia ser, em tempos normais, um bom pai que frequentava a igreja com regularidade. Mas hoje, sob a pressão da Gestapo e das facilidades oferecidas pelos nazistas, envolvido numa competição ávida e desenfreada entre seus semelhantes, havia se transformado num carniceiro profissional. Mergulhado em seu comércio e em seus cálculos, usava um jargão profissional com a frieza de um carpinteiro no exercício da profissão.

"O que veio fazer aqui exatamente?" A pergunta foi feita num tom de perfeita inocência.

"Também gostaria de 'salvar' judeus. Com sua ajuda, é claro."

"Pois aconselho que nem tente fazer isso sem nós!"

"Claro, claro. Sem vocês não conseguiria. Juntos, podemos ganhar alguma coisa."

"E como seria pago? Por cabeça?", perguntou, curioso.

"O que me aconselha?"

Ele pensou por um instante.

"Em seu lugar, pediria por cabeça. Em grupo, acabamos perdendo excelentes oportunidades. Nunca sabemos com quem estamos lidando, nem como 'valorizar' a mercadoria! Se for muito importante para uma pessoa tirar alguém daqui, ela não vai pechinchar. É preciso ter 'Kiepele', miolos, como dizemos por aqui. Sem isso não se ganha nada."

"Tem razão", reconheci.

"Claro que tenho razão! É só a gente acertar 'meio a meio' e você não tentar me passar para trás."

Assegurei que era honesto.

"Você é de Varsóvia. Lá é mais fácil. Mais perto do gueto. Fica mais fácil 'salvar' alguém", disse ele, piscando o olho com ar entendido.

Respondi que, em compensação, isso abaixava o "preço", e ele se queixou da dureza dessa vida. Estávamos chegando. Pensei aliviado que não precisaria mais ouvi-lo.

Ele perguntou quando eu achava que os alemães venceriam a guerra, e respondi que não tinha tanta certeza de que iriam vencer. Ele pareceu espantadíssimo: era ridículo pensar uma coisa dessas, bastava dar uma olhada no passado recente. Hitler era um demônio, um mágico, e ninguém tinha a menor chance de vencê-lo.

O campo estava a cerca de uma centena de metros e os gritos e tiros voltaram a interromper nossa conversa. Senti um cheiro horrível de imundície e corpos em decomposição. Talvez fosse uma ilusão. Em todo caso, meu guia ucraniano não percebeu nada e até começou a cantarolar uma melodia qualquer. Atravessamos um conjunto de árvores raquíticas e chegamos ao terrível campo da morte, cheio de rumores e soluços.

O campo ficava num terreno plano com cerca de 1600 metros quadrados. Era solidamente cercado por um muro de arame farpado de quase 2,5 metros de altura. No interior desse recinto, a cada quinze metros, mais ou menos, havia guardas, baionetas caladas. Do lado de fora, ao redor de todo o recinto, sucediam-se patrulhas a cada cinquenta metros. No próprio campo, havia uns quinze barracões, entre os quais se espremia a massa humana compacta e pulsante dos internos. Eles estavam ali, famintos, fedendo e gesticulando, terrível rebanho de seres humanos. Os alemães e os guardas abriam caminho no meio deles a coronhadas, com um ar indiferente e entediado. Pareciam guardadores de gado, cumprindo um trabalho evidentemente aborrecido e rotineiro.

Além dos dois portões principais, algumas aberturas haviam sido feitas no arame farpado, sem dúvida para servir de passagem para o pessoal. Cada uma dessas passagens era guardada por dois alemães. Paramos um instante para os últimos acertos. À esquerda da entrada, a cem metros ou um pouco mais, descobri os trilhos de uma estrada de ferro, ou, para ser mais exato, algo como uma rampa. Havia sido construída com tábuas e era uma espécie de passagem que levava do campo à estrada de ferro, onde havia um velho trem de carga com pelo menos trinta vagões, sujos e poeirentos.

O ucraniano seguiu meu olhar e disse apressadamente:
"É o trem que vamos carregar. Você vai ver."

Chegamos à entrada do campo. Dois suboficiais alemães estavam de guarda e dava para ouvir alguns fragmentos do que diziam. Parei um instante e meu ucraniano, pensando que eu vacilava, deu um tapa em minhas costas.

"Vamos, vamos", murmurou com ar de importância. "Não tenha medo, eles nem vão olhar seus documentos: não prestam a menor atenção em quem usa esse uniforme."

Atravessamos o portão e nos perdemos na multidão, depois de cumprimentar ostensivamente os dois suboficiais, que devolveram o cumprimento de maneira negligente.

"Siga-me", disse o guia. "Vou levá-lo a um bom lugar para assistir."

Passamos por um velho. Estava sentado no chão completamente nu, balançando-se para a frente e para trás. Seus olhos brilhavam e ele não parava de piscar. Ninguém lhe dava atenção. A seu lado, jazia uma criança esfarrapada, sacudida por tremores, olhando em volta apavorada. A massa dos judeus vibrava, deslocando-se de um lado para outro sem rumo, espasmodicamente. Eles agitavam as mãos, gritavam, discutiam, cuspiam uns nos outros, praguejavam. A fome, a sede, o terror e o esgotamento tinham enlouquecido as pessoas. Ouvi dizer que eram deixados três ou quatro dias no campo sem uma gota d'água ou um pedaço de pão.

Todos vinham de guetos.[5] Ao serem embarcados, tinham recebido autorização para trazer cinco quilos de bagagem. A maioria trouxe comida, roupas, cobertores e, em alguns casos, joias e dinheiro. Ainda no trem, os alemães se apropriavam de tudo que tivesse o menor valor. Deixavam apenas alguns trapos e um pouco de comida. Os que não tinham comida podiam ter certeza de que morreriam de fome.

Não havia organização nem ordem. Eles não tinham nada para dividir e nenhuma forma de ajudar uns aos outros, e não demoravam a perder qualquer controle ou sentimento humano, restando apenas um elementar instinto de conservação. Nesse estágio, tinham sido completamente desumanizados. Além disso, estávamos no outono e o clima era frio e chuvoso. Os barracões não podiam receber mais de 2 ou 3 mil pessoas e cada "fornada" reunia mais de 5 mil. Isso significava que havia sempre de 2 a 3 mil homens, mulheres e crianças espremidos a céu aberto, expostos às intempéries.

Nada pode descrever o horror do espetáculo que desfilava diante de mim. A atmosfera estava carregada de miasmas, cheiros de excrementos, sujeira e putrefação. E precisei atravessar todo o campo para chegar ao local escolhido. Foi uma terrível provação. Éramos obrigados a caminhar sobre os corpos apinhados. Meu guia, mais habituado a esse tipo de exercício, deslocava-se em meio à multidão com facilidade. Cada vez que pisava num corpo, eu tinha ânsias de vômito e ficava paralisado, mas o guia quase me empurrava para seguir adiante.

Finalmente, chegamos a cerca de trinta metros do portão por onde os judeus seriam empurrados para dentro dos vagões. Era um local relativamente mais calmo. Consegui me recuperar. O guia fez suas últimas recomendações.

"Preste bem atenção, você vai ficar aqui e eu irei um pouco mais longe. Não esqueça que não pode chegar perto dos guardas ucranianos. E, se acontecer alguma coisa, nós não nos conhecemos, certo?"

Concordei vagamente e ele se afastou. Fiquei quase meia hora observando aquele espetáculo da miséria humana. Fui obrigado a usar toda a minha força de vontade para não fugir dali e para lembrar que não era um daqueles infelizes condenados. Precisava prestar atenção aos uniformes ucranianos que passavam por ali de vez em quando. Os guardas continuavam a circular no meio da multidão agonizante, indiferentes, até o momento em que pareceram entrar num acordo, olhando na direção do trem.

Dois policiais alemães dirigiram-se ao portão, acompanhados por um gigantesco ss. Ele gritou uma ordem e o pesado portão foi aberto, não sem dificuldade. A extremidade da passagem estava bloqueada por dois vagões do trem de carga, de modo a impedir qualquer tentativa de fuga.

O ss virou-se para a multidão, bem plantado nas pernas afastadas, os punhos nos quadris, e deu uma espécie de grito que dominou a massa dos condenados.

"*Ruhe, ruhe!* Calma, calma! Todos os judeus irão embarcar neste trem, que irá levá-los para o local onde irão trabalhar. Não empurrem, permaneçam em ordem. Quem semear o pânico será abatido."

Olhou com ar desafiante para a massa humana diante de si. De repente, numa grande e sonora gargalhada, puxou o revólver e atirou duas ou três vezes na multidão. Um grito isolado, dilacerante, foi a resposta que teve. Ele continuou a rir, guardou a arma e recomeçou a gritar:

"*Alle Jüden, raus, raus!*"

Durante alguns segundos, a multidão ficou muda. As primeiras fileiras tentavam fugir dos tiros indo para trás, mas as demais reagiam e a desordem era indescritível. Os tiros continuaram, vindos da direita, da esquerda e de trás. Então, a massa humana correu para a estreita passagem, ameaçando derrubar as barricadas, mas os dois policiais alemães cuidaram de garantir a ordem da operação. Atiraram na cara dos primeiros judeus para diminuir o ritmo.

"*Ordnung, Ordnung!*", berrava o ss, possesso.

"Calma, calma!", repetiam os dois guardas como um eco.

Por fim, os infelizes, aterrorizados pelas balas, precipitaram-se para os dois vagões, que se encheram rapidamente.

Mas eu ainda não tinha visto o pior. Jamais esquecerei o que aconteceu em seguida, ainda que viva duzentos anos.

O regulamento militar ensina que um vagão de carga pode conter oito cavalos ou quarenta homens. Sem nenhuma bagagem, cem pessoas no máximo em cada vagão, contanto que fiquem literalmente coladas umas nas outras. Ora, os alemães ordenaram que enfiassem entre 120 e 130 em cada vagão. Usando a coronha ou o cano dos fuzis, os policiais continuavam a empurrar a multidão para dentro dos vagões já apinhados. Os infelizes, enlouquecidos de pavor, subiam na cabeça e nos ombros de seus companheiros, que começavam a empurrá-los, protegendo o rosto. Os ossos estalavam e os gritos eram alucinantes.

Quando não havia mais lugar nem para uma agulha, os guardas puxaram as portas e fecharam hermeticamente aquele carregamento de carne humana com barras de ferro.

Mas isso não foi tudo. Sei que muita gente não vai acreditar, vai pensar que estou exagerando ou simplesmente inventando. No entanto, juro que vi todas as coisas que acabei de descrever. Não tenho provas, nenhuma fotografia, mas tudo que digo é verdade.

O pavimento do trem era coberto por uma espessa camada de pó branco: era cal viva. Todo mundo sabe o que acontece quando se joga água na cal: a mistura torna-se efervescente e desprende um calor intenso.

Nesse caso, os alemães empregavam a cal com o duplo objetivo de economia e crueldade. A carne úmida em contato com a cal desidrata rapidamente e queima. Os passageiros daquele trem queimariam lentamente até o osso. E, assim, seria cumprida a promessa feita por Himmler a Hitler em Varsóvia, em 1942: "em conformidade com a vontade do Führer, os judeus hão de perecer entre torturas". Além disso, a cal impediria a decomposição dos cadáveres e a transmissão de doenças contagiosas. O processo era simples, eficiente e pouco custoso.

O trem levou três horas para ficar completamente cheio. Caía o crepúsculo quando a porta do último vagão se fechou: segundo meus cálculos, era o 46º vagão. Percebi que o trem era duas vezes maior do que eu pensava. O comboio, com seu carregamento de carne torturada, vibrava e urrava como se estivesse enfeitiçado. No campo, algumas dezenas de corpos se retorciam no chão nas últimas convulsões da agonia. Os policiais alemães rondavam, revólver fumegante na mão, e liquidavam os moribundos. O campo agora estava calmo. O silêncio era rompido apenas pelos gritos inumanos vindos do trem. Depois, eles também cessaram, e restou somente o cheiro adocicado e nauseante do sangue: a terra sangrava.

Eu sabia qual era o destino daquele trem: meus informantes tinham feito uma descrição detalhada. Seguiria em frente por uma centena de quilômetros e pararia no meio dos campos, onde ficaria esperando, imóvel, paciente, por três, talvez quatro dias, até que a morte penetrasse completamente em todos os meandros de cada vagão. Então, seria a vez dos grupos de judeus jovens e fortes que, muito bem vigiados, limpariam os vagões, retirariam os cadáveres fumegantes e empilhariam o que restava deles numa fossa comum. E fariam isso até o dia em que chegasse a sua hora de ser passageiros do trem da morte. Tudo isso exigia vários dias de trabalho. Até lá, o campo já estaria cheio de novo, e o trem retornaria para recomeçar tudo do zero.

Eu estava ali, de pé, olhando na direção do trem agora invisível, quando senti uma mão em meu ombro. Era o guarda ucraniano.

"Acorde", disse ele brutalmente, "não fique aí de boca aberta. Temos que sair daqui depressa ou seremos pegos. Vamos, rápido! Siga-me."

Segui o ucraniano à distância, completamente atordoado. Chegamos à porta de saída. Ele me apontou para um oficial alemão, que disse:

"*Sehr gut, gehen sie.*"

Em seguida, atravessamos o portal.

O ucraniano caminhou comigo durante algum tempo e depois nos separamos. Tive de me impedir de correr de volta ao armazém. Cheguei sem fôlego e tentei tranquilizar o comerciante, que me olhava preocupado. Arranquei as roupas e entrei na cozinha, fechando a porta à chave. Meu anfitrião parecia cada vez mais preocupado. Quando saí da cozinha, ele entrou correndo.

"Mas o que houve? A cozinha está toda inundada", gritou assustado.

"Tomei um banho", respondi. "Estava muito sujo."

"Devia estar mesmo", replicou num tom mordaz.

Permitiu que eu descansasse por um instante no jardim. Deitei embaixo de uma árvore e, completamente esgotado, caí num sono profundo na mesma hora. Quando despertei, assustado, já era noite e a lua brilhava no céu. Eu estava congelado e fui me arrastando para dentro, onde desmoronei numa cama vazia. Meu anfitrião dormia e não demorei a fazer o mesmo.

Quando despertei, o sol, mesmo ainda fraco, fez minha cabeça doer horrivelmente. O comerciante disse que havia me revirado a noite inteira. Assim que saí da cama, tive violentas ânsias de vômito. Durante todo o dia e a noite seguinte, continuei a vomitar sem parar, e por fim vomitei um líquido vermelho. Meu anfitrião estava apavorado, mas consegui convencê-lo de que meu mal não era contagioso. Antes de voltar a me deitar, pedi que conseguisse para mim um pouco de vodca. Ele trouxe uma garrafa, e, depois de engolir dois grandes copos, caí num sono que durou 36 horas.

Quando finalmente acordei, minha cabeça doía menos e consegui comer alguma coisa. Ainda estava muito fraco quando o comerciante me ajudou a pegar o trem para Varsóvia.

As visões do campo da morte hão de me perseguir para sempre. Jamais consegui me livrar delas, e a simples lembrança me provoca náuseas. Mais ainda do que as imagens, queria me livrar do pensamento de que uma coisa daquelas havia realmente acontecido.

Antes de deixar Varsóvia, meus amigos organizaram uma cerimônia de despedida para mim. De manhã, fui convidado para uma missa em minha igreja paroquial. A maioria de meus amigos era devota, e padre Edmund[6] era um de meus amigos mais antigos de antes da guerra. Costumava frequentar a casa de meu irmão Marian e foi meu confessor durante anos. Agora era capelão do exército secreto em Varsóvia.

Ainda estava escuro quando saí para ir à igreja, sem saber que meus amigos haviam preparado uma surpresa. A primeira neve tinha caído na véspera e seus flocos cobriam as calçadas. Andando rápido para tentar me aquecer, eu me esforçava para memorizar todos os meus cantos preferidos de Varsóvia. Fiz o caminho sem incidentes, depois de evitar uma patrulha alemã. Quando cheguei à igreja, o dia estava raiando. A missa deveria acontecer no quarto particular de padre Edmund, que morava atrás da igreja. Meus melhores amigos já estavam lá, e quatro mulheres tinham enfrentado o frio e a neve por mim; lá estavam aquele escritor conhecido que todos admirávamos por sua ação apaixonada na Resistência,[7] minha amiga das belas-artes, escultora conhecida, meu chefe direto e até meus companheiros de armas mais próximos. As cortinas estavam fechadas e a luz vacilante das velas iluminava a cena. A atmosfera era misteriosa, excepcional. Fiquei sinceramente emocionado.

Nos demos as mãos em silêncio e a cerimônia começou. Foi tranquila e magnífica. Rezamos em voz baixa e depois nos ajoelhamos ao pé da santa mesa. Não houve sermão. Assim que a missa terminou, o padre pegou o missal e todos repetiram com ele as preces para os viajantes. Ouvi em silêncio, os olhos úmidos.

Meus camaradas surpreenderam-me com um presente, o mais belo de todos os presentes. Padre Edmund fez sinal para que eu me aproximasse e, quando cheguei perto dele, mandou que ajoelhasse e pediu que descobrisse o peito. Então, pegou um escapulário e disse solenemente:

"Recebi autorização dos dirigentes da Igreja a serviço de nossa Pátria martirizada para lhe entregar este escapulário. Contém o corpo de Cristo, e você deve usá-lo durante a viagem. Entrego-lhe então, soldado da Polônia, esta hóstia consagrada: ela irá protegê-lo de todos os males, pois, se estiver em perigo, basta engoli-la e nenhum mal poderá atingi-lo."

Depois de passar o escapulário pelo meu pescoço, o padre ajoelhou-se a meu lado e rezou comigo. O cômodo estava mergulhado no silêncio, apenas o rumor dos rosários acompanhava a solenidade do momento.

Durante os 21 dias que durou minha viagem pela Europa, guardei esse tesouro sobre o peito e atravessei a Alemanha, a Bélgica, a França e a Espanha para finalmente, em Gibraltar, embarcar num avião britânico. No curso da viagem, minha vida nunca esteve realmente em perigo. Quando cheguei a Londres, assim que fui autorizado a sair, fui até a igreja polonesa perto de Devonia Road. Padre Ladislas,[8] a quem me confessei, não ficou muito satisfeito com a permissão dada a um leigo para carregar uma hóstia consagrada, mas não criticou abertamente os padres de Varsóvia.

Abriu o escapulário, tirou a hóstia e me deu a comunhão com ela. Em seguida, declarou: "Ficarei com o escapulário. Vou pendurá-lo junto à imagem de Nossa Senhora de Częstochowa, como ex-voto".

31
Retorno a Unter den Linden

O dia que eu há tempos esperava finalmente chegou. Deixei Varsóvia sem alarde e sem que ninguém assistisse à minha partida. Meus documentos estavam perfeitamente em ordem, com um magnífico carimbo falso sobre a fotografia do meu passaporte francês, o filme admiravelmente camuflado no cabo do meu barbeador. Tinha muito dinheiro e estava com o moral elevado.

O trem estava cheio de passageiros de todas as nacionalidades imagináveis, o que me ajudava a passar completamente despercebido. Mesmo assim, não parei de examinar os rostos, tentando identificar algum agente da Gestapo, pois tinha certeza de que poderia reconhecê-lo à primeira vista. Quando identificava um deles ou quando me pediam meus documentos, era impossível ficar muito à vontade.

No entanto, se não me deixasse envolver em conversas que poderiam denunciar minha origem, não haveria nenhum perigo. Para prevenir essa eventualidade, comprei um vidro de remédio e, assim que sentei no meu lugar, embebi um lenço com ele e apliquei na boca, fingindo que estava com uma horrível dor de dentes. Desse modo, garanti que ninguém, vendo minha figura retorcida de dor, puxaria conversa.

A viagem até Berlim foi longa e monótona. Os passageiros estavam apertados em compartimentos que cheiravam mal. O trem, relíquia antediluviana que os alemães deixavam à disposição dos poloneses, sacudia e tropeçava penosamente.

Uma vez em Berlim, fui tomado por uma grande curiosidade. Qual era a situação real na Alemanha? Achei que o melhor meio de saber era visitando um velho colega de escola, Rudolf Strauch. Antes da guerra, quando trabalhava na Berlin-Staats Bibliothek, morei na casa dos Strauch como pensionista. A família era composta por Rudolf, a irmã mais nova e a mãe, viúva de um juiz. Em 1937, a meu convite, Rudolf fez uma breve visita à Polônia comigo.

A família Strauch sempre teve opiniões profundamente liberais e democráticas, e achei que mesmo agora seriam adversários silenciosos, mas firmes, do regime hitlerista. Esperava que Rudolf não tivesse sido mobilizado, pois sua saúde era bastante frágil. Não podia perder a oportunidade de saber o que acontecia na Alemanha. Nem me passou pela cabeça que era um risco inútil e que estava indo ao encontro de outra aventura. Mas, pesando os prós e contras, a visita parecia auspiciosa. De qualquer forma, tive o trabalho de esboçar uma história verossímil, que afastaria qualquer suspeita, caso necessário. Diria que não havia tomado parte na guerra, que no momento trabalhava nos escritórios de uma fábrica alemã e que, como dispunha de férias, tinha resolvido passá-las em Paris. O único risco era que me pedissem documentos na frente dos Strauch. Nesse caso, eles descobririam que eu viajava com um nome diferente daquele que conheciam. Mas esperava que isso não acontecesse, e, conforme fosse recebido, poderia dar a entender que era mais ou menos neutro, que não alimentava nenhum sentimento hostil em relação à Alemanha ou que na verdade colaborava com eles, que tinham toda a minha simpatia.

Meu trem rumo a Paris só sairia de Berlim em uma hora. O trem seguinte, que transportava trabalhadores, só chegaria no dia seguinte. Fiquei por ali matando tempo até a partida do trem e, em seguida, fui até o chefe da estação.

"Perdi o trem e tenho de esperar o próximo até amanhã. Gostaria de passear por Berlim nesse intervalo. Poderia sair um pouco e retornar à estação para esperar a partida do trem?"

Ele permitiu de bom grado. No depósito de bagagens, deixei a mala com o barbeador e o filme, fui me lavar e tomei a direção da casa dos Strauch.

Não tive nenhuma dificuldade para localizá-la, limpa mas sem grandes pretensões, num bairro de pequeno-burgueses. Toquei a campainha e a porta foi aberta pela sra. Strauch em pessoa, que me recebeu sem muito entusiasmo. Em seguida, chamou os filhos, cuja recepção foi mais ou menos igual. Rudolf parecia mais pálido e mais magro do que da última vez que o tinha visto, e a irmã tinha se transformado numa mocinha agradável, segura de si, mas bastante limitada.

Levaram-me até o escritório e serviram aguardente e café. No começo, a atmosfera foi bastante tensa, mas começou a relaxar quando contei a história que tinha preparado. Eles pareceram aceitá-la com facilidade. Como Rudolf mostrou-se particularmente contente quando falei de minhas simpatias colaboracionistas, destaquei esse aspecto da história, assumindo todas as opiniões típicas que Goebbels repisava em seus discursos aos alemães e aos habitantes dos países ocupados.

Toda a desconfiança sumiu, e Rudolf respondeu a minhas perguntas com um monólogo inflamado sobre o destino da Alemanha. Fiquei surpreso quando admitiu que os eventos da frente do Leste eram um pouco decepcionantes, mas todas as suas dúvidas eram resolvidas num instante pela evocação da frase mágica: "O Führer sabe o que faz".

Durante a conversa, se surgia algum problema ou acontecimentos que pudessem parecer desfavoráveis ao Reich eram mencionados, a frase retornava como um refrão — o Führer tiraria os alemães de qualquer dificuldade que se apresentasse. Era o dito que resumia toda a perspicácia e as opiniões políticas da família Strauch, que um dia havia sido democrata, liberal e antinazista: "O Führer sabe o que faz".

Fiquei algumas horas com eles e percebi algumas mudanças significativas. O padrão de vida era nitidamente mais baixo, os objetos corriqueiros, as roupas e a comida eram de qualidade medíocre. Pelo que pude entender, a irmã trabalhava duro numa fábrica, mas evitou dar detalhes. Acho que Rudolf trabalhava num escritório do Arbeitsamt. Nem um nem outro quiseram falar de salários, horas e condições de trabalho, nem de nenhum assunto relacionado a isso. Responderam de forma evasiva a uma ou duas perguntas que fiz sobre o tema.

Convidaram-me para jantar num café-restaurante de uma rua próxima, que dava para a Unter den Linden. O local servia comida "standard", mas farta e não muito cara, cerca de quinze marcos para os três. À mesa, a conversa passou aos judeus. Rudolph e a irmã entregaram-se às reflexões nazistas habituais sobre os judeus. Fiz um esforço para tentar sondar as profundezas de seus pensamentos, descrevendo de maneira banal, neutra, as mais abomináveis e revoltantes práticas que havia testemunhado, o trem da morte, a cal viva e o cloro. Eles reagiram com frieza e distanciamento, sem demonstrar o menor sinal de repulsa, nem digo moral, mas pelo menos física.

Rudolf comentou:

"Muito eficaz. Assim os corpos não poderão espalhar doenças, como faziam quando eram vivos."

"Devem ter sentido calor."

Foi o que Berta encontrou para dizer quando contei o último episódio. Durante a refeição, notei uma certa hostilidade de Berta em relação a mim, uma curiosa mistura de temor e suspeita. Comecei a ficar preocupado. Talvez tivesse exagerado no meu discurso pró-alemão, ou quem sabe alguma coisa nele não fosse plausível, eu tivesse me enganado ou caído em contradição. Mas talvez fosse apenas o sentimento de sua superioridade sobre um simples polonês se revelando. Fiquei francamente alarmado quando Berta se levantou e pediu a Rudolf que a acompanhasse.

"Desculpe", disse friamente. "Tenho algo a dizer a meu irmão em particular."

Eles foram até uma mesa mais distante. Meu cigarro tinha um sabor amargo. Pensei que havia sido um idiota por ter vindo e lancei um olhar de reconhecimento no restaurante. Percebi que não teria a menor chance de fugir se eles tivessem ido avisar a polícia. Mas retornaram alguns instantes depois, Rudolf nervoso e levemente incomodado, a irmã obstinadamente calma e decidida. "Vão me denunciar", pensei comigo mesmo. Tive um segundo de pânico e lutei para me controlar e conservar uma aparência fria e natural.

Rudolf falou comigo com uma voz tensa e rouca:

"Jan", disse ele quase pedindo desculpas, "tenho horror do que vou lhe dizer. Pessoalmente, gosto muito de você, mas temos que nos separar. Todos os poloneses são inimigos do Führer e do Terceiro Reich. Tentam prejudicar a Alemanha sempre que podem e servem aos interesses judaicos e britânicos. Chegaram ao ponto de ajudar os bárbaros russos. Sei que você é diferente, mas não posso fazer nada. Vivemos tempos de guerra e preciso romper nossas relações neste momento."

Embora apreensivo, senti a raiva crescer dentro de mim diante de tamanha imbecilidade, e sobretudo diante do tom estúpido e oficial de sua última observação.

"Além do mais", acrescentou Rudolf, e percebi que gotas de suor brotavam em sua testa enquanto ele olhava ao redor, "é perigoso ser visto em companhia de estrangeiros."

Engoli a raiva.

"Sinto muito que pense assim", disse. "Queria ser seu amigo e amigo da Alemanha. Espero que, com o tempo, possa mudar de ideia."

Inclinei-me friamente e levantei. Por dentro, meu sangue fervia por ter que desempenhar aquele papel de hipócrita. Que trabalho sujo era o meu. Como invejava os sortudos que podiam jogar bombas em gente como aquela. Enquanto caminhava até a porta, olhei ao redor, desconfiado, ainda pensando que eles poderiam ter chamado a polícia.

Meu primeiro impulso foi correr para um lugar seguro. Mas, qualquer que fosse o lugar, em Berlim eu estava cercado de inimigos. A qualquer instante, esperava que tocassem meu ombro e me interpelassem.

As palavras de Rudolf me enchiam de orgulho e ainda ressoavam em meus ouvidos: "Todos os poloneses são inimigos do Führer e do Terceiro Reich. Tentam prejudicar a Alemanha sempre que podem...". Que homenagem!

Voltei para a estação e fiquei na sala de espera fria e sombria tentando descansar um pouco. Meu espírito voltava ao passado, aos velhos tempos em que era amigo de Rudolf e Berta. Eles eram gentis e sinceros em sua afeição, e eu correspondia. Pareciam tão calorosos e espontâneos! Mas agora estavam irrevogável e desesperadamente contaminados. Haveria algum jeito de recuperá-los? Este era o problema que ocupava meus pensamentos. Depois da guerra, o que aconteceria com aquele país, submetido durante dez anos a um regime que abolia qualquer humanidade, qualquer dignidade? Será que aquela juventude, que podia ser representada pelos dois jovens hitleristas que vi entregues aos próprios instintos de crueldade numa tarde no gueto de Varsóvia, poderia ser reeducada e recapacitada para assumir seu lugar num mundo baseado na dignidade e no respeito ao outro?

Passei a noite na sala de espera e deixei Berlim na manhã seguinte.

32

Rumo a Londres

Durante a viagem de Berlim para Bruxelas, continuei a fingir que estava com dor de dentes. Dessa vez, não passei despercebido. Um comerciante belga, muito gordo, tentava zelosamente comunicar suas expressões de simpatia. Minhas respostas monossilábicas e pouco amáveis não foram suficientes para desanimá-lo, e quando chegamos a Bruxelas ele fez questão de me acompanhar a um posto da Cruz Vermelha alemã. Grudado em mim como um sanguessuga, não me deu nenhuma oportunidade de escapar sem despertar suspeitas. Felizmente, ele não percebeu o sotaque do meu francês. A dor de dente me salvou.

No posto, fui examinado por um suboficial alemão de uniforme e uma enfermeira. No final, a enfermeira repreendeu-me sorrindo:

"Você é muito descuidado e isso já lhe custou vários dentes. Espero que aprenda com o sofrimento que está passando agora."

Tive uma vontade enorme de dizer que aquilo que ela chamava de "descuido" eram os "cuidados" dos homens de sua Gestapo.

Fizeram questão de aplicar um antisséptico e um calmante. Sua solicitude chegava a ser divertida. "Assim é a guerra", pensei. "De um lado, os alemães arrancam meus dentes, de outro, os mesmos alemães desinfetam as feridas."

Fiz o melhor que pude para botar um ponto final naquele incidente o mais rápido possível. Felizmente, não pediram nenhum documento e continuei fingindo que não conseguia falar direito. No trem para Paris, renunciei ao papel do homem com dor de dente e adormeci sob o efeito do calmante.

Cheguei à Paris ocupada às seis horas de uma manhã fria e chuvosa. Era cedo demais para ir ao local marcado, onde deveria dizer a minha senha. Deixei a mala no depósito e saí para um passeio.

Fiz o longo trajeto entre a Gare du Nord e os Champs-Élysées. A atmosfera era insuportável. Paris, a Cidade Luz, agora melancólica e empobrecida, estava mergulhava num abatimento sem fim. Nos Champs-Élysées, tristes e desertos, fui sentar-me num banco. Toda vez que vim a Paris, tive vontade de ficar para sempre. Dessa vez, meu único desejo era ir embora o mais rápido possível e gozar da liberdade do vasto mundo, fora da zona de influência e ocupação alemã.

Meus devaneios foram interrompidos pela marcha de um destacamento do Stahlhelm, os homens com as armas nos ombros e a cabeça cheia de orgulho e desprezo. O chão ressoava sob suas botas. Pela primeira vez desde o início da guerra, senti lágrimas rolarem sobre meu rosto.

Retornei à Gare du Nord, o espírito agitado pelo espetáculo daquele triunfo arrogante. Tinha vontade de saltar no pescoço do primeiro operário francês que aparecesse na minha frente e dizer:

"Tenha confiança, vamos ganhar. Temos de continuar lutando."

O local do encontro era uma pequena confeitaria nos arredores da estação. A velha senhora que esperava encontrar estava sentada atrás do balcão. Aproximei-me:

"Bom dia, senhora, quer comprar cigarros? Tenho para vender."

"De que marca?"

Era a resposta combinada.

"Gauloise."

"E quanto tem para vender?"

"Tantos quantos são os dias depois da última tempestade."

Ela sorriu diante dessa conversa marcada e depois, simpática e hospitaleira, ofereceu-me café e bolo em polonês. Em seguida, tomou as providências necessárias para estabelecer meu contato com os membros de nosso movimento clandestino.[1] Apesar da derrota da França, nossa organização havia mantido os setores militar e civil em seu território. Eram dirigidos por oficiais poloneses que não tinham conseguido deixar a França em 1940 e por poloneses já estabelecidos no país antes disso, e cooperavam ativamente com a Resistência francesa.[2]

Três dias depois da minha chegada, um médico francês entregou-me os documentos de identidade que diziam que eu era um cidadão francês de origem polonesa. A partir de então, poderia falar francês correntemente, pois para todos os efeitos tinha passado a vida inteira nas colônias polonesas do Pas-de-Calais, onde trabalhava nas minas de carvão. Entregou-me também uma permissão de trabalho alemã e uma carteira de motorista. Em seguida, anunciou que eu deixaria Paris assim que fosse possível.

Cerca de dez dias depois, tomei o trem para Lyon com o operário francês que ia me ajudar a atravessar a fronteira espanhola. Ele me levou para uma casa em Lyon, onde fiquei surpreso ao encontrar um capitão polonês da minha escola de oficiais. Como permaneci algum tempo na casa, ele pôde me encher das mais variadas perguntas. Felizmente, pude dar notícias detalhadas de sua mulher, sua mãe e sua filha, todas gozando de boa saúde. A esposa ajudava a sogra e a filha cultivava uma horta no subúrbio. A filha tinha obtido o diploma de uma escola secundária clandestina. Ele ficou com lágrimas nos olhos quando contei que sua mulher não tinha vendido um único móvel, nenhuma de suas camisas e se recusava a aceitar pensionistas, com medo de estragar a mobília. Quando retornasse, ele encontraria tudo como havia deixado, até sua poltrona predileta.[3]

De sua parte, o capitão também tinha muita coisa a dizer. Participara da campanha da França, no exército polonês, e, feito prisioneiro, conseguiu fugir e juntar-se à Resistência francesa. Era encarregado da seção polonesa que cuidava das travessias da fronteira espanhola. Morava em Lyon e coordenava a ação de lá. A estadia em Lyon com meu amigo foi muito agradável. Embora a cidade tivesse sido ocupada pelos alemães e fosse um dos grandes centros da atividade antinazista, gozávamos de uma liberdade de movimentos quase absoluta.[4] As organizações clandestinas da França trabalhavam em condições bem melhores que as nossas, na Polônia. O contato com a Inglaterra era mais fácil e todo o trabalho ficava mais simples graças ao fato de ser possível estabelecer comunicações com os países neutros. Temos de reconhecer que a Polônia não gozava de tais vantagens. Éramos com certeza o mais desventurado de todos os povos.

Em Lyon, encontrei o mais puro e autêntico "filho da guerra" que já conheci. Tinha cerca de quarenta anos e uma aparência indestrutível: havia nascido num subúrbio de Varsóvia, onde chegara a trabalhar como artesão. Vivia na França desde 1940, tão feliz no caos desse período de guerra quanto um pinto no lixo. Vagabundo profissional, já tinha sido trabalhador rural, operário em fábrica e pintor na construção civil. Passara pelo exército francês e depois por diversas prisões. Atravessara o país do canal da Mancha ao Mediterrâneo várias vezes, mas, apesar disso, de todas essas residências, só tinha aprendido uma dúzia de palavras em francês.

Extraordinariamente magro e seco, parecia ter perdido todo o recheio, à exceção do mínimo necessário para continuar vivendo com o pé na estrada. Seu rosto enrugado e bronzeado era indescritível, engraçado e atraente pelo sorriso constante, que erguia um dos lados dos longos bigodes amarelos. O modo como conseguia se deslocar e como vivia eram igualmente misteriosos.

"Como consegue viajar de trem?", perguntei certo dia. "Você não fala francês e não tem um tostão furado no bolso."

Ele respondeu na mais pura gíria varsoviana:

"Dê uma olhadinha nisto aqui, meu irmão. Serve em qualquer trem da França."

Examinei o pedaço de papel. Era uma passagem de bonde de Varsóvia, de 1939.

Devolvi o bilhete dizendo:

"É um suvenir fantástico, mas não dá para fazer um quilômetro de trem com isto aqui!"

"Talvez não para você, meu caro, mas eu conheço o jeito certo de usar isso."

"E como seria?"

"É assim: pego qualquer trem que quiser, viajo até a hora em que o fiscal vem pedir minha passagem, então entrego isso aí. Quando ele começa a reclamar, disparo um discurso em seis línguas, o mais alto que posso, em francês, alemão, espanhol, inglês, russo e polonês. Conheço mais ou menos umas dez palavras de cada uma delas. Dois minutos depois, o sujeito está surdo com minha gritaria, completamente tonto, e só quer saber de me expulsar do trem na primeira parada. Aí basta começar tudo de novo no próximo trem."

Caí na gargalhada.

"Nunca teve problemas com sua passagem de bonde?"

"Só uma vez, um infeliz de um fiscal teve a cara de pau de chamar a polícia."

"E então?"

"Daí que deixei todo mundo louco. Contei minha história aos soluços, em todas as línguas, durante três dias. Não deixei ninguém pregar o olho durante a noite. No final, fui mandado a uma fábrica para trabalhar."

A lembrança do trabalho parecia causar enjoos.

"E por que não aprende francês?", perguntei.

"Está maluco, por que diabos ia aprender francês? Para ser o sucessor de Pétain?"

"Sabe de uma coisa? Você nunca vai chegar a lugar nenhum. Devia procurar um trabalho honesto. Isso daria uma nova orientação à sua vida."

Ele olhou para mim surpreso e horrorizado.

"Quem? Eu? Perdeu a cabeça? Na verdade, acabei de ter uma ótima ideia. Por que não larga tudo e vem comigo? Seria fantástico. Você entraria com o cérebro e eu cuidaria de nós dois. Não ia ter com que se preocupar."

Nunca as minhas faculdades intelectuais haviam sido julgadas de um modo tão pouco lisonjeiro.

"Até logo, então", disse ele, "tenho um encontro."

"Até logo, mande notícias."

Ele piscou o olho, tocou a aba do chapéu e desapareceu. Alguns dias mais tarde, realmente mandou uma carta. A ortografia era horrível, mas fiquei sabendo que estava bem e que eu tinha perdido uma chance única na vida ao recusar sua proposta.

Finalmente, chegou a ordem de ir para o Midi-Pireneus por meus próprios meios. Devia encontrar, em Perpignan, um jovem casal espanhol que havia lutado contra Franco e em seguida se refugiado na França. Enquanto esperavam para poder voltar para casa, trabalhavam com a Resistência. Não foi difícil encontrá-los numa pequena casa dos subúrbios da cidade, que estava marcada no mapa que recebi. Eles iam me apresentar a um guia que atravessaria a fronteira comigo e cuidaria para que eu chegasse a Barcelona. Uma vez lá, eu entraria em contato com agentes aliados que tinham sido avisados por rádio da minha chegada iminente.

Minha confiança no jovem casal era absoluta. Os dois eram ardentes e entusiastas, cheios de aplicação e sinceridade em suas opiniões democráticas. Alguns dias depois, pediram desculpas, avisando que haviam surgido problemas. A fronteira estava sob forte vigilância e eu teria de esperar até que elaborassem um plano seguro. Disseram que seria melhor não sair de casa. Os dias que se seguiram foram intermináveis. Meus anfitriões estavam fora quase o tempo todo e eu não conseguia me concentrar nos livros que folheava preguiçosamente. Por fim, eles me informaram do plano que tinham feito para a travessia. Um guia de nome Fernando[5] iria comigo: de bicicleta. Minha bicicleta ficaria com o farol apagado e eu seguiria a dele, alguns metros à frente. Se ele parasse e buzinasse, era sinal de perigo e eu deveria me esconder. Se parasse sem buzinar, tudo bem, bastaria ir até onde ele estava.

Partimos ao cair da noite. Fernando, que eu mal tinha visto até então, pedalava cerca de cinquenta metros à minha frente. Depois de pedalar quinze minutos, ouvi a buzina e vi seu farol apagar. Dei meia-volta e voltei para a casa. Fernando retornou alguns minutos depois e explicou-se calmamente. Era uma patrulha alemã e eu não teria a menor chance de passar. No dia seguinte, tentaríamos de novo usando outro sistema. Na noite seguinte, depois de andar seis quilômetros para fora do povoado, Fernando e eu encontramos dois franceses que nos deram suas bicicletas. Partimos pela estrada mergulhada na escuridão, usando os mesmos métodos da véspera. A viagem teve mais sucesso que a anterior, mas foi certamente a prova mais dura que já cumpri. A luz do farol desaparecia o tempo todo nas curvas e nos trechos mais escuros e eu precisava pedalar furiosamente para vê-la de novo.

Como meu próprio farol estava apagado, era extremamente difícil permanecer na estrada, e as ondulações do terreno me faziam cair na valeta. A corrida de bicicleta logo se transformou numa luta alucinada, na qual eu tropeçava, caía, recomeçava e corria freneticamente em busca da luzinha da bicicleta de Fernando. Tínhamos percorrido cerca de cinquenta quilômetros quando ele parou e esperou por mim.

Pegou minha bicicleta e escondeu junto com a dele numa moita de arbustos. Quando retornou, deu um tapinha em meu ombro, cheio de comiseração. Disse que eu teria de esperar enquanto ele tentava fazer contato com outro guia. Deitei no chão úmido, debaixo de uma árvore, e adormeci.

Fernando voltou duas horas depois e sacudiu meu braço para que acordasse. O dia estava nascendo e esfreguei os olhos inchados. Estava com os braços e pernas duros e dormentes.

"Encontrou o guia?", perguntei.

Ele sacudiu a cabeça.

"Não. Venha comigo. Ficará esperando escondido num barco de pesca."

Seguimos a pé pela estrada, que agora estava em melhor estado. Havia um trânsito matinal de carros e charretes. Andávamos bem lentamente. Como fazia calor e havia mais sol, fiquei contente ao ver o mar. Era azul-claro, pontilhado por centenas de embarcações: barcos à vela, canoas, barcos de pesca. Foi para um modelo decrépito desta última categoria que Fernando me levou.

"Vai ficar aqui", disse ele. "Não saia até eu voltar. Deite-se e não deixe ninguém vê-lo!"

"Quanto tempo vai ficar fora?"

"Um ou dois dias. Tome aqui meu pulôver e meu casaco. Vai precisar deles."

"Não, você vai ficar com frio."

"Pode pegar. Arranjo outros. Alguém virá trazer comida."

Subi no barco, deitei, tratei de me cobrir o melhor que dava para fugir do frio e dos olhares indiscretos e quase não me mexi durante mais de sessenta horas. De vez em quando, uma mão invisível vinha trazer comida e alguma bebida quente, chá, café, e uma vez uma garrafa de vinho quente, muito reconfortante. Quando a imobilidade ficava insuportável e eu tinha vontade de levantar e sacudir os ossos, tentava me acalmar repetindo o seguinte: "Lembre-se da Eslováquia", ou seja, do dia em que prometi que não deixaria a impaciência influir em meus atos.

Fernando voltou, acordou-me para apresentar meu novo guia, um homenzinho pequeno e rude, de dentes brilhantes. Ele falava muito pouco francês. Fernando perguntou se eu estava pronto para partir. Respondi que sim, a não ser que o frio e a umidade tivessem petrificado minhas pernas. Fernando sorriu e murmurou um elogio à minha resistência. Despedimo-

-nos cordialmente e continuei com meu novo guia por uma trilha secundária que cortava os contrafortes dos Pireneus.

A passagem dos Pireneus foi maravilhosa. Era a região mais selvagem que eu já tinha visto até então, rica de vegetação muito verde e com vistas extraordinárias da montanha. O guia era um homem cuidadoso e ponderado. Não podíamos conversar, pois ele só sabia algumas palavras de francês e eu menos ainda de espanhol. No terceiro dia, abrigados numa gruta, resolvemos que ele iria procurar um amigo numa aldeia vizinha que nos ajudaria a localizar os diversos postos de polícia.

Retornou com uma tristeza que nem tentou esconder. O irmão de seu amigo contou que ele havia sido preso. Seria impossível pegar o trem como tinha planejado. Depois de uma longa reflexão, ele resolveu passar a noite ali mesmo onde estávamos. Na manhã seguinte, iríamos até um povoado tentar conseguir uma bicicleta ou um carro. Enquanto conversávamos, sentados na sombra, duas silhuetas caminhando em nossa direção desenharam-se diante de nossos olhos. O guia bateu em meu ombro, mas era tarde demais para tentarmos nos esconder. Quando chegaram mais perto, vimos que eram civis, aparentemente desarmados e carregando sacos alpinos. O guia interpelou-os:

"Estão vindo da França?"

Estavam mais assustados do que nós. O mais velho respondeu com voz trêmula. Convidamos os dois para ficar na gruta e eles se acalmaram. Eram um oficial francês e seu filho, de dezoito para dezenove anos. Estavam fugindo para se juntar a De Gaulle. Alguns instantes de conversa foram suficientes para fazer reinar a harmonia e a simpatia mútua em nosso pequeno grupo. Eles estavam em piores condições do que eu, pois tentavam atravessar sem guia. Falei das dificuldades e dos riscos de tal empresa e convidei-os a vir conosco. Eles aceitaram agradecidos.

De manhã, começamos a descida da outra encosta. Os franceses caminhavam atrás do guia e eu a uma distância de cerca de vinte metros. Enquanto atravessávamos um bosque de árvores, estremecemos ao ouvir alguém chamar. Procurando um pouco, descobrimos um velho espanhol sentado com a filha numa pequena clareira. Meu guia começou uma discussão animadíssima com ele. Ouvi quando o velho disse ao guia a palavra "Barcelona", em determinado momento da conversa. Depois de algumas vigorosas imprecações, concluí que o velho era um antifascista radical. Ele nos convidou a ficar em sua casa, e nós, é claro, aceitamos imediatamente.

O velho, um catalão francês, foi o mais hospitaleiro dos anfitriões. Ofereceu todo o conteúdo de sua despensa e recusou energicamente quando quisemos pagar. Tomamos banho, fizemos a barba, limpamos nossas roupas e passamos uma noite agradável na sala de estar. O velho informou que tinha planos para nós.

"Acabaram-se os problemas", disse ele, com o guia servindo de intérprete do jeito que podia. "Vou levá-los a Barcelona. Durmam bem."

Na manhã seguinte, ele partiu para o povoado e retornou por volta do meio-dia. Estava contente e agitava as mãos num gesto tranquilizador.

"Vamos cuidar de tudo", disse. "Não precisam mais se preocupar."

Explicou seu plano: iríamos à estação comprar passagens de trem para Barcelona e entraríamos no trem. Quando estivéssemos a caminho, o fiscal cuidaria de nós. Ele já tinha sido avisado por um mecânico que era amigo do nosso velho catalão. Só precisávamos ter muita cautela, obedecer às instruções e, depois, entrar no exército para matar todos os fascistas que conseguíssemos encontrar.

Agradecemos, mas tínhamos algumas dúvidas e precisávamos discutir um pouco. Seu plano não me parecia tão bom. Amigos e amigos de amigos demais. Os franceses concordavam comigo. O guia argumentou que, de fato, havia motivos para dúvidas, mas que havia também uma chance razoável de sucesso. Além disso, observou que não tínhamos nenhuma alternativa.

Sendo assim, resolvemos tentar. Meu guia saiu durante a noite e nós no dia seguinte de madrugada. O velho caminhava na frente com confiança e não olhou para trás até o momento em que a estação apareceu ao longe. Então, ele parou, esperou por nós debaixo de uma árvore, pegou o dinheiro para comprar as passagens para Barcelona e retornou sem incidentes com os preciosos bilhetes. Precisávamos dar um jeito de ficar no vagão que vinha logo depois do vagão do carvão. Seguimos as instruções: o vagão em que entramos estava vazio, com exceção de um sujeito com um cesto, aparentemente adormecido num canto, e de duas senhoras muito concentradas numa animada troca de fofocas. Sentamos e não tivemos de esperar muito tempo para que o fiscal de quem a nossa sorte dependia entrasse no vagão. Ele conferiu as passagens dos outros passageiros e ignorou-nos descaradamente. Achamos que as coisas estavam indo bem: ele parecia ter nos reconhecido.

Algumas estações mais tarde, os três passageiros desceram. O fiscal retornou ao vagão e aproximou-se de nós.

"Suas passagens, por favor", pediu.

Estendemos os bilhetes lentamente.

Ele verificou com cuidado e, depois, num tom de agradável surpresa, perguntou:

"Barcelona? Estão indo para Barcelona?"

Meio surpresos, confirmamos com a cabeça.

"É, para Barcelona."

"Ótimo!", disse com um largo sorriso. "De onde vieram? França? Bélgica? Alemanha?"

"França", disseram meus companheiros.

"Polônia", disse eu.

O fiscal negou violentamente com a cabeça e começou um veemente e ininteligível discurso em espanhol, que terminava com a palavra "Canadá". Ficamos olhando para ele sem entender nada, constrangidos. Desapontado, ele balançou a cabeça e repetiu lentamente:

"De onde vieram?"

"França."

"Polônia."

"Não, não, não! Canadá!", gritou o fiscal. "Vocês Canadá! Vocês Canadá!", repetia apontando para cada um de nós.

Em seguida, seu olhar nos desafiou a não entendê-lo. Eu estava prestes a reafirmar minha origem polonesa quando o oficial francês me deteve, segurando meu braço.

"Acho que entendi", disse ele. "Quer dizer que devemos fingir que somos canadenses. Se um canadense for preso na Espanha, as autoridades britânicas podem obter sua extradição."

Virou-se para o fiscal e bateu no peito.

"Canadá!", afirmou triunfante.

"Canadá", repetiu o filho.

"Canadá", ecoei baixinho.

"Muito bem!", disse o fiscal, felicíssimo.

Fez um sinal para que o seguíssemos, foi até o vagão do carvão e abriu a porta. Seis jovens descabelados, cobertos de sujeira e poeira de carvão, olharam para nós cheios de curiosidade.

"Canadá", macaqueou o fiscal. "Todo mundo Canadá."

Passamos para a plataforma e ele foi embora, fechando a porta ao sair. Estávamos em suas mãos.

No vagão, os seis jovens observavam seus novos companheiros com desconfiança.

O oficial que estava comigo perguntou se eram franceses. Eles negaram coletivamente.

"Somos canadenses."

"De que lugar do Canadá vieram?", perguntei em inglês.

Eles olharam para mim desolados.

"Não falam inglês?", continuei.

"*Yes*", disse um deles, pouco animado.

"Se você fala inglês, então eu sou professor de hindustâni", respondi em francês.

O gelo tinha sido rompido. Caímos na gargalhada e trocamos confidências. Como meus companheiros, eles eram franceses que iam ao encontro de De Gaulle. Partilhamos nossas provisões, comemos, fizemos amizade, de pé, espremidos uns contra os outros na estreita plataforma. A viagem foi longa e poeirenta. Discutimos muitas vezes sobre a confiança que podíamos depositar no fiscal. Se ele quisesse, poderia nos entregar à polícia facilmente, como se estivéssemos de mãos e pés atados.

Por fim, este importante personagem fez sua entrada.

"Devem saltar na próxima parada", disse ele. "É a última estação antes de Barcelona."

Disse isso e desapareceu, sem trancar a porta, com um gesto de adeus. O trem diminuiu a marcha. Saltamos da plataforma e desaparecemos no mato. Sabíamos que nessas circunstâncias era melhor fugir sozinho. Quando eu percebia com o rabo do olho que algum deles se aproximava de mim, mudava rapidamente de direção. Depois de meio andar, meio correr, durante cerca de meia hora, diminuí o passo para pensar um pouco. Estava numa estradinha que serpenteava pelo meio das árvores, paralela à estrada principal. A noite estava caindo e via-se ao longe o halo luminoso de uma grande cidade, Barcelona, sem dúvida. Andei algumas horas para chegar lá e estava muito cansado e faminto quando alcancei os primeiros subúrbios. Alegremente, sem pensar, entrei num barzinho do bairro operário. Passei diante de dois homens sentados na primeira mesa e fui até o fundo. Quando me virei para trás, vi que eram dois policiais. Comecei a suar frio, pois eles estavam me olhando de um jeito suspeito.

Havia um jornal largado perto de mim. Fiz de conta que mergulhava na leitura, embora não entendesse uma palavra. O garçom chegou e ficou atrás de mim esperando por um pedido. Uma única palavra e todos notariam que eu não era espanhol, o que significava uma enxurrada de perguntas desastrosas por parte dos policiais. Fingi que estava distraído e não disse nada. Felizmente, o garçom murmurou alguma coisa num tom interrogativo. Fiz que sim com a cabeça. Ele acrescentou mais alguma coisa e fiz outro sinal afirmativo com a cabeça.

Ele retornou trazendo café e bolo. Mordi o bolo e engoli o café de um só gole, fingindo estar muito interessado nas notícias. Em seguida, olhei o relógio com o ar aborrecido de quem está atrasado. Levantei, paguei e saí. Quando a porta bateu atrás de mim, dei um profundo suspiro e jurei para mim mesmo: "Bares, nunca mais!".

Continuei caminhando mesmo depois de o dia nascer, esperando encontrar minha rua por acaso, sem vontade de pedir informações ao primeiro que encontrasse. Quando as pessoas começaram a sair de casa para trabalhar, resolvi tentar a sorte. Falei com um operário idoso, dizendo o nome da rua onde ficava o ponto de contato que tinham me dado em Perpignan. Ele perguntou que língua eu falava. Depois que respondi, explicou-me o caminho usando gestos e algumas palavras em francês. Durante toda a guerra, pude observar que as pessoas simples eram muito mais rápidas e hábeis que os "especialistas" para adivinhar a verdade. Quando o operário terminou as explicações, olhou para mim astuciosamente e murmurou com um sorriso cheio de significados:

"De Gaulle, não?"

"De Gaulle", respondi.

"Bem, boa sorte!"

"Obrigado, senhor."

Ele deu adeus e eu sorri e continuei meu caminho. Suas indicações eram exatas e foi bastante fácil encontrar o açougue para onde deveria me dirigir. As portas estavam fechadas e eu sabia que não abririam antes do meio-dia. Bati.

Ouvi uma voz suave, com sotaque francês, por trás da porta.

"Quem é?"

Dei a senha.

"Venho de Perpignan, por parte de Fernando. As pessoas de bem sempre se encontram."

A porta do açougue se abriu e um homenzinho de bochechas rosadas, parecido com um gnomo, apareceu diante de mim.

"Entre, por favor", murmurou suavemente.

Lá dentro, me ofereceu uma cadeira numa mesa de carvalho, brilhante e preciosamente lavrada. Eu estava exausto, faminto, relaxado e feliz. Estava em Barcelona, numa casa amiga. Ele trouxe uma garrafa de vinho e um prato espanhol quente e bem temperado, que devorei. Ele não parecia nem um pouco excitado, e pelo visto estava muito habituado a clientes da minha espécie. Não fez nenhuma pergunta sobre a viagem, mas falou da guerra e de política, lançando-se numa violenta diatribe contra os fascistas. Perguntei se muita gente no país partilhava aquelas opiniões. Ele respondeu que todo mundo pensava assim e que o único apoio que os fascistas tinham era da polícia e do exército.

À tarde, depois de dormir um pouco num banco no fundo da loja e de arrumar minha aparência, fui ao consulado de uma nação amiga.[6] Estava cheio de gente, na maioria jovens, que cochichavam entre si.

Aproximei-me de uma mesa onde uma jovem encantadora estava sentada.

"Gostaria de solicitar uma entrevista particular com o cônsul-geral."

Ela olhou para mim com atenção.

"Qual é o seu nome?"

Dei o nome indicado na mensagem de rádio que havia recebido e acrescentei:

"É extremamente urgente."

A jovem retornou dez minutos depois para informar que o cônsul-geral ia me receber. Conduziu-me até uma sala grande e bem decorada.

Atrás da escrivaninha havia um homem idoso, que me examinou cuidadosamente antes de perguntar:

"Fala espanhol?"

"Infelizmente, não."

"Inglês?"

"Sim."

"De onde veio e o que deseja?"

"Vim visitar tia Sofia."

"Qual é o seu nome?"

"Karski."

Ele continuou com as perguntas.

"Tem algum documento que comprove sua identidade?"

"Pensei que minhas palavras seriam suficientes para comprová-la."

"Perfeitamente, sr. Karski. Permita que lhe deseje as boas-vindas, quase em solo aliado. Gostaria de expressar toda a minha admiração por aquilo que não apenas o senhor, mas todos os camaradas da Polônia têm feito para contribuir para a nossa vitória."

Seguiu-se uma conversa franca e cordial. Discutimos as condições de vida na Europa ocupada, os métodos de dominação usados pelos alemães e os meios de resistência que os povos que eles tentavam dominar empregavam. Ele conduzia a conversa com muito tato e delicadeza, da maneira mais amigável possível, sem tocar em temas embaraçosos para mim e sem fazer perguntas que eu não estaria autorizado a responder.

Forneceu-me os certificados e documentos necessários e encarregou um secretário de providenciar roupas convenientes para mim.

Eu já estava saindo quando lembrei de perguntar se, em caso de prisão, teríamos condições de provar que minha estadia naquele país era legal. Ele respondeu com um sorriso sutil e encantador:

"Ora, meu jovem, muita coisa mudou nos últimos dois anos. Antes, alguém como você seria jogado numa prisão e entregue aos alemães. Hoje, o pior que pode lhe acontecer é ficar trancafiado por um ou dois dias até que possamos intervir. Imagine que, quanto mais nos aproximamos da vitória, mais podemos contar com a amizade deste governo..."

O secretário escolheu-me até uma faiscante limusine com as iniciais CD (corpo diplomático) gravadas na placa. Viajamos cerca de oito horas e só paramos em Madri, diante de uma magnífica mansão no bairro das embaixadas. Meu anfitrião era um homem de meia-idade, acolhedor e culto, cujas funções exatas na embaixada britânica não consegui identificar. Falava correntemente quase todas as línguas europeias. Sua esposa era muito bonita. Depois de três dias muito agradáveis, quando chegou a mensagem do meu governo confirmando estar informado de meus deslocamentos, ele veio dizer que partiria para Algeciras naquela mesma noite. Entregou-me os documentos de identidade e um certificado: desta vez, eu seria um espanhol que ia visitar a família, na companhia de dois outros espanhóis. E deu um aviso:

"Haverá um controle policial no trem. Faça de conta que está dormindo e entregue seus documentos como se estivesse meio grogue. É provável que não seja interrogado, mas, se for, com certeza será preso. Nesse caso, diga que é um soldado aliado que fugiu de um campo alemão. Se perguntarem de onde vieram seus documentos, dê o primeiro nome francês da primeira cidade francesa que lhe vier à cabeça. Não tente falar com seus guarda-costas. Eles tratarão de avisar-nos da sua prisão e nós cuidaremos de tudo."

"Parece bastante simples", disse eu.

"É brincadeira de criança perto da Polônia", respondeu ele.

À noite, fiz os últimos preparativos e fui apresentado a um dos meus guarda-costas. Ele partiu na frente e ficou esperando perto da casa. Quando saí, começou a andar, e fui atrás dele até a parada do bonde. Embarcamos, mas fiquei longe dele. A técnica dos conspiradores é a mesma no mundo inteiro. No trem, meu guia embarcou num vagão de terceira classe e tratei de segui-lo. Na mesma hora, fingi ter caído no sono, abrindo um olho de vez em quando para olhar ao redor e tentar adivinhar quem era o segundo guarda-costas. O fato de a identidade de um deles ser mantida em segredo estava em perfeita conformidade com as regras.

Passamos pelo controle sem problemas. Quase todos os passageiros entregaram seus papéis meio dormindo e não perguntaram nada a ninguém. Algeciras, embora seja uma cidade pequena, é um típico porto mediterrâneo. Segui meu guia até uma casa modesta do subúrbio. Lá, fui apresentado a um homenzinho idoso e cheio de dignidade que havia entrado no bonde junto comigo e com meu guia. Comentei que não seria necessário revelar sua identidade.

"Sinto muito", disse ele em excelente inglês. "Não tenho do que me orgulhar, devo ter chamado sua atenção. Como me reconheceu?"

"Não foi culpa sua", respondi. "Além do senhor, só havia duas outras pessoas no bonde. Meu guia e eu. Naturalmente, o terceiro passageiro era meu outro guarda-costas."

"Bem, não foi realmente culpa minha", replicou ele. "Não deviam ter revelado que seria escoltado por duas pessoas."

Ele estabeleceu meu plano de viagem. Ao cair da noite, faríamos um inocente passeio até a costa pelas ruas de Algeciras, tão pacífica quanto famosa por suas intrigas internacionais. Chegando ao mar, pegaríamos um modesto barco de pesca que nos levaria até uma lancha inglesa distante da costa.

Tarde da noite, uma noite de breu, cortada por rajadas de chuva, pegamos a direção do mar. O barco de pesca estava lá e o encontro em alto-mar aconteceu sem incidentes. A lancha inglesa enviou sinais com um possante projetor, minha mala foi embarcada, subi a bordo e fui apresentado ao sargento Arnold. Ficamos com os olhos fixos no mar sombrio e calmo até chegar a Gibraltar.

O rochedo de Gibraltar perfilava-se vagamente, de maneira impressionante, na semiescuridão. Nossos projetores trespassaram o breu várias vezes, sinalizando para as patrulhas inglesas. Havia algo de assustador no estado de alerta e naquela demonstração de potência. O sargento Arnold adivinhou meus sentimentos.

"Pena que não estava aqui quando invadimos o norte da África. Quase não se via o mar, de tantos barcos."[7]

Que espetáculo!

Ele falou das maravilhas de Gibraltar e contou várias histórias de marinheiro até o momento de atracar. Em terra, um jipe esperava por nós. O sargento Arnold assumiu o volante e seguimos até um edifício de dois andares que servia de alojamento de oficiais. Depois de atravessar um longo corredor mergulhado na escuridão, chegamos a uma sala de fumantes decorada no mais puro estilo de um "clube inglês". E, a julgar pela profundidade das poltronas, pela espessura dos tapetes e pelas prateleiras cheias de livros, podíamos estar no coração de Londres.

Um agradável burburinho de conversa vinha do cômodo ao lado, onde entramos a seguir. Um homem se afastou de um grupo de oficiais ingleses e aproximou-se de mim:

"Boa noite", disse. "Sou o coronel Burgess, estamos todos muito felizes em saber que chegou bem. Amanhã, o governador irá recebê-lo, e à noite estará a caminho de Londres num bombardeiro."

Apresentou-me aos outros homens e perguntou o que desejava beber.

"Uísque puro", respondi. O coronel Burgess bateu na perna com entusiasmo.

"Finalmente", gritou ele, "alguém que sabe beber uísque! Sabia, sr. Karski, que a maioria dos oficiais profanam o uísque misturando-o com soda? Onde aprendeu a beber uísque puro?"

"Passei um ano na Inglaterra. Antes da guerra, é claro."

Um dos oficiais, de origem escocesa, perguntou então se havia conhecido Edimburgo, e eu fiz que sim.

"É mesmo? Já tinha visto uma cidade tão bonita e agradável?"

"Na Grã-Bretanha, não", respondi com diplomacia.

"Onde então? Diga o nome."

"Na Polônia. A cidade se chama Lviv. Foi onde fiz meus estudos."

"Ora, vejam só! Bebe uísque como um escocês, mas prefere Lviv a Edimburgo!"

Poucas vezes gozei de uma companhia tão simpática. Conversamos longamente e bebemos um bom número de copos. Quando chegou a hora de dormir, eu estava de ótimo humor.

Acordei de manhã com uma sensação de luxo. Era agradável não sentir os pés transformados em blocos de gelo no minuto em que saíam das cobertas. Também era muito bom poder esperar um café da manhã melhor do que um pedaço de pão preto velho e uma xícara de um sucedâneo de café, ainda por cima frio. O que me serviram naquela manhã valia toda a viagem!

Tarde da noite, partimos para a Inglaterra a bordo de um *Liberator*, um bombardeiro pesado americano.

No dia seguinte, depois de um agradável voo de oito horas, nós pousamos na Inglaterra. Levei muito tempo para me entender com a complexidade dos serviços britânicos de contraespionagem. Só fui me reunir com as autoridades polonesas dois dias depois.[8] Minha primeira missão era apresentar-me diante de Stanisław Mikołajczyk, então vice-primeiro-ministro e ministro do Interior do governo Sikorski. Seu ministério tinha jurisdição sobre as atividades da Resistência e sua principal tarefa era manter contato com as organizações clandestinas da Polônia e garantir não só ajuda financeira a elas, mas, se necessário, também orientações.

    Levei muito tempo apresentando o relatório sobre todas as seções da Resistência na Polônia e sobre a situação geral sob a ocupação alemã. A impressão de que estava em terra estrangeira, livre, desapareceu assim que comecei minha exposição. Todo o meu espírito e meus sentimentos foram levados de volta à Polônia, e foi assim até o fim de meus trabalhos subsequentes. Durante todo o tempo em que minha atividade consistiu apenas em comunicar o que sabia dos acontecimentos internos da Polônia, revivi os dias passados como se ainda estivesse mergulhado na dolorosa atmosfera da Resistência, assombrada pelo espectro da Gestapo.

33
Meu testemunho para o mundo

Terminado o relatório preliminar, fui recebido pelo general Sikorski, então primeiro-ministro.¹ A admiração que sentia por ele, assim como todo o nosso povo na Polônia, era imensa e não parava de crescer. Era um desses homens tão raros que não esmagam uma nação sob sua personalidade. Sikorski não tentava impor sua vontade à Polônia, embora sua condição de chefe do governo e de comandante em chefe de todas as forças armadas — inclusive as forças da Resistência — lhe conferisse toda a autoridade para exercer um poder ilimitado.

Tive uma longa conversa com ele a respeito dos planos dos chefes da Resistência em relação à futura organização da Polônia. Declarei que todos tinham em comum a mesma vontade de fazer do nosso país uma verdadeira e indestrutível democracia — uma democracia capaz de garantir justiça e liberdade para todos os seus habitantes. Falei a Sikorski sobre as esperanças que o povo havia depositado em sua pessoa, vendo nele o chefe natural da Polônia libertada; que os poloneses estavam dispostos a todos os sacrifícios para alcançar o objetivo supremo que era a libertação da Polônia.

Sua resposta foi a seguinte: "Os poloneses não devem esquecer que o general Sikorski já tem 62 anos e é um homem muito cansado. Sua única ambição é poder contribuir para a ressurreição de uma Polônia soberana e independente".

Era evidente que Sikorski não pretendia se impor como ditador da Polônia. Seu único desejo era servir a nação do melhor modo possível.

Na época, eu planejava retornar à Polônia muito rapidamente. Portanto, perguntei ao general Sikorski qual era o seu programa político para o tempo de guerra.

"Antes de mais nada", respondeu ele, "quero contribuir para manter a unidade entre as Nações Unidas. Só a unidade será capaz de livrar o mundo do jugo maldito de Hitler; só ela pode garantir uma paz durável. É indispensável assimilar muito bem que, depois dessa guerra, não haverá mais lugar para nenhum tipo de imperialismo, de isolacionismo ou nacionalismo, mas sim uma colaboração ativa baseada na segurança coletiva de todas as nações."

Perguntei se, em sua opinião, havia alguma chance de colocar em prática um programa desse tipo.

"Por que não? Observe os resultados obtidos pelos anglo-americanos. Não podemos tomar emprestadas as instituições que tornaram seus países poderosos e garantiram democracia e liberdade para centenas de milhões de pessoas? Conto com a América e a Inglaterra."

Naquela época, ele estava cheio de otimismo em relação ao futuro. Era o final do ano de 1943 e ele acabava de voltar de uma viagem aos Estados Unidos, onde aparentemente seus encontros com o presidente Roosevelt tinham sido importantes e ao mesmo tempo reconfortantes. E, ao voltar à Inglaterra, ele também tinha sido recebido por Winston Churchill.

Perguntei então o que achava das futuras relações russo-polonesas.[2] Ele parou para pensar por alguns instantes, levantou-se e, caminhando de um lado para outro na sala, respondeu pesando bem as palavras:

"Atualmente, não há ninguém que possa prever como a situação vai evoluir. Minha política pessoal sempre foi baseada na necessidade de colaboração e união entre todas as nações. Como primeiro-ministro e como polonês, farei tudo o que estiver a meu alcance para facilitar tal colaboração. A Polônia deseja cooperar com a Rússia soviética durante e após a guerra. Não porque a Rússia é poderosa, mas porque a colaboração será proveitosa para a Europa em seu conjunto. Falo evidentemente de uma Polônia livre e soberana, governada por seus próprios representantes e regida por suas próprias leis, tradições e cultura."

Quando me despedi de Sikorski, ele declarou:

"Você, meu jovem, trabalhou duro ao longo desta guerra. Por tudo que fez, receberá a medalha da Ordem Virtuti Militari.[3] A cerimônia acontecerá depois de amanhã. Mas, por tê-lo encontrado em dias de provação, porque seu olhar me agrada e porque gosto de você pessoalmente, gostaria que recebesse esta cigarreira. Não é o primeiro-ministro nem o comandante em chefe que está lhe dando este presente, mas um velho homem que também teve a sua cota de provações, que passou por muitas desilusões e horas sombrias em sua vida, que está muito cansado e aprecia o valor da amizade e do devotamento. Este presente vem da parte de um homem que ama a juventude, esta juventude que há de reconstruir uma Polônia nova e um mundo novo."

Foi até a escrivaninha e tirou da gaveta uma cigarreira de prata com sua assinatura gravada, que me estendeu com um sorriso caloroso. Eu me sentia cheio de orgulho e ao mesmo tempo intimidado. Ele apertou minha mão e acrescentou sorrindo:

"Pode ir agora e trate de descansar um pouco. Não se deixe sobrecarregar por todos esses relatórios e conferências. Não permita que os Aliados consigam o que a Gestapo não conseguiu. Está com um rosto visivelmente cansado e parece muito magro. Não gosto nada disso. Disseram-me também que perdeu vários dentes e isso não convém a um homem tão jovem e a um oficial brilhante. Precisa dar um jeito nisso. Não somos pobres a ponto de não poder substituir os dentes que o inimigo arrancou de nossos combatentes clandestinos." Já estava saindo quando ele lembrou: "Ah, deixe-me ver também suas mãos".

Examinou as cicatrizes feitas com lâminas de barbear na prisão da Gestapo.

"Ainda estão muito machucadas", comentou. "Pelo que vejo, a Gestapo também lhe deu suas condecorações. Terá muita coisa para lembrar."

"General, minhas mãos não me incomodam mais", respondi, "mas nunca esquecerei isso, posso prometer, e os filhos dos meus filhos também não esquecerão."

Mas minha resposta não foi totalmente do seu agrado.

"Estou vendo", observou ele com uma certa tristeza, "que faz parte daqueles que não perdoam."

Três dias depois de fazer meu relatório ao general Sikorski, tive a honra de ser condecorado com a cruz da Ordem Virtuti Militari, a mais alta distinção militar polonesa. A cerimônia teve lugar no prédio do gabinete polonês, no número 18 de Kensington Palace Gardens. Vários membros do governo estavam presentes. Fui condecorado pelo comandante em chefe em pessoa.

Sikorski aproximou-se de mim e ordenou com voz de comando oficial:

"Três passos atrás e sentido!"

Eu estava tão emocionado que mal ouvi suas palavras. Lembro apenas de fragmentos de frases: "Por seu mérito... por seus serviços leais... por seu devotamento ao país... por sua coragem e espírito de sacrifício... por sua fé na vitória...".[4]

Também apresentei um longo relatório ao presidente da República no exílio, Władysław Raczkiewicz. Este homem estava à frente de um Estado do qual estava separado por centenas de quilômetros e cujas instituições funcionavam secretamente. Em seguida, apresentei-o também a vários membros do governo e líderes dos partidos políticos poloneses. Foi um trabalho extenuante e incômodo.

Tive uma entrevista com o ministro da Fazenda.

"Fico muito contente em vê-lo", disse ele. "Imagino que tenha vindo falar da situação política na Polônia."

"Sinto muito, senhor ministro", respondi, "mas o assunto que me traz aqui é outro. Dirijo-me ao senhor como chefe do Tesouro Nacional e gostaria de negociar um empréstimo. A Gestapo arrancou meus dentes, que eram muito bons, e preciso terrivelmente providenciar outros."

Rimos de bom grado.

Algumas semanas mais tarde, dei início à segunda parte da minha missão, que consistia em relatar aos líderes das Nações Unidas o que acontecia na Polônia e informá-los sobre as atividades da Resistência polonesa. Falaria dos nossos trabalhos, do que eles podiam esperar de nós e do que esperávamos deles, de nossos esforços mútuos pela causa comum.

Minha entrevista com Anthony Eden causou-me forte impressão. Sem saber, ele tinha exercido profunda influência sobre mim quando ainda era estudante. Em Genebra, no tempo em que realizava minha pesquisa na biblioteca da Liga das Nações, Eden era um ídolo para mim e para meus amigos. Seus discursos, sua carreira, seu comportamento representavam na época o suprassumo da perfeição de um homem de Estado moderno. Costumávamos observá-lo cuidadosamente e imitá-lo. Lembro que nós, um grupo de amigos da Escola de Ciências Políticas, usávamos de todas as artimanhas possíveis a fim de poder admirar seu jogo elegante numa partida de tênis, após um discurso na Liga das Nações. Tive vontade de contar tudo isso, mas desisti.

Depois de ouvir o que eu tinha a dizer, Eden me disse:

"Vamos até a janela, queria vê-lo melhor."

E, antes que eu saísse de seu espaçoso gabinete no Ministério das Relações Exteriores, ele fez o seguinte comentário:

"Tudo que podia acontecer a um homem no curso dessa guerra aconteceu com o senhor, exceto uma coisa: os alemães não conseguiram matá-lo. Desejo-lhe boa sorte, sr. Karski, e encontrá-lo foi uma honra para mim."[5]

"Sou igual a milhares de outros", respondi.

Continuei minha ronda de visitas aos oficiais britânicos. Não era um trabalho inteiramente novo para mim: a bem dizer, parecia muito com o que fazia na Polônia, isto é, correr de um contato a outro. Mas aqui, naturalmente, tínhamos limusines e alimentação de qualidade, enquanto lá era o terror e a fome.

Cada líder inglês se interessava por um aspecto diferente de meus relatórios. Nem tentei entender o porquê, mas o problema parecia se colocar de maneira diferente para cada um deles. Assim, encontrei o sr. Arthur Greenwood, líder trabalhista, lorde Selbourne, lorde Cranborne e o ministro do Comércio, Hugh Dalton, a impetuosa srta. Ellen Wilkinson, membro do Parlamento, Owen O'Malley, embaixador britânico junto ao governo polonês, além do embaixador americano Anthony Drexel Biddle e do subsecretário de Relações Exteriores Richard Law: cada um deles perguntou sobre uma coisa diferente.

Apresentei-me também diante da Comissão dos Crimes de Guerra das Nações Unidas: composta por representantes da ONU, a comissão era presidida por sir Cecil Hurst, conselheiro jurídico do governo britânico. Narrei os fatos que havia testemunhado no gueto de Varsóvia e no campo da morte de Bełżec. Meu testemunho foi gravado e disseram-me que seria usado como prova no indiciamento das Nações Unidas contra a Alemanha.[6]

Também fui entrevistado pela imprensa britânica e dos demais países aliados, por membros do Parlamento, grupos de intelectuais e homens de letras, além de membros de diversas Igrejas. Tive o privilégio, nesse período memorável, de encontrar a elite política, cultural e religiosa da Grã-Bretanha.

A contribuição do nosso país para o esforço de guerra parecia bem diferente julgada de Londres ou lá mesmo na Polônia, numa reunião clandestina de conspiradores. Em Londres, nosso esforço representava algumas centenas de milhares de soldados poloneses, um punhado de navios e alguns milhares de aviadores poloneses, cujo heroísmo na Batalha da Inglaterra era reconhecido, mas que se perdiam na massa esmagadora da potência aérea aliada. Nosso esforço, para Londres, resumia-se à breve campanha de setembro e a alguns ecos de uma resistência obstinada ao ocupante.

Do ponto de vista britânico, tudo isso não tinha um peso muito grande. Londres representava o eixo de uma imensa engrenagem, cujos dentes eram bilhões de dólares, frotas de bombardeiros, navios de guerra e fantásticos exércitos que tinham sofrido cruelmente. Além disso, as pessoas perguntavam também se os sacrifícios da Polônia podiam se comparar ao imenso heroísmo e aos imensos sofrimentos do povo russo. Qual era a parte da Polônia nessa empresa gigantesca? E quem eram os poloneses?

Em Varsóvia, a perspectiva era diferente. Lá, a participação da Polônia significava que tínhamos respondido à altura ao desafio da mais formidável e cruel máquina de guerra que já havia aparecido, e isso ao mesmo tempo que toda a Europa permanecia passiva ou transigente. Ela significava a primeira resistência ao invasor nazista — uma resistência baseada não na defesa de Danzig ou de um corredor qualquer, mas nos princípios éticos sem os quais as nações não podem coexistir. Para nós, em Varsóvia, essa resistência significava lutar, arriscar diariamente as vidas de milhares de homens que faziam parte do movimento clandestino; significava que, até à morte e apesar do sacrifício de 5 milhões de vidas humanas, havíamos mantido intacta a fé na justiça de nossa causa.

Percebi rapidamente que o mundo exterior não podia compreender os dois grandes princípios da Resistência polonesa. Não podia entender nem dar o justo valor ao sacrifício e ao heroísmo de uma nação que se recusava integralmente a colaborar com a Alemanha. Não podia sequer imaginar quanta firmeza fora necessária para garantir que não houvesse um único Quisling entre nós. A própria noção de um "Estado clandestino" era para eles muitas vezes ininteligível, pois em outros lugares havia colaboradores, Quislings e compromissos. O fato de que um aparelho de Estado, com parlamento, governo, aparelho judiciário, exército, pudesse funcionar normalmente na clandestinidade parecia a seus olhos pura fantasia. Às vezes, até mesmo os poloneses emigrados tinham dificuldade para entender a situação de seu país naquela guerra. Na época, fiz várias tentativas de explicar a situação a oficiais ou soldados poloneses, mas a maioria revelava uma espécie de curioso sentimento de inferioridade: "O exército polonês permanece inativo", lamentavam-se. "Quando é que vamos fazer alguma coisa além de treinar?"

Eu tentava fazê-los entender que o exército polonês como um todo, eles em Londres e nós na Polônia, sofrera perdas bem mais pesadas do que nossos aliados ocidentais. Mas todos eles queriam entrar em combate o mais rápido possível, como nós, que combatíamos na Polônia.

Um belo dia, no começo de maio de 1943, recebi uma convocação do general Sikorski. Fui a seu gabinete e ele me deu as seguintes ordens:

"Muito em breve, partirá para os Estados Unidos", disse à queima-roupa. "Com a mesma missão que tem aqui. Não vou lhe dar novas instruções. Nosso embaixador, Jan Ciechanowski, irá colocá-lo em contato com personalidades ilustres da América. Você deve contar tudo o que viu, tudo o que aconteceu na Polônia, fazer um relatório daquilo que a Resistência polonesa pediu que contasse às Nações Unidas. Mas lembre-se bem de uma coisa: não deve em hipótese alguma levar em conta a pessoa com quem estiver falando na hora de fazer o relatório. Diga a verdade, nada além da verdade. Responda a todas as perguntas que forem feitas, contanto que as respostas não coloquem seus camaradas da Resistência em perigo. Entendeu bem o que espero de você? Percebe como confio em sua imparcialidade?"[7]

"Muito obrigado, general", respondi, "pela confiança depositada em mim e por sua bondade para com a minha pessoa."

Estava longe de pensar, quando o deixei, que nunca mais o veria. A notícia de seu trágico fim chegou algumas semanas mais tarde. Foi uma dolorosa surpresa para o mundo inteiro. O general Sikorski morreu como um soldado, em seu posto, a bordo de um avião que caiu perto de Gibraltar.[8] Nós, poloneses, não tivemos sorte nessa guerra.

Algumas semanas depois, cheguei ao porto de Nova York, dominado pela Estátua da Liberdade. Para mim, aquele não era apenas o país de Washington e Lincoln, mas também o de Kościuszko e Pulaski.[9]

Como na Inglaterra, recomecei quase que imediatamente minha série de conferências, entrevistas, discursos, apresentações e reuniões. E os homens mais destacados da sociedade local fizeram as mesmas perguntas que já tinha ouvido antes:

"O que podemos fazer por vocês? O que esperam de nós? Diga como podemos ajudar."

Eis a minha resposta:

"Sua ajuda material é de grande importância para nós, mas infinitamente mais importante é que transplantem para a Europa os seus ideais, seu modo de vida, sua probidade na vida pública, a democracia americana e sua honestidade na política externa. Nós, europeus, consideramos os Estados Unidos a maior potência mundial, de modo que devem aplicar seus princípios ao mundo, esses princípios que estão expressos na Carta do Atlântico. Agindo assim, poderão salvar a Europa e o mundo todo. É isso que esperamos."

Mais uma vez, tive de saciar a curiosidade de várias personalidades: políticos, eclesiásticos, homens de negócios, artistas, todos queriam informações sobre o meu país. O Departamento de Estado foi representado pelo secretário Henry Stimson e seus subordinados, muitos dos quais trabalhavam no anonimato estabelecendo relações com os grupos de resistência dos países ocupados. Assim, passei informações ao Departamento de Estado através do secretário-adjunto Adolf Berle e outros chefes de serviço. No Ministério da Justiça, através do procurador-geral Francis Biddle, o juiz Felix Frankfurter interrogou-me em nome da Suprema Corte.[10] Transmiti minhas informações aos meios católicos em encontros com os arcebispos Spellman, Mooney e Stritch, e aos meios judaicos por intermédio do rabino Wise, de Morris Waldman e Nahum Goldman, entre muitos outros.[11]

Percebi então até que ponto o mundo inteiro estava unificado. Parecia que a rede da qual eu fazia parte estendia-se por todo o globo, formando um organismo do qual nenhum membro, por mais poderoso que fosse, poderia se destacar.

Por fim, cheguei ao mais importante de todos os encontros. Em 28 de julho de 1943, o embaixador Jan Ciechanowski anunciou que o presidente dos Estados Unidos desejava ouvir-me pessoalmente naquele mesmo dia, a respeito do que estava acontecendo na Polônia e na Europa ocupada.[12]

Perguntei o que deveria dizer ao presidente. Ele respondeu sorrindo: "Seja breve e preciso. O presidente Roosevelt é provavelmente o homem mais ocupado do mundo."

A Casa Branca parecia uma grande casa de campo, nova e bem construída, cercada de árvores e de silêncio. Pensei como seria um edifício daquele tipo em meu país. Haveria estátuas, muros cobertos de hera, torres, campanários e a pátina do tempo recobrindo tudo. Aquela residência diante de mim representava quase que exatamente a casa-grande de uma enorme propriedade rural. Meu coração bateu mais rápido no peito quando entrei na Casa Branca com nosso embaixador, que faria as apresentações. Eu estava no coração da cidadela do poder. Ia encontrar o homem mais poderoso do mundo, representante da nação mais poderosa do planeta.

O presidente Roosevelt parecia dispor de tempo e ser impermeável ao cansaço. Estava extraordinariamente bem informado sobre a questão polonesa e desejoso de novas informações. As perguntas que fazia eram minuciosas, detalhadas e iam direto aos pontos essenciais. Perguntou sobre nossos métodos de educação e sobre o que fazíamos para proteger as crianças. Quis conhecer os detalhes da organização da Resistência e a importância das perdas sofridas pela nação polonesa. Pediu que explicasse o que a Polônia tinha feito para ser o único país sem Quislings. Interrogou-me sobre a veracidade dos relatos sobre os métodos empregados pelos nazistas contra os judeus. Por fim, mostrou-se muito interessado nas técnicas diversionistas, de sabotagem e de ação dos resistentes.

Sobre cada tema abordado ele pedia uma documentação precisa e consistente a fim de recriar a atmosfera, o clima do trabalho na clandestinidade, e conhecer a fundo a mentalidade dos homens que travavam aquele combate. Fiquei muito impressionado com ele, com sua visão ampla das coisas. Assim como Sikorski, ele via mais longe do que seu próprio país, sua visão abraçava a humanidade inteira. Quando deixei o presidente, ele estava tão animado, descansado e sorridente quanto estava no começo da entrevista. Quanto a mim, sentia-me profundamente esgotado.

No entanto, não era uma exaustão comum de natureza física, mas antes o cansaço satisfeito que sente o trabalhador ao dar a última martelada e o artista ao assinar sua obra. Alguma coisa havia se concluído e não restava nada além daquele cansaço e da satisfação de ter feito o meu trabalho.

O embaixador ofereceu-se para me levar de volta de carro, mas preferi dar um passeio. Fui em direção à praça La Fayette, na frente da Casa Branca, do outro lado da Pennsylvania Avenue. Sabia muito bem por que estava indo para lá. Numa de suas esquinas, ergue-se a estátua de Kościuszko com a seguinte inscrição: "E a liberdade chorou quando Kościuszko tombou".

Sentei-me num banco e fiquei olhando os passantes. Eram bem-vestidos, bem-alimentados, davam a impressão de gozar de boa saúde e estar satisfeitos com a própria sorte. Parecia que mal tinham sido tocados pela guerra. Fragmentos de imagens começaram a desfilar rapidamente diante dos meus olhos: o salão encantador do ministro português em Varsóvia e, depois, sem transição alguma, brutais, o calor e a poeira, a fumaça da batalha e a amargura da derrota; a marcha caótica e interminável para o leste, à procura de destacamentos inexistentes. Em seguida, o assovio do vento e as estepes geladas da Rússia. O arame farpado do campo de prisioneiros. O trem. O campo de concentração alemão em Radom e meu primeiro contato com uma brutalidade até então desconhecida, a sujeira, a fome e a humilhação. Depois, a Resistência, o segredo e o mistério, e aquele tremor nervoso quase constante. As montanhas eslovacas e minha corrida de esqui.

Paris, a Cidade Luz, ocupada... Angers povoada de espiões alemães... O retorno pelos Cárpatos ao país das tumbas, das lágrimas e da tristeza... A Gestapo e meu despertar agitado... Depois, os golpes, as costelas e o maxilar doendo de maneira atroz, o sangue jorrando e cobrindo meus olhos, minhas orelhas, enchendo o mundo.

Em seguida, as palavras:

"Tínhamos duas ordens. Primeiro, fazer tudo o que estivesse a nosso alcance para salvá-lo e deixá-lo num porto seguro. Segundo, liquidá-lo se a operação não desse certo..."

Por fim, o trabalho duro na Resistência, monótono, exaustivo e perigoso; o gueto e o campo da morte; a lembrança das náuseas, o sussurro dos judeus ecoando em meus ouvidos; depois a Unter den Linden — Berta, Rudolf, pessoas que um dia amei e que agora odiava. Os Pireneus de noite e os Pireneus de dia; o mundo diplomático e as conferências. Minha condecoração. Foi nesse momento que eu o vi, como vejo agora enquanto escrevo estas linhas, aquele velho senhor cansado que me lançava um olhar paternal e dizia: "Não vou lhe dar nenhuma instrução, nem fazer nenhuma recomendação. Não estará representando o governo polonês ou a sua política. A ajuda que lhe damos é puramente técnica. Seu dever limita-se a relatar o que viu, o que viveu, a repetir objetivamente o que lhe ordenaram que relatasse quando saiu da Polônia. Isso é tudo".

Pós-escrito[1]

Não pretendo ter feito neste livro um estudo aprofundado da Resistência polonesa, de sua organização e de sua atividade. Justamente em virtude de nossos métodos, considero que ninguém atualmente poderia fazer uma exposição completa do assunto. Isto só será possível muitos anos depois da guerra, com a ajuda de informações que será preciso reunir e confrontar. Este livro pretende narrar apenas uma história pessoal, a minha história. Tentei lembrar de tudo o que aconteceu comigo e relatar os fatos e gestos daqueles com quem estava em contato na época.[2]

O Estado clandestino polonês, ao qual eu pertencia, estava submetido à autoridade do governo polonês em Londres. Não ignoro que, fora de sua organização, havia outros elementos que se engajavam em atividades diversas, sob a influência ou seguindo diretivas de Moscou. Mas, neste livro, quis falar apenas e tão somente de minhas experiências pessoais, e é por isso que considero sem cabimento incluir suas atividades neste relato.[3]

Sou o primeiro membro ativo da Resistência polonesa a ter a sorte de poder publicar tudo o que sabe sobre a sua história. Espero que isto encoraje outros a relatar suas próprias experiências e que, através desses relatos, os povos livres do mundo todo possam ter uma ideia justa do modo como o povo polonês reagiu durante os anos do controle nazista.[4]

J. K.

Notas

Introdução [pp. 7-27]

1. Cf. cap. "A imprensa clandestina", nota 1.
2. *Gazeta wyborcza*, 16 de maio de 2000.
3. Cf. cap. "A derrota", notas 1 e 6.
4. "Krzystof Maslon entrevista Jan Karski", *Kurier czytelniczy*, n. 60, dez. de 1999.
5. Poznań: Rebis, 2009.
6. Cf. cap. "A derrota", nota 1.
7. Isto é, do coronel Kozielewski, cf. cap. "A derrota", nota 6.
8. Em Stanisław M. Jankowski, *Karski, Raporty tajnego emisariusza* [Karski: Relatórios de um emissário clandestino]. Poznań: Rebis, 2009.
9. Cf. cap. "Transformação".
10. Apud Stanisław M. Jankowski, op. cit.
11. Cf. cap. "A escola clandestina", nota 2.
12. Cf. cap. "Rumo a Londres".
13. Cf. cap. "Meu testemunho para o mundo", nota 5.
14. Cf. cap. "Uma sessão do parlamento clandestino", nota 3.
15. Cf. caderno de fotos.
16. Em Stanisław M. Jankowski, *Karski, Raporty*, op. cit.
17. Cf. caderno de fotos.
18. Coleções Kultura.
19. Relatório sobre o livro, op. cit.
20. Cf. Stanisław M. Jankowski, *Karski, Raporty*, op. cit.
21. Nowak-Jezioranski, *Courrier de Varsovie* [Emissário de Varsóvia]. Paris: Gallimard, 1978, p. 251.
22. Cf. cap. "Minha salvação", nota 5.

1. A derrota [pp. 29-41]

1. Jan Kozielewski (que assumirá o nome Jan Karski em 1942), nascido em Łódź, em 24 de junho de 1914, perdeu o pai aos seis anos de idade, em 1920. Foi criado pela mãe, Walentyna (falecida em 1935), e pelo irmão mais velho, Marian, que financiou seus estudos e cuidou de seu plano de carreira (cf. nota 5 adiante). Escrito no verão de 1944, em plena guerra, o esboço biográfico deste início de capítulo mistura habilmente verdade e ficção para melhor camuflar a identidade do "emissário Karski" e proteger sua família, na Polônia. Assim, são verdadeiros os estudos brilhantes na Universidade Jana Kazimierza de Lviv (1931-35) com duplo curso: direito e diplomacia; verdadeiro o ano do serviço militar obrigatório na Escola de Aspirantes da Artilharia Montada em Włodzimierz de Volhynie (hoje na Ucrânia), de onde saiu major; verdadeiros também os estudos e estágios no exterior, não de três anos, mas de 19 meses (1936-38): oito meses em Genebra junto ao BIT, onze meses no consulado polonês de Londres. Chamado a Varsóvia em fevereiro de 1938 para seguir a formação elitista dos futuros diplomatas, foi o primeiro entre vinte candidatos e começou em 1º de fevereiro de 1939 uma carreira garantida no Ministério das Relações Exteriores, como funcionário de primeira categoria. Inicialmente oficial de chancelaria na seção de política de imigração, foi promovido no verão de 1939 a secretário designado para o departamento de pessoal do temível Tomir Drymmer. Fonte: fac-símile da nota inédita escrita por Jan Karski, *"Dane osobiste sprawodawcy"* [Dados pessoais do relator], anexada em março de 1940, em Angers, a seu relatório, publicado por Stanisław M. Jankowski, em *Karski, Raporty tajnego emisariusza*, Poznań: Rebis, 2009, pp. 48-49.

2. A demografia comparada — aplicada aos fluxos migratórios — da mão de obra no período entreguerras esteve no centro dos interesses e foi o tema de doutorado — ou diploma de estudos — e de estágio no BIT, em Genebra, do estudante Jan Kozielewski, conforme prova a dissertação escrita em francês e intitulada "Les problèmes démographiques et migratoires en Pologne, comparativement avec le Japon, l'Italie, l'Allemagne et la France, l'Angleterre" [Os problemas demográficos e migratórios na Polônia em comparação com o Japão, a Itália, a Alemanha e a França, a Inglaterra], de 147 páginas. Ela foi encontrada recentemente nos "Arquivos de atos novos" de Varsóvia (cota MSZ9878), que pertencem aos fundos do Ministério de Relações Exteriores polonês, e comunicada em cópia pelo professor Jerzy Tomaszewski, em junho de 2009, à Sociedade Histórica e Literária Polonesa — Biblioteca Polonesa de Paris.

3. Antes de 1918, Oświęcim estava situada no extremo sudoeste da "Galícia ocidental", no império dos Habsburgo, que a compraram em 1795, por ocasião da terceira partilha da Polônia, junto com o palatinado da Cracóvia, ao qual o medieval "ducado de Oświęcim" havia sido incorporado em 1454. Situada na fronteira da Alta Silésia conquistada da Áustria por Frederico II, Oświęcim era, desde o século XVII, uma cidade-

-guarnição, e, depois da metade do século XIX, um nó ferroviário que atraiu as novas indústrias. Na Polônia restaurada, Oświęcim voltou a ser uma cidade polonesa judaica (em 1939, mais da 50% de sua população, ou seja, cerca de 7 mil pessoas, era judia) da província histórica da "Pequena Polônia" (*Małopolska*), conhecida pela fábrica de bebidas Jakób Haberfeld (fabricantes da Pesachówka, ou vodca do Pessach) e pela fábrica de adubos Agrochemia, da família Schönker. Em agosto de 1939, as antigas casernas austríacas foram ocupadas pela "V^e DAK" (5ª divisão de artilharia montada), à qual pertencia Jan Karski. Oświęcim ficaria conhecida em seguida por seu nome germanizado: Auschwitz.
4. Graças a suas funções no Ministério das Relações Exteriores polonês, foi nas melhores fontes e não em simples "rumores" que o autor colheu suas informações sobre as pressões exercidas — mais particularmente pelo embaixador da França Léon Noël — sobre Varsóvia para que a ordem secreta de mobilização de 23 de agosto de 1939 fosse adiada. A ordem dizia respeito à aviação, à defesa antiaérea e ordenava a entrada em alerta de combate, em seis circunscrições, de dezoito divisões, sete brigadas de cavalaria e duas divisões e meia de reserva. A assinatura, em 25 de agosto, do tratado de assistência mútua, através do qual Londres reforçava sua garantia à Polônia, abortou — como sabemos hoje — as manobras do ministro Georges Bonnet para "anular" o tratado de 1921, que ligava a França à Polônia. No entanto, Paris e Londres ainda tentaram "salvar a paz a qualquer custo", apresentando soluções sucessivas, a serem negociadas diretamente entre Berlim e Varsóvia, sobre Danzig e seu "corredor". Na tarde de 29 de agosto, assim que foi informado de que a Polônia se via obrigada a ordenar a mobilização geral, o embaixador Léon Noël, de comum acordo com seu colega britânico, pediu que a decisão fosse adiada "por tempo suficiente para não entrar no jogo da política hitlerista" e que a palavra "mobilização" fosse evitada: ele se esforçou para obter ganho de causa junto ao ministro das Relações Exteriores, Józef Beck. E, assim, a Polônia perdeu 24 horas. Em 30 de agosto, o presidente Moscicki convocou oficialmente a mobilização geral. Portanto, espanta-nos ler, no compêndio do grande Jean-Baptiste Duroselle, *La politique étrangère de la France. L'abîme 1939-1945* [A política externa da França. O abismo 1939-1945] (Paris: Seuil, 1990, p. 25), na seção "Peut-on sauver la Pologne?" [É possível salvar a Polônia?], a seguinte afirmação: "Em consequência das ilusões do coronel Józef Beck, a mobilização geral só começou em 30 de agosto. Bombardeios formidáveis conseguiram desorganizá-la completamente".
5. Marian Kozielewski (1897-1964) era quase dezoito anos mais velho que o caçula da família, Jan. Nascido cidadão russo em Łódź, em 6 de setembro de 1897, filho de um artesão polonês proprietário de uma pequena fábrica de selas e artigos de couro, Marian Kozielewski ainda estudava no liceu quando fugiu, em setembro de 1914, para juntar-se na Galícia às Legiões de Józef Piłsudski, onde serviu na 1ª Brigada (3º Batalhão) na frente austro-russa e foi ferido em agosto de 1915. Ao sair do hospital, tor-

nando-se nesse meio-tempo cidadão oriundo da zona de ocupação alemã do reino da Polônia, não pôde retornar à sua unidade e foi obrigado a trabalhar na Saxônia, nas minas de carvão (março-dezembro de 1916). Em virtude da nova política dos Impérios Centrais em relação à Polônia, inaugurada pelos manifestos de 6 de novembro de 1916, conseguiu retornar às Legiões no início de 1917, como canhoneiro do 1º Regimento de Artilharia. Em julho de 1917, com todos os fiéis do "comandante" Piłsudski, recusou-se a prestar juramento aos Impérios Centrais e foi preso até março de 1918, data na qual foi libertado em razão de seu estado de saúde. Juntou-se imediatamente à seção clandestina POW (Polska Organizacja Wojskowa), em Łódź, à frente da qual, em novembro de 1918, estabeleceu o controle dos nós ferroviários locais em nome da Polônia independente. Reformado em 1919, foi designado oficial da polícia de Estado em vias de organização e, durante a guerra polonesa-soviética, em 1920, comandou a 213ª Companhia de voluntários-policiais. Após 1921, permaneceu como oficial do exército ativo, servindo na polícia, onde teve Borzęcki como superior até 1926 (cf. cap. "Borzęcki"). Em 1931, foi nomeado comandante da polícia departamental em Lviv. Mandou chamar a mãe e o irmão Jan, que estudou direito e diplomacia nesta cidade, na Universidade Jana Kazimierza. O marechal Piłsudski convocou-o no outono de 1934 à Varsóvia, para entregar-lhe o posto de comandante da polícia da capital. Em setembro de 1939, não obedeceu à ordem de retirada de suas unidades para o leste do país e permaneceu em seu posto com um pequeno grupo de policiais, que colocou sob as ordens do comissário civil da defesa da capital, o presidente-prefeito de Varsóvia, Stefan Starżyński, velho amigo das Legiões, major da reserva (cf. cap. "Iniciação", nota 3). Hoje sabemos que ele salvou da morte em Ostachkov o grupo de policiais que manteve em Varsóvia. Ajudou Starżyński a organizar a Guarda Cívica (Straż Obywatelska), criada em 6 de setembro. Condecorado pela terceira vez com a Cruz dos Valentes na capitulação dos defensores de Varsóvia (28 de setembro), assim como seu amigo Starżyński, aceitou permanecer em seu posto, à frente da polícia polonesa mantida pelo ato de capitulação, a fim de colocar imediatamente os meios a seu dispor a serviço da Resistência. Fonte: Andrzej Kunert, *Słownik biograficzny konspiracji Warszawskiej, 1939-1944* [Dicionário biográfico da Resistência em Varsóvia, 1939-1944], Varsóvia, 1999, t. III, pp. 98-101. Para a sequência da biografia de Marian Kozielewski, ver cap. "Iniciação" e notas 1 e 2 do cap. "Uma missão em Lublin".

6. A noção de "quinta-coluna" data de 1936 e da guerra da Espanha. A crise dos Sudetos e Munique, em 1937-38, adotou a expressão em relação às minorias alemãs da Europa central, ou Volksdeutsche, reivindicando seu retorno ao Reich contra a ordem de Versalhes. No recenseamento de 1931, a minoria alemã na Polônia contava com 800 mil pessoas — 2,3% da população —, fortemente concentradas na Pomerânia e na Alta Silésia. Sua assimilação pelo nazismo aconteceu, entre outros, através do Jungdeusche Partei, baseado em Bielsko (Bielitz), mas também pelos clandestinos Landes-

gruppe-Polen. A partir de 30-31 de agosto de 1939, serão eles, ajudados por comandos de paraquedistas, que multiplicarão os atos de sabotagem para desorganizar a mobilização do exército polonês. Em Katowice, Pszczyna e Bielsko-Biała, a minoria alemã tentou algumas sublevações armadas, mais graves do que os tiros de fuzil disparados das janelas de Oświęcim, em 2 de setembro de 1939. Em 1941, o governo polonês no exílio em Londres publicará uma coletânea de documentos sobre esse tema: *The German Fifth Column in Poland*, Londres, 1941.

7. Ao amanhecer de 1º de setembro de 1939, à guisa de declaração de guerra, Wieluń, pequena cidade pacífica a oeste da *voïevodia* [departamento] de Łódź, foi escolhida deliberamente pelos Stuka da Luftwaffe como primeiro alvo de seus bombardeios de terror. Esse raide programado lançou 46 toneladas de bombas sobre um "alvo" desprovido de qualquer importância estratégica, que abrigava apenas hospitais assinalados por grandes cruzes vermelhas pintadas nos telhados. Fizeram 1200 vítimas civis, inclusive doentes e crianças, destruindo 70% da cidade e 90% de seu centro. Cf. Joachim Trenkner, "Wieluń, 1939", *Tygodnik powszechny*, n. 36, 5 de setembro de 1999.

8. Tarnopol, cidade situada na Podólia, à beira do Seret (afluente da margem esquerda do Dniestr), foi fundada em 1540 por Jan Tarnówski, grande atamã da coroa da Polônia. A primeira partilha da Polônia (1772) fez dela, até 1918, uma cidade do "reino da Galícia e Lodoméria", possessão da Casa da Áustria. Às vésperas de 1914, Tarnopol contava com 33 mil habitantes, orgulhosos de suas tradições pluriculturais assumidas, das joias arquitetônicas do passado e de uma intensa vida associativa que lhe rendeu o apelido de "pequena Lviv". A cidade continuou a ser um bastião da polonidade, diante do despertar nacional da planície "rutena", nas proximidades das fronteiras do Império Russo. Tarnopol foi duramente atingida pelos seis anos de violências extremas durante a Primeira Guerra Mundial, tendo como epílogo "cinquenta dias sangrentos" da efêmera República Socialista Soviética da Ucrânia Ocidental, instalada pelos conquistadores bolcheviques (26 de julho-19 de setembro de 1920). Liberada pelo exército polonês com a ajuda do exército aliado de Semon Petlura, Tarnopol retornou, com a "Galícia oriental", à Polônia restaurada, reassumindo seu passado de bastião da polonidade nas fronteiras da URSS. No recenseamento de 1931, 66% da população declarou-se falante de polonês; 29,8%, de ucraniano; e 4,1%, de ídiche. Quanto às religiões, eis os dados: 44,5% católicos romanos, 42,8% uniatas e 12,4% de religião mosaica. Fonte: "Polski Tarnopol", *Karta*, n. 3, março de 1991; e Piotr Eberhardt, *Przemiany narodowościowe na Ukrainie XX wieku* [As transformações nacionais na Ucrânia no século XX], Varsóvia: Biblioteka Obozu, 1994.

9. Até 17 de setembro de 1939, a Polônia (governo e população) ignorava completamente as cláusulas secretas do pacto Molotov-Ribbentrop concernentes a ela mesma. Os boatos e vazamentos que chegavam a seus dirigentes diziam respeito aos países bálticos ou à Romênia. O ministro Beck estava convencido da "neutralidade" da

URSS, pelo menos durante a primeira fase de uma guerra na qual muita coisa dependeria, dizia ele, da "posição determinada" dos aliados da Polônia: a França e a Grã-Bretanha. Ninguém na Polônia suspeitava de uma "intervenção do Exército Vermelho" penetrando nas retaguardas polonesas. Em compensação, os documentos dos arquivos diplomáticos franceses, explorados a partir de 1990 pela jovem geração de historiadores poloneses, provaram amplamente que o Quai d'Orsay e o presidente Daladier estavam informados há muito tempo (desde 11 de junho de 1939) por vazamentos e informantes concordantes de quem se beneficiavam — em Moscou, os embaixadores Naggiar e Payart; em Berlim, Coulondre; em Hamburgo, o cônsul-geral Roger Garreau etc. No entanto, os franceses tomaram o cuidado de não informar seu "aliado" polonês, por temor de que a Polônia não "optasse por capitular", num momento em que era necessário que uma "frente oriental" retivesse a Alemanha por algum tempo, a fim de permitir que a França concluísse seus próprios preparativos. Cf. Malgorzata Wrońska, *Polska — niepotrzebny aliant Francji? 1939-1944* [Polônia: aliado inútil da França?], Varsóvia: Neriton, 2003; e Marek Kornat, *Polska roku 1939 wobec paktu Ribbentrop-Molotov* [A Polônia de 1939 diante do pacto Molotov-Ribbentrop], Varsóvia, 2002.

10. Este discurso explicativo da irrupção do Exército Vermelho na Polônia, dirigido aos soldados poloneses reunidos diante de Tarnopol e proferido por uma coluna blindada do 6º Exército soviético da frente ucraniana, reproduzia a argumentação cuidadosamente preparada pelo "Serviço de Agitação e Propaganda do Exército Vermelho" e reiterada, a partir de 14 de setembro, aos escalões das frentes de exércitos da Bielorrússia e da Ucrânia, encarregados da ofensiva no amanhecer de 17 de setembro através de diretivas inequívocas (n. 16 633 e 16 634) assinadas por C. Vorochilov e B. Chapochnikov (documentos atualmente conhecidos e publicados em N. Lebedieva et alii, *Katýn: Plenniki neobiavlennoj vojny* [Katyń: os prisioneiros de uma guerra não declarada], Moscou: Demokratia, 1997, documentos 3 e 4). As ordens (secretas) para o plano militar especificavam que o Exército Vermelho deveria "destruir o Exército polonês", "deixá-lo em pedaços através de uma ofensiva-relâmpago", "avançar a golpes de granada e baioneta" na "mais justa das guerras revolucionárias" (fórmulas citadas pelo historiador russo V. A. Nieviejin em *Propaganda sowiecka w przededniu wojny z trzecią Rzeszą, 1939-1941* [A propaganda soviética nas vésperas da guerra contra o Terceiro Reich], Cracóvia: Arkana, 2001, pp. 81-90 para a tradução polonesa). Mas era importante "não parecer agressor", especificava Molotov ao embaixador Schulenberg em 10 de setembro, prevenindo-o sobre o caráter "desagradável" do argumento invocado da "solidariedade eslava" contra a ameaça alemã, fruto de anos de propaganda anterior, à qual os soviéticos continuavam sensíveis. Em troca, tanto no plano diplomático quanto no que dizia respeito às populações polonesas, a URSS defendia o "esfacelamento" e o "desaparecimento" do Estado polonês, usando como justificativa a "ajuda fraternal" às populações bielorrussas e ucranianas "abandonadas" ao caos e às quais os oficiais

políticos diziam que "o Exército Vermelho virá libertá-los do jugo dos senhores e capitalistas poloneses". Essa "mão fraternal" estendia-se também para o simples soldado polonês, sob a forma de proclamações e panfletos escritos num polonês aproximativo e assinados, seguindo os setores, pelo Komandarm Mikhaïl Kovalov, comandante em chefe da frente bielorrussa, ou por seu homólogo Semen Timochenko, para a frente ucraniana. Esses panfletos conclamavam os soldados do Exército polonês a "depor as armas" ou virá-las contra os "bebedores de sangue", os "senhores oficiais poloneses". Dois exemplares destes panfletos são reproduzidos em Jan T. Gross, *Revolution from Abroad. The Soviet Conquest of Poland's Western Ukraine and Western's Bielorussia* [Revolução vinda de fora. A conquista soviética da Ucrânia ocidental e da Bielorrússia ocidental à Polônia], Princeton: Princeton University Press, 1988.

2. Prisioneiro na Rússia [pp. 42-54]

1. Em 17 de setembro de 1939, o chefe de polícia de Tarnopol dirigiu-se aos habitantes através de um alto-falante, conclamando-os a reservar uma recepção amigável à coluna do Exército Vermelho que se aproximava. As primeiras cidades do departamento que "receberam" esta coluna avisaram-no das manifestações de fraternidade e das promessas de ajuda que haviam recebido. Entrando na cidade para "salvá-la da guerra", as unidades do 6º Exército da frente ucraniana não demoraram a revelar, na mesma noite, o que significava aquela "proteção": rastreamento metódico de todos os portadores de qualquer uniforme ou insígnia e agrupamento sob forte vigilância dos policiais, escoteiros, estudantes, liceanos que, no dia seguinte, foram levados e alojados fora da cidade...
2. Ostra Brama, isto é, a "Porta Pontiaguda" de Vilna (Vilnius), é uma passagem medieval em arco encimada por uma torre quadrada com telhado pontudo. Numa grande janela em seu centro, fica exposto o ícone ricamente paramentado da Virgem, pintado no século XVI. O fervor do culto mariano é característico de uma população que fez da Virgem "a Rainha da Polônia". Esse caráter patriótico exacerbou-se no século XIX, diante da intolerância e das perseguições da Rússia dos tsares. E os versos de Mickiewicz que abrem o *Pan Tadeusz* [Senhor Tadeu], invocação recitada por gerações, dizem muito sobre isso: "Sobre a Porta Pontiaguda teus raios iluminam, ó Mãe, Virgem santa...". Uma cerimônia de coroação teve lugar em 2 de julho de 1927, como renovação simbólica da soberania tutelar da Virgem sobre a Polônia: sua medalha devia, muito provavelmente, ser ligada a tal cerimônia.
3. Trata-se do antigo monastério de Kozielszczyna, situado no bairro de Vorochilovgrad, seiscentos quilômetros a leste de Tarnopol, na Ucrânia central, sudeste de Kiev. Desde 19 de setembro de 1939, sob a ordem secreta n. 0308 do comissário do povo do Interior e Segurança, Lavrenti Beria, Kozielszczyna foi transformado num dos oito campos (com Ostachkov, Juchnov, Kozielsk, Putivl, Starobielsk, Juz-Viazniki, Oran-Zna-

mienka) organizados "em dez dias" para receber 126 mil prisioneiros de guerra poloneses capturados a partir de 17 de setembro. O campo de Kozielszczyna tinha ordens de receber 5 mil prisioneiros num primeiro momento e de aumentar sua capacidade para 10 mil até 1º de outubro. Józef Czapski tornou o campo de Starobielsk conhecido desde 1945, com seu testemunho (*Souvenirs de Starobielsk* [Lembranças de Starobielsk], 1945, Paris: Noir sur Blanc, 1987, reed.; e *Terre inhumaine* [Terra desumana], Paris: Les Îles d'or, 1949, reed. Lausanne: L'Âge d'homme, 1978). Esta mesma ordem criava o GUPV, "Direção de Assuntos Relativos aos Prisioneiros de Guerra", dentro do NKVD, confiado a Petr Soprunienko e ligado pela intendência à administração do gulag. Esta decisão violava todos os tratados internacionais que regulamentam o destino dos prisioneiros de guerra. O responsável do GUPV na direção do NKVD era adjunto de Beria: Kruglov. A ordem nº 0308 faz parte de um conjunto de onze documentos descobertos por A. Kokurin em 1990 nos arquivos pós-soviéticos, enquanto pesquisava sobre o massagre de Katyń, numa coleção fora de série de testemunhos e documentos de arquivos pós-soviéticos: *Rosja a Katyń* [A Rússia diante de Katyń], Varsóvia: Karta, 1994, pp. 91-93.

4. Estas medidas discriminatórias em relação aos reservistas, quadros e elites civis do Estado polonês e a seus policiais capturados constituíam a aplicação imediata das palavras de ordem da propaganda voltada contra a "Polônia fascista dos aristocratas e dos capitalistas", publicada a partir de 14 de setembro de 1939 no *Prawda*, e das orientações ideológicas dadas ao Exército Vermelho em sua "marcha de liberação" portadora de "justiça social" (cf. Andrzej Paczkowski, "La Pologne, la 'Nation ennemie'" [Polônia, a "Nação inimiga"], em Stéphane Courtois (org.), *Le Livre noir du communisme* [O livro negro do comunismo], Paris: Robert Laffont, 1997). Por meio da ordem ultrassecreta n. 001177, de 3 de outubro de 1939, de Lavrenti Beria, aplicando uma decisão tomada na véspera pelo Politburo, "todos os generais, oficiais, altos funcionários" foram reunidos no campo especial de Starobielsk (e em seguida em Kozielsk) e "todos os gendarmes, policiais, guardas carcerários e agentes de informação", em número de 6192, enviados ao campo de Ostachkov, região de Kalinin. Em 13 de abril de 1943, na floresta de Katyń, perto de Smolensk, a descoberta de uma vala comum contendo os corpos de 4123 oficiais poloneses — cujas cartas ou qualquer outro sinal de vida haviam cessado bruscamente na primavera de 1940 — foi anunciada pela rádio alemã. Os alemães atribuíram o crime aos soviéticos. O pedido de investigação sob a égide da Cruz Vermelha Internacional, feito na época pelo governo do general Sikorski, deu a Stálin o pretexto para "interromper" as relações diplomáticas com este último e desencadear uma campanha no ocidente contra este "aliado e lacaio de Goebbels". É bom lembrar que a mentira soviética prolongou-se até depois de 1989 e que Mikhail Gorbachev, apesar da *perestroika* e das indicações de seus conselheiros, resistiu à confissão por longo tempo. Por fim, foi o presidente Boris Iéltsin quem enviou ao presidente Lech Wałesa, em 14 de outubro de 1992, os documentos dos "dossiês espe-

ciais" dos arquivos do Comité Central PCUS, entre os quais uma duplicata da ordem de execução, em 5 de março de 1940, rubricada por Stálin e pelos membros do Politburo, dos 14 568 prisioneiros de guerra dos três campos de Starobielsk, Kozielsk e Ostachkov, assim como de 11 mil poloneses presos em diversos locais da Bielorrússia e da Ucrânia, ou seja, 25 568 vítimas. Cf. Alexandra Viatteau, *Katyń. La vérité sur un crime de guerre* [Katyń. A verdade sobre um crime de guerra], Paris: André Versaille editeur, 2009; e o capítulo "Le mensonge soviétique et la complicité occidentale" [A mentira soviética e cumplicidade ocidental], em Victor Zaslavsky, *Le massacre de Katyń: crime et mensonge* [O massacre de Katyń: crime e mentira], Paris: Perrin, 2007.

5. Na realidade, o pacto Molotov-Ribbentrop, dito "Pacto de não agressão", não incluía nenhuma disposição acerca dos prisioneiros. O segundo pacto, de 28 de setembro de 1939, dito "de amizade e delimitação", modificava a linha de partilha secreta de 23 de agosto através de uma fronteira "definitiva" e precisava que a URSS "não oporia obstáculos ao desejo eventual de nacionais alemães ou de outros indivíduos de origem alemã [...] de emigrar" para o Reich. Esta determinação visava os alemães bálticos, os "colonos" e os refugiados recentes. A troca de prisioneiros de guerra do exército polonês foi efetuada segundo acordos especiais, por iniciativa dos comandantes de exército alemães e, na URSS, de Vorochilov e do NKVD. Em 11 de outubro, Vorochilov recebeu do Estado-maior do 4º Exército alemão a proposta de entregar cerca de 20 mil prisioneiros de nacionalidade bielorrussa e ucraniana, enquanto Beria escrevia a Molotov que "seria conveniente entregar às autoridades alemãs, nos melhores prazos, os soldados prisioneiros oriundos da parte alemã da ex-Polônia, em número de cerca de 30 mil", exortando-o a estabelecer as negociações para tanto. Em 18 de outubro, o general Kostring, adido militar alemão em Moscou, propôs uma "troca". De início, foram estabelecidos três locais de operação: Brest-Litovsk e Chełm para receber os que viriam para a URSS e Dorohusk para entregar aos alemães seus oriundos. Em seguida, um segundo ponto foi acrescentado: Przemyśl, fronteiriço à "Ucrânia ocidental". A operação de troca deveria começar em 20 de outubro. Mas a falta de empenho dos alemães em receber "seus" prisioneiros adiou as operações, que duraram de 24 de outubro a 15 de novembro de 1939. No total, os soviéticos passaram de 43 mil a 44 500 soldados e suboficiais para o lado alemão, enquanto os alemães entregaram cerca de 17 mil homens. Fonte: documentos inéditos em *Rosja a Katyń*, op. cit.; e Slawomir Dębski, *Między Berlinem a Moskwą, 1939-1941* [Entre Berlim e Moscou], Varsóvia: PISM, 2003, pp. 203-210.

3. Troca e evasão [pp. 55-69]

1. A nova fronteira germano-soviética, fixada em 28 de setembro de 1939 pelo pacto "de amizade e delimitação", atravessava a cidade de Przemyśl, situada às margens do rio San. O centro histórico pertencia à URSS (com seu bairro judeu). O Zasanie, ou seja,

"bairro além das margens do San", ficava no Reich, sob domínio do Governo Geral (cf. nota 2, cap. "Iniciação").
2. Na realidade, no final de outubro de 1939, tratava-se já da "fronteira definitiva" fixada, como vimos, pelo segundo pacto de 28 de setembro de 1939, dito "de amizade e delimitação". Seu protocolo aditivo secreto modificava a partilha acertada em 23 de agosto, pois Stálin resolvera trocar a província de Lublin e o leste da província de Varsóvia, "cedidos" à Alemanha, pela Lituânia, integrada assim à "esfera de influência da URSS". A fronteira seguia, portanto, a linha dos rios Pisa, Narew e San: Hitler ficava com 190 mil quilômetros quadrados, ou seja, 48,6% do território da República Polonesa, com 22 milhões de habitantes (dos quais 6,4% pertenciam à minoria alemã); a leste, Stálin incorporava à URSS 200 mil quilômetros quadrados e 14 milhões de habitantes, dos quais 5,5 a 6 milhões eram poloneses. Vilna e sua circunscrição (6880 quilômetros quadrados e 549 mil habitantes) eram "restituídas" à Lituânia. Uma comissão mista germano-soviética fixou definitivamente o traçado desta fronteira de 15 mil quilômetros quadrados, e a instalação de marcos fronteiriços ao longo dessa linha chegou ao fim em 27 de fevereiro de 1940.
3. O mais conhecido dos "irredutíveis" na zona de ocupação alemã é "Hubal", comandante de cavalaria Henryk Dobrzański (1896-1940), que resistiu nas montanhas de Santa Cruz e na floresta de Spala até 30 de abril de 1940, acarretando terríveis represálias contra os povoados que o acolhiam. Na zona soviética, várias unidades resistiram nos bosques palustres da Polésia ou na região de Białystok, até a primavera de 1941, contando com a ofensiva dos Aliados... Cf. Tomasz Strzembosz, *Rzeczpospolita podziemna* [A República clandestina], Varsóvia: Wid. Krupski i S-ka, 2000.
4. Trata-se do San, que deságua no Vístula.
5. Ficaríamos sabendo, em 1945, que quase todos os 17 mil prisioneiros de guerra trocados, bielorrussos e ucranianos, foram deportados para o gulag.
6. Essas violações da Convenção Internacional de Haia (1907) serão denunciadas pelo governo polonês no exílio, por meio de documentos reunidos em "Prisoners of War [Prisioneiros de guerra]", capítulo 10 da coletânea *The German New Order in Poland*, publicada em Londres, em 1942.
7. O anúncio, a 3 de setembro de 1939, da declaração de guerra à Alemanha pela Grã-Bretanha e depois pela França desencadeou em toda a Polônia um movimento de esperança e gratidão. O próprio Hitler, conforme ficaríamos sabendo mais tarde, chegou a pensar por um momento que estava perdido. De fato, o protocolo militar assinado em 17 de maio de 1939 pelos generais Gamelin e Kasprzycki, reatualizando a velha aliança de 1921, estipulava que, "em caso de agressão alemã contra a Polônia", o exército francês desencadearia "automaticamente uma ação de suas diversas forças", notadamente "uma ação aérea imediata", assim como "uma ação ofensiva contra a Alemanha com o grosso de suas forças a partir do 15º dia da mobilização francesa". Esse compromisso francês explica todo o esforço polonês de resistir até o famoso 15º

dia da mobilização francesa, e bem depois. Para "dar alívio aos poloneses", o Estado-maior francês limitou-se a lançar, em 7 de setembro, uma operação mais que limitada de ocupação da floresta da Warndt. "Note-se que esta operação, encerrada em 12 de setembro, custou aos alemães 196 mortos. Bela maneira de 'dar alívio à Polônia'", comenta Jean-Baptiste Duroselle, *La Politique étrangère de la France. L'abîme 1939--1945*, op. cit. O Conselho Supremo Interaliado Franco-Britânico, reunido neste mesmo 12 de setembro em Abbeville, tomou a decisão de não lançar nenhuma ofensiva a oeste, mas absteve-se de informar seu aliado polonês da decisão. Não há "mais nada a fazer para salvar a Polônia", declarou então Chamberlain. "O único meio é ganhando a guerra". Pouco importa se Varsóvia insiste em não capitular até 28 de setembro. Pouco importa que o último exército polonês a resistir à Wehrmacht ainda lute nos dias 4 e 5 de outubro. *L'Œuvre* de 2 de outubro de 1939 ousa publicar um desenho mostrando Hitler e Stálin debruçados sobre um mapa da Europa, com a seguinte legenda: "A Polônia? A Polônia?... Ora, ela nem existe mais!...".

4. A Polônia devastada [pp. 70-78]

1. O autor refere-se aqui ao traumatismo da memória coletiva representado pela derrota de Kościuszko em Maciejowice em 1794; seguida em 1795 pela terceira partilha da Polônia, "abolida para sempre" pelo juramento dos três soberanos que a retalharam; pelas insurreições vencidas de 1830 e 1863, e pelas especulações, tanto dos amigos como dos inimigos da Polônia renascente, quando ela jogou seu destino contra o Exército Vermelho na "batalha de Varsóvia", em agosto de 1920.
2. Citemos aqui o gesto simbólico de "Witkacy", ou Stanislas Ignacy Witkiewiez (1885--1939), pintor, dramaturgo, escritor. Em 31 de agosto de 1939, ele se ofereceu como voluntário, aos 54 anos, no Centro de Mobilização de Varsóvia, e, em seguida, diante do avanço alemão, refugiou-se num povoado do leste, na Polésia. Ele pôs fim à própria vida em 17 de setembro, após o anúncio da agressão soviética.
3. O historiador da Varsóvia ocupada, Tomasz Szarota, em seu clássico *Okupowanej Warszawy dzień powszedni* [O cotidiano da Varsóvia ocupada] (Varsóvia: Czytelnik, 1988), corrobora as constatações do autor: o ocupante nazista impôs aos varsovianos, de 11 de outubro a 2 de dezembro de 1939, rações de 250 g de pão por dia por pessoa, com 250 g de açúcar, 100 g de arroz e 200 g de sal para dois meses. O sistema de cartas de racionamento implantado em 15 de dezembro de 1939 estabelecia as rações-calorias mais baixas de toda a Europa ocupada, com critérios raciais de cartas especiais para poloneses e judeus. Varsóvia recebia as rações mais baixas do conjunto do Governo Geral.
4. Trata-se na realidade do ss-Gruppenführer Paul Moder, comandante da ss e da polícia do distrito de Varsóvia de 14 de novembro de 1939 a 4 de agosto de 1941.
5. Laura Białobrzeska, nascida Kozielewska, irmã do autor. Ela sobreviveu à ocupação e morreu na Polônia depois da guerra. Fonte: Árvore genealógica da família de Jan

Kozielewski-Karski, estabelecida em 1999 por Mariam Budziarek, Museu Histórico da Cidade de Łódź, cf. cap. "Uma missão em Lublin", nota 3.

5. O começo [pp. 79-90]

1. Trata-se, na realidade, de Jerzy Gintowt Dziewałtowski, jovem violinista originário de Lviv — onde ele e o autor estabeleceram laços de amizade — e resistente autêntico que morreu sob a ocupação. Jan Karski reuniu aqui, na figura emblemática de seu amigo desaparecido, diferentes percursos e destinos de uma mesma geração, exemplar por seu espírito de sacrifício patriótico e que ele conheceu muito bem.
2. A Sociedade das Escolas do Povo (Towarzystwo Szkoły Ludowej, ou TSL) foi fundada em 1891 por ocasião do centenário da Constituição Polonesa de 3 de maio de 1791, na Galícia austríaca, onde o analfabetismo no campo continuava a ser um dos mais importantes da Cisleitânia. A TSL dotou-se, em 1898, da Universidade do Povo Adam Mickiewicz, na Cracóvia, animada pela intelligentsia socialista. Sempre baseada nas metrópoles da antiga Galícia, Cracóvia e Lviv, a ação da TSL prosseguiu ao longo do entreguerras em estreita colaboração com o movimento cooperativo.
3. A sra. Nowak, na verdade Samborska, era a esposa de Bohdan Samborski, que o autor já conhecia bem antes de 1939 dos serviços do Ministério das Relações Exteriores polonês, onde este último dirigia a seção de Proteção Jurídica do Departamento Consular. Embora tenha conseguido chegar à França, não seguiu seu governo a Londres, em junho de 1940, para assumir o comando do grupo Sul da Organização Polonesa de Resistência na França, a POWN (cf. cap. "Rumo a Londres" e notas 1 e 2 do mesmo capítulo). Jan Karski reencontrou-o em Lyon, em outubro de 1942. Com a libertação, Bohdan Samborski foi cônsul-geral em Paris do governo polonês no exílio (até 29 de junho de 1945).
4. A parte de Varsóvia chamada de Powisle, ou seja, "na beira do Vístula", encontra-se entre a margem esquerda do Vístula e a avenida Nowy Świat.
5. Denominado também "exército clandestino" ou SZP (Służba Zwycięstwu Polski, ou Serviço da Vitória da Polônia), fundado em Varsóvia, em 26 e 27 de setembro de 1939, pelos oficiais superiores que garantiam a defesa da capital, por indicação do general Karaszewicz-Tokarzewski, ao qual o general Juliusz Rómmel, ao sair preso, transmitiu o mandato e a ordem formal de organizar uma estrutura militar de resistência, recebidos por mensagem extraordinária do marechal Rydz-Śmigly.

6. Transformação [pp. 91-97]

1. A alameda Szucha (*Aleja Jana Chrystiana Szucha*), na parte residencial do centro da cidade, ou Śródmieście, tornou-se sinônimo de Gestapo, pois seu quartel-general ficava nos números 23 e 25, nos edifícios recém-construídos do Ministério da Educação Nacional e dos Cultos. A Sipo (Sicherheitspolizei, ou polícia de segurança) ocupava o número 23 e a Orpo (Ordnungspolizei, ou polícia de ordem), o número 25.

2. Jan Karski evoca aqui, a respeito da "responsabilidade coletiva" instaurada na Polônia pelo ocupante nazista, o massacre de Wawer, subúrbio de Varsóvia, em 27 de dezembro de 1939: a Orpo fuzilou no local 107 habitantes do sexo masculino, brutalmente arrancados de suas casas, em represália contra a morte de dois soldados alemães num restaurante próximo. Esta prática da "responsabilidade coletiva" foi ordenada pela Wehrmacht desde os primeiros dias de setembro, para quebrar a resistência das forças especiais polonesas de ação diversionista, na retaguarda das linhas inimigas. Em 5 de setembro de 1939, o comandante do 10º Exército, general Walter von Reichenau, ordenou a execução de três reféns para cada soldado ferido ou morto. O cerco de Varsóvia foi acompanhado por execuções em massa, e, logo após a capitulação, em 28 de setembro, a cidade foi cercada de locais de execução em massa, em Palmiry, no norte, no bosque de Kabaty e no bosque de Magdalenka.
3. Essas batidas do verão de 1940 inseriam-se na onda de terror denominada "ação extraordinária de pacificação", dita "Ação A-B" (de *Ausserordentiche Befriedungsaktion*), em todo o território do Governo Geral, ordenada por Himmler. Mais de 3500 líderes políticos e responsáveis sociais foram presos e a maioria executada logo em seguida: em Varsóvia, 358 personalidades foram fuziladas em 20 e 21 de junho, em Palmiry, entre as quais Maciej Rataj, presidente da Câmara dos Deputados, o socialista M. Niedziałkowski, redator do *Robotnik*, e Pohoski, prefeito-adjunto de Varsóvia. Novas batidas tiveram lugar em 12 de agosto e 19 de setembro de 1940: elas alimentaram os primeiros transportes de varsovianos para o campo de concentração de Auschwitz. Cf. o testemunho de Władysław Bartoszewski (e Michal Komar), *Wywiad rzeka* [Entrevista rio], Varsóvia: Swiat Ksiązki, 2006.
4. O campo de concentração de Auschwitz I foi criado em 27 de abril de 1940, por ordem de Himmler, no subúrbio da cidade de Oświęcim, adaptando antigas casernas austríacas. Era destinado inicialmente aos poloneses provenientes do Governo Geral e da Alta Silésia. Em 14 de junho de 1940, o primeiro transporte de 728 prisioneiros políticos poloneses chegou ao campo, vindo da prisão de Tarnów, perto da Cracóvia, e trazendo alguns judeus poloneses. Em março de 1941, Himmler escolheu a localidade de Birkenau, a quatro quilômetros do campo inicial, para construir o novo campo de Auschwitz II-Birkenau, com câmaras de gás e fornos crematórios.
5. Em maio de 1940, a resistência civil publicou a ordem de "boicote ao invasor" em nome e por instrução do governo no exílio, seguida, no outono de 1941, por um "Código de Moralidade Cívica", vade-mécum de situações cotidianas onde qualquer "colaboração com o ocupante" era proibida.

7. Iniciação [pp. 98-103]

1. Por decreto de 8 de outubro de 1939, Hitler incorporou ao Reich, a contar de 26 de outubro, os departamentos poloneses da Pomerânia, Posnânia e Alta Silésia, a maior

parte do departamento de Łódź, transformado em Litzmannstadt, a parte oeste do departamento da Cracóvia, a Mazóvia e depois a região de Suwałki. Dobrava assim a extensão de territórios da antiga Polônia que a Prússia detinha desde o Congresso de Viena (1815). Poznań pertencia agora ao novo Raichsgau Wartheland, administrado por Artur Greiser. "Pode-se germanizar a terra, não os homens", havia escrito Hitler em *Mein Kampf*: o Wartheland, assim como a Pomerânia e a Alta Silésia, sofreu uma germanização acelerada por expropriação e expulsão (400 mil expulsões efetuadas até a primavera de 1940) das populações polonesas (e judaicas) em proveito de colonos alemães. Estas medidas eram ponderadas na Posnânia pela introdução, a partir de 1939, da *Deutsche Volksliste* (que será generalizada ao conjunto das terras incorporadas em 3 de março de 1941): os poloneses que pudessem e quisessem dar provas de sua origem alemã tornavam-se *Volksdeutsch*, e pouco tempo depois os nazistas obrigariam os poloneses da Silésia a assumir esta condição.

2. O *Generalgouvernement für die Besetzten Polnischen Gebiete* (Governo Geral para os territórios poloneses ocupados), ou GG, foi criado por decreto de Hitler de 12 de outubro de 1939 e englobava 95 mil quilômetros quadrados com 11 863 000 habitantes, entre os quais 9 792 000 poloneses, 1 457 000 judeus, 526 mil ucranianos e 65 mil alemães. Desprovido de qualquer aparência de soberania ou autonomia (ao contrário do protetorado vizinho da Boêmia-Morávia), ele era dividido em quatro distritos — Cracóvia, Varsóvia, Lublin e Radom — e dirigido por uma administração exclusivamente alemã. À frente dela, com o título de governador-geral, o jurista nazista Hans Frank (1900-46), alto dignitário do NSDAP e ministro da Justiça do Terceiro Reich, fixou residência no Wawel, castelo real da Cracóvia, e dedicou-se a fazer do Governo Geral uma "reserva" temporária de "sub-homens". Em julho de 1941, depois do ataque vitorioso contra a União Soviética, um quinto distrito foi acrescentado ao Governo Geral: a Galícia, formada pelos três antigos departamentos poloneses de Lviv, Tarnopol e Stanisławów, entre o San e a fronteira soviético-polonesa, em 1º de setembro de 1939. O GG chegou assim a 145 mil quilômetros quadrados e 17 600 000 habitantes, dos quais 11 400 000 poloneses, 4 milhões de ucranianos, 2100 judeus e cerca de 300 mil alemães, em sua maioria instalados depois de 1939.

3. O mandante de Jan Karski nessa missão não era outro senão seu irmão Marian Kozielewski, que o enviou igualmente a Łódź, Vilnius, Cracóvia e Lviv em missões análogas para sua própria rede codificada como "Firma de seguros POL", conforme ele mesmo dirá em 1987 a Stanisław M. Jankowski (cf. *Karski, Raporty*, op. cit.).

8. Borzęcki [pp. 104-113]

1. Em um estudo sobre os primeiros meses de ocupação (setembro-outubro de 1939), o historiador Tomasz Strzembosz, especialista em organizações da Resistência polonesa, recapitula as iniciativas "do alto" — militares (mais de quarenta) e civis (mais de ses-

senta) — das duas zonas de ocupação, além de uma profusão de iniciativas "de baixo", locais. C f. *Rzeczporpolita podziemna*, op. cit., pp. 18-38.
2. Em 30 de setembro de 1939, um governo legal da República polonesa é reinstaurado em Paris, em virtude da Constituição de 1935, que previa as prerrogativas excepcionais do presidente da República "em tempos de guerra": os artigos treze e 24 estipulavam que, em caso de impedimento de exercer suas funções, o presidente nomearia seu sucessor através de uma simples declaração e ele assumiria as funções imediatamente. Confinado na Romênia em 18 de setembro de 1939 com todo o governo e portanto impedido de chegar à França aliada, o presidente Ignacy Mościcki designou como sucessor, em 29 de setembro, o antigo presidente do Senado (1930-35), Władysław Raczkiewicz (1885-1947), que já se encontrava em Paris. Raczkiewicz prestou juramento em 30 de setembro, na embaixada da Polônia, destituiu o governo confinado de suas funções e nomeou primeiro-ministro o general Sikorski, o que era mais do que conveniente para a França. Em 1º de outubro de 1939, o governo Sikorski estava constituído e prestava juramento. Beneficiando-se da exterritorialidade e tendo como sede inicial as dependências da embaixada em Paris, o governo Sikorski foi oficialmente transferido para Angers em 22 de novembro de 1939. Tratava-se de um governo de coalizão dos quatro grandes partidos da oposição anterior à derrota de setembro de 1939. Essa passagem de poder foi comandada, se não controlada, pela França, através de seu embaixador Léon Noël, que organizou tudo, seguido em Bucareste pelo embaixador Adrien Thierry. Um confinamento seletivo, obtido da Romênia, permitiu reter neste país o antigo governo, dito "dos coronéis", sobretudo o ministro das Relações Exteriores, Józef Beck, a fim de facilitar as coisas em Paris para o general Sikorski, considerado amigo da França. Cf. os trabalhos de Tadeusz Wyrwa (em polonês) e as duas obras de Yves Beauvois neles inspiradas: *Les Relations franco--polonaises pendant la drôle de guerre* [As relação franco-polonesas durante a guerra de mentira] (Paris: L'Harmattan, 1989); e *Léon Noël, de Laval à De Gaulle, via Pétain* [Léon Noël, de Laval a De Gaulle, via Pétain] (Lille: PUL, 2001, pp. 131-181).
3. O general Tokarzewski criou em Varsóvia, em 26 de setembro de 1939, às vésperas da capitulação de seus defensores, a organização militar de resistência SZP. Cinco outras "iniciativas de generais" análogas surgiram na província, mas a de Varsóvia foi a mais importante por seu poder de atração e sua eficácia organizacional. Em 13 de novembro, em Paris, o general Sikorski, chefe do governo legal, e o general Sosnkowski criaram uma estrutura de controle e comando, o ZWZ (União da Luta Armada), imposta ao SZP e com ordens de integrá-lo, que serviu para acelerar, desde 1940, a união da resistência militar em um único corpo.
4. Fundado em 1897, o velho Partido Nacional-Democrata (*Narodowa Demokracja*), ou o "*Endecja*" de Roman Dmowski, assumiu o nome de Partido Nacional (*Stronnictwo Narodowe*, ou SN). No capítulo 11, o autor reitera o seu papel histórico e seu peso na vida política da Resistência. Em 1939, é um partido de massa com 200 mil militantes

incondicionais, cheio de clivagens e tensões internas, tanto ideológicas quanto geracionais, que a direção não conseguia superar. Seu comitê central, conquistado pelos "jovens" com Tadeusz Bielecki, mantinha a estratégia de isolamento herdada de Roman Dmowski. Mas não foi em nome do Partido Nacional-Democrata que Borzęcki (cf. nota 6 a seguir) mandatou o emissário Witold, e sim em nome de um grupo de líderes políticos reunidos em torno do amigo pessoal e homem de confiança do general Sikorski, engenheiro Ryszard Świętochowski. Este último criou, em 15 de outubro de 1939, um gabinete político que assumiu o papel de mandatário do governo no país ocupado e de delegação representativa do "Comitê Central das Organizações Independentistas" (CKON). O CKON reunia na época oito organizações ao mesmo tempo políticas e militares e contava com o poder de atração dos subsídios recebidos do governo.

5. Ao lado da defesa militar de Varsóvia, comandada pelos generais Czuma e Rómmel, o engajamento heroico da população civil, submetida a intensos bombardeios (aéreos e de artilharia), prolongaria a resistência da capital até 27 de setembro de 1939. Seu organizador foi o presidente-prefeito de Varsóvia, Stefan Starżyński, major da reserva, nomeado comissário civil da Defesa junto ao comando militar em 8 de setembro. Ele soube ganhar a confiança e o apoio eficaz dos líderes da oposição política, majoritários no Conselho Municipal: os socialistas PPS com M. Niedziałkowski à frente, o redator do *Robotnik* e os nacionais-democratas. Assim, convocou os voluntários de quinze a 55 anos para os batalhões de trabalho (trincheiras, barricadas, remoção de escombros), criou uma guarda civil encarregada da ordem, uma comissão de assistência social mútua e, mobilizando os serviços de rádio, conseguiu galvanizar as energias com seus "relatórios da situação" cotidianos. Depois da capitulação, assinada em 28 de setembro, a 10ª Divisão de Infantaria da Wehrmacht entrou, em 1º de outubro, numa cidade arrasada. Cf. Henri Michel, *Et Varsovie fut détruite* [E Varsóvia foi destruída], Paris: Albin Michel, 1984.

6. Marian Borzęcki (1889-1940?) nasceu súdito russo, em Suwałki. Como filho de magistrado, estudou direito em São Petersburgo. Quando chegou a Varsóvia, no final de 1916, foi como ativista do campo nacional-democrata de Roman Dmowski que ele participou, em dezembro de 1917, do primeiro governo do Conselho de Regência da Polônia Renascente, como diretor do departamento de polícia. Era tido como o organizador da polícia de Estado, da qual mais tarde se tornará comandante em chefe (1923-26). Foi nessa época que teve entre seus subordinados o tenente-coronel Marian Kozielewski (cf. cap. "A derrota", nota 5). Depois do golpe de Estado de 1926 do marechal Piłsudski, foi afastado da polícia e começou, aos 38 anos, uma brilhante carreira de advogado politicamente engajado na oposição nacional-democrata, sendo eleito prefeito-adjunto de Varsóvia (1927-34). Em 1936, reaproximou-se dos amigos centristas do general Sikorski, para trabalhar na realização da "Frente Morges", de oposição. Em setembro de 1939, Borzęcki decidiu ficar em Varsóvia. E na união sagrada pela defesa da capital, foi nomeado presidente da Comissão de Controle da

Guarda Civil e delegado para o setor Varsóvia-centro por Starzyński, presidente-prefeito pilsudskista. Depois da capitulação de Varsóvia, em 28 de setembro, Borzęcki tornou-se uma das figuras centrais da resistência civil. Levado pela confiança do general Sikorski, colocou sua autoridade e suas relações a serviço do gabinete político de Ryszard Świętochowski (cf. nota 4 anterior). Foi assim que fez um velho conhecido aderir ao CKON: o comandante da polícia Marian Kozielewski, que recomendaria seu irmão Jan para a missão de enviado especial junto ao governo. Mas, preso em 30 de março de 1940, Borzęcki nunca mais veria o emissário em quem causara tão forte impressão. Preso e torturado na prisão Pawiak, foi transferido em 3 de maio para o campo de Sachsenhausen e depois para Mauthausen-Gusen, onde foi decapitado a machado em 30 de junho de 1940 (segundo seu filho) ou 1942 (segundo outras fontes). Conforme *Slownik Biograficzny Adwokatów Polskich* [Dicionário biográfico dos advogados poloneses], tomo II, Varsóvia, Ordem dos Advogados, 1988.

7. "Rota", ou juramento, é um poema de Maria Konopnicka, escrito em 1910 e musicado na Cracóvia para a cerimônia de inauguração do monumento comemorativo da vitória de Grünwald sobre os cavaleiros teutônicos, em 1410, pelas forças reunidas do rei da Polônia, Jaguelão, e de seu primo Vitoldo, da Lituânia. O verso aqui citado por Borzęcki servia aos poloneses, súditos prussianos antes de 1918, como juramento de resistência à germanização. O poema diz: "Não cederemos a terra de nossos ancestrais [...]/ O alemão não vai mais cuspir em nós".

8. Esse grupo de judeus que atravessava as duas zonas de ocupação era muito provavelmente ligado à estrutura de resistência do "Korpus Bezpiec-zemtsva", ou KB (Corpo de Segurança), envolvido, em outubro-novembro de 1939, em diversas iniciativas que apontavam para a organização de uma resistência judaica enquadrada por diversos oficiais de origem judaica do exército polonês. Mal conhecido, implacavelmente combatido e denegrido pelos bundistas em particular, constituirá a ŻŻW (União Militar Judaica), da qual o dr. Marian Apfelbaum é o historiador na França. Cf. *Retour sur le ghetto de Varsovie* [Retorno ao gueto de Varsóvia], Paris: Odile Jacob, 2002.

9. Lviv [pp. 114-124]

1. Segundo precisões fornecidas a seus biógrafos, Jan Karski não chegou de carroça a "um pequeno povoado", mas à cidade de Bełżec, próxima da fronteira, na entrada da qual morava o guia encarregado de atravessar os refugiados judeus para a zona soviética. Na realidade, o autor foi guiado por um antigo policial de origem judaica que ia para Lviv e ao qual seu irmão Marian confiou sua guarda. Depois da passagem noturna da fronteira e de uma caminhada de vinte quilômetros, eles chegaram à pequena cidade de Rawa Ruska, onde pegaram o trem para Lviv. Cf. E. T. Wood e Stanisław M. Jankowski, *Karski, How One Man Tried to Stop the Holocaust* [Karski, como um homem tentou parar o Holocausto], Nova York: John Wiley and Sons, 1994, p. 59.

2. A identidade desse professor, jurista engajado na Resistência em novembro-dezembro de 1939, não pôde ser estabelecida com segurança, por falta de indicações do autor. Poderia ter certas características do professor Léon Haban, membro do Comitê Sociopolítico de uma das redes envolvidas na constituição do ZWZ, com base nos meios nacional-democratas de Lviv e, portanto, conhecidas de M. Borzęcki. Cf. G. Mazur, "Rozwój organizacyjny AK" [O desenvolvimento organizacional do AK], em *Armia Krajowa*, Varsóvia: Rytm, 1999. Em compensação, sabemos que Jan Karski visitou, em Lviv, o professor Eugeniusz Kucharski, pai aterrorizado de seu outro colega de estudos, Witold Kucharski, que já estava na França, o que levou Karski a tomar emprestada sua identidade (cf. caps. "Torturado pela Gestapo" e "No hospital") e adotar o pseudônimo Witold. Cf. Stanisław M. Jankowski. *Karski, Raporty...*, op. cit., p. 122.

3. Jerzy "Jur", pseudônimo de Jerzy Lerski (1917-92). Jurista, nascido em Lviv numa velha família de médicos patriotas e pilsudkistas ligados à tradição pluricultural da antiga Polônia, Jerzy Lerski era o melhor amigo de Jan Kozielewski (Karski) nos anos de universidade e serviço militar (1931-36). Em 1936, na Universidade Jana Kazimierza, de Lviv, Lerski engajou-se no movimento dos Clubes Democráticos como presidente da Juventude Polonesa Social-Democrata e em seguida como membro da direção do Partido Democrata. Chegou à França via Budapeste, em novembro de 1939, junto com seu pelotão, que recusou a rendição. Em Angers e depois em Londres, em 1942, Karski o recomendou para missões de emissário. Promovido a tenente, retornou à Polônia em 20 de fevereiro de 1943, saltando de paraquedas, como emissário político do governo e das representações dos quatro partidos do Conselho Nacional junto à Delegatura e ao comando do AK. Era então portador de fundos (nº 28/13) em dólar-papel, libras-ouro e dólar-ouro. Designado, em Varsóvia, para os serviços de informação e propaganda da Delegatura, foi reinfiltrado em Londres em junho de 1944. Muito crítico do "realismo" de Mikołajczyk, chefe do governo no exílio, foi de 1944 a 1947 secretário pessoal do socialista Tomasz Arciszewski, sucessor de Mikołajczyk a partir de 1944. Em 1945, foi um dos cofundadores da organização *Niepodległość i Demokracja* [Independência e Democracia], ou NID. Viveu algum tempo em Paris, como redator do jornal *Pologne* (1947-48), e emigrou em 1949 para os Estados Unidos, onde, como o amigo Jan Karski, fez doutorado em Ciências Políticas na Universidade de Georgetown, em Washington, presidindo sempre a seção americana do NID (1952-55), da qual se afastou em 1957. Dedicou-se em seguida à carreira acadêmica na Universidade de San Francisco. Em 1983, aderiu por algum tempo ao Partido Socialista Polonês, presidiu a seção americana do Conselho Nacional do Governo Emigrado e postulou sua presidência. Em 1984, publicou em Londres suas memórias de emissário, *Emisariusz Jur*. Cf. biograma em Rafal Habelski, *Druga wilka emigracja, 1945-1990* [A segunda grande emigração, 1945-1990], Varsóvia: Więź, 1998.

4. Em dezembro de 1939, o chefe militar da primeira estrutura do ZWZ em Lviv era o coronel W. Żebrowski, pseudônimo "Żuk", oriundo do POWW (Organização da Luta pela Liberdade), fundado no final de setembro pelos defensores da cidade. Ele é citado por Karolina Lanckorońska em suas *Wspomnienia wojenne* [Lembranças de guerra] (Cracóvia: Znaz, 2001, pp. 38-39). Mas a situação da resistência polonesa em Lviv sob dominação soviética (1939-41) tornou-se complicada e trágica. Dois emissários chegados em meados de dezembro de 1939, um de Paris, outro de Varsóvia, portadores da mesma ordem de organização das estruturas do ZWZ, suscitaram duas organizações rivais, o ZWZ-1, dominado pelos nacionais-democratas, e o ZWZ-2, de inspiração pilsudkista. O NKVD infiltrou agentes bem camuflados em ambas, desmantelando-as várias vezes e realizando prisões em sequência, e conseguiu quebrar e fazer falar os membros do "processo dos catorze", fuzilados em fevereiro de 1941. Cf. G. Mazur, op. cit., pp. 156-157.

10. Missão na França [pp. 125-137]

1. Na realidade, a cidade de Košice foi "restituída" à Hungria pela Tchecoslováquia logo após os acordos de Munique, em 2 de novembro de 1938, pela arbitragem de Viena, a título de revisão do Tratado do Trianon (1920). Com Košice, Komarno e Munkatchevo, a Hungria anexou uma faixa de 12 103 quilômetros quadrados do sul da Eslováquia, com 1 030 000 habitantes, entre os quais 830 mil húngaros. Já destituída em Munique do território dos Sudetos, obrigada em seguida a ceder Teschen (Cieszyn) (200 mil habitantes, 70% dos quais poloneses) à Polônia, a "Segunda República Tchecoslovaca" tentou consolidar-se através da lei constitucional de 19 de novembro de 1938, que concedia um estatuto de autonomia à Eslováquia e à Rutênia subcarpática. A proclamação da independência da Eslováquia, em 14 e 15 de março de 1939, marcou o início de seu desmembramento.
2. Em setembro de 1939, Stanislas Puzyna (1917-42) era tenente observador da aviação polonesa. Depois da derrota da França, foi para a Grã-Bretanha, onde se tornou oficial do grupo de caça noturna 307 "Lviv", da Força Aérea polonesa. Foi um dos 8300 aviadores poloneses (dos quais 1450 oficiais) que se transferiram para a Grã-Bretanha e participaram, a partir de 1º de junho de 1940, da Batalha da Inglaterra, onde seu desempenho, glorificado na época, foi em seguida negligenciado e esquecido. Puzyna morreu em 1942 na catástrofe aérea de Exminster. Cf. Lynn Olson e Stanley Cloud, *A Question of Honor. Forgotten Heroes of World War II. The Kościuszko Squadron* [Uma questão de honra. Heróis esquecidos da Segunda Guerra Mundial. O esquadrão Kościuszko], Nova York/Londres: Random House, 2003.
3. Depois de março de 1939, existia uma fronteira comum de cerca de duzentos quilômetros entre a Polônia e a Hungria, em consequência da anexação da estratégica Rutênia subcarpática pela Hungria. Em seguida à agressão soviética de 17 de setembro

de 1939, esta nova fronteira húngaro-polonesa permitiu, bem melhor do que a fronteira com a Romênia aliada, a evacuação de unidades polonesas inteiras. Foi assim que a brigada blindada Maczek conseguiu bater em retirada, seguida por numerosos refugiados civis. Em 3 de outubro, os serviços da embaixada da Polônia em Budapeste listavam 8 mil civis, 5 mil oficiais e 30 mil soldados, e não demorou para chegar perto de 60 mil civis e militares. O adido militar e o cônsul Żaranski, nomeado desde 20 de setembro delegado do governo polonês para os refugiados na Hungria, gozaram de uma verdadeira benevolência das autoridades húngaras para evacuar para a França, via Iugoslávia, um grande número de soldados e oficiais. Já no outono de 1939, o comando da resistência militar szp-zwz implantou em Budapeste a sua base I de ligação (codinome "Romek") com o governo no exílio, dirigida pelo coronel Alfred Krajewski. Foi com ele que Jan Karski manteve contato ao chegar a Budapeste.

4. Este campo devia ficar perto do boulevard Bessières, no limiar do 17º arrondissement de Paris, entre as portas de Clichy e de Saint-Ouen.

5. Adam Kułakowski (1916-43), filho do representante de Solvay na Polônia, era um partidário devotado do general Sikorski, que o seguiu de Varsóvia a Lviv e depois à Romênia (7-18 de setembro de 1939) e o acompanhou até a França para tornar-se seu secretário pessoal. Morreu ao lado de Sikorski na catástrofe de Gibraltar (4 de julho de 1943).

6. Stanisław Kot (1885-1975) era historiador da cultura e professor na Universidade Jagellon da Cracóvia (1920). Nascido austríaco, engajado desde 1905 no movimento independentista, juntou-se em agosto de 1914 ao nkn (Comitê Nacional Supremo), criado na Cracóvia pelos deputados poloneses em Viena e autorizado a recrutar as Legiões polonesas contra a Rússia. Foi designado para o serviço de imprensa e propaganda do departamento militar do nkn, dirigido pelo engenheiro de Lviv e capitão da reserva Władysław Sikorski. Esta coloboração fundou uma amizade que terá grande peso em 1939. Em 1920, ligou-se ao Partido Camponês psl-Piast, engajando-se em suas ações culturais. Em 1930, foi a alma do protesto dos professores da Universidade Jagellon contra a prisão dos líderes da oposição em Brześć-du-Bug. Por ocasião da reforma das universidades, em 1933, sua cátedra foi suprimida. Em 1936, membro do Comitê Executivo Nacional do Partido Camponês e colaborador próximo de seu presidente histórico, Witos, tornou-se um crítico radical e apaixonado do "regime dos coronéis" e aproximou-se da Frente Morges dos opositores de centro-direita, amigos do general Sikorski. Em setembro de 1939, em Lviv, de acordo com estes últimos, foi para Bucareste e de lá para Paris, juntando-se, no início de outubro, ao governo do general Sikorski, em vias de formação. Sucessivamente ministro sem pasta, ministro do Interior (1940-41), embaixador em Moscou (1941-42), ministro da Informação e da Documentação (1943-44), foi um conselheiro de peso do chefe do governo. Foi acusado de acentuar os ressentimentos e desconfianças em relação a oficiais de valor e patriotas competentes em virtude de seu passado "pilsudkista". Depois de Ialta (feve-

reiro de 1945), aprovou a linha "realista" de Stanisław Mikołajczyk, juntou-se, em Varsóvia, ao governo provisório de unidade nacional dominado pelos comunistas e tornou-se seu primeiro embaixador em Roma (1945-47), onde combateu duramente "Londres" e o general Anders. Emigrado após 1947, engajado nas organizações internacionais do movimento camponês, publicou *Listy z Rosji do generalała Sikorskiego* [Cartas da Rússia ao general Sikorski] e *Conversation with the Kremlin and Dispatches from Russia* [Conversas com o Kremlin e despachos da Rússia] (1963). Stanisław Kot é até hoje uma figura controversa.

7. Jan Karski evoca aqui o relatório secreto que, por ordem do ministro Stanisław Kot, ditou em Angers e que tratava de quatro questões: o itinerário clandestino seguido por Karski e sua organização; as condições de vida criadas pelo ocupante nazista; a evolução das opiniões políticas na Polônia ocupada; a condição dos judeus sob a ocupação nazista e soviética. Foi a parte consagrada à situação dos judeus que tornou célebre o Relatório Karski. Ela continua até hoje a ser a mais citada, embora de maneira truncada: a situação na zona soviética ainda é pouco conhecida; em troca, as observações de Karski são sempre uma referência quando se trata do recrudescimento do antissemitismo entre os poloneses durante os três primeiros meses de ocupação nazista. Esta quarta parte do "Relatório Karski" foi publicada em sua totalidade em 1989, por Artur Eisenbach, em *Dzieje Najnowsze*, 1989, n. 2, pp. 189-196. Um longo trecho da seção "Os judeus sob a ocupação bolchevique" foi reproduzido em *Wokół Iedwabnego* [Acerca de Jadwabne], Varsóvia, IPN, col. "Dokumenty", tomo II, pp. 127-128. O original do relatório é conservado no Institut Hoover, na Califórnia, entre os arquivos do governo polonês no exílio. Stanisław M. Jankowski teve a feliz ideia de publicar em duplicata, em 2009, as duas versões que fizeram correr tanta tinta, das páginas 6-6a, 9-9a, 10-10a e 11-11a, tendo no frontispício, escrita à mão por Karski, a menção "*Uwaga!!*" [Atenção!], "as páginas 6+9+10+11 são duplas". Cf. Stanisław M. Jankowski, *Karski, Raporty...*, op. cit., pp. 53-61.

8. Um código de moralidade política foi publicado pela imprensa clandestina, em 23 de novembro de 1939, por ordem, vinda de Paris, do general Kazimierz Sosnkowski. Em 16 de abril de 1940, o Comitê dos Ministros encarregados dos negócios internos do país ordenou a criação de tribunais secretos militares e civis para julgar e punir atos de colaboração, traição, denúncia e espionagem. Em abril de 1942, a Delegatura criou a Direção da Luta Civil, desligada das estruturas militares que a incluíam, confiando-a a Stefan Korboński. Esta direção publicou listas de funções e postos proibidos sob pena de infâmia.

9. Recordemos que, em agosto de 1920, o general Sikorski mereceu, da parte do general Weygand, enviado do marechal Foch, um elogio especial — dotado de grande sangue-frio e habilidade tática —, por seu comando do 5º Exército polonês no rio Wkra, na Batalha de Varsóvia (14-16 de agosto de 1920). Ele ficou conhecido na França como o mais talentoso dos generais poloneses e, ademais, o mais francófilo. Suas altas

funções nos anos 1920, como chefe do Estado-maior geral (1921-22), primeiro-ministro (1922-23) e ministro dos Exércitos (1924-25), permitiram que reforçasse as relações pessoais de confiança e estima com os marechais Foch e Pétain e uma plêiade de generais e homens políticos influentes. Dedicou-se a publicar na França a tradução de suas três principais obras, ao mesmo tempo técnicas e políticas, recomendadas por prefaciadores de renome: em 1928, *La Campagne polono-russe de 1920* [A campanha polono-russa de 1920], prefaciada pelo marechal Foch; em 1931, *Le Problème de la paix, le jeu des forces politiques en Europe orientale et l'alliance franco-polonaise* [O problema da paz, o jogo de forças políticas na Europa oriental e a aliança franco-polonesa], prefaciado por Paul Painlevé; em 1935, *La Guerre moderne, son caractère, ses problèmes* [A guerra moderna, seu caráter, seus problemas], prefaciado pelo marechal Pétain.

10. Kazimierz Sosnkowski (1885-1969), pseudônimo "Godziemba". Nascido em Varsóvia na intelligentsia de raízes nobiliárquicas, aderiu ao Partido Socialista Polonês aos dezoito anos e entrou em sua organização de combate (OB-PPS) no curso da revolução de 1905, tornando-se instrutor em pouco tempo. Seguidor de Józef Piłsudski, quando da cisão do partido, escolheu, em 1906, o PPS-Fração Revolucionária. Instalando-se em seguida em Lviv para terminar seus estudos de arquitetura, fundou em 1908 o ZWC, ou União pela Luta Ativa, e consagrou-se, depois de 1910, à instrução do paramilitar União dos Caçadores, que em 1914 fornecerá os primeiros quadros das Legiões polonesas. Em 1914-16, tornou-se chefe de Estado-maior da 1ª Brigada das Legiões, com a patente de coronel. Em 1917, assessor de Piłsudski no departamento militar do Conselho de Estado provisório concedido em Varsóvia pelo ocupante alemão, foi confinado com este em Magdeburgo (22 de julho de 1917-19 de setembro de 1918). Vice-ministro dos Exércitos, com a patente de general de divisão, organizou e comandou o exército de reserva na guerra soviético-polonesa (1920). Ministro dos Exércitos em 1920-23 e 1923-24, foi signatário, em 2 de fevereiro de 1921, em Paris, da convenção militar franco-polonesa. À frente da região militar de Poznań depois de 1925, viu-se, em maio de 1926, quando do golpe de Estado de Piłsudski, diante de um dilema que o colocava entre seu dever de obediência ao governo legal e sua fidelidade a Piłsudski. Tentou se suicidar e só se salvou graças a uma difícil operação, que exigiu um ano de convalescença. Inspetor dos Exércitos (1927-39), general de brigada em 1936 e chanceler da ordem Polonia Restituta, comandou a frente sul em setembro de 1939. Depois da chegada a Paris, foi designado pelo presidente da República W. Raczkiawicz para sucedê-lo em virtude do artigo 13 da Constituição de 1935. A 13 de novembro, foi promovido pelo general Sikorski a comandante em chefe do ZWZ, a estrutura militar da Resistência interna, e presidente do Comitê dos Ministros encarregados dos assuntos internos do país. Em julho de 1941, em desacordo com os termos do acordo Sikorski-Maiski, por julgá-lo perigoso, desligou-se do governo. Com a morte de Sikorski (4 de julho de 1943), Sosnkowski foi nomeado comandante supremo das forças armadas polonesas pelo presidente Raczkiewicz, o que deu origem

a uma campanha raivosa contra "aquele reacionário", instigada pela URSS, que, apoiada por Churchill, exigiu que fosse afastado antes de discutir um acordo com Mikołajczyk. Sosnkowski era pessoalmente contrário à deflagração da insurreição de Varsóvia, tendo em vista a conjuntura do verão de 1944. Em seu discurso ao 2º Corpo de Anders, em Ancona, em 1º de setembro de 1944, evocou "a solidão da Polônia em 1º de setembro de 1939" e "a solidão atual de Varsóvia", o que provocou a ira de Churchill, que obteve, em 30 de setembro de 1944, o seu afastamento. Sosnkowski partiu para instalar-se definitivamente no Canadá. Fonte: J. J. Kasprzyk, "Sosnkowski Kazimierz", em *Encyklopedia białych plam* [Enciclopédia das manchas brancas], tomo XVI, Varsóvia: Radom, 2005, pp. 249-252.

11. O Estado clandestino (1) [pp. 138-148]

1. Esta frase e sua indicação "ele só se permitiu sugerir o nome de Borzęcki" foram suprimidas em 1999 na primeira tradução polonesa de Waldemar Piasecki (*Tajne Państwo*, Varsóvia: Twoj Styl, p. 108), sem dúvida com a concordância de Jan Karski. A homenagem que ele rendia a Borzęcki manteve-se intacta na alínea seguinte. De fato, em 1940, o general Sikorski havia realmente recomendado os conselhos e observações de Borzęcki, completamente engajado na candidatura de Ryszard Świętochowski, que o general queria ver na função de delegado do governo (cf. cap. "Borzęcki", notas 4 e 6). Mas as direções clandestinas dos partidos políticos reagiram muito mal a essas pressões e recusaram-se a designar o homem de confiança do general. Profundamente ressentido, Ryszard Świętochowski tentou, em abril de 1940, entrar de maneira clandestina na França para obter a confirmação de seu "mandato". Extenuado, foi detido ao tentar atravessar a fronteira húngara, preso em 22 de abril de 1940 e deportado para Auschwitz, onde viria a morrer. Esta "tragédia pessoal" do amigo do general Sikorski pesou durante muito tempo sobre as relações com certos meios políticos. Cf. R. Buczek, "Tragedia Ryszarda Świętochowskiego", *Zeszyty historyczne*, n. 25, 1973, pp. 150-169.
2. Téka é na realidade Władysław Tempka (1889-1940), doutor em direito, presidente da organização clandestina do Partido Cristão do Trabalho, com sede na Cracóvia, e muito próximo do general Sikorski no seio da Frente Morges de oposição, constituída em 1937. Preso em 18 de abril de 1940, deportado para Auschwitz I, foi fuzilado em 12 de junho de 1940.
3. Cyna: na realidade, Józef Cyrankiewicz (1911-89), secretário do comitê cracoviano do PPS desde 1935. Na época, porém, o autor não morava na casa de Cyrankiewicz, e sim na de um outro socialista, velho amigo do liceu de Łódź, Tadeuz Pilc, na rua Czarodziejska, numa cidade cooperativa operária dos subúrbios da Cracóvia (Pilc aparece no capítulo 20 sob o nome "Kielec"). Desde 1937, Cyrankiewicz mantinha relações militantes e de amizade com Pilc, no seio da cooperativa de editoras socialis-

tas Czytelnik. Em 1940, a casa de Pilc era um dos pontos de encontro dos resistentes socialistas, e assim Cyrankiewicz foi o primeiro dos líderes políticos da resistência da Cracóvia a encontrar-se com o emissário "Witold" depois de sua chegada (segundo Stanisław M. Jankowski, *Karski, Raporty*, op. cit., pp. 84-85). Cyrankiewicz havia aderido ao PPS durante seus estudos de direito na Universidade Jagellon. Logo se impôs como militante e orador, encorajado por veteranos de prestígio como Adam e Lidia Ciołkosz. Mobilizado em 1939 como tenente de artilharia da reserva e feito prisioneiro pelos alemães, ele fugiu, voltou à Cracóvia e começou imediatamente a organizar as primeiras redes socialistas de resistência, sob a bandeira do PPS-WRN clandestino. Foi pego em 19 de abril de 1941 (cf. cap. 20), preso, torturado, e em seguida deportado para Auschwitz I (matrícula 62 933), onde desempenhou as funções de *Stubenschreiber*, participando ao mesmo tempo do movimento de resistência interna do campo. Transferido no início de 1945 para Munthausen, aproximou-se dos comunistas. Libertado em maio de 1945 pelos americanos, voltou à Polônia e surpreendeu seus antigos companheiros de luta do PPS-WRN ao optar pelo PPS "permitido" — governamental. Lidia Ciołkoszowa relata em suas memórias a justificativa que ele deu a Zygmunt Zaremba: "Os Aliados nos traíram. Não temos outra saída senão buscar o apoio da Rússia. É a razão pela qual passo para o outro lado". Cf. Lidia Ciołkoszowa, *Spojrzenie wstecz* [Olhar para o passado], Paris: Éditions du Dialogue, 1995, pp. 129-130.

4. A "guerra de mentira" traumatizou e amargurou a maioria dos poloneses, sobretudo Jan Karski, que ficou chocado com a atmosfera despreocupada de Paris em fevereiro-março de 1940, que testemunhou pessoalmente. Em maio de 1940, juntou-se a isso a ofensiva fulminante da Wehrmacht e o "erro fatal" (cuja culpa logo recaiu sobre o general Sikorski) de, seguindo muito inocentemente recomendações da França, fazer o "novo exército Polonês" de 84 mil homens, reconstituído nesse mesmo país, suportar uma segunda derrota e uma sangria irreparável.

5. Recordemos que na Polônia pré-1939 estas liberdades eram garantidas *expresis verbis*, tanto pela Constituição de 17 de março de 1921 (art. 95-105) quanto pela Constituição de abril de 1935 (art. 5º).

6. No recenseamento de 1931, a Cracóvia tinha 56 500 habitantes que se declararam de religião judaica, ou seja, 25,8% da população. Em 21 de novembro de 1939, as autoridades nazistas registraram 68 482 judeus, em virtude do afluxo de refugiados (dos quais 17 732 eram crianças com menos de dezesseis anos). Na Cracóvia, transformada na "capital" coalhada de suásticas de Hans Frank, as discriminações atingiram os judeus mais cedo que em outras partes: porte da braçadeira branca com a estrela de davi azul desde outubro de 1939, parques e locais públicos "proibidos para judeus", lojas marcadas, "cortes" brutais da barba de velhos pegos na rua etc. O *Judenrat*, constituído em 28 de novembro de 1939, foi presidido inicialmente pelo professor Marek Bieberstein, em seguida pelo dr. Artur Rozenweig e finalmente por Daniel Gunter,

cuja servilidade logo seria motivo de escândalo. Em maio de 1940, quando o panfleto do PPS apelava à solidariedade para com os concidadãos judeus, o "bairro fechado" ainda não existia: o gueto foi instituído na margem direita do Vístula entre 3 e 20 de março de 1941. Contava com 14 mil habitantes em 13 de julho de 1941... O historiador Emanuel Ringelblum destacou que, na Cracóvia, as relações polono-judaicas, "corretas por velha tradição", facilitaram os salvamentos: mais de 2 mil judeus sobreviveram na Cracóvia ariana com a ajuda espontânea de seus habitantes, que teve como base inicial as relações profissionais e de vizinhança antes de ser organizada em estruturas polonesas de resistência. O PPS-WRN socialista, fiel a suas tradições, desempenhou um papel pioneiro, criando, só ele, 150 esconderijos. Pesaram neste movimento de apoio a importância do PPS na municipalidade (33,8% dos votos em 1938), o acordo precoce — na clandestinidade — com os partidos Democrata e Camponês, assim como a estreita cooperação com a resistência militar ZWZ-AK e os meios católicos, dispondo da rede de monastérios e orfanatos do Podhale, sob a firme autoridade do arcebispo metropolitano Adam Sapieha. A seção cracoviana do Żegota, o Conselho de Ajuda aos Judeus, foi criada em 12 de março de 1943 (cf. cap. "O gueto", notas 2 e 4). Segundo Andrzej Chwalba, *Kraków w latach 1939-1945* [A Cracóvia dos anos 1939-1945], Cracóvia: W.L., 2002.

7. Maciej Rataj (1884-1940), oriundo do campesinato, foi, antes de 1914, professor do liceu de Zamość e publicista engajado no jovem partido camponês PSL. Em 1919, foi eleito deputado da ala radical camponesa Wyzwolenie [Liberação] para a Dieta Constituinte, mas filiou-se em 1920 ao partido moderado PSL-Piast, de Witos. Sucessivamente membro do Conselho de Defesa Nacional (1920), ministro da Educação e dos Cultos do gabinete Witos (julho de 1920-setembro de 1921), "marechal da Dieta", isto é, presidente da Câmara dos Deputados (1922-27) e, nesta condição, duas vezes chefe de Estado interino (dezembro de 1922 e maio de 1926), depois membro da direção do PSL-Piast (transformado em 1931 em SL — Partido Camponês) e redator-chefe de seu jornal, *O Estandarte Verde*, tornou-se presidente do comitê central de seu partido (1935-39). Durante o cerco de Varsóvia, fez parte do Comitê Cívico de Defesa e, em 27 de setembro de 1939, deu seu aval para que o SZP, primeira organização de resistência militar e civil, representasse o Partido Camponês no Conselho Central Político junto ao SZP (chamado também de Conselho Central da Defesa do Estado). Escolheu como suplente Stefan Korboński. Detido pela primeira vez pela Gestapo em 28 de novembro de 1939, permaneceu preso até 14 de fevereiro de 1940. Depois de libertado, organizou a direção clandestina do Partido Camponês. Preso de novo em 30 de março de 1940, foi fuzilado em 21 de junho, em Palmiry, com 13 outros membros do SZP-ZWZ.

8. Na realidade, não foi a Constituição de 1935 que atentou contra a concepção democrática de designação das candidaturas às eleições, mas a nova lei eleitoral de 8 de junho de 1935, que causou escândalo ao privar os partidos políticos deste direito, em

benefício dos corpos intermediários (assembleias de bairro, câmaras profissionais, uniões sindicais etc.) Os três partidos de oposição, Partido Socialista (PPS), Partido Camponês (SL) e Partido Nacionalista (SN), proclamaram o boicote às eleições. Em 8 de setembro de 1935, a participação no pleito caiu para 49,5% do corpo eleitoral e menos ainda nas três maiores cidades (Varsóvia, 29,4%; Łódź, 36,4%; Poznań, 37,4%), e somente a Silésia teve 75,7% dos eleitores. No entanto, mantido para as eleições de 6 de novembro de 1938, o boicote teve menos aceitação e a participação subiu para 67,1%. A oposição pôde enfim contar seus votos por ocasião das eleições municipais de 1939: o SL obteve 10,9% dos votos, o SN, 6%, o PPS, 1,3%, o Partido Cristão do Trabalho, 0,8%; o partido do governo obteve 57,1% dos votos; as minorias nacionais, o resto (23,9%). Segundo Andrzej Albert (W. Roszkowski), em *Najnowsza historia Polski, 1918-1980* [História contemporânea da Polônia, 1918-1980], Londres: Puls Publications, 1991.

9. O norueguês Vidkun Quisling (1887-1945), fundador do Partido da União Nacional, colaboracionista e chefe de governo de 1942 a 1945, tornou-se e ainda é o símbolo da colaboração com o ocupante nazista, Depois da capitulação do Terceiro Reich, ele foi preso, condenado à morte e enforcado. Em agosto de 1942, o operário de Varsóvia K. Szymczak comentava em seu *Jornal*: "Tenho orgulho de pertencer a esta nação que não tem traidores coletivos, mas unicamente túmulos coletivos e alguns indivíduos traidores colaborando com o ocupante". Citado por Tomasz Szarota, *Tygodnik Powszechny*, n. 27, 2003, no debate recente sobre "os colaboradores num país sem Quisling".

10. O juramento solene feito por todo soldado AK e todo agente da resistência civil (Delegatura) era: "Juro diante de Deus todo-poderoso executar com fidelidade, disciplina e sem condescendência as tarefas que me forem designadas, com o objetivo de libertar a Polônia do ocupante. Juro obedecer estritamente às ordens de meus superiores e jamais trair o segredo de nossa organização […]". Os emissários, como Jan Karski, deveriam acrescentar: "Juro diante de Deus jamais divulgar a ninguém o teor das mensagens, relatórios, documentos que me forem confiados e transmiti-los fielmente a seus destinatários". O juramento terminava da seguinte forma: "Que Deus me ajude". Fonte: Waldemar Grabowski, *Delegatura rządu Rzeczypospolitej na kraj, 1940-1945* [A delegação da República no país, 1940-1945], Varsóvia: Pax, 1995, p. 220.

12. A queda [pp. 149-157]

1. Franciszek Musiał, pseudônimo "Myszka" [Rato] na resistência ZWZ-AK. Padeiro de profissão, vindo de Tarnów para Piwnicza em 1939, pertencia à base de Nowy Sącz de guias-atravessadores juramentados da Resistência, setor Cracóvia-Silésia. Já tinha realizado 31 "comboios" para Budapeste quando se encarregou de Karski. Como Karski, foi preso, torturado e em seguida deportado para diversos campos, mas sobreviveu à guerra e morreu no final dos anos 1970.

ESTADO SECRETO

13. Torturado pela Gestapo [pp. 158-178]

1. Přešov é uma cidade da Eslováquia situada entre a fronteira polono-eslovaca e a cidade de Košice.
2. Schutzstaffel ou "tropa de proteção": na origem, organização paramilitar criada para a proteção de Hitler, em novembro de 1925. Em 1929, passou à autoridade de Himmler, e suplantou a SA, quando Himmler foi nomeado chefe da polícia alemã em 1934; a SS contava com 250 mil integrantes em 1939, responsáveis por todas as repressões. A Waffen-SS, criada em 1940 como corpo de elite, mantinha quarenta divisões.
3. *Junker*: nobre proprietário de terras da Prússia histórica dos Hohenzollern. De Karl Marx a Max Weber, é um *topos* ao mesmo tempo socioeconômico e político: encarnação do conservadorismo político e do nacionalismo fundador do Império Alemão de 1871, do qual Bismarck, o "*Junker* por nascimento" e por escolha política, é o símbolo ainda controverso. Cf. Sandrine Kott, "Être Junker" [Ser Junker], capítulo 8 de seu *Bismarck*. Paris: Presses de Sciences-Po, 2003, pp. 175-221.
4. Ordensburg ou "cidadela da Ordem": escolas colocadas sob a égide de Baldur von Schirach (1907-74) e instaladas em castelos medievais, destinadas a "educar" a juventude hitlerista como perfeitos nazistas. "Quero uma juventude brutal, arrogante, impávida, cruel", escrevia Hitler em *Mein Kampf* (1925). A partir de 1935, havia três dessas NS-Ordensburgen instaladas: na Pomerânia, em Krössinsee, no Allgäu, em Sonthofen, e no Eiffel, em Vogelsang.

14. No hospital [pp. 179-191]

1. Jan Karski expressa aqui seu desiludido amor pela França e o desespero da maioria de seus compatriotas. Assim, Karolina Lanckorońska escrevia em junho de 1940, na Cracóvia: "Todos nós temos uma fé inabalável na França, por causa de nosso apego a ela, da admiração na qual fomos criados, e, para os mais velhos, da lembrança de seu heroísmo durante a Primeira Guerra Mundial" (*Wspomnienia wojenne*, op. cit., p. 65). Numerosos no seio da "emigração combatente" na França, os poetas acusaram o golpe, à imagem de Jan Lechoń (1899-1956), que também era adido cultural junto à embaixada da Polônia: "Assim, neste dia de junho, dia incompreensível,/ Gritaste, estrangulado pelas lágrimas: 'Adeus, *Marsellaise*! [...] Adeus, canto formidável, pisoteado na derrota! [...]'" ("Pożegnanie Marsylianki", publicado em *Wiadomości Polskie*, n. 11, 1941). Nas mãos dos soviéticos, Gustav Herling-Grudziński soube da "queda de Paris" na prisão de Vitebsk, da boca de um prisioneiro recém-chegado. "Um dos que estavam sentados mais perto fez o sussurro trêmulo explodir num grito violento e ardente: 'Paris acaba de cair!' [...] Não havia mais nada a esperar. Paris havia caído, Paris, Paris... Parece incrível que mesmo os

presos mais humildes, gente que nunca havia posto os pés na França, sentissem a queda de Paris como a morte da última esperança, como uma derrota ainda mais irrevogável que a rendição de Varsóvia." Cf. *Un monde à part* [Um mundo à parte], Paris: Denoël, 1985, p. 299.

2. É importante recordar aqui que a Polônia jamais capitulou em setembro de 1939, como afirmam inúmeros manuais universitários franceses, que qualificam a capitulação dos defensores de Varsóvia, em 28 de setembro, de "capitulação da Polônia". Esta mesma desinformação pode ser encontrada, aliás, na suma de referências que é *Le Journal de la France et des Français. Chronologie de Clovis à 2000* [Jornal da França e dos franceses. Cronologia de Clóvis a 2000] (Paris: Gallimard, col. "Quarto", 2001, p. 2062), escrito por Jean-Louis Panné. Ora, se em 17 de setembro de 1939 o governo polonês solicitou de seu aliado romeno um "direito de passagem" para ganhar, *in corpore*, a França, seguido pelo comandante em chefe dos exércitos, foi precisamente para evitar ser pego e obrigado a assinar uma capitulação qualquer e para, ao contrário, continuar a luta, ao lado da França, com um exército reconstituído em seu território, em virtude dos acordos militar e político firmados em 4 de setembro de 1939. Assim também, em junho de 1940, o presidente Raczkiewicz e o general Sikorski, como primeiro-ministro e comandante em chefe do exército polonês na França, recusaram-se categoricamente a ser incluídos ou associados ao ato de armistício pedido pela França e às suas consequências — apesar das pressões insistentes de Paul Reynaud, do marechal Pétain e do general Weygand. "A bem dizer, que alternativas teriam vocês? Para onde iriam? Seu exército luta com o inimigo, mas vocês não possuem navios suficientes, nem aviões para evacuá-lo [...]. Pensam que a Grã-Bretanha poderá resistir sozinha à agressão de Hitler?", reiterava Reynaud. Em 16 de junho de 1940, a hospitalidade inglesa foi oferecida ao presidente Raczkiewicz e ao governo polonês. No dia 17, Churchill enviou um hidroavião a Sikorski, e, no dia 19, o general Sosnkowski deu início à evacuação das tropas polonesas com o auxílio da Marinha inglesa. Cf. Yves Beauvois, *Les Relations franco-polonaises pendant la drôle de guerre*, op. cit., pp. 141-152.

3. Mais uma vez, o patriota Jan Karski reage em uníssono com seu povo: Karolina Lanckorońska observa uma verdadeira "transferência" para a Grã-Bretanha do "amor horrivelmente traído e ferido pela França" por parte de seus compatriotas. Em 15 de abril de 1940, enquanto a Batalha da Inglaterra se intensificava, o príncipe-arcebispo Sapieha celebrava uma missa solene na Igreja da Virgem Maria. "Toda a Cracóvia estava de joelhos", continua ela, "pois todos haviam entendido que, naquele dia de aniversário do milagre do Vístula [1920, vitória da Polônia sobre os bolcheviques], as preces de Sapieha pediam por um milagre no Tâmisa. E quando ele saiu da igreja, uma imensa ovação partiu da multidão que não havia encontrado lugar dentro do templo." O ocupante, surpreso e inquieto, indagava os motivos dessas manifestações insólitas dos católicos (*Wspomnienia wojenne*, op. cit., pp. 69-70).

15. Minha salvação [pp. 192-203]

1. Krynica, estação termal situada perto de Sanok (no rio San), estava em zona soviética desde 28 de setembro de 1939. É mencionada por Jan Karski em lugar de Nowy Sącz, para embaralhar as pistas: em 1944, tratava-se de proteger a resistência AK.
2. "Stefa Rysińska", na realidade Zofia Rysiówna, era a irmã não do guia, mas de Zbygniew Ryś, soldado do ZWZ e chefe da célula Nowy Sącz de proteção das trilhas de passagem clandestina para Budapeste.
3. A Cruz dos Valentes (*Krzyż Walecznych*) é uma ordem criada em 1920 e destinada a homenagear "os atos de bravura e heroísmo" dos militares. Uma mesma pessoa podia receber a distinção quatro vezes.
4. O dr. Jan Słowikoski (pseudônimo "Dzięcioł"), um dos organizadores da fuga de Jan Karski, era membro da seção local do ZWZ. Depois da guerra, dirigiria a clínica cirúrgica infantil de Wrocław.
5. Este atlético carregador era o chefe do comando, Zbigniew Ryś.
6. O Dunajec, afluente do Vístula, de curso rapidíssimo.
7. "Staszek Rosa", na realidade Stanisław Rosieński (1919-43), militante PPS da Cracóvia, soldado da GL-PPS (Guarda Popular do PPS), foi o coordenador do resgate de Jan Karski ordenado por Józef Cyrankiewicz. Foi morto em 1943, em Varsóvia, em circunstâncias desconhecidas.

16. O "agrônomo" [pp. 204-212]

1. A cidade de Nowy Sącz.
2. Somente em abril de 1986 Jan Karski teve conhecimento dos custos humanos de sua fuga, ao receber dois artigos de reportagens históricas, dedicadas ao destino sofrido por seus salvadores, da autoria de Stanisław M. Jankowski em sua série "Kryptonim samoobrona", em *Przegląd Tygodniowy* (cf. Carta inédita de Jan Karski a Jerry Giedroyc de 30 de setembro de 1988). Do comando de quatro, apenas Zbigniew Ryś escapou da prisão e sobreviveu, tornando-se em seguida mensageiro do AK entre a Polônia e Budapeste. Sua irmã, Zofia Rysiówna, encontrada e presa pela Gestapo em Varsóvia, foi deportada para Ravensbrück em 1941. Retornou em 1945 e, depois da guerra, teve uma carreira de atriz de sucesso na Polônia. Morreu em 2003. Os três outros membros do comando e o guarda florestal que escondeu o emissário Witold foram presos, torturados e mortos. O professor Tadeusz Szafran foi fuzilado em 21 de agosto de 1941 perto de Nowy Sącz, e os três outros foram deportados para Auschwitz: o aspirante Karol Głód, n. 24766, executado em 18 de junho de 1942; o guarda-florestal Feliks Widel, n. 88577, morreu em agosto de 1943; e Józef Jenet, que tinha 17 anos, n. 18829, jamais retornou. Todos receberam, em 11 de setembro de 1941, a Cruz dos Valentes, atribuída pelo comandante em chefe do ZWZ, general

Rowecki, ou "Grot". Com a aplicação de "responsabilidade coletiva" à população de Nowy Sącz, 32 moradores, entre os quais dois padres, foram fuzilados em 28 de agosto de 1940, por provável ou pretensa ajuda à evasão de "Witold Kucharski" — Jan Karski. Cf. Stasnisław M. Jankowski, *Karski, Raporty...*, op. cit., pp. 522-523.

3. "Cyna", Józef Cyrankiewicz (cf. "Estado clandestino I", nota 3). Foi a seção do PPS da Cracóvia que, por ordem de Cyrankiewicz, organizou e financiou a fuga do "emissário Witold" — Jan Karski. Cyrankiewicz precisou na entrevista a Stanisław M. Jankowski, em 1986: "Enviei Rosieński [a Nowy Sącz] para que os militares de Korczak não levem todo o crédito pela operação". Mas a operação só foi realizada sob ordem e instrução formal de "Korczak", ou seja, do coronel Komorowski, comandante do setor Cracóvia-Silésia do ZWZ. Cf. Bór-Komorowski, *Histoire d'une armée secrète* [História de um exército secreto], Paris: Les Îles d'or, 1952 (pp. 46-47 da edição polonesa). A operação ilustra a imbricação e a estreita cooperação, efetivas na Cracóvia, entre o ZWZ e a Resistência civil controlada pelos partidos políticos (cf. " O Estado clandestino II").

4. "Danuta Sawa", na realidade Danuta Sławik, pseudônimo "Gloria" na Resistência, era membro do ZWZ. Como muitos emigrantes da ex-Galícia do século XIX, a família Sławik reemigrou para os Estados Unidos e comprou a propriedade de Kąty (cf. "Dwór, convalescença e propaganda").

17. Dwór, convalescença e propaganda [pp. 213-229]

1. O "Dwór", ou solar de Kąty, situado no bairro de Brzesko, no leste da Cracóvia, pertencia à rede de resistência paramilitar Uprawa, que se transformou em Tarcza (ou seja, escudo) da União dos Proprietários Rurais, os quais organizaram espontaneamente um sistema de autotaxação em prol da Resistência. Eles transformaram seus solares e quintas anexas em pontos de retiro, contato, esconderijo e acolhida de judeus utilizados pelas seções locais do ZWZ-AK, antes mesmo da organização do Żegota. Fundada no inverno de 1939-40 pelo presidente da seção cracoviana da União dos Proprietários Rurais, Karol Tarnowski, a Uprawa-Tarcza teve como "alma e motor" o cavaleiro Leon Krzeczunowicz e tinha redes espalhadas pelo conjunto do Governo Geral. Cf. Michal Żołtowski, *Tarcza Rolanda* [O escudo de Rolando], Cracóvia: Znak, 1989.

2. Lucjan Sławik, oficial da seção Cracóvia-Silésia do ZWZ, foi o organizador, com sua irmã Danuta/"Gloria", da estadia do "emissário Witold" em seu solar, após sua designação para a ação de contrapropaganda e diversionismo, a "Ação N" (cf. nota 5 adiante).

3. Albert Forster (1902-45), membro do NSDAP desde 1923, tornou-se Gauleiter da cidade livre de Danzig após sua eleição para o Reichstag, em 1930. Levou adiante com brutalidade a nazificação da cidade depois de 1933. Em setembro-outubro de 1939, multiplicou os massacres das elites polonesas locais (ação *Flurbereinigung*, ordenada por Heydrich) e deportou civis em massa. Extraditado para a Polônia em 1946, foi julgado e enforcado.

ESTADO SECRETO 411

4. Em 1944, Jan Karski foi testemunha e porta-voz do horror do *Volksdeutsch* na Polônia e do ódio que o comportamento dos alemães nazificados inspirava em sua nação. Assim, em 17 de outubro de 1944, declarou ao fórum do *New York Herald Tribune*: "Quaisquer que sejam as decisões que vierem a ser tomadas pelas potências mundiais em seus encontros secretos, os povos da Europa, animados pela cólera, seus homens ávidos de vingança, suas desesperadas mulheres e crianças esperam o momento em que poderão finalmente punir este maldito povo alemão e seu Estado, reprovados pelo próprio Deus". Logo após sua instalação em Lublin pelo Exército Vermelho, o governo comunista polonês, em uníssono com seu protetor soviético, conseguiu captar esse ódio para avalizar diante da população uma política de aprisionamento, represálias e expulsões brutais. Estes problemas são, hoje, objeto de pesquisas e publicações conjuntas de historiadores poloneses e alemães — *sine ira et studio*. Escrita com paixão para o grande público alemão, a reportagem de Helga Hirsch, *Die Rache des Opfer. Deutsche in polnischen Lagern, 1944-1950* [A vingança das vítimas. Os alemães nos campos poloneses, 1944-1950] (Berlim: Rowohlt Verlag, 1998), foi traduzida para o polonês em 1999.
5. O comandante em chefe do ZWZ, general Rowecki/"Grot", impulsionou, em fevereiro de 1941, a "Ação N" de contrapropaganda e diversionismo, visando provocar a desmoralização dos soldados da Wehrmacht. Redigidos em alemão, periódicos como *Der Hammer* ou *Der Frontkämpfer* difundiam um discurso antinazista ou de pretensa oposição de altos dignitários militares críticos a Hitler. Cf. Alexandre Wołowski, *La Vie quotidienne à Varsovie sous l'occupation nazie, 1939-1945* [A vida cotidiana em Varsóvia sob a ocupação nazista, 1939-1945), Paris: Hachette, 1977, pp. 200-205.

18. Sentença e execução [pp. 230-239]

1. Danuta Sławik, pseudônimo "Gloria", e seu irmão, tenente AK Lucjan Sławik, foram presos em 1941, assim como sua mãe. Danuta foi fuzilada em 1942. Fonte: Stasnisław M. Jankowski, *Karski, Raporty...*, op. cit.

19. O Estado clandestino (II) — Estruturas [pp. 240-246]

1. Na Cracóvia, o tenente-emissário "Witold" (Kucharski) dependia do comando da região IV (Cracóvia-Silésia) da estrutura militar da Resistência, o ZWZ, isto é, do general T. Komorowski, pseudônimo "Korczak", que ordenou a operação de seu resgate em Nowy Sącz (cf. cap. "Minha salvação") e designou-o em seguida para a "Ação N", durante seu retiro forçado no solar de Kąty (cf. cap. "Dwór, convalescença e propaganda"). Foi a seu próprio pedido que ele transferiu "Witold" para um serviço eminentemente arriscado de escuta das transmissões estrangeiras, na Cracóvia. De fato, em 10 de outubro de 1939, a administração militar alemã havia estabelecido que a escuta das rádios estrangeiras era passível de pena de morte. Desde 15 de dezembro

do 1939, os poloneses estavam proibidos de possuir aparelhos de rádio. O autor estava hospedado na Cracóvia, na casa de velhos amigos socialistas, e foi ao reencontrar "Cyna", isto é, Józef Cyrankiewicz (cf. cap. "O Estado clandestino [1]", nota 3), que representava o PPS-WRN no Comitê Político Interpartidário da resistência local, que aceitou cooperar com a imprensa clandestina do PPS: o *Naprzód* [Avante!] e o *Wolność* (cf. A. Chwalba, *Kraków w latach 1939-1945* [Cracóvia durante os anos 1939-1945], Cracóvia: WL, 2002). "Witold" cooperou regularmente com a redação do *Wolność*, que ele evoca aqui em termos velados a propósito do "apartamento da sra. Laskowa" (cf. cap. "Cracóvia — O apartamento da sra. L..."). O autor confirmou e precisou tais fatos em novembro de 1987, quando das entrevistas registradas por Stanisław M. Jankowski e citadas em *Karski, Raporty...*, op. cit., pp. 158-161.
2. O autor refere-se aqui à onda de prisões e execuções em massa da "Ação AB" (*Ausserordentliche Befriedungsaktion*) da primavera/verão de 1940, sincronizada pelos nazistas com a Blitzkrieg no oeste e a derrota da França. Ele ilustra isso com os nomes de algumas vítimas que havia conhecido entre os primeiros responsáveis civis pelas estruturas do Estado clandestino, executados em Palmiry em 20 e 21 de junho, como Rataj e Niedziałkowski (cf. cap. "Transformação", nota 3), ou deportados para Auschwitz I, como o professor de economia política Roman Rybarski.
3. A fé numa contraofensiva vitoriosa dos aliados franco-britânicos já na primavera/verão de 1940 levou os "centros de organização autônoma", como o autor os chama, a negligenciar ou a recusar a ordem de unificação e de prudente preparação vinda do governo no exílio em Angers. Foi notadamente o caso da ala direita do Partido Nacional e de suas organizações de combate. Mas a multiplicação dos atos de sabotagem, em particular na região IV (Cracóvia-Silésia), também colocou a Gestapo na pista das redes e estruturas do ZWZ e das células de resistência civil associadas, acarretando uma série de prisões na própria Cracóvia, entre março e maio de 1941, na qual mais de trezentos resistentes foram presos e em seguida deportados ou fuzilados.
4. Trata-se do decreto de 2 de outubro de 1939 do novo presidente da República da Polônia, Władyław Raczkiewicz, declarando "nulos e sem validade todos os atos legislativos do ocupante" em virtude do artigo IV da Convenção Internacional de Haia (1907).
5. Esta estrutura militar da Resistência, chamada então de ZWZ, foi criada em 13 de novembro de 1939 pelo general Sikorski, na condição de primeiro-ministro e chefe supremo das forças armadas. Seu comando central estava na França, confiado ao general Sosnkowski (cf. cap. "Torturado pela Gestapo", nota 3). A derrota da França e a evacuação para Londres do governo no exílio, na perspectiva de uma guerra longa, tornou difícil a manutenção dessa centralização. Em 30 de junho de 1940, uma "ordem organizacional" enviada de Londres pelo general Sosnkowski nomeou o general de brigada Stefan Rowecki — pseudônimos "Rakoń", "Grot" — para o comando central do ZWZ em todo o território, nas fronteiras de 1939, com o título de *Komendant główny*, ou "comandante principal" (traduzido no texto pelo clássico "coman-

dante em chefe"). Ele seria assessorado por um Estado-maior central (*Komenda główna*) a ser organizado, com plena autoridade sobre as regiões militares e seus comandos. Em 3 de setembro de 1940, o chefe supremo das forças armadas, general Sikorski, conferiu-lhe o título de comandante das Forças Armadas do Interior, e, em 12 de fevereiro de 1942, o zwz recebeu a ordem de assumir o nome oficial de Armia Krajowa, ou Exército do Interior, conforme precisa Jan Karski. Se as estruturas do zwz haviam sido desmanteladas na zona de ocupação soviética pelas prisões e deportações em massa, de 1940 a junho de 1941, paradoxalmente, ao suprimir a fronteira germano-soviética de 28 de setembro de 1939, a operação Barbarossa, de 22 de junho de 1941, facilitou as ligações no interior da Resistência polonesa. O ano de 1942 viu a reconstituição das unidades de *partisans* e "maquis" controladas ou implantadas pelo AK nas províncias de Vilna, Nowogródek, Grodno e Białystok (territórios lituano--bielorrussos), assim como em Volhynie e em Lviv. Ao mesmo tempo, prosseguiu a interação no seio do AK, ordenada pelo chefe supremo Sikorski, das unidades de combate de diferentes obediências políticas (à exclusão dos dois extremos — a extrema esquerda comunista não reconhecia o governo legal no exílio). O AK devia contar com 350 mil combatentes formados.

6. Os quatro partidos políticos eram o Partido Camponês (Stronnictwo ludowe — SL), o Partido Socialista Polonês (Polska partia socialistyczna-Wolność-Równość--Niepodległość — PPS-WRN), o Partido Nacional (Stronnictwo narodówe — SN) e o Partido Cristão do Trabalho (Stronnictwo pracy — SP).

7. A Direção da Luta Civil, criptônimo KWC (Kierownictwo Walki Cywilnej), nasceu no outono de 1940 no seio do Escritório de Informação e Propaganda (ou BIP) do ZWZ, antes que se estabelecesse a estrutura civil da Delegatura ou delegação do governo. No final de 1940, o general Stefan Rowecki, comandante do ZWZ em Varsóvia, estabeleceu as primeiras instruções e "princípios da luta civil": 1. boicote ao ocupante; 2. boicote e punição a qualquer colaborador; 3. pequenas sabotagens por meio de panfletos e avariação de cinemas, teatros etc. organizados pelo ocupante; 4. socorro obrigatório às vítimas do ocupante. Em abril de 1941, a direção das iniciativas do KWC foi confiada ao advogado Stefan Korboński, do Partido Camponês, que, em abril de 1942, tornou-se o delegado comum e mandatário do delegado do governo e do comandante em chefe do AK, dispondo de contato direto com o governo em Londres. O KWC e Stefan Korboński dispunham para isso de um emissor-receptor autônomo. Stefan Korboński estabeleceu o primeiro contato direto com Londres em 2 de agosto de 1941 e dirigiu pessoalmente este serviço técnico. Desde a sua criação em novembro-dezembro de 1942, os tribunais civis especiais, assistidos por colégios de investigação e instrução de processo, eram ligados ao KWC, e os tribunais militares, estabelecidos no final de 1940, ficaram desde então limitados a suas competências. As primeiras condenações à morte em Varsóvia foram anunciadas pelo KWC através de 3 mil cartazes colados na noite de 4 e 5 de março de 1943. Em 18 de março do mesmo ano, foram espalhados avisos dirigidos aos

szmalcownicy (mestres-cantores) que chantageavam e denunciavam os judeus escondidos na parte "ariana" de Varsóvia. A terceira vertente do KWC cobria as iniciativas de "sabotagem e diversionismo", dirigidas sobretudo contra o trabalho obrigatório, a entrega de produtos agrícolas ao ocupante, a "cultura" servida à população pelo ocupante. Aqui, o recurso às transmissões da rádio Świt para estigmatizar, dissuadir e prevenir foram muito eficazes e espetaculares. Cf. Tomasz Strzembosz, *Rzeczpospolita podziemna* [A República Clandestina], Varsóvia: Wyd. Krupski i S-ka, 2000; cap. 3, p. 202-217; e Waldemar Grabowski, *Polska tajna administracja cywilna 1940-1945* [A administração clandestina polonesa, 1940-1945], Varsóvia: IPN, 2003, pp. 246-252.

20. Cracóvia — O apartamento da sra. L... [pp. 247-253]

1. "Tadeusz Kielec", na verdade Tadeusz Pilc, era amigo do autor desde o liceu de Łódź e depois na Legião dos Jovens. Na Cracóvia, era ligado, desde 1937, aos socialistas de esquerda reunidos em torno da editora cooperativa Czytelnik, da qual J. Cyrankiewicz também fazia parte. Pilc foi um dos organizadores da evasão de Karski do hospital de Nowy Sącz, e Karski morou em sua casa, na rua Praska, perto do Vístula, em 1941. Ele ignorava, na época, que o amigo pertencia a uma célula comunista encarregada de infiltrar-se no PPS-WRN. Pilc foi preso pela Gestapo em outubro de 1941 e deportado para o campo de Buchenwald, onde foi executado no início de 1942.
2. "Weronika Laskowa" chamava-se na verdade Bronisława Langrodowa, nascida Bruner (1902-75). Membro do PPS-WRN clandestino, colaboradora próxima de J. Cyrankiewicz, ela fazia parte da redação do jornal clandestino *Wolność*, para o qual Karski colaborava com notas sobre as transmissões da BBC (cf. cap. "O Estado clandestino [11] — Estruturas"). Era esposa de Witold Langrod (1899-1983), chefe, antes de 1939, da seção encarregada da política de emigração do Ministério das Relações Exteriores polonês. Depois da guerra, o casal emigrou para os Estados Unidos.
3. "Kara", isto é, o tenente-coronel Jan Cichocki, pseudônimo "Kabat", era chefe de Estado-maior da região militar Cracóvia-Silésia do ZWZ. "Cyna"/Cyrankiewicz costumava encontrá-lo no âmbito da cooperação entre a coordenação dos partidos da Resistência e o ZWZ, estabelecido na Cracóvia desde o início de 1940. Na noite de 17 para 18 de abril de 1941, a Gestapo prendeu "Kara" e em seguida organizou uma emboscada em seu domicílio, na rua Sławkowski, 6, onde Cyrankiewicz teve a imprudência de aparecer em 19 de abril; 17 outras pessoas foram presas na ocasião, segundo Karolina Lanckorońska, em *Wspomnienia wojenne*, op. cit., pp. 94-95.

21. Uma missão em Lublin [pp. 254-261]

1. Marian Kozielewski, matrícula 6535, fez parte, em 14 de agosto de 1940, do primeiro transporte de varsovianos para o campo de Auschwitz I. Foi libertado em maio de

1941, graças aos esforços de sua esposa Jadwiga (nascida Kroll [1901-89], descendente de uma velha família alemã polonizada). O irmão de Jan Karski foi um dos primeiros em Varsóvia, junto com o jovem Władysław Bartoszewski (deportado no âmbito da grande batida de 19 de setembro de 1940 e libertado em 8 de abril de 1941), a poder informar a resistência polonesa sobre o funcionamento do campo de Auschwitz I. Transmitidas a Londres já no verão de 1941, essas informações em primeira mão foram publicadas pelo Ministério da Informação do governo no exílio em *The German New Order in Poland*, op. cit., parte I, cap. 4, "Concentration Camps" [Campos de concentração], pp. 82-90.

2. Marian Kozielewski (1897-1964) foi mantido, depois da rendição de Varsóvia em 28 de setembro de 1939, à frente da polícia polonesa, reorganizada em 17 de dezembro de 1939 por decreto de Hans Frank. Em 1º de outubro, conseguiu colocar à disposição dos chefes da organização de resistência szp uma primeira rede de policiais leais. Paralelamente, por intermédio de Marian Borzęcki (cf. cap. "Brozęcki", nota 6), que Kozielewski conhecia de longa data, colocou-se sob a autoridade do ckon, o Comitê Central das Organizações Independentistas, que lhe foi apresentado como a representação do governo legal no exílio. Graças às suas funções, conseguiu fornecer à Resistência documentos falsos e identidades arianas para muitos judeus. Em novembro-dezembro de 1939, enviou seu irmão mais novo Jan para fazer uma série de pesquisas na província e elaborar um relatório para o governo. Em janeiro de 1940, quando Jan partiu para a França, confiou-lhe a missão de entregar ao general Sikorski, chefe do governo, uma lista de oficiais de polícia de segura lealdade e um projeto de organização camuflada sob a denominação "Sociedade de seguros POL". Por intermédio de Jan, perguntou ao general Sikorski se os policiais deveriam prestar juramento de lealdade ao Reich, caso isso fosse exigido. Em seu relatório, Karski precisou: "Por meu intermédio, ele notificou ao governo que era inadmissível que se prestasse tal juramento, independentemente da posição ocupada no governo, e que, se os alemães lhe exigissem tal coisa, daria cabo de si mesmo". Entretanto, Kozielewski foi preso em 7 de maio de 1940 com uma quinzena de oficiais de polícia, enviado para a prisão de Pawiak e em seguida deportado, em 14 de agosto, para Auschwitz I. Libertado em maio de 1941, mergulhou de novo na Resistência: sob os pseudônimos "Bratkowski" ou "Pilecki", foi o organizador e primeiro comandante em chefe do PKB, ou Corpo de Segurança do Estado, dependente do departamento do Interior da Delegatura e de sua auxiliar, a Guarda Territorial. Em 6 de setembro de 1943, pediu para ser dispensado do cargo. A Gestapo estava em seu encalço e manteve sua esposa presa de 5 de outubro a 2 de dezembro de 1943. Foi ferido gravemente em 5 de agosto de 1944 durante a insurreição de Varsóvia e conseguiu deixar a cidade após a capitulação, junto com a população civil, para refugiar-se em Łódź, na casa de parentes. Mas duplamente procurado pelo regime comunista, como membro do AK e do PKB, deixou a Polônia definitivamente em janeiro de 1946, com a esposa, e foi para a França, via

Alemanha. Viveu em Reims e depois, a partir de setembro de 1947, em Paris. Em agosto de 1949, foi para o Canadá, onde Jan Karski comprou para ele uma pequena quinta. Conseguiu transferir-se para os Estados Unidos em 1960 e instalou-se em Washington. Recusando qualquer ajuda ou pensão do governo dos Estados Unidos, trabalhou como vigia noturno na Corcoran Gallery, recebendo um modesto salário, do qual enviava uma parte à Polônia para ajudar diversas pessoas. Em 8 de agosto de 1964, deu cabo da própria vida. Jan Karski cuidou de sua viúva. Fonte: A. K. Kunert, *Słownik biograficzny konspiracji warszawskiej* [Dicionário biográfico da Resistência em Varsóvia], Varsóvia: PWN, tomo III, 1999, pp. 98-101.

3. Na realidade, Jan Karski teve seis irmãos, dos quais quatro ainda viviam em 1940-45: o mais velho, Marian (1897-1964), sem filhos; o segundo, Edmund (1898-1960), que tinha dois filhos: Salomea e Ryszard; o terceiro, Józef (1902-60), também pai de dois filhos: Jadwiga e Jerzy; o quarto, Stefan-Ignacy (1906-65), que tinha uma filha, Wiesława. Sua sobrinha Salomea, nascida em 1924, que Karski amava muito, aparece neste livro sob o diminutivo "Zosia": era próxima dele, como agente de ligação da Frente pelo Renascimento da Polônia (FOP) junto a Zofia Kossak (cf. cap. "Um casamento por procuração", nota 2). Fonte: árvore genealógica dos Kozielewski, estabelecida em 1999 pelo historiador Marek Budziarek, do Museu de História da Cidade de Łódź, amavelmente informada pelo autor.

4. A alimentação era racionada de maneira discriminatória pelo ocupante: Varsóvia recebia as rações mais pobres de todas as cidades do Governo Geral. De 1940 a 1943, os poloneses de Varsóvia receberam em média, por dia e por adulto, entre 385 e 784 calorias. No final de 1941, os civis alemães recebiam 2.631 calorias; os poloneses, 669 em média; os judeus, 253. O mercado negro fornecia 70% a 80% das necessidades vitais da população.

5. Em fevereiro de 1940, Hans Frank permitiu a criação em Varsóvia de uma organização caritativa legal, a Rada Główna Opiekuńcza (RGO), ou Conselho Central de Socorro, mas exigiu que sua sede fosse transferida para a Cracóvia em maio de 1940. A atividade do RGO cobria a totalidade do Governo Geral, inclusive, depois de 1941, o distrito da Galícia: seus 44 comitês permanentes apoiavam-se em 15 mil voluntários. O RGO recebia donativos, mas também dotações do governo no exílio. Fortemente vigiado, conseguiu apesar de tudo servir de cobertura para a resistência civil. De junho de 1940 a outubro de 1943, teve como presidente o conde Adam Ronikier (1881-1952).

22. A guerra da sombra [pp. 262-271]

1. Sobre as primeiras aplicações, desde setembro de 1939, da responsabilidade coletiva e sobre a amplitude dos massacres perpetrados, cf. cap. "Transformação", notas 2-4. *The German New Order in Poland* (op. cit.), obra publicada em Londres em janeiro

de 1942, reúne, no capítulo 2, pp. 28-75, trechos da imprensa nazista comentando os "feitos" antipoloneses e os dados (locais e números) relativos aos massacres dos anos 1939-41, tanto na área do Governo Geral quanto nos territórios incorporados ao Reich. O conjunto é ilustrado com fotografias tiradas pelos nazistas e fala de populações inteiras queimadas vivas em expedições punitivas nos distritos de Lublin, Kielce ou Radom. Hans Frank chegaria a dizer que, se quisesse afixar cartazes anunciando cada uma das execuções coletivas de poloneses, nem todas as florestas polonesas seriam suficientes.

2. Segundo o historiador polonês Czesław Madajczyk, algo entre 150 e 200 mil crianças polonesas foram sequestradas e deportadas no Reich, e todos os seus vestígios ficaram irremediavelmente perdidos. A ação de limpeza étnica, desencadeada em 28 de junho de 1942 e que prosseguiu até o verão de 1943, a operação mais citada, selou o destino trágico de 30 mil crianças da região de Zamość, deportadas para campos de concentração.

3. Karski evoca aqui as unidades armadas autônomas, organizadas no outono de 1940 pelo Partido Camponês, sob pressão da poderosa organização da juventude camponesa Wici. Essa guarda camponesa (*Straż chłopska*) recebeu o nome de Batalhões Camponeses (*Bataliony chłopskie*) na primavera de 1941, além de um comando central, unidades regionais e seções de combate, e contava, no final de 1943, com um total de 100 a 120 mil homens. Os Batalhões Camponeses, zelosos de sua autonomia, posicionaram-se majoritariamente contra sua incorporação ao AK, ordenada em 1942 pelo general Sikorski. Segundo o historiador Tomasz Strzembosz, eles constituíram, na primavera de 1942, os primeiros maquis de resistentes e sustentaram as primeiras batalhas frontais em novembro-dezembro de 1942 para defender as cidades da região de Zamość das expulsões em massa.

4. Esta decisão da Resistência de oferecer aos presos comuns a chance de redenção é sem dúvida excepcional na história das resistências europeias.

5. Este empréstimo nunca será pago: na verdade, o "governo de Lublin", instalado pelo Exército Vermelho, iria se transformar, em 1945, no "governo oficial de Varsóvia". Portanto, era impensável reconhecer uma dívida contratada pelos "bandidos" do AK em nome dos "fascistas" exilados em Londres...

23. A imprensa clandestina [pp. 272-282]

1. Na realidade, foi entre 28 de outubro de 1899 e 21 de fevereiro de 1900 (ou seja, durante quatro meses e não dois anos) que Józef Piłsudski (1867-1935) — o então ilocável "camarada Wiktor" — imprimiu em Łódź os números 34 e 35 do jornal clandestino *Robotnik*. Ele o havia lançado em julho de 1894 e conseguiu imprimi-lo durante cinco anos mesmo com a presença da polícia do tsar, em Vilna, com a menção "Warszawa". Desmontada e transportada para Łódź, a legendária "maquininha"

de impressão de 120 quilos, sistema inglês Model Press, não funcionou em "porões de cortiços", como escreve Karski, mas no primeiro andar de um prédio situado na rua Wschodnia, 19 (rua do leste, que se transformou em rua Piłsudski no entreguerras), num apartamento burguês de quatro cômodos alugado e habitado por Józef Piłsudski e Maria Koplewska, sua primeira esposa. A pista de um descuidado militante do Partido Socialista Polonês (PP) acarretou a "catástrofe de Łódź" na noite de 22 de fevereiro de 1900: perquisição e prisão do casal Piłsudski após a descoberta do número 36 do *Robotnik*, inacabado, com seu lendário editorial: "*Tryumf wolnego słowa*" [O triunfo da palavra livre]. O depoimento de Piłsudski, intitulado "*Bibuła*", a respeito da imprensa candestina do PPS, publicado em 1903, na Cracóvia, foi traduzido em francês. Cf. *Biboula. Souvenirs d'un révolutionnaire* [Biboula. Recordações de um revolucionário], coleção Polonaise, Paris: Malfère, 1933, reeditado em 1985 pelas Éditions Spotkania, em apoio ao Solidarność. Foi em fevereiro de 1893, na volta de cinco anos de exílio na Sibéria oriental, que Piłsudski aderiu à seção lituana do PPS e ao "programa de Paris" de seu congresso fundador (novembro de 1892), que afirmava a luta pela independência nacional como um dos objetivos do operário socialista polonês. Eleito para o Comitê Central Operário do PPS, foi durante sete anos o seu eixo, e mesmo depois de sua evasão (maio de 1901) continuou a ser uma autoridade, até a cisão em 1906. A ala direita, agrupada em torno dos "velhos", ou PPS-Fração Revolucionária, sustentou sua iniciativa de União pela Luta Ativa (1908) de formações paramilitares, viveiro das Legiões (1914-18). Eleito seu comandante, Piłsudski decidiria "saltar do bonde vermelho na estação Independência".

2. Estes dois títulos eram na realidade os suplementos muito requisitados do oficial *Rzeczpospolita Polska*. Foram redigidos por duas equipes especiais, alimentadas por uma rede de informantes e correspondentes locais particularmente densa nos territórios incorporados ao Reich, da Silésia à Pomerânia. Seu sucesso levou à criação, em 15 de agosto de 1942, de uma seção ocidental com seis funcionários e de uma ação oriental, ambas pertencentes ao Departamento de Informação e Documentação da Delegatura. Esse departamento, dirigido por Stanisław Kauzik, era independente do BIP, o Escritório de Informação e Propaganda do ZWZ, ao qual Jan Karski estava ligado. Cf. Waldemar Grabowski, *Polska tajna administracja cywilna, 1940-1945* [A administração civil clandestina polonesa, 1940-1945], Varsóvia: IPN, 2003, pp. 215-231.

3. Em 30 de abril de 1942, foi publicada clandestinamente a antologia intitulada *Pieśń niepodległa. Poezja polska czasów wojny* [O canto independente. Poesia polonesa do tempo de guerra], organizada pelo futuro Prêmio Nobel Czesław Miłosz: nela figuravam poetas muito jovens, de vinte anos, aquela "geração de Colombos" (R. Bratny) da escola de Varsóvia, uma geração dramaticamente decapitada. Entre eles, o mais amado dos poloneses ainda é Krysztof Kamil Baczyński (1921-44), estudante da universidade clandestina, soldado do batalhão Zośka do AK, caído no quarto dia da

insurreição de Varsóvia. "Imaginem Proust", escreveu Miłosz, "metamorfoseando-se em soldado [...]. É um triunfo da vontade num ser cujo talento excepcional acabava de explodir no horror de então." Havia também Zdzisław Stroiński (1921-44), pseudônimo "Chmura", soldado do AK como seu grande amigo Tadeusz Gajcy (1922-44): ambos mortos na explosão de sua barricada em 20 de agosto de 1944; Andrzej Trzebiński (1922-43), redator de *Sztuka i Naród*, fuzilado durante uma execução pública no centro de Varsóvia; Wacław Bojarski (1921-43), mortalmente ferido ao pé da estátua de Copérnico durante uma manifestação; Tadeusz Borowski, preso em 1943 e sobrevivente de Auschwitz; Tadeusz Różewicz, também sobrevivente daqueles "anos terríveis/ Pelos quais ninguém nos compensará e que nada substituirá" (K. Baczyński).

25. Mulheres agentes de ligação [pp. 288-293]

1. Atuar como agente de ligação na Polônia era um serviço cívico reservado às mulheres desde 1937, com a mobilização da sociedade para a defesa ativa. A lei de 9 de abril de 1938 instaurou o WSK-Wojskowa służba kóbiet (Serviço Militar Auxiliar Feminino), que privilegiava a instrução para funções sanitárias, de telegrafistas e de transmissões. Estas formações complementavam as que eram dispensadas pela popular União das Bandeirantes (ZHP), que dispunha em dezembro de 1938 de 71 600 membros, dos quais 13 123 jovens de 15-18 anos e 2292 bandeirantes maiores de idade. Estas últimas eram diretamente visadas pela *pogotowie harcerskie*, ou estado de alerta escoteiro, instaurado em 1937 e aplicado com sucesso em setembro de 1939. A passagem das capitãs-instrutoras ao WSK significou um recrutamento de talentos e devoções: Varsóvia, Lublin e Kielce especializaram-se na instrução de agentes de ligação, estafetas e mensageiras. Em 1944, entre os seiscentos agentes de ligação de Varsóvia, 50% eram bandeirantes. Mesma proporção no setor de entregas, com riscos crescentes. A seção VI do Escritório de Informação e Propaganda (BIP) do KG-AK era mantida por três bandeirantes, duas das quais oriundas da estrutura universitária Kuźnica: Maria Straszewska, Maria Hryniewiecka e Krystyna Sroczyńska, pseudônimo "Zofia", prima de Boy-Żeleński. Estas jovens pagaram um preço muito alto, mesmo antes da insurreição de Varsóvia, em detenções, torturas e execuções. Citemos Hanna Czaki, estudante de sociologia e secretária/agente de ligação do chefe da Seção de Informação do BIP, J. Makowiecki: horrivelmente torturada, ela não se traiu e foi fuzilada. Ao consagrar um capítulo ao papel das mulheres — jovens e menos jovens — na Resistência, Jan Karski apresenta-se, em 1944, como um precursor. Também nesse plano, ele é próximo de Zofia Kossak, que destacava aqui uma especificidade polonesa: os alemães, escreve ela, "perceberam com grande espanto que a mulher polonesa participava ativamente, tanto quanto o homem, da luta pela independência. Ela igualava-se ao homem em bravura, em iniciativa, em resistência, em aptidão para a luta, mas era

superior quando se tratava de suportar a tortura. [...] Com uma cólera crescente, eles constatavam que esta força de espírito, longe de ser atributo de uma classe ou de uma casta, era inerente a toda polonesa" (*Du fond de l'abîme, Seigneur*... [Do fundo do abismo, Senhor...], Paris: Albin Michel, 1951, p. 35). Simon Wiesenthal dedicou um livro emocionante a uma mulher agente de ligação: *Krystyna Jaworska et la tragédie de la résistance polonaise* [Krystyna Jaworska e a tragédia da resistência polonesa], Paris: Robert Laffont, 1987.

26. Um casamento por procuração [pp. 294-298]

1. "Witek" designa Witold Bieńkowski (1906-65), pseudônimos "Kalski" ou "Wencki". Publicista católico, foi corredator, com Zofia Kossak (cf. nota 2 a seguir), do jornal clandestino *Polska żyje!*, publicado a partir de outubro de 1939, e um dos organizadores da Frente pelo Renascimento da Polônia (FOP), em 1941. Foi corredator de seu jornal de divulgação, o *Prawda*. Como parte ativa da organização Żegota, o Conselho de Ajuda aos Judeus (outono de 1942), foi encarregado de dirigir a seção judaica, criada em fevereiro de 1943, do departamento de Assuntos Internos da Delegatura, além de assumir a responsabilidade pela célula de ajuda aos prisioneiros. No outono de 1944, tentou proclamar-se comissário civil na parte do país controlada pelo Exército Vermelho e pelo governo de Lublin. Preso em dezembro de 1944 pelo NKVD, ao sair da prisão decidiu aliar-se ao novo poder e uniu-se à redação do *Dziś i Jutro* [Hoje e amanhã], periódico semanal dirigido por Bolesław Piasecki, antigo líder do grupo de extrema direita Falanga, que havia sido cooptado pelo general do NKVD Ivan Serov. Deputado na Dieta Constituinte, separou-se de Piasecki em 1948 e empregou-se por um tempo no secretariado do primaz Wyszyński. Depois de 1958, seus antigos amigos do FOP e do Żegota ficaram estarrecidos ao descobrir que as suspeitas ligando seu nome ao assassinato do chefe do BIP, J. Makowiecki, tinham fundamento. Cf. Władysław Bartoszewski (e Michal Komar), *Wywiad rzeka*, op. cit., pp. 107-110.

2. Zofia Kossak (1890-1968), pseudônimos "Weronika" e "Ciotka". Escritora católica de fama internacional, neta de um pintor famoso (Juliusz Kossak), ela permaneceu ligada, pela família e pelo primeiro casamento, ao meio dos proprietários de terras. Seu segundo marido, o capitão Szatkowski, abriu para ela as portas da "família militar" e dos meios pilsudkistas de esquerda, inclusive o escotismo. Em 1939-41 (seu marido foi preso e seu filho deportado), redigiu os primeiros jornais clandestinos *Polska żyje!* e *Orlta*, do grupo de resistência Komenda obrońców Polski [Comando de Defensores da Polônia], inspirou e dirigiu seu jornal clandestino *Prawda* e publicou inúmeras brochuras. Enfrentando pessoalmente todo tipo de riscos para socorrer as crianças judias, trabalhou com a socialista Wanda Krahelska na constituição do Conselho de Ajuda aos Judeus, ou Żegota, criado formalmente em 27 de setembro de 1942, e obteve, em 4 de dezembro de 1942, o seu reconhecimento pela Delegatura.

O Żegota deve muito a ela. Presa sob um falso nome em 25 de setembro de 1943, deportada para Auschwitz, identificada em seguida e transferida para a prisão de Pawiak, em Varsóvia, em maio de 1944, foi condenada à morte, mas resgatada *in extremis* pela Delegatura e libertada em 28 de julho de 1944. Durante a insurreição de Varsóvia, combateu com sua pena. Quando da queda da cidade, retirou-se para Częstochowa, onde escreveu seu testemunho sobre Auschwitz: *Z Otchłani: wspomnienia z łagru* [Do inferno: recordações do campo], traduzido em inglês (1945), italiano (1947) e francês (*Du fond de l'abîme, Seigneur*, op. cit., 1951). Em agosto de 1945, Jakub Berman aconselhou-a a emigrar: graças a uma missão da Cruz Vermelha, reuniu-se ao marido, junto com a filha, na Grã-Bretanha. Estabeleceram-se na Cornuália até o retorno à Polônia, em 1957. O nome de Zofia Kossak foi inscrito em 1985 na aleia dos Justos, em Yad Vashem.

3. *Golgotha*, brochura anônima de 46 páginas editada clandestinamente em 1942 pelo FOP em Varsóvia. A autoria era de Zofia Kossak.
4. "Wanda", aliás Wanda Bieńkowska, nascida Wilczańska (1913-72). Agente de ligação e secretária de Witold Bieńkowski, foi detida em Varsóvia em 16 de janeiro de 1942 e ficou presa no pavilhão de Pawiak reservado às mulheres, o "Sérvia". Lá, dirigiu a rede de informações sobre as prisioneiras com a ajuda de guardas resistentes. Mais tarde, seria transferida para Ravensbrück.
5. Jan Karski deixou Varsóvia em 1º de outubro de 1942 com destino a Londres. Sobre seu itinerário, ver os capítulos 31 e 32.
6. Viúva de Stefan Szczucki em 1922, Zofia Kossak casou-se de novo em 1925, com o capitão diplomado Zygmunt Szatkowski (1898-1976). Como escritora, no entanto, conservou o nome artístico Zofia Kossak-Szczucka. O capitão Szatkowski era prisioneiro de guerra desde setembro de 1939 num *Oflag** alemão. Libertado, reuniu-se ao exército de Anders na Itália. Zofia Kossak e o marido são lembrados no belo livro de memórias de sua filha Anna. Cf. Anna Szatkowska, *La Maison brulée. Une volontaire de seize ans dans Varsóvie insurgée* [A casa queimada. Uma voluntária de dezesseis anos na Varsóvia insurgente], Lausanne: Éditions Noir sur Blanc, 2005.
7. *Protest*, publicado em 10 de agosto de 1942 com uma tiragem de 5 mil exemplares e assinado pelo FOP, a Frente pelo Renascimento da Polônia, é o texto mais conhecido. Foi redigido por Zofia Kossak, em nome dos católicos poloneses, para denunciar o massacre e a deportação dos judeus do gueto de Varsóvia para os campos da morte, e, "há mais de seis meses, de centenas de cidades e povoados de toda a Polônia". E para protestar também contra o silêncio e a passividade do mundo: "Os judeus morrem aos milhares cercados por Pôncios Pilatos que lavam as mãos"; "O mundo olha e cala"; "Não é mais possível tolerar este silêncio. Não temos o direito de permanecer

---

* Abreviatura de *Offizierlager*: campo de concentração alemão para oficiais na Segunda Guerra. (N. T.)

passivos diante do crime. Quem quer que silencie diante de um assassinato torna-se cúmplice do assassino. Quem não condena consente". Este texto foi anexado aos documentos microfilmados entregues ao emissário Karski. Em 27 de novembro de 1939, em Londres, numa sessão especial do Conselho Nacional dedicada a estes documentos, o vice-primeiro-ministro Mikołajczyk leu longas passagens do texto. Ele foi transmitido aos Aliados e à imprensa depois do corte — ou "censura" — de um trecho formulado para facilitar o entendimento para as massas, segundo a opinião de Bartoszewski, mas que corria o risco de ser "mal" interpretado e que continua a fazer correr muita tinta polêmica. Cf. uma atualização da questão por Dariusz Libionka em *Juifs et Polonais, 1939-2008* [Judeus e poloneses, 1939-2008], sob a direção de Jean-Charles Szurek e Annette Wieviorka, Paris: Albin Michel, 2009, pp. 62-65. A tradução integral do texto para o francês, realizada por Marian Apfelbaum, pode ser encontrada em Teresa Prekerova, *Żegota*, Paris: Éd. du Rocher, 1999, pp. 289-291.

27. A escola clandestina [pp. 299-309]

1. "Tadek Lisowski", agente de ligação de Jan Karski, cujo nome verdadeiro era Krzysztof Lasocki, era membro dos Szare szeregi, ou "Fileiras cinza" — os escoteiros poloneses. Tornou-se aspirante do AK.
2. Sobre as escolas de aspirantes do AK e o treinamento dos voluntários selecionados, dispomos do testemunho distanciado e cheio de humor de Stanislas Likiernik, soldado do Kedyw de Varsóvia. Cf. *Une jeunesse polonaise, 1923-1946* [Uma juventude polonesa, 1923-1946], Paris: L'Harmattan, 1996, pp. 73-124.
3. Trata-se aqui da "Wawer", organização de "pequenas sabotagens" e propaganda criada em novembro de 1939 por iniciativa dos escoteiros do liceu Stefan Batory. Este nome emblemático foi escolhido para lembrar os 107 habitantes da localidade do grande subúrbio de Varsóvia de mesmo nome, executados na aplicação da responsabilidade coletiva em dezembro de 1939. Reorganizada no final de 1940 sob a égide do antigo chefe escoteiro Andrzej Kaminski e sob o controle do ZWZ-AK, os escoteiros constituíam mais de 50% da organização. No início de março de 1942, a Wawer cobriu os muros das cidades de *kotwicas* — emblema símbolo da esperança —, cujo grafismo era formado pelas letras P e W: *Polska Walczy* [a Polônia luta]. Muitos dos militantes de quinze e dezesseis anos da Wawer irão se transformar nos combatentes de dezoito anos dos batalhões Zośka, Parasol e do Kedyw (unidades de diversionismo).
4. No Governo Geral, o ensino primário polonês de sete anos foi mantido, mas, em 28 de setembro de 1939, os nazistas fecharam definitivamente os estabelecimentos de ensino médio e superior, tolerando apenas algumas escolas técnicas e profissionalizantes do primeiro grau (dois anos) do superior alemão. Imediatamente, a sociedade polonesa restabeleceu seu sistema de ensino clandestino, instituído antes de 1914, na resistência à russificação e à germanização através da escola. Professores, sindicatos

profissionais e pais organizaram programas de cursos itinerantes clandestinos (*tajne Komplety*) nos liceus e colégios fechados. Em Varsóvia, em 103 estabelecimentos secundários, noventa tinham estrutura clandestina e foram frequentados por 25 mil liceanos (esta cifra não inclui a juventude judaica). Até 1944, 6500 títulos clandestinos de conclusão do ensino médio foram entregues só em Varsóvia: 30% nunca foram reclamados, o que corresponde à juventude sacrificada na insurreição de Varsóvia. O ensino superior clandestino contava, em Varsóvia, com algo entre 4200 a 5 mil estudantes. Criado em janeiro de 1941, o departamento de Educação da Delegatura, nas mãos dos partidos SL (Camponês) e PPS-WRN (Socialista), elaborou estudos para a reforma e democratização do ensino. Um fundo de auxílio à ciência e à cultura foi instituído em maio de 1942 pelo ministro Stanisław Kot, que permitiu a publicação de 150 obras científicas. Um total de 587 mestrados, 33 doutorados e 19 habilitações foram realizados clandestinamente de 1939 a 1944, o que permitiu assegurar a retomada e continuidade após a "libertação".

28. Uma sessão do parlamento clandestino [pp. 310-317]

1. O cabo de barbeador é uma camuflagem verossímil em 1944 do verdadeiro esconderijo dos microfilmes: uma chave de aspecto totalmente banal, muito utilizada para estes transportes secretos de documentos pela resistência polonesa, em particular pelos serviços do BIP-AK. Foram precisamente eles que prepararam e microfilmaram todos os documentos e relatórios confiados a Karski. A documentação da "Solução Final" em curso foi estabelecida pela seção judaica do BIP, isto é, por Henryk Woliński e seu chefe, Stanisław Herbst, pseudônimo "Chrobot". Cf. o testemunho de Woliński em resposta ao historiador do gueto de Varsóvia Bernard Mark, em carta de 26 de março de 1957, reeditado por Dariusz Libionka em *Zagłada Żydów, studia i materiały* [A destruição dos judeus, estudos e materiais], Varsóvia: IFiS-PAN, 2008, tomo IV, pp. 385-389.

2. Stefan Rowecki, pseudônimos "Grot", "Grabica", "Rakoń" e "Kalina" (1895-1944), general de divisão, organizador e primeiro comandante do AK. Antes de 1914, súdito russo e escoteiro engajado no movimento irredentista, juntou-se à 1ª Brigada de Piłsudski em agosto de 1914 e combateu no front russo, no 5º Regimento de Infantaria das Legiões (1914-17), integrando o exército da Polônia independente com a patente de tenente (novembro de 1918) e quatro cruzes dos Bravos. Promovido a capitão, serviu no front sudeste da guerra polono-bolchevique (maio-dezembro de 1920) e terminou brilhantemente, em 1922, o curso da Escola Superior de Guerra, como capitão diplomado do Estado-maior geral. Designado para o escritório do Conselho de Guerra e adjunto do chefe do Instituto Militar de Edições Técnicas, criou a *Revista militar* e publicou estudos destacados (*As lutas de rua* [1928], *A propaganda como meio de combate* [1932]). Em 1930, recebeu o comando do 55º Regimento de

Infantaria e depois, promovido a coronel, o da brigada "Podole" do KOP, em 1935. Em junho de 1939, recebeu ordens de organizar, em dois meses, a brigada blindada--motorizada de Varsóvia, que comandou em setembro de 1939 na linha do Vístula do exército "Lublin". Recusou a rendição em 20 de setembro de 1939, retornou clandestinamente a Varsóvia e juntou-se à Resistência em 5 de outubro do mesmo ano, como adjunto do comandante do SZP e seu chefe de Estado-maior. Em 4 de dezembro de 1939, o general Sikorski, em Paris, nomeou-o comandante da 1ª Região (Varsóvia) do ZWZ, com ordens de integrar o SZP. Em 16 de janeiro de 1940, recebeu do ZWZ o comando de toda a zona de ocupação alemã; em maio de 1940, promovido a general de brigada, o comando das duas zonas de ocupação, alemã e soviética. Em 30 de junho de 1940, foi nomeado comandante em chefe do ZWZ, que, a partir de 1941, ganhará o status de "Exército Polonês Clandestino do Interior" e, em seguida, a partir de fevereiro de 1942, terá o nome oficial de Armia Krajowa — AK. À frente do AK, "Grot" irá se revelar um excepcional organizador. Por seu carisma, tato e qualidades tanto políticas quanto militares, conseguiu unificar organizações e redes rivais no seio do AK — à exceção dos extremos, fascistas e comunistas. Coordenou e assinou o primeiro plano operacional de insurreição geral (fevereiro de 1941), que reatualizou em setembro de 1942 e em fevereiro de 1943, depois de Stalingrado. Pensando nos civis, proibiu que o AK lutasse na capital. Leal ao general Sikorski, não lhe escondeu sua crescente desconfiança em relação ao "aliado soviético". Furiosamente procurado pela Gestapo, foi denunciado e preso em 30 de junho de 1943, transferido para Berlim e em seguida para Sachsenhausen, onde ficou preso por um longo tempo numa cela do bunker. Em seguida, foi torturado e fuzilado entre os dias 3 e 7 de agosto de 1944. O governo polonês no exílio não conseguiu obter ajuda do aliado britânico para trocá-lo ou pagar um resgate para libertá-lo. Segundo Tomasz Szarota, *Stefan Rowecki "Grot"*, Varsóvia: PWN, 1983.

3. "Rawicz" não era o pseudônimo de nenhum dos sucessivos delegados-chefe do governo no exílio. Trata-se aqui de Cyryl Ratajski (1875-1942); seus pseudônimos de função, "Wrzos" e "Wartski", foram atribuídos com sua nomeação, em 3 de dezembro de 1940, pelo general Sikorski, desde Londres. Jurista poznaniano, membro ativo da Ação Católica e da ala moderada dos nacionais-democratas, filiou-se em 1937 ao novo Partido Cristão do Trabalho dos amigos centristas do general Sikorski, que conheceu no seio do gabinete Grabski (1924-25). Durante muito tempo prefeito muito bem estimado de Poznań (1922-24 e 1925-34), ganhou a presidência do Partido Cristão do Trabalho na cidade. Voltou a ser prefeito de Poznań por um breve período em setembro de 1939, sendo detido e preso pelos alemães, e em seguida expulso, no verão de 1940, com outros poznanianos, para o Governo Geral. Foi para Varsóvia e entrou para a organização clandestina de seu partido. Não era o candidato designado pelo PKP, o Comitê Político de Composição de Partidos, que propôs seu nome apenas como "segundo suplente". O general Sikorski passou por cima disso e resolveu no-

meá-lo "delegado principal do governo da República para o Governo Geral, com sede em Varsóvia", com possibilidade de estender sua competência ao conjunto do território de 1939, o que realmente aconteceu. O aparelho civil do Estado clandestino foi organizado sob sua direção, que continuou a ser contestada pelo Partido Camponês e pelo PPS-WRN. Demissionário por motivos de saúde em 5 de agosto de 1942, Cyryl Ratajski foi formalmente substituído em 17 de setembro de 1942 por seu suplente, o professor Piekalkiewicz, do Partido Camponês. Morreu em Varsóvia em 19 de outubro de 1942. Segundo A. K. Kunert, *Słownik biograficzny*, op. cit., tomo II, pp.157-159.
4. Trata-se de Jerzy Domański (1898-1978), pseudônimo "Bartnicki", diretor do escritório da Delegatura do outono de 1941 a novembro de 1942.
5. "O líder socialista é Pużak (Partido Socialista Polonês)", afirma Jan Karski em 1982, numa carta inédita a Jerzy Giedroyc, a quem expõe seu "código" de criptônimos e alusões a figuras precisas que evoca no livro (carta de 23 de março de 1982, arquivos IL-Kultura). Kazimierz Pużak (1883-1950), pseudônimos "Bazyli" ou "Seret" (do nome do rio de Tarnopol, sua cidade natal), secretário-geral do Comitê Executivo do PPS (1921-39) e iniciador, em outubro de 1939, do clandestino PPS-WRN, efetivamente representou seu partido no PKP, que ajudou a criar em fevereiro de 1940 e que Jan Karski chama de "Parlamento clandestino". O emissário "Witold" realmente conhecia Pużak, com quem se encontrou longamente em maio de 1940, em várias ocasiões. No entanto, de 10 de setembro de 1941 a 5 de março de 1943, Pużak e o PPS-WRN saíram do PKP na condição de dissidentes, e seu lugar não demorou a ser ocupado pela fração da esquerda socialista, o grupo dos "socialistas poloneses" que, de junho de 1942 a março de 1943, foi representado no PKP por Wincenty Markowski (1874-1958), pseudônimo "Paweł". Foi este último que Jan Karski viu no curso desta seção. Mas ele certamente esteve com Pużak num encontro a dois, visando transmitir informações e ordens, sob juramento, aos deputados PPS-WRN com sede no Conselho Nacional, em Londres, em particular a seu líder Adam Ciołkosz. Cf. Lidia Ciołkoszowa, *Spojrzenie wstecz*, op. cit., pp. 188-189.
6. Em março de 1942, o general Sikorski esteve pela segunda vez nos Estados Unidos. Suas duas entrevistas com Franklin D. Roosevelt suscitaram as mensagens de rádio mencionadas aqui: o verão de 1942 marcou o apogeu do prestígio pessoal do chefe do governo polonês no exílio, assim como das esperanças ou ilusões que acalentava. Cf. Walentyna Kopralska, *Władysław Eugeniusz Sikorski: biografia polityczna*, Varsóvia-Wrocław: Ossolineum, 1981; cap. 7, pp. 230-247.
7. Em 3 de setembro de 1942, o delegado Cyryl Ratajski ("Wrzos") enviou o despacho de número 113 a Londres, ao vice-primeiro-ministro Mikołajczyk, informando: "Envio como mensageiro Karski, que foi enviado da França pelo governo em abril de 1940. Ele estará em Paris por volta do dia 15, em Toulouse por volta de 20, em Berna por volta de 1º de outubro. Queira indicar no retorno eventuais endereços em Paris,

na França não ocupada... Ele também transporta os esclarecimentos das autoridades dos partidos". A verdadeira senha de Karski era: "Sou Witold, da parte de Wacia" — "Wacia" era o criptônimo de Varsóvia. Esta senha foi fornecida por Londres, em 9 de setembro de 1942, em despacho do chefe da seção VI (especial) do Estado-maior do chefe supremo, cifrado sob o número 375 e dirigido ao general de brigada Rowecki, comandante do AK e organizador responsável pela viagem de Karski. Cf. E. Thomas Wood e Stanisław M. Jankowski, *Karski, How One Man...*, op. cit., doc. n. 47; e em Jan Karski, *Tajne Panstwo*, op. cit., reportar-se aos anexos estabelecidos por A. K. Kunert, doc. n. 3 e 4.

29. O gueto [pp. 318-332]

1. Em 1942, dois representantes da minoria judaica da Polônia tinham assento no Comitê Nacional junto ao governo polonês, em Londres: um, representando as organizações sionistas, era o advogado e ex-deputado Ignacy Schwarzbart, que já havia participado do primeiro Conselho Nacional, em Paris, constituído em dezembro de 1939; o outro, representando o Bund, era Szmuel Zygielbojm, que chegou a Londres no final de março de 1942 para ocupar a cadeira prevista para Erlich ou Alter, presos mais uma vez na URSS, em dezembro de 1941. Era, portanto, normal que os dois delegados clandestinos do gueto representassem estas mesmas orientações.
2. Este líder e representante do Bund, o partido socialista judaico, era Léon Feiner (1888-1945), pseudônimos "Mikołaj" e "Berezowski". Antes de 1939, era um conhecido advogado da Cracóvia, solidamente estabelecido na burguesia da cidade e, ao mesmo tempo, membro ativo da direção local do Bund, com uma relação constante com a direção local do PPS. Em setembro de 1939, refugiou-se em Lviv, como muitos cracovianos. Foi preso pelo NKVD em 19 de junho de 1940 e deportado. A ofensiva alemã contra a URSS criou condições para que fugisse em julho de 1941, mas permaneceu no lado "ariano", onde viveu normalmente com documentos falsos, colocando a serviço do partido e do gueto sua sólida rede de relações polonesas, do PPS à resistência AK. Foi assim que conseguiu transmitir a Londres, em maio de 1942, através do Escritório de Informação do AK, um primeiro relatório sobre o alcance dos massacres perpetrados contra os judeus no leste do país e o terror crescente que reinava no gueto de Varsóvia. Através do emissário Jan Karski, transmitiu um relatório, estabelecido no final de agosto de 1942, sobre a "Solução Final" em curso e uma carta de injunções dirigida a Szmuel Zygielbojm e à direção do Bund que havia emigrado para os Estados Unidos. Ele representaria o Bund na comissão de coordenação que prepararia a insurreição do gueto. Participou do estabelecimento do Żegota, do qual foi vice-presidente de janeiro de 1943 a julho de 1944 e depois, com o aniquilamento da insurreição de Varsóvia, de novembro de 1944 a janeiro de 1945, sempre escondido na capital. Quando a primeira conferência do Bund, reunida em Lublin em novem-

bro de 1944, ganhou representação no KRN (Conselho Nacional do País), em apoio ao "governo de Lublin", após a tomada de Varsóvia em janeiro de 1945 pelos soviéticos, Feiner foi para Lublin, onde morreu em 22 de fevereiro de 1945.
3. A identidade do sionista que se encontrou com Jan Karski permanece em discussão. Seria, segundo alguns, Adolf Berman (1906-79), militante da ala esquerda da Poalei--Tsion e diretor do Centos: mas ele negou. Segundo outros, em particular Walter Laqueur, é mais provável que fosse Monachem Kirszenbaum, do grupo Al Hamisznar dos sionistas liberais, que tinha acabado de se instalar no lado "ariano" e foi particularmente devotado e ativo no gueto como fundador, em setembro de 1939, da *Yuddische sotciale alleinhilfe* [Auxílio mútuo judaico]. Esteve entre os iniciadores da sociedade Tekuma [Renascimento], para a preservação da cultura judaica. No final de abril de 1943, Kirszenbaum estava entre os que acreditaram na operação "Hotel Polski" (emigração pretensamente autorizada com compra de passaportes). Tentou deixar a Polônia assumindo uma identidade sul-americana, mas foi preso pela Gestapo. Detido na prisão de Pawiak, foi executado.
4. Desde o outono de 1941, o gueto de Varsóvia estava informado dos massacres perpetrados pelos *Einsatzgruppen* em Białystok, Pinsk, Brześć, Volínia… a "Shoá por balas". Em fevereiro de 1942, um sobrevivente de Chełmno chegou a Varsóvia e descreveu para Emanuel Ringelblum o gaseamento em massa de judeus nas cidades e povoados das províncias incorporadas ao Reich. Transmitida por Oneg Szabat (arquivos clandestinos do gueto), a informação foi repassada à seção judaica do Escritório de Informação do AK e comunicada a Londres. Na noite de 16 para 17 de março de 1942, teve início em Lublin a "ação Reinhardt" de transporte e gaseamento dos judeus do distrito de Lublin no campo de extermínio de Bełżec. Esta "ação", proposta em outubro de 1941 pelo SS-Gruppenführer general Odilo Globocnik, e aceita em 14 de outubro por Himmler, dava como confirmada a decisão do Endlösung, que seria confirmada em 20 de janeiro de 1942 na conferência de Wannsee. Cf. Dieter Pohl, *Von des "Judenpolitik" zur Judenmord. Das distrikt Lublin des Generalgouvernements, 1939-1944*, Frankfurt: Lang, 1993; e Bogdan Musial, *"Aktion Reinhardt", Der Völkermord an den Juden im Generalgouvernment 1941-1944*, Osnabrück, 2004. Mais uma vez, sobreviventes que vieram buscar refúgio no gueto de Varsóvia contaram "coisas de arrepiar os cabelos", conforme testemunho de I. Dimant, citado por B. Engelking em *Getto warszawskie. Przewodnik po nieistniejącym mieście* [O gueto de Varsóvia. Guia através de uma cidade que não existe mais], Varsóvia: IFIS-PAN, 2001, p. 518. E para os que se recusavam a acreditar e ainda se interrogavam sobre a destinação "Treblinka", o gueto "sabia" desde 10 de agosto de 1942: primeiro, David Nowodworski, do Haszomer Hacaïr, saído de Umschlagplatz em 23 de julho para Treblinka, fugitivo do campo, fez seu relato; em seguida, foi a vez do bundista Zygmunt Frydrych. Foi este "saber", transmitido no relatório que Karski levou, que estarreceu seus interlocutores.

5. Esta lúcida constatação do bundista Feiner foi perdida de vista em seguida, na emoção de tomadas de consciência tardias, para alimentar acusações gratuitas e muitas vezes injustas em relação à resistência polonesa. Limitemo-nos a lembrar que cada vida salva exigia uma "corrente" de solidariedade frágil, pois exposta, e envolvia uma dezena de pessoas. Cf. o best-seller em que se transformou o testemunho de Władysław Szpilman, *Le Pianiste* [O pianista] (Paris: Robert Laffont, 2002). E o que dizer do "freio" representado pelo decreto de 15 de outubro de 1941, instaurando a pena de morte em sanção a qualquer forma de ajuda prestada aos judeus? Assim, a família Marczak — que escondia no "lado ariano" de Varsóvia, nas estufas adaptadas de seu jardim, o historiador Emanuel Ringelblum, sua família e trinta outros judeus — foi levada à prisão de Pawiak e fuzilada nas ruínas do gueto junto com seus 34 protegidos descobertos, além da parteira polonesa supreendida no local com uma paciente judia.

6. Adam Czerniakow (1880-1942), varsoviano de uma família culturalmente assimilada e falante de polonês sob o tsarismo (o que significava uma clara opção patriótica), acumulou diplomas antes de 1914: engenheiro químico da Politécnica de Varsóvia (1908), engenheiro industrial do Instituto Politécnico de Dresden (1912), Escola Superior de Comércio de Varsóvia. Reprimido em 1909 por "ação independentista", não conseguiu encontrar outro emprego senão o de pedagogo na escola profissional Natanson e desde então dedicou-se a promover o artesanato judaico. Na Polônia independente, suas competências foram reconhecidas: dirigiu o serviço de reconstruções do Ministério de Obras Públicas (1919-21), publicou um estudo das *Destruições de guerra na Polônia* (1921) e dirigiu a Comissão de Reconstrução das Cidades (1922--28). Eleito para o conselho municipal de Varsóvia, na lista dos artesãos judeus, entrou para a Comissão de Desenvolvimento Urbano (1927-34) e foi eleito senador em 1931. Nunca negligenciou sua comunidade, embora se expressasse com dificuldade em iídiche: membro do Conselho Executivo da Comunidade Judaica, cuidou durante anos do Museu Mathias-Bersohn e presidiu a Associação dos Artesãos Judeus. Em setembro de 1939, redigiu em seu *Jornal* artigos muito duros sobre a fuga dos chefes espirituais da comunidade. Permanecendo em Varsóvia, foi nomeado presidente da comunidade judaica pelo prefeito Stefan Starzyński (um velho amigo). Em 4 de outubro, o ocupante obrigou-o a organizar um *Judenrat* sob sua presidência. Seu gabinete teve até o fim um duplo emblema: os retratos do rabino patriota de 1863, Bar Meisels, e do marechal Piłsudski. De uma honestidade pessoal a toda prova, Czerniakow tentou administrar o encerramento dos judeus no gueto através da implantação de uma administração voltada para a diminuição dos efeitos das exigências crescentes dos alemães sobre seu povo. Ele mesmo suportou golpes e humilhações por indulgências mínimas. A organização da polícia judaica, imposta pelos nazistas, valeu-lhe críticas acerbadas por parte dos meios sionistas de esquerda, socialista e comunistas. Czerniakow certamente compreendeu que os judeus dos outros guetos estavam

sendo enviados para a morte. Agarrou-se à esperança de salvar o maior número possível em Varsóvia — sobretudo crianças. Quando, no segundo dia da "Grande Ação", em 23 de julho de 1942, os nazistas exigiram que avalizasse a deportação das crianças, ele se suicidou. "Meu ato revelará a verdade a todos e talvez possa levá-los a encontrar a via justa para agir." Segundo Marian Fuks, "Adam Czerniakow i jego dziennik" [Adam Czerniakow e seu Jornal], em Adama Czerniakowa, *Dziennik getta warszawskiego (6.IX.1939-23.VII.1942)* (primeira edição do original do *Jornal* escrito em polonês), Varsóvia: PWN, 1983. Cf. também a reavaliação dos juízos contemporâneos a respeito de Czerniakow e das controvérsias históricas em Barbara Engelking, *Getto warszawskie*, op. cit., p. 168-175.

7. A "Grande Ação" de deportação dos judeus de Varsóvia foi instaurada em 22 de julho de 1942, às onze horas: os comboios partiram para o campo de extermínio de Treblinka. Dois comboios semelhantes partiam a cada semana para o de Bełżec. Em 46 dias, segundo fontes alemãs, 253 742 judeus foram "deportados" dessa maneira. Segundo fontes judaicas, a população do gueto diminuiu em mais de 300 mil pessoas, como indicavam os informantes de Karski. Destes, oito mil conseguiram passar para o lado "ariano" e 10 300 foram mortos ou morreram nos trens. Segundo B. Engelking, *Getto warszawskie*, op. cit., cap. "Wysylanie", pp. 688 ss.

8. Esta data de "começo de outubro" não está de acordo com os documentos de arquivo que situam os preparativos e a data de partida de Karski. Tudo indica que este encontro e a ida ao gueto tiveram lugar no final de agosto, entre os dias 20 e 25, ou seja, quando da curta interrupção das deportações, que Karski não "viu". (Sobre a datação proposta, cf. E. Thomas Wood e Stanisław M. Jankowski, *Karski, How One Man...*, op. cit., cap. 6.)

9. Objeto durante muito tempo de ásperas discussões e controvérsias, esta questão da ajuda em armas — dadas ou cedidas — ao gueto de Varsóvia pelo Armia Krajowa suscitou nestes últimos anos estudos documentados e marcados por um esforço de objetividade. Cf. as contribuições de Dariusz Libionka e Marcin Urynowicz no coletivo *Polacy i Żydzi pod okupacją niemiecką. Studia i materiały* [Poloneses e judeus sob a ocupação alemã. Estudos e materiais], Varsóvia: IFIS-PAN, 2006. As negociações então em curso, evocadas por Feiner diante de Karski, foram bem explicadas por Henryk Woliński, responsável pela seção judaica do Escritório de Informação e Propaganda (BIP) do comando do AK. Arie Wilner, pseudônimo "Jurek", representante da Organização de Combate do Gueto, foi enviado a ele por Andrzej Kamiński, outro responsável pelo BIP (Imprensa), que havia conservado, através do escotismo, contatos e amizades no gueto. Woliński dedicou-se intensamente à obtenção e organização dessa ajuda em armas aos futuros combatentes. Cf. sua correspondência inédita com Adolf Berman, publicada em 2008 por Dariusz Libionka em *Zagłada Żydów. Studia i materiały*, op. cit., tomo IV, p. 367-390, e, incontornável, Teresa Prekerowa, explorando suas entrevistas gravadas em "Homenagem a Henryk Woliński (1901-1986)",

Kronika Warszawy, n. 78, 1987. A declaração comum das organizações judaicas aceitando colocar-se sob a autoridade do Estado clandestino e de seu exército foi encaminhada por Henryk Woliński em 9 de novembro de 1942. Em resposta, a 11 de novembro de 1942, o comandante em chefe do AK, general "Grot"/Rowecki, reconheceu a Organização Judaica de Combate e prometeu-lhe o apoio do AK em armas e instrutores. Ele encarregou "Monter", o coronel Chrusciel, da execução de suas instruções. Em 1º de dezembro de 1942, foram entregues dez pistolas, segundo as lembranças dos membros da OJC, causando decepção e protestos de Feiner por telegrama a Londres. Questionado em 17 de dezembro por Londres, "Grot"/Rowecki respondeu em 4 de janeiro de 1943: "Não posso dar mais, pois, como vocês sabem, nós mesmos estamos em falta e esperamos envio [de Londres]" (fac-símile em *Jan Karski, Tajne Państwo*, op. cit.). No entanto, em março de 1943, ele ordenou a todas as suas unidades de Varsóvia que entregassem 10% de seu armamento para atribuição ao gueto: esta ordem foi executada pelas unidades do AK (cf. M. Zdziarska-Zaleska, *Le Temps des épreuves. Mémoires 1939-1945* [O tempo das provações. Memórias 1939-1945], tradução e anotações de C. Gervais-Francelle, Paris: L'Harmattan, 2010).

10. Trata-se do sionista David Landau, pseudônimo "Dudek", que participou da insurreição do gueto e sobreviveu. Ele emigrou para a Austrália, onde reviu "Witold" — Jan Karski — em novembro de 1993, em Melbourne. Cf. Stanisław M. Jankowski, *Karski, Raporty...*, op. cit., foto p. 597.
11. Este túnel sob o imóvel da rua Muranowska foi construído pela ŻZW.
12. Szmuel Zygielbojm, pseudônimo "Artur" (1895-1943). Um dos dirigentes operários do Bund (Algemayner Yiddisher Arbeiter Bund — União Geral dos Operários Judeus) em Varsóvia. Nascido na pequena cidade de Borowice, perto de Chełm (departamento de Lublin), numa família pobre de onze filhos, teve de deixar o *heder* aos onze anos para procurar trabalho em Varsóvia. Em 1907, descobriu o socialismo no Bund e as lutas sindicais comuns com a classe operária polonesa. Reuwen, seu irmão caçula, deu seu testemunho: "Éramos os únicos ligados à polonidade na família. Artur (Szmuel) mais político, eu por amor à cultura polonesa..." (*Tygodnik Powszechny*, 13 de janeiro de 2002). Secretário do Sindicato dos Metalúrgicos de Varsóvia em 1920, Szmuel Zygielbojm tornou-se membro do Comitê Central do Bund em 1924 e engajou-se na vida política local como conselheiro municipal, eleito de início em Varsóvia (1927) e depois em Łódź (1936). Em setembro de 1939, ao contrário da grande maioria dos dirigentes do Bund, que partiram para o leste, permaneceu em Łódź, e, depois, em 8 de setembro, foi para Varsóvia, onde engajou-se fervorosamente na defesa da capital ao lado de seus camaradas socialistas do PPS, organizando grupos de voluntários judeus para os batalhões operários de defesa. Com a capitulação de Varsóvia em 28 de setembro, ofereceu-se para figurar entre os vinte reféns exigidos pelos alemães em troca de uma recepção pacífica das tropas na cidade. Aceitou com reticência representar o Bund no *Judenrat*, mas pediu demissão depois de opor-se, com estardalhaço, em 4 de novem-

bro, à aceitação de um "bairro fechado", anunciado pela primeira vez. Membro da direção clandestina do Bund, que ajudou organizar em outubro de 1939, ganhou a França a pedido de seu partido, atravessando sozinho toda a Alemanha. Parou em Bruxelas em 14 de fevereiro de 1940, onde fez um relatório para o secretariado da Segunda Internacional sobre o cerco de Varsóvia e os primeiros meses de ocupação e repressão. Em Paris, em 18 de abril de 1940, entregou ao governo no exílio um memorando sobre a situação na Polônia e as primeiras perseguições e violências contra os judeus. Estabeleceu então uma sólida relação com o líder do PPS, Adam Ciołkosz. Depois, encontrou-se em Nova York com a direção emigrada do Bund, por ordem desta última. Designado pelo governo polonês no exílio para participar do novo Conselho Nacional, chegou enfim a Londres no final de março de 1942, após fortes objeções da direção do Bund, que não via com bons olhos a escolha daquele proletário e não parava de tentar refreá-lo, mantendo-o sob tutela. Mesmo assim, Zygielbojm soube granjear estima e apoio em Londres: do líder trabalhista W. Gillis, do comitê Huysmans, e o apoio constante de Adam Ciołkosz. Por sua função, tinha acesso a muitas informações diretas, vindas através do canal da resistência polonesa, que lhe transmitia também as mensagens e apelos de Feiner, assim como seu relatório de 12 de maio de 1942, sobre o alcance dos massacres e o número — já assustador — de 700 mil vítimas. Zygielbojm logo se mobilizou para alertar a opinião pública inglesa e mandar o alarme para o Comitê Central emigrado em Nova York. Em setembro-outubro, organizou encontros e comícios, junto com o polonês Ciołkosz e outros emigrantes, e depois ousou participar, apesar das oposições de classe, das campanhas levadas adiante pelo governo polonês, notadamente pela BBC. Os relatórios encaminhados por Karski sobre a "Solução Final" e a carta pessoal de Feiner levaram-no a mandar um telegrama a Churchill, em 15 de dezembro de 1942. Em janeiro de 1943, pediu em vão ao Comitê Central do Bund que o autorizasse a agir em comum acordo com o sionista Schwarzbart. O fracasso da conferência das Bermudas e a tragédia da insurreição do gueto de Varsóvia (19 de abril-16 de maio de 1943), onde sua mulher e seu filho perderam a vida, levaram-no a fazer de seu suicídio, em 12 de maio de 1943, uma interpelação final. Deixou uma carta endereçada ao presidente da República da Polônia, Władysław Raczkiewicz, e ao primeiro-ministro, W. Sikorski, na qual denunciava a inação "dos povos e dos governos aliados" e afirmava: "Através de minha morte, desejo elevar meu protesto mais ardente contra a passividade com a qual o mundo olha e tolera o extermínio total do povo judaico. [...] Talvez possa contribuir, com minha morte, para quebrar a indiferença daqueles que ainda podem salvar os judeus da Polônia".

30. Última etapa [pp. 333-344]

1. Bełzec foi o primeiro dos três campos de extermínio em massa implantados no outono de 1941 ao longo da linha do BUG, no quadro da "Ação Reinhardt", programada

para exterminar os judeus do Governo Geral, depois daqueles do distrito "experimental" de Lublin. Sua construção começou em novembro de 1941, seguida pelos campos de Sobibor, em março de 1942, e de Treblinka, em maio de 1942. O conjunto era dirigido pelo Estado-maior especial instalado em Lublin do ss-Brigadeführer, major-general Odilo Globocnik, comandante da ss e da polícia do distrito de Lublin. Cf. Bogdan Musial (dir.), *Aktion Reinhardt*, op. cit.

2. Os ferroviários poloneses foram efetivamente os primeiros a ficar sabendo, como "testemunhas" designadas. Claude Lanzmann fará deles uma figura ou imagem-símbolo de *Shoah*. Assim como mais tarde, em Treblinka, no caso de Bełżec, alguns desses ferroviários pertenciam à rede local da resistência AK e à célula de informação de Zamość, dirigida pelo oficial Jan Grygiel, pseudônimo "Rafal", alertado por eles desde os primeiros comboios da "anomalia" daquele campo para onde se sucediam trens superlotados, mas onde não entrava nenhum transporte de alimento; campo onde os judeus desapareciam sem o menor tiroteio... Esta célula AK forneceu a contagem dos transportes (80 mil pessoas entre 17 de março e 13 de abril de 1942) e conseguiu comprar o segredo do campo de alguns guardas que aceitaram colaborar: tratava-se de câmaras de gás alimentadas com gás de escapamento produzido por motores diesel (para tanques). Dois desses ferroviários estabeleceram uma planta precisa do campo, com suas imensas fossas anexas onde, nos primeiros tempos, "davam sumiço" nos cadáveres das vítimas... Relatórios foram enviados a Varsóvia, ao comandante em chefe do AK e à Delegatura. As duas instâncias preveniram o governo em Londres, em julho e agosto de 1942. Ninguém conseguia acreditar. Essas informações sobre o papel dos ferroviários poloneses membros do AK figuram no testemunho de Jan Grygiel em ZWZ-AK *w obwodzie zamoiskim, 1939-1944* [O ZWZ-AK no distrito de Zamość, 1939-1944], Varsóvia, 1985, fatos e referências citados por Stanisław M. Jankowski em *Karski, Raporty...*, op. cit., pp. 260-264 e 580. Informações confirmadas e completadas por Józef Marszałek em "Rozpoznanie obozów śmierci w Bełżcu, Sobiborze, Treblince: Wywiad Delegatury rządu i AK" [O reconhecimento dos campos da morte de Bełżec, Sobibor e Treblinka: os serviços de informação da Delegatura e do AK], *Zeszyty Majdanka*, 1992, tomo XIV, pp. 31-59.

3. Restabelecemos aqui a verdade histórica, como fez Jan Karski para a primeira edição traduzida para o polonês de seu livro, em 1999 (cf. *Tajne Państwo*, op. cit.). De fato, trata-se de um guarda ucraniano (e não estoniano), como todos os de Bełżec e campos anexos.

4. O campo para onde Jan Karski foi levado era Izbica Lubelska e não Bełżec. Esse campo, situado a meio caminho entre Lublin e Bełżec, foi definitivamente identificado pelo historiador Józef Marszałek, segundo a topografia e a descrição, como sendo aquele no qual Karski foi infiltrado. Menos conhecido que Bełżec, Izbica Lubelska ocupou, no entanto, um lugar importante no programa de extermínio de milhares de judeus denominado "Ação Reinhardt", desempenhando o papel de anexo de Bełżec.

ESTADO SECRETO 433

Concentrados inicialmente em Izbica Lubelska, despojados, os judeus eram executados ali mesmo ou, em sua maioria, transportados para Bełżec, em meio à violência e ao horror descritos por Karski. O historiador inglês Michael Tregenz encontrou nos arquivos poloneses o depoimento prestado em Lublin, em 1º de março de 1946, pelo operário Andrzej Pawlik, de Krasnystaw, que fazia assiduamente o trajeto Lublin-Krasnystaw via Izbica, em 1940-43, testemunha involuntária de horrores idênticos aos descritos por Karski. Cf. excertos desse depoimento de A. Pawlik em E. Thomas Wood e Stanisław M. Jankowski, *Karski, How One man...*, op. cit., p. 153, retomado por Stanisław M. Jankowski em *Karski, Raporty...*, op. cit., pp. 222-223.

5. Em Izbica Lubelska, segundo o testemunho de A. Pawlik, a maioria dos judeus vinha dos guetos do protetorado de Boêmia-Morávia e da Eslováquia. Em Bełżec, no quadro da "Ação Reinhardt", foram mortos primeiro os judeus do gueto de Lublin (30 mil vítimas de 17 de março a 20 de abril de 1942), Cracóvia (um comboio de 5 mil vítimas em 28 de maio), Zamość (2500) e dos pequenos povoados, burgos e aldeias vizinhas, de onde os judeus foram obrigados a percorrer a pé um trajeto de quinze a trinta quilômetros para chegar aos trens da morte. A parte norte do distrito era da alçada de Sobibor, enquanto, de 10 a 23 de agosto de 1942, Bełżec exterminava os comboios com 50 mil judeus do gueto de Lviv. O suplício de um desses trens foi testemunhado por Kurt Gerstein, cuja descrição, feita em 5 de maio de 1945 em seu memorando, contribuiu para que se conhecesse o funcionamento do sistema estabelecido por Odilo Globocnik (cf. Raul Hilberg, *La Destruction des Juifs d'Europe* [A destruição dos judeus da Europa], Paris: Fayard, 1988]). No total, mais de 550 mil pessoas (judeus e ciganos) morreriam em Bełżec entre maio de 1942 e abril de 1943.

6. Padre Edmund Krauze (1908-43), abade da igreja Santa Cruz, era amigo da família Kozielewski e, como vizinho, frequentava a casa do coronel Marian Kozielewski, cujo apartamento funcional confinava com os da paróquia. Foi através dele que Jan Karski teve acesso aos membros do FOP e conheceu Zofia Kossak.

7. Trata-se de Zofia Kossak, que Karski realmente admirava e que evocou no capítulo 26.

8. A igreja polonesa Nossa Senhora de Częstochowa, situada em Devonia Road, tinha como pároco durante a guerra o padre Ladislas Staniszewski.

32. Rumo a Londres [pp. 350-367]

1. Em Paris, foi o próprio Alexandre Kawałkowski, pseudônimo "Justyn", fundador e chefe civil da POWN (Polska organizacja walki o niepodległość — Organização Polonesa de Combate pela Independência), quem recebeu de imediato, pessoalmente, o emissário Jan Karski e sua preciosa chave com os microfilmes. Sua missão era enviar a chave diretamente para Londres, pela via mais curta e segura (que será Bruxelas e um diplomata amigo), organizando ao mesmo tempo a etapa francesa e a travessia dos

Pireneus do emissário. Cf. E. Thomas Wood e Stanisław M. Jankowski, *Karski, How One Man...*, op. cit., pp. 160-164.

2. Este breve esboço de Jan Karski sobre a resistência polonesa não comunista e ligada desde a origem ao governo legal no exílio em Londres refere-se às estruturas da POWN, criptônimo "Monika". A rede nasceu em Lyon, para onde havia se retirado seu fundador, cônsul-geral em Lille, Alexandre Kawałkowski (1899-1965). A zona sul permaneceu até 1942 como sua base principal, na qual os emissários de "Justyn" implantaram uma rede bastante densa na zona proibida: Nord-Pas-de-Calais, Borinage belga, Limbourg, cujo recrutamento apoiava-se na rede associativa católica dos mineiros. Em 1943, depois da ocupação da zona livre, "Justyn" instalou-se em Paris. Em 1944, a POWN contava com mais de trezentas células e 8 mil membros juramentados, dos quais 5 mil no Nord-Pas-de-Calais. Mas a resistência polonesa não comunista na França também era a rede interaliada de informação F2, mais precoce ainda, pois fora organizada no verão de 1940, inicialmente em torno de Toulouse (Piotr Kalinowski), depois de Lyon. Cf. Tadeusz Wyrwa, *La Résistance polonaise et la politique en Europe* [A Resistência polonesa e a política na Europa], Paris: Éditions France-Empire, 1983; Janine Ponty, "POWN et reseau F2: deux mouvements essentiels de la résistance polonaise en France" [POWN e rede F2: dois movimentos essenciais da resistência polonesa na França], em Ph. Joutard e Fr. Marcot (dirs.), *Les Étrangers dans la Résistance en France* [Os estrangeiros na resistência na França], Besançon, Musée de la Résistance et de la Déportation, 1992, pp. 93-97. Esse capitão polonês, contato de Jan Karski em Lyon, era ninguém menos que o líder da POWN no sul da França, Bohdam Samborski (outro funcionário veterano do Ministério das Relações Exteriores polonês).

3. Era o marido daquela "sra. Nowak" do capítulo 5, na casa de quem "Witold" foi alojado pela Resistência quando de sua chegada a Varsóvia no fim de 1939 (cf. cap. "O começo", nota 4).

4. Lyon, a aglomeração mais importante da "zona livre" e segunda metrópole da França, era então a "capital" da resistência francesa. Três das mais importantes redes de resistência foram criadas lá, em 1941: Franc-Tireur [Franco-atirador], Libération-Sud [Liberação-Sul] e Combat [Combate]. Lyon era também — o que é bem menos conhecido — a capital da resistência polonesa até 1943.

5. Este republicano espanhol cujo nome verdadeiro era José, refugiado em Perpignan, era um comunista fervoroso, e Jan Karski recebeu ordem de fingir que também o era, de modo a ser aceito pelo guia. Na realidade, José o levou até Barcelona. Cf. E. Thomas Wood e Stanisław M. Jankowski, *Karski, How One Man...*, op. cit., p. 165.

6. Trata-se do consulado da Grã-Bretanha. Ignoramos a datação precisa da transferência de Jan Karski para Madri pelo SOE britânico (ou pelos serviços secretos americanos). Fica claro, no entanto, que em 24 e 25 de novembro Karski está finalmente em Gibraltar, convidado para almoçar com o governador Mason Mac Farlane.

7. Em 8 de novembro de 1942 teve lugar a operação Torch: o desembarque aliado no norte da África (Marrocos e Argélia). Em 11 de novembro, os alemães invadem a "zona livre".
8. Jan Karski aterrissou na base militar de Londres na noite de 25 de novembro de 1942: para sua surpresa, foi imediatamente "confiscado" pelo mi5, levado para o Centro de Trânsito de Refugiados em Wandworth e "cozinhado" pelo capitão Malcolm Scott durante 48 horas. Os serviços britânicos desejavam a todo custo, mas em vão, ter prioridade sobre o que ele sabia e sobre os documentos que transportava. Estes últimos, ou seja, os microfilmes escondidos numa chave comum, já estavam desde 17 de novembro nas mãos do destinatário: o governo polonês. Exasperado, Karski infligiu ao capitão Scott uma torrente de nomes impronunciáveis de pura fantasia e fatos e situações sem relação com a realidade: "Fico me perguntando se por um instante ele chegou a acreditar ou se não quis dar o braço a torcer", comentaria ele em 1987, falando a Stanisław M. Jankowski (*Karski, Raporty*..., op. cit., p. 235). Foi somente no dia 28 de novembro, às 15 horas, depois de uma nota oficial de protesto, que os representantes do governo polonês conseguiram finalmente recuperá-lo. Estes fatos inspiraram recentemente uma das cenas de pura ficção do romancista Bruno Tessarech, em *Les Sentinelles* [As sentinelas], Paris: Grasset, 2009, capítulo "Londres", pp. 187 ss.

33. Meu testemunho para o mundo [pp. 368-378]

1. O general Sikorski só recebeu Jan Karski brevemente no final de novembro de 1942, para oficializar sua presença em Londres, pois estava de partida no dia 1º de dezembro para os Estados Unidos, Canadá e México e só voltaria em 19 de janeiro de 1943. Mas ele mandou que lhe entregassem um longo questionário que o emissário tinha ordens de responder parte por parte: é a este "relatório preliminar", muito longo, ditado a uma secretária especialmente designada, que o autor se refere aqui. O general Sikorski reuniu-se longamente com ele quando de sua volta, em 20 e 21 de janeiro, convidando-o duas noites seguidas para ir à sua residência, uma casa modesta em Iver, próximo a Londres. As "Notas" que Karski estabeleceu em 1985 sobre a realidade desses encontros revelam que, a princípio, ele foi repreendido por Sikorski, muito irritado com a efervescência que se produziu na Representação Política após os resumos fiéis que ele havia encontrado tempo de fazer (citados em Stanisław M. Jankowski, *Karski, Raporty*..., op. cit.).
2. As relações polono-soviéticas não paravam de se degradar. Stálin escolheu o dia 19 de janeiro de 1943, quando Sikorski partia de Nova York, para divulgar a nota, entregue em 16 de janeiro ao novo embaixador da Polônia, Tadeusz Romer, que declarava soviéticos a título definitivo todos os habitantes — inclusive os poloneses de nascimento — dos territórios da Bielorrússia ocidental, da Ucrânia ocidental e de Vilnius incorporados à Federação Soviética em 1º de novembro de 1939. Esta deci-

são brutal anulava o direito de opinião pactuado em 1º de dezembro de 1941 durante os encontros Sikorski-Stálin e bloqueava na URSS milhares de crianças órfãs, além dos deportados do Cazaquistão e da Sibéria que não conseguiram reunir-se a tempo ao exército de Anders. Esta declaração significava claramente que a linha Molotov--Ribbentrop de 28 de setembro de 1939 era uma fronteira intangível para Stálin e que ele tinha a firme intenção de pressionar para que os anglo-saxões ratificassem as vantagens territoriais concedidas pelos alemães. Em 1º de março de 1943, foi oficialmente criada em Moscou a ZPP (Związek patriotów polskich — União dos Patriotas Poloneses), instrumento dos soviéticos para combater e suplantar o governo legal de Londres.

3. A Ordem Virtuti Militari, a mais alta distinção militar polonesa, foi criada em 22 de junho de 1792 pelo último rei da Polônia, Stanislas Auguste Poniatowski, para comemorar a vitória de Zieleńce, obtida pelo jovem exército polonês, ainda em vias de organização, sobre o exército invasor russo. A ordem instaurava uma medalha de ouro para os oficiais e de prata para os soldados. Os primeiros a receber a condecoração foram Tadeusz Kościuszko e o príncipe Joseph Poniatowski. Abolida pelos soberanos que repartiram a Polônia entre si, brevemente restaurada no ducado de Varsóvia (1807-14), a ordem foi restabelecida em 1º de agosto de 1919 pela Dieta Constituinte da Segunda República.

4. Foi um decreto de 30 de janeiro de 1943, do comandante supremo dos exércitos poloneses, general Sikorski, que conferiu a Jan Karski o grau de cavaleiro e a cruz de prata da Ordem Virtuti Militari. O general Sikorski ignorava que a cruz já havia sido conferida ao emissário "Witold", na clandestinidade, em 2 de fevereiro de 1941, pelo general Stefan Rowecki, pseudônimo "Rakoń" (cf. caderno de fotos).

5. Na realidade, Karski foi recebido duas vezes por Eden, que, em 5 de fevereiro de 1943, "confidencialmente", indagou-o sobre as reações da resistência polonesa em caso de um "compromisso" territorial negociado entre Sikorski e Stálin. Quando do primeiro encontro, encorajado pela amabilidade de Eden, o emissário solicitou um encontro com Churchill e enfrentou uma recusa tão firme quanto cortês. Cf. Stanisław M. Jankowiski, *Karski, Raporty...*, op. cit., pp. 287-292.

6. A Comissão de Investigação sobre os Crimes de Guerra das Nações Unidas foi criada em 17 de outubro de 1942. Uma declaração solene de doze Estados Aliados e do Comitê da França Livre, de 17 de dezembro de 1942, condenava os massacres criminosos dos judeus na Europa central e anunciava uma punição exemplar.

7. Decidida no início de maio de 1943 e organizada na maior discrição, a partida de Karski para os Estados Unidos teve lugar em 9 de junho de 1943. Em 16 de junho do mesmo ano, Karski chegava ao porto de Nova York.

8. O general Sikorski retornou a Londres do Oriente Médio por Gibraltar, depois de uma inspeção de um mês do exército de Anders, baseado no Iraque desde a evacuação da URSS, em 1º de setembro de 1942. Na decolagem de Gibraltar, na tarde de 4 de

julho de 1943, seu avião mergulhou no mar: apenas o piloto tcheco conseguiu escapar. Ao lado do general Sikorski, pereceram sua filha e colaboradora mais próxima, Zofia Leśniewska, assim como Aleksander Kułakowski, seu secretário.

9. Antes de tornar-se o herói vencido da independência da Polônia, a quem se empresta erroneamente estes *"Finis Poloniae"*, que ele não pronunciou em 1794, Tadeusz Kościuszko (1746-1817) — oficial de gênio, formado na França — juntou-se aos insurgentes norte-americanos e mereceu o título de cidadão dos Estados Unidos (1783). Em 1920, a esquadrilha de voluntários americanos do major Fauntleroy, que veio combater o Exército Vermelho ao lado dos poloneses, recebeu o seu nome.

Filho de um dos chefes da Confederação de Bar que se ergueu contra a Rússia (1768-72), Kazimierz Pułaski (1749-79) foi o defensor do monastério de Jasna Góra, último bastião a capitular, em agosto de 1772, antes da primeira partilha da Polônia. Emigrado para o Novo Mundo, tomou para si a causa da liberdade americana e foi morto no cerco de Savannah (1779). Seu nome foi dado a vários condados dos Estados Unidos (no Arkansas, na Geórgia, em Illinois, no Kentucky...).

10. Felix Frankfurter (1882-1965). Nascido na Áustria, chegou aos Estados Unidos ainda criança. Jurista renomado, pertencia ao círculo dos conselheiros mais ouvidos do presidente Roosevelt, que o nomeou para a Corte Suprema dos Estados Unidos em 1939. Era ademais um sionista fervoroso. Informado desde 4 de setembro de 1942 por Stephen Samuel Wise dos massacres perpetrados pelos nazistas, foi pressionado por Nahum Goldman, mas absteve-se de usar sua influência para organizar uma ajuda aos judeus da Europa.

11. Nahum Goldman (1894-1982). Nascido na Lituânia, viveu até 1933 na Alemanha, para onde seus pais haviam emigrado. Sionista militante, depois dos estudos em filosofia e direito empregou-se, durante a Primeira Guerra Mundial, no Departamento de Questões Judaicas do Ministério das Relações Exteriores alemão. Emigrado para os Estados Unidos, representou a Agência Judaica em Nova York (1934). O American Jewish Congress confiou a ele a organização do Congresso Judaico Mundial (1936), do qual foi porta-voz. Apoiou Stephen Samuel Wise em seus esforços para mobilizar a opinião pública americana e os governos aliados para que reagissem ao extermínio dos judeus.

Morris David Waldman (1879-1963). Nascido na Hungria, chegou aos Estados Unidos em 1883 e fez seus estudos de teologia, tornando-se rabino em 1900. Dedicou-se particularmente, no início dos anos 1920, às obras de caridade e dirigiu o departamento médico do American Jewish Joint Distribution Committee, do qual foi secretário executivo de 1928 a 1945.

Stephen Samuel Wise (1874-1943). Originário de Budapeste, tornou-se rabino em 1893. Sionista militante, cooperou com Theodor Herzl e participou da elaboração da declaração Balfour (1917). Rabino de Nova York, foi presidente do Congresso Judaico Mundial até sua morte. Assim que recebeu, em 29 de agosto de 1942 (via

Londres), o telegrama enviado da Suíça por Gerhart Riegner dando conta de um planejamento de extermínio dos judeus, contatou o subsecretário de Estado Sumner Welles e informou Felix Frankfurter. Cf. Richard Breitman, *Secrets officiels. Ce que les nazis planifiaient, ce que les Britanniques et les Américains savaient* [Segredos oficiais. O que os nazistas planejavam, o que os britânicos e os americanos sabiam], Paris: Calmann-Lévy, 2005, pp. 164-166.

12. Na quarta-feira, 28 de julho de 1943, Franklin D. Roosevelt recebeu Jan Karski acompanhado do embaixador Jan Ciechanowski, durante uma hora e quinze minutos. Um relatório completo do embaixador ao governo polonês de Londres, datado de 4 de agosto de 1943, e uma "nota" pessoal de Jan Karski, conservados nos legados poloneses do Instituto Hoover, esclarecem esta entrevista. Além disso, Jan Ciechanowski dedicou um capítulo de suas memórias ao relato da entrevista (cf. *La Rançon de la victoire. Les raisons secrètes de l'immolation de la Pologne* [O preço da vitória. As razões secretas da imolação da Polônia], Paris: Plon, 1947, cap. xx: "Le maquis polonais à la Maison Blanche" [Os maquis poloneses na Casa Branca]). Enfim, 44 anos depois, em dezembro de 1987, Karski voltou a falar desse encontro, perguntado por Stanisław M. Jankowski, que gravou seu relato, que ele resume e cita em 2009 (cf. *Karski, Raporty...*, op. cit., pp. 343-358). Cf. nossa "Introdução".

Pós-escrito [p. 379]

1. Decidimos manter este pós-escrito por conformidade à edição original de 1944, em inglês (e à sua tradução francesa de 1948), exatamente em virtude de sua força evocadora do "estupro da Polônia", contemporâneo à publicação do testemunho de Jan Karski em novembro de 1944. É bom notar, porém, que em 1999, na primeira edição polonesa da obra, traduzida por Waldemar Piasecki, que pôde também beneficiar-se dos "complementos e correções" do autor, este pós-escrito foi suprimido.

2. "Ao escrever este livro em 1944, utilizei fiel e honestamente a minha memória. As circunstâncias existentes então impunham certos limites ao que se podia escrever." (Excerto do último parágrafo da nota introdutória à primeira edição polonesa, "*Od Autora*", de Jan Karski, datada "Washington, 1º de setembro de 1999".) Sobre a autocensura imposta em 1944, cf. nossa introdução.

3. Jan Karski alude aqui à criação, em janeiro de 1942, do Partido Operário Polonês, ou PPR (Polska Partia Robotnicza), pelo "grupo de iniciativa" do Komintern (Internacional Comunista) caído de paraquedas na Polônia, e também, na primavera de 1942, de uma organização de *partisans* cujo nome, Gwardia Ludowa (Guarda Popular), foi roubado de formações anteriores de obediência socialista. Esta Guarda Popular era composta então por antigos interbrigadistas da Espanha, trazidos da França com esse intuito (ou enviados diretamente da URSS, como Pinkus Kartin, pseudônimo "Andrzej Schmidt", delegado no gueto de Varsóvia), e pelo serviço de informação soviético. Jan

Karski também fazia alusão, é claro, à criação, em 1º de janeiro de 1944, do KRN, ou Conselho Nacional do País (Krajowa Rada Narodowa), emanação do Partido Comunista Polonês que tinha à frente Bolesław Bierut, funcionário secreto do Komintern trazido clandestinamente a Varsóvia no outono de 1943; assim como aludia à transformação da Gwardia Ludowa em Armia Ludowa...

4. Este apelo de Jan Karski foi ouvido: no imediato pós-guerra serão publicados e traduzidos em francês os testemunhos do general Władysław Anders (*Mémoires, 1939-1946* [Memórias, 1939-1946], Paris: Le Jeune Parque, 1948); do general Bór-Komorowski (*Histoire d'une armée secrète* [História de um exército secreto], Paris: Les Îles d'or, 1952); de Jan Ciechanowski (*La Rançon de la victoire, Les raisons secrètes de l'immolation de la Pologne* [O preço da vitória: as razões secretas da imolação da Polônia], op. cit.); de Stanisław Mokolajczyk (*Le Viol de la Pologne, un modèle d'agression soviétique* [O estupro da Polônia, um modelo de agressão soviética], Paris: Plon, 1949); de Zbigniew Stypułkowski (*Une invitation à Moscou* [Um convite para Moscou], Paris: Les Îles d'or, 1952, ou seja, o sequestro e prisão pelo NKVD dos "dezesseis" dirigentes legais do Estado clandestino polonês [quinze civis, entre os quais o autor e o último comandante do AK, general Leopold Okulicki, dito "Niedźwiadek"] e seu grande processo público em Moscou de 18-21 de junho de 1945). Citemos ainda os *Souveniers de Starobielsk* e *Terre inhumaine*, op. cit., de Józef Czapski, primeira menção ao arquipélago do "Gulag", que Czapski viu e descreveu ao longo da busca por seus companheiros "desaparecidos" em 1940, cujos despojos foram encontrados na floresta de Smolensk, em Katyń. Lembremos igualmente o testemunho de A. Krakowiecki (*Kolyma, le bagne de l'or* [Kolima, a colônia penal], Paris: Les Îles d'or, 1952), mas também a impossibilidade de encontrar um editor francês para Gustav Herling-Grudziński, cujo livro, *Inny Świat* [Um mundo à parte], editado em polonês em Paris por Giedroyc (1951), logo foi publicado em inglês com prefácio de Bertrand Russell, e que Albert Camus esforçou-se muito para publicar em francês. Isso só aconteceria em 1985. Era a tragédia de *La Pologne d'une occupation à l'autre (1944-1952)* [A Polônia, de uma ocupação à outra (1944-1952)], para parafrasear o título do estudo muito bem informado que Jean Malara e Lucienne Rey publicaram então nas Éditions du fuseau (1952). De fato, assim como o testemunho de Jan Karski, todos estes livros — e muitos outros — nada, ou quase nada, puderam contra as cegueiras ideológicas e a recusa de saber que fixaram até hoje um pensamento apriorístico sobre a Polônia e particularmente sobre o destino de suas populações durante a Segunda Guerra Mundial.

 A marca FSC® é a garantia de que a madeira utilizada na fabricação do papel deste livro provém de florestas que foram gerenciadas de maneira ambientalmente correta, socialmente justa e economicamente viável, além de outras fontes de origem controlada.

Conheça mais sobre nossos livros e autores no site
www.objetiva.com.br
Disque-Objetiva: (21) 2233-1388

 Este livro foi impresso na
LIS GRÁFICA E EDITORA LTDA.
Rua Felício Antônio Alves, 370 – Bonsucesso
CEP 07175-450 – Guarulhos – SP
Fone: (11) 3382-0777 – Fax: (11) 3382-0778
lisgrafica@lisgrafica.com.br – www.lisgrafica.com.br